Sondervermögen des Bundes

FINANZ- UND STEUERRECHT IN DEUTSCHLAND UND EUROPA

Herausgegeben von Klaus-Dieter Drüen,
Hanno Kube und Rainer Wernsmann

Band 17

PETER LANG
Frankfurt am Main · Berlin · Bern · Bruxelles · New York · Oxford · Wien

Larissa Maier-Bledjian

Sondervermögen des Bundes

PETER LANG
Internationaler Verlag der Wissenschaften

Bibliografische Information der Deutschen Nationalbibliothek
Die Deutsche Nationalbibliothek verzeichnet diese Publikation in der Deutschen Nationalbibliografie; detaillierte bibliografische Daten sind im Internet über http://dnb.d-nb.de abrufbar.

Zugl.: Mainz, Univ., Diss., 2011

Gedruckt auf alterungsbeständigem,
säurefreiem Papier.

D 77
ISSN 1863-141X
ISBN 978-3-631-62012-0

www.peterlang.de

Vorwort

Die vorliegende Arbeit wurde im Sommersemester 2011 vom Fachbereich Rechts- und Wirtschaftswissenschaften der Johannes Gutenberg-Universität Mainz als Dissertation zur Erlangung des Grades eines Doktors der Rechte angenommen.

Mein besonders aufrichtiger und herzlicher Dank gilt Frau Professor Dr. Elke Gurlit für die Anregung und Ermutigung zu diesem Thema, für die stets zuverlässige Unterstützung und die wissenschaftlich hervorragende Betreuung. Ohne ihren kritischen Rat wäre die Arbeit nicht in dieser Form und Qualität entstanden. Danken möchte ich auch Herrn Professor Dr. Hanno Kube, LL.M., nicht nur für die rasche Erstellung des Zweitgutachtens, sondern auch für die weiterführenden Anmerkungen und die Hilfe bei der Publikation der Arbeit.

Widmen möchte ich diese Arbeit meinen geliebten Eltern, die mich immer unterstützt und gefördert haben. Ihnen gilt mein größter Dank. Meinem Mann Gregory möchte ich für die wunderbare, verständnisvolle Unterstützung und liebevolle Begleitung danken, auch meiner lieben Schwester Janina gilt mein herzlichster Dank.

Berlin, im Juni 2011 Larissa Maier-Bledjian

Inhaltsverzeichnis

Einleitung 13

A. Problemstellung: Die prekäre Lage der Sondervermögen im System des Haushaltsverfassungsrechts 17
I. Sondervermögen als „Nebenhaushalt“ 17
II. Ausgangspunkt: Art. 110 Abs. 1 GG 20
III. Berührung von Haushaltsgrundsätzen mit Verfassungsrang 22
1. Grundsatz der Vollständigkeit und Haushaltseinheit 22
2. Weitere Haushaltsgrundsätze 24
IV. Ziel der Untersuchung 26

B. Sondervermögen des Bundes – eine Bestandsaufnahme 29
I. Sondervermögen in unmittelbarer Bundesverwaltung 29
1. ERP-Sondervermögen 30
2. Ausgleichsfonds für überregionale Vorhaben zur Teilhabe schwerbehinderter Menschen am Arbeitsleben 32
3. Fonds „Deutsche Einheit“ 32
4. Entschädigungsfonds 33
5. Erblastentilgungsfonds 34
6. Bundeseisenbahnvermögen 35
7. Fonds nach § 5 Mauergrundstücksgesetz 36
8. Deutscher Binnenschifffahrtsfonds 36
9. Sondervermögen „Kinderbetreuungsausbau“ 37
10. Investitions- und Tilgungsfonds 37
11. Sondervermögen „Vorsorge für Schlusszahlungen für inflationsindexierte Bundeswertpapiere“ 38
12. Sondervermögen „Energie- und Klimafonds“ 38
13. Besonderheit: Rücklagen des Bundes 38
II. Sondervermögen, die von Stellen außerhalb der unmittelbaren Bundesverwaltung verwaltet werden 40
1. Bergmannssiedlungsvermögen 40
2. Zweckvermögen bei der Landwirtschaftlichen Rentenbank 41
3. Treuhandvermögen Bergarbeiterwohnungsbau 41

4. Zweckvermögen bei der Deutschen Postbank AG (ehemalig Zweckvermögen bei der Deutschen Siedlungs- und Landesrentenbank) ... 43
5. Revolvingfonds und Freistellungsfonds ... 43
6. Klärschlamm-Entschädigungsfonds ... 44
7. Versorgungsrücklage und Versorgungsfonds des Bundes ... 45
8. Entschädigungseinrichtung der Wertpapierhandelsunternehmen ... 47
9. Finanzmarktstabilisierungsfonds ... 48
10. Restrukturierungsfonds ... 49
III. Kategorisierungen ... 49
1. Grad der Autonomie ... 50
2. Grundfunktion ... 50
3. Andere Kategorisierungsmerkmale ... 51
IV. Sondervermögen der Länder ... 52
1. Grundstockvermögen ... 52
2. Versorgungsrücklagen und Versorgungsfonds ... 53
V. Ursachen und Beweggründe für die Schaffung von Sondervermögen ... 54
1. Flexiblere Bewirtschaftung ... 54
2. Mittelverteilung ... 57
3. Finanzierungs- und Kostenkontrolle ... 58
4. Fazit ... 60

C. Die Entwicklung des Sondervermögens aus der jüngeren Fondswirtschaft ... 61
I. Der Begriff des Fonds in der jüngeren Geschichte ... 61
1. Preußisches Staatshaushaltsgesetz ... 61
2. Reichshaushaltsordnung ... 63
II. Der heutige Fondsbegriff ... 64

D. Die Rechtsstellung des Sondervermögens als Element unmittelbarer Bundesverwaltung ... 65
I. Bundesverwaltung ... 65
1. Sondervermögen als Teil unmittelbarer Bundesverwaltung ... 66
2. Ressortzuständigkeit ... 68
II. Sondervermögen als juristische Person des öffentlichen Rechts? ... 69
1. Verfassungsrechtlicher Sondervermögensbegriff ... 70
2. Haushaltsrechtlicher Sondervermögensbegriff ... 71
a) Investitionshilfe ... 72
b) Deutsche Reichspost ... 73

3. Abgrenzung zu den rechtsfähigen Institutionen der Körperschaft, Stiftung und Anstalt des öffentlichen Rechts 74
III. Absonderung vom Bundesvermögen 75
1. Organisatorische Absonderung vom Bundesvermögen 76
2. Haushaltsmäßige Absonderung vom Bundesvermögen 77
3. Rechnungsmäßige Absonderung vom Bundesvermögen 79
a) Beispiele integrativer Bewirtschaftung 79
b) Vermögenstrennung trotz Integration in den Bundeshaushalt? 80
4. Aktuelles Haushaltsrecht 81
IV. Verwaltung der Sondervermögen 83
1. Eigen- und fremdverwaltete Sondervermögen 83
2. Verhältnis des Treuhandvermögens zum Sondervermögen 85
3. Verwaltung der Treuhandvermögen 85
a) Gegenstand treuhänderischer Verwaltung 86
b) Formen treuhänderischer Verwaltung 87
4. Treuhandvermögen des Bundes 90
V. Verhältnis zum Bundesbetrieb 92
1. Begriff des Bundesbetriebs 93
2. Verhältnis des Bundesbetriebs zum Sondervermögen 95
VI. Verhältnis zur nicht-rechtsfähigen Anstalt des öffentlichen Rechts 98

E. Vereinbarkeit der Sondervermögen mit den Staatsstrukturprinzipien 99
I. Legitimation 100
1. Sachlich-inhaltliche Legitimation 100
a) Rechts- und Fachaufsicht 102
b) Aufsicht über Treuhandvermögen 103
c) Zulässigkeit einer Begrenzung auf Rechtsaufsicht? 105
2. Personell-organisatorische Legitimation: Mitwirkung von Kollegialorganen 106
II. Gesetzes- bzw. Parlamentsvorbehalt 109
1. Errichtungsvorbehalt 110
2. Auflösungsvorbehalt 112
3. Reichweite des Parlamentsvorbehalts betreffend die Verwaltungsträgerschaft 114
III. Rechtfertigungsvoraussetzungen für die Ausgliederung 118
1. Geeignetes Rechtfertigungskriterium 119
2. Primat der Wirtschaftlichkeit? 120
3. Einschätzungsprärogative 121
4. Zweckbindung und Zweckverdeutlichungspflicht 122

IV. Sondervermögen und Bundesstaat ... 125
1. Kompetenzverteilung ... 125
a) Errichtungskompetenz ... 125
aa) Selbständige und voneinander unabhängige Haushaltswirtschaft ... 125
bb) Schranken des Gewährleistungsgehalts von Art. 109 Abs. 1 GG ... 126
b) Verwaltungskompetenz ... 129
aa) Einrichtung von Behörden ... 130
bb) Besonderheit Treuhandvermögen ... 131
2. Zulässigkeit von Gemeinschafts-Sondervermögen von Bund und Landern? ... 132
3. Verpflichtung der Länder zur Errichtung von Sondervermögen ... 134

F. Haushaltsverfassungsrechtliche Vorgaben an Sondervermögen ... 137
I. Regelungen des Art. 110 GG ... 137
1. Ausnahme von den Grundsätzen des Art. 110 GG ... 137
a) Bedürfnis nach formalisierter Planung ... 138
b) Formalisierte Planung durch Haushalts- oder Wirtschaftspläne der Sondervermögen? ... 144
c) Mindestanforderungen ... 145
d) Umsetzung im einfachen Recht ... 147
2. Formeller Haushaltsausgleich gemäß Art. 110 Abs. 1 Satz 2 GG ... 148
3. Bruttoprinzip gemäß Art. 110 Abs. 1 Satz 1 HS 2 GG ... 149
II. Verschuldungsregelungen des Verfassungsrechts ... 150
1. Altes Konzept bis zum Haushaltsjahr 2011 ... 151
a) Gesamtwirtschaftliches Gleichgewicht gemäß Art. 109 Abs. 2 GG a.F. ... 151
b) Kreditaufnahmeregelungen gemäß Art. 115 GG a.F. ... 152
aa) Kreditermächtigung gemäß Art. 115 Abs. 1 Satz 1 GG ... 153
aaa) Regelungsinhalt ... 153
bbb) Geltung auch für Sondervermögen ... 155
bb) Kreditaufnahmebeschränkung gemäß Art. 115 Abs. 1 Satz 2 GG a.F. ... 156
aaa) Regelungsinhalt ... 156
bbb) Geltung auch für Sondervermögen ... 158
cc) Öffnungsklausel für Sondervermögen gemäß Art. 115 Abs. 2 GG a.F. ... 162
aaa) Ausnahme von Art. 115 Abs. 1 Satz 1 GG ... 162

bbb) Ausnahme von Art. 115 Abs. 1 Satz 2 HS 1 GG a.F. 163
c) Fazit 165
2. Neues Konzept ab dem Haushaltsjahr 2011 166
a) Unveränderte Regelungen 166
b) Neuregelungen 166
c) Übergangsregelung 169
III. Rechnungslegung und Rechnungsprüfung gemäß Art. 114 GG 170
1. Rechnungslegung gemäß Art. 114 Abs. 1 GG 171
a) Haushaltsrechnung 171
b) Erfordernis eigener Rechnungslegung 172
c) Umsetzung im einfachen Recht 175
d) Vermögensrechnung 177
2. Rechnungsprüfung gemäß Art. 114 Abs. 2 GG 178
a) Prüfung der Sondervermögen des Bundes 179
b) Prüfung der Treuhandvermögen 180
c) Umsetzung im einfachen Recht 181

G. Verhältnis der Sondervermögen zum Muttergemeinwesen 185
I. Formen der Finanzierung 185
1. Finanzierung aus eigenen Finanzquellen 187
2. Finanzierung über den Bundeshaushalt 189
3. Finanzierung aus Drittquellen 191
II. Einstandspflicht des Bundes und Vermögenstrennung 191
1. Sondervermögenslast: Indirekte Einstandspflicht im Innenverhältnis 193
a) Grundsatz: Bestehen der Sondervermögenslast 194
aa) Aufgabenlast und Zugehörigkeit zur unmittelbaren Bundesverwaltung 194
bb) Kreationsakt und Zugehörigkeit zum Bundesvermögen 195
b) Inhalt der Sondervermögenslast 196
c) Ausschlussmöglichkeiten 198
2. Gewährträgerhaftung: Direkte Einstandspflicht gegenüber Dritten 199
III. Organisation und Aufgabenerfüllung durch die Sondervermögen 200
1. Schranken bei der Aufgabenerfüllung 201
a) Aufgabenerfüllung und Beteiligungen 201
b) Gewinnverwendungen 202
c) Haushalts- und Wirtschaftsführung 202

d) Anwendung des einfachen Haushaltsrechts auf Treuhandvermögen 204
2. Verhältnis zum Muttergemeinwesen bei der Aufgabenerfüllung .. 206
IV. Beendigung eines Sondervermögens 207
1. Bestandsschutz und Auflösung eines Sondervermögens 208
2. Aufgelöste Sondervermögen des Bundes 210
a) Eingliederung in den Bundeshaushalt 210
b) Übertragung auf andere Rechtsträger 211
c) „Fusion“ mit anderem Sondervermögen 212

H. Rechtsstellung des Sondervermögens gegenüber Dritten 215
I. Insolvenzfähigkeit des Sondervermögens 215
1. Direkte Anwendung der InsO 215
2. Analoge Anwendung von § 11 Abs. 2 Nr. 1 InsO 216
II. Amtshaftung bei eigen- und fremdverwalteten Sondervermögen 218
1. Beamter im haftungsrechtlichen Sinn 218
2. Passivlegitimation 219
a) Passivlegitimation eigenverwalteter Sondervermögen 219
b) Passivlegitimation bei fremdverwalteten Sondervermögen 220

J. Schlussbetrachtung 223
I. Änderungen und Ergänzungen der BHO 224
II. Modellnormierungen für Errichtungsgesetze 226

Literaturverzeichnis 228

Einleitung

Über Jahrzehnte galt das Sondervermögen im engeren Sinn, also das in Art. 110 Abs. 1 Satz 1 GG genannte, als „Stiefkind" des Haushaltsrechts[1], sowohl was die Anzahl als auch was die Kenntnis über dessen Errichtungsvoraussetzungen, Bedeutung und Rechtsstellung anbelangt. Die erste bedeutende Gründungswelle der Sondervermögen auf Bundesebene gab es zur Bewältigung der Deutschen Einheit[2]. Unmittelbar im Zusammenhang mit ihrer formalrechtlichen Vollendung am 03. Oktober 1990 wurde der PDS-Rentenfonds der DDR in Form eines Sondervermögens der Bundesrepublik weitergeführt, um Ansprüche und Anwartschaften aus Zusatz- und Sonderversorgungssystemen des Beitrittsgebiets zu überführen[3]. Daneben wurde das Bundes-Sondervermögen „Kreditabwicklungsfonds" mit dem Zweck der Übernahme der Gesamtverschuldung des DDR-Haushalts[4] errichtet. Dieser Fonds ging bald nach seiner Gründung im Erblastentilgungsfonds[5] auf, der alle wesentlichen finanziellen Belastungen aus der Wiedervereinigung bündelte und tilgen soll. Im Zusammenhang mit der finanziellen Abwicklung der Deutschen Einheit stand auch die Neubildung des Fonds „Deutsche Einheit", den man zunächst zur Erfüllung staatsvertraglicher Vereinbarungen im Zuge der Schaffung einer Wirtschafts-, Währungs- und Sozialunion mit der DDR errichtete[6]. Wenig später wurden aus ihm finanzielle Hilfen zur Deckung der Haushaltsdefizite an die neuen Bundesländer geleistet. Ebenfalls im Zuge der Wiedervereinigung gründete man schließlich den Entschädigungsfonds[7] und etwas später den Fonds nach § 5 Mauergrundstücksgesetz[8].

Nach dieser Errichtungswelle sah es lange Zeit so aus, als würde die Zahl der Neuerrichtungen nicht noch einmal so rasant zunehmen und die Sondervermögen vor allem in Umfang und Bedeutung nicht an die Fonds im Zusammenhang mit

1 So schon *Vialon*, Haushaltsrecht, S. 372.
2 *Selmer*, in: FS Stern, S. 567 (568).
3 Siehe auch zum mittlerweile aufgelösten PDS-Rentenfonds unten unter G. IV. 2. a).
4 Siehe auch unten unter G. IV. 2. c).
5 Siehe Näheres zum Erblastentilgungsfonds unten unter B. I. 5.
6 Siehe Näheres zum Fonds „Deutsche Einheit" unten unter B. I. 3.
7 Siehe Näheres zum Entschädigungsfonds unten unter B. I. 4.
8 Siehe Näheres zum Fonds nach § 5 Mauergrundstücksgesetz unten unter B. I. 7.

der Deutschen Einheit heranreichen[9]. Schon der Beginn der weltweiten Wirtschaftskrise mit der zunächst einsetzenden Finanzmarktschwäche im Jahr 2008 widerlegte diese Prognose. Durch die Neuerrichtungen der Sondervermögen Finanzmarktstabilisierungsfonds[10] und Investitions- und Tilgungsfonds[11] sollten die Auswirkungen der weltweiten Krise auf dem heimischen Markt durch Stabilisierungs- und Fördermaßnahmen eingedämmt und die schlimmsten Risiken so gering wie möglich gehalten werden. Vor dem Hintergrund der Erfahrungen mit dieser internationalen Finanzkrise und ihren Auswirkungen beschloss das Bundeskabinett in seiner Sitzung am 25.08.2010 den Entwurf eines Restrukturierungsfondsgesetzes (RStruktFG), das nunmehr Gesetz geworden und am 31.12.2010 in Kraft getreten ist[12]. Dieses soll die notwendigen gesetzlichen Möglichkeiten und Instrumente schaffen, um in Zukunft die Schieflage eines systemrelevanten Kreditinstituts aufzufangen und Auswirkungen auf die Stabilität des Finanzsystems insgesamt zu verhindern[13]. Um nicht den Steuerzahler für die staatlichen Rettungsaktionen haften zu lassen, sieht das RStruktFG die Errichtung eines Restrukturierungsfonds für Kreditinstitute in der Form eines Sondervermögens des Bundes vor[14]. Verwaltet wird der Fonds von der Bundesanstalt für Finanzmarktstabilisierung. Das Sondervermögen wird über eine Sonderabgabe aller Kreditinstitute („Bankenabgabe“) finanziert[15], um die darin angesammelten Mittel zur Finanzierung künftiger Restrukturierungs- und Abwicklungsmaßnahmen bei systemrelevanten Banken einzusetzen[16].

Nicht nur diese öffentlichkeitswirksamen Neugründungen rücken die Sondervermögen in den Fokus juristischer und politischer Öffentlichkeit. Auch die Diskussionen über die Einführung einer „Schuldenbremse“ in das Grundgesetz im Zuge der Neuordnung der Bund-Länder-Finanzbeziehungen und schließlich die Streichung des Art. 115 Abs. 2 GG a.F. mit seinem Ausnahmevorbehalt für die Kreditaufnahme durch Sondervermögen veranschaulichen die Bedeutung der Sondervermögen des Bundes[17].

---

9 *Kilian*, Nebenhaushalte, S. 353 und S. 874, prognostiziert, dass die Zahl der Neugründungen von Nebenhaushalten insgesamt eher noch abnehmen werde.

10 Siehe Näheres zum Finanzmarktstabilisierungsfonds unten unter B. II. 9.

11 Siehe Näheres zum Investitions- und Tilgungsfonds unten unter B. I. 10.

12 Gesetz zur Errichtung eines Restrukturierungsfonds für Kreditinstitute vom 09.12.2010, BGBl. I, S. 1900 (Nr. 63).

13 Entwurfsbegr. BT-Drs. 17/3024, S. 42.

14 § 3 Abs. 3 RStruktFG.

15 § 12 Abs. 1 RStruktFG.

16 Siehe auch Entwurfsbegr. BT-Drs. 17/3024, S. 42.

17 Ein Ende der Neuerrichtungen von Sondervermögen ist auch in Zukunft nicht zu erwarten. Das wurde am Beispiel der Diskussion zu Beginn der 17. Legislaturperiode des Bundestags deutlich.

Die CDU/FDP-Koalition hatte zunächst die Gründung eines Sozialversicherungs-Stabilisierungsfonds zur Deckung der Defizite in der Sozialversicherung, insbesondere bei der Bundesagentur für Arbeit erwogen. Das zu errichtende Sondervermögen sollte entweder mittels einmaliger Zuschüsse aus dem Zentralhaushalt oder durch eigene Kreditaufnahme einen aktiven Vermögensstand aufbauen. Daraus hätten dann in den kommenden Jahren die Defizite der Bundesagentur für Arbeit und eventuell der Krankenversicherungen in Form von Zuschüssen ausgeglichen werden können (in einer geschätzten Höhe von bis zu 60 Mrd. Euro), ohne dass es gleichzeitig zu Beitragserhöhungen gekommen wäre (Quelle: Interview des Deutschlandfunks mit Steffen Kampeter, Vorsitzender der Arbeitsgruppe Haushalt der CDU/CSU-Fraktion vom 22.10.2009).

A. Problemstellung: Die prekäre Lage der Sondervermögen im System des Haushaltsverfassungsrechts

Einige Sondervermögen gibt es bereits seit der Weimarer Zeit[18]. Der Begriff des Sondervermögens tauchte in gesetzlicher Form jedoch erst in der Bundesrepublik auf und existierte in der bis zur Großen Finanzreform 1969 anwendbaren Reichshaushaltsordnung. Durch diese Reform vom 12.05.1969[19] fand der Sondervermögensbegriff auch Eingang in das Grundgesetz. Art. 110 Abs. 1 Satz 1 HS 2 GG regelt seitdem, dass für Sondervermögen „nur die Zuführungen und Ablieferungen“ von oder an den Bundeshaushalt in den Haushaltsplan des Bundes eingestellt werden „brauchen“. Art. 115 Abs. 2 GG a.F.[20] erlaubte für Sondervermögen Ausnahmen von den in Art. 115 Abs. 1 GG formulierten Grenzen der Nettokreditaufnahme des Bundes. Auch das StabG[21], das HGrG[22] und insbesondere die BHO[23] enthalten Regelungen zu den Sondervermögen. Eine gesetzliche Definition des Sondervermögens im engeren Sinn gibt es hingegen nicht.

I. Sondervermögen als „Nebenhaushalt“

Das Staatsvermögen ist das Fundament für die (Ausgaben-)Politik des Bundes. Es ist Machtausübungsmittel und wichtiges Instrument der Politik und Staatsleitung. Daraus resultiert die wesentliche Bedeutung der Haushaltswirtschaft als Mittel für die Verwaltung der Finanzen.

Im Ständestaat (14./15. bis 17. Jahrhundert) nutzten souveräne Fürsten ihr Wissen über Staatsmittel als Herrschaftswissen und zeigten wenig Interesse daran, es zu offenbaren. Die Landesherren bestritten ihre Ausgaben hauptsäch-

---

18 Vgl. das Gesetz über Bergmannssiedlungen vom 10.03.1930, RGBl. I, S. 32, in der im BGBl. III, Gliederungsnr. 2330-5 veröffentlichten bereinigten Fassung, zuletzt geändert durch Gesetz vom 08.12.2007, BGBl. I, S. 2812.

19 BGBl. I, S. 357.

20 Ebenfalls in der Fassung vom 12.05.1969, BGBl. I, S. 357.

21 § 13 Abs. 1, § 19 Satz 1, § 25 Satz 2 StabG.

22 § 18 Abs. 2, § 42 Abs. 1, § 48 Abs. 1, § 52 Abs. 2 Satz 2 und Abs. 3, § 53 Abs. 2 Satz 1 HGrG.

23 § 26 Abs. 2, § 61 Abs. 3 Satz 1, § 85 Nr. 2, § 88 Abs. 1, § 91 Abs. 1 Satz 1 Nr. 4, § 113 BHO.

lich durch Erträge aus dem eigenen Besitz, insbesondere mittels der Domänenbewirtschaftung sowie durch Einnahmen aus den Regalien, wobei die Erträge zumeist strikt zweckgebunden zu verwenden waren. Reichte das Prinzipalvermögen aus Regalien und Domänenverwaltung nicht, existierte ein außerordentliches Steuerbewilligungsrecht der Landstände, doch auch die von ihnen bewilligten Steuern waren stets zweckgebunden[24]. Dieses sich entwickelnde System der Fondswirtschaft, das die Einnahmen in zahlreiche Fonds und Töpfe mit speziell zugewiesenen Aufgaben teilte, verhinderte einen einheitlichen, dem Gesamtdeckungsprinzip unterworfenen Haushalt[25].

Das änderte sich in der Epoche des Absolutismus, im Zeitraum des 17. und 18. Jahrhunderts. Zwar kam es zu einer Schwächung der Stände, aber die absoluten Herrscher hatten einen erheblich erhöhten Mittelbedarf. Dies führte dazu, dass die enorm verbreiterte Steuererhebung nicht mehr dem Vorbehalt der Stände unterlag, von bestimmten Zweckbestimmungen abgekoppelt und auch verstetigt wurde. Die zum größten Teil nicht mehr zweckgebundenen Steuererträge wurden nun einem einheitlichen Gesamthaushalt zugeführt und so gemeinsam bewirtschaftet[26]. Das einheitliche Budget, das aber den Ständen und der Öffentlichkeit verborgen blieb, bildete sich heraus[27].

Erst die langsame Demokratisierung seit dem 19. Jahrhundert und die damit einhergehende Errungenschaft des parlamentarischen Budgetrechts ermöglichten dem Staatsvolk Einblick in und Überblick über die Staatsfinanzen. In der Zeit des Frühkonstitutionalismus bildete sich ein Steuerbewilligungsrecht der Volksvertretungen heraus, das zunächst auf einzelne Steuern beschränkt war[28]. Schließlich drängten die Parlamente aber auch auf Mitspracherechte bei der Verwendung der Steuergelder[29]. Exemplarisch für den Kampf der Parlamente um Mitbestimmungsrechte steht der preußische Budgetkonflikt (1862 bis 1866), wo es zu einem Dissens des über einen Ausgabenbewilligungsvorbehalt verfügenden Parlaments mit der monarchischen Exekutive kam[30]. Wenngleich der im System angelegte Konflikt zwischen Parlamenten und Regierungen endgültig formal erst durch die Weimarer Reichsverfassung von 1919 zugunsten des Volks als Souverän gelöst wurde[31], existierte bereits zum Ende des 19. Jahrhunderts flächendeckend ein Recht der Parlamente, den Gesamthaushalt periodisch zu bewilligen[32].

---

24 *Gröpl*, in: Bonner Kommentar, Stand: Dezember 2001, Art. 110 Rn. 9.

25 Vgl. *Kube*, Finanzgewalt in der Kompetenzordnung, S. 31 f.

26 *Kube*, ZG 2010, 105 (106) m.w.N.

27 Siehe dazu *Stern*, Staatsrecht II, S. 1190 f.

28 *Gröpl*, in: Bonner Kommentar, Stand: Dezember 2001, Art. 110 Rn. 11.

29 *Heun*, Staatshaushalt/Staatsleitung, S. 52.

30 Näheres dazu *Mußgnug*, Haushaltsplan, S. 160 ff.

31 *Gröpl*, in: Bonner Kommentar, Stand: Dezember 2001, Art. 110 Rn. 22.

32 *Kube*, ZG 2010, 105 (107).

Die größer werdenden sozialen und wirtschaftlichen Anforderungen an Staat und Staatshaushalt stellen die demokratische Errungenschaft des parlamentarischen Budgetrechts und die damit einhergehende Transparenz aber erneut in Frage. Ein zunehmend komplexeres Wirtschafts- und Finanzsystem, unterschiedliche gesellschaftliche, soziale, kulturelle und übernationale Bedürfnisse beschleunigen die Entwicklung vom schon marginalisierten Obrigkeits- zum Leistungsstaat. Das Postulat eines einheitlichen und vollständigen Staatsbudgets und einer kameralistischen Haushaltswirtschaft stellt sich für manche staatlichen Aufgaben im Sinne eines wirtschaftlich-effektiven Regierungshandelns[33] daher als schwerfällig und unflexibel dar[34]. Durchbrechungen des Vollständigkeits- und Einheitspostulats werden deshalb sogar als notwendig betrachtet und vom Grundgesetz durch Art. 110 Abs. 1 Satz 1 HS 2 GG in der Form der Auslagerung von Sondervermögen zumindest gebilligt[35]. Die Errichtung eines Sondervermögens und dessen Bewirtschaftung außerhalb des Zentralhaushalts entlastet letzteren und schützt vor einer Überfrachtung mit Einzelaufgaben. Mittel können unbürokratischer, schneller und flexibler aufgewendet und verteilt werden. Es wird möglich, innerhalb der Sondervermögen Experten- oder Sachverständigengremien und andere außerstaatliche Kräfte als Berater, möglicherweise sogar Entscheidungsträger für die Mittelverwendung einzusetzen. Damit geht keinesfalls nur eine Auslagerung von Vermögen aus dem Zentralhaushalt einher. Dem ausgegliederten Sondervermögen kann nämlich seitens der Politik öffentlichkeitswirksam ein hoher Stellenwert und eine zentrale Bedeutung in der öffentlichen Diskussion eingeräumt werden. Die Budgetauslagerung eignet sich dadurch als Politikinstrument. Das kann in einigen Fällen dazu führen, dass mit der öffentlichkeitswirksamen Ausgliederung immerhin eine größere Kontrolle durch Bürger und Medien einhergeht. Von einer Flucht aus dem Budget[36] darf zumindest pauschal keine Rede sein.

Die denkbaren Vorteile der Vermögensausgliederung können und dürfen aber das verfassungsrechtliche Regel-Ausnahme-Prinzip zwischen einheitlichem Budget und ausgegliederten Sondervermögen nicht umkehren. Das Grundgesetz schweigt zwar zu den Voraussetzungen für eine zulässige Vermögensausgliede-

---

33 Vgl. zum Motiv ökonomischer Effizienz beim finanzhoheitlichen Handeln des Staates und zum damit einhergehenden Verlust an Kompetenz- und Formenstrenge *Kube*, Finanzgewalt in der Kompetenzordnung, S. 519 ff.; zur Wirtschaftlichkeit beim verwaltungsrechtlichen Handeln allgemein *Burgi*, in: Erichsen/Ehlers, Allgemeines Verwaltungsrecht, § 7 Rn. 15.

34 Zu den Anforderungen an das Haushaltsrecht bei neuen Modellen der Verwaltungsorganisation *J.-P. Schneider*, in: Schmidt-Aßmann/Hoffmann-Riem, Verwaltungsorganisationsrecht als Steuerungsressource, S. 103 (132 ff.).

35 *Schemmel/Borell*, Verfassungsgrenzen für Steuerstaat und Staatshaushalt, S. 186.

36 Zum Ganzen *Puhl*, Budgetflucht und Haushaltsverfassung, Tübingen 1996.

rung, aber es ist anerkannt, dass sich die Aussagekraft des Art. 110 Abs. 1 Satz 1 HS 2 GG zur Rechtfertigung von Sondervermögen auf bei Erlass der Regelung *bereits bestehende* Sondervermögen beschränkt[37]. Sie lässt das Erfordernis der Rechtfertigung von Neuausgliederungen nicht obsolet werden. Die verfassungsrechtliche Ausnahmeregelung für Sondervermögen muss daher als „statisch" bezeichnet werden, so dass sich Zulässigkeitsanforderungen für die Neuerrichtung ausgegliederter Sondervermögen aus ihr nicht ableiten lassen[38]. Von den bei Erlass als bestehend angesehenen Sondervermögen existiert heute nur noch das ERP-Sondervermögen. Die übrigen, schon damals existierenden Sondervermögen wurden bei Erlass des Art. 110 Abs. 1 Satz 1 GG nicht als Sondervermögen qualifiziert[39].

II. Ausgangspunkt: Art. 110 Abs. 1 GG

Art. 110 GG ist die Kernbestimmung des bundesdeutschen Haushaltsrechts[40]. Auf seiner Grundlage lassen sich die geltenden einfach-gesetzlichen Haushaltsgrundsätze von den verfassungsrechtlich verankerten Haushaltsprinzipien differenzieren. So gehen aus Art. 110 GG die Verfassungsgrundsätze der Vollständigkeit und Einheit[41], der Periodizität und Vorherigkeit[42], des Bruttoprinzips[43] und der Spezialität[44], der Klarheit, Wahrheit und Öffentlichkeit des Haushalts[45]

37 Siehe nur *Mann*, Die öffentlich-rechtliche Gesellschaft, S. 23.

38 Allerdings ist unbestritten, dass Art. 110 Abs. 1 Satz 1 HS 2 GG nicht die Anzahl der bei Erlass der verfassungsrechtlichen Norm bereits bestehenden Sondervermögen zementieren wollte. Neugründungen sollten weiter möglich sein, *Kilian*, Nebenhaushalte, S. 628 f.

39 Zu den von der Neuregelung des Art. 110 GG erfassten, bereits bestehenden Sondervermögen vgl. *Siekmann*, in: Sachs, Art. 110 Rn. 94; *derselbe*, Art. 115 Rn. 58: nur ERP-Sondervermögen, Lastenausgleichsfonds, Bahn und Post.

40 So schon *Vialon*, Haushaltsrecht, S. 200.

41 Art. 110 Abs. 1 Satz 1 HS 1.

42 Art. 110 Abs. 2 Satz 1.

43 Das Bundesverfassungsgericht hat sich noch nicht dazu geäußert, ob das Bruttoprinzip Verfassungsrang besitzt. Grundsatz des einfachen Haushaltsrechts: *Brockmeyer*, in: Schmidt-Bleibtreu, Art. 110 Rn. 12a; *Hillgruber*, in: v. Mangoldt/Klein/Starck, Art. 110 Rn. 59 ff.; *Maunz*, in: Maunz/Dürig, Stand: 1981, Art. 110 Rn. 33; differenzierend: *Heun*, Staatshaushalt/Staatsleitung, S. 429 m.w.N.; wie hier mit Verfassungsrang: *Gröpl*, in: Bonner Kommentar, Stand: Dezember 2001, Art. 110 Rn. 111; *Heintzen*, in: v. Münch/Kunig, Art. 110 Rn. 16; *Jarass*, in: Jarass/Pieroth, Art. 110 Rn. 4; *Mahrenholz*, in: AK-GG, Stand: August 2002, Art. 110 Rn. 50; *Siekmann*, in: Sachs, Art. 110 Rn. 46, Rn. 49 f.; *K. Vogel*, DÖV 1977, 837 (842 ff.).

44 Art. 110 Abs. 1 Satz 1 HS 1, Umkehrschluss aus Art. 110 Abs. 1 Satz 1 HS 2.

45 Art. 110 Abs. 1 Satz 1 HS 1 und Abs. 2 Satz 1.

sowie des formellen[46] Ausgleichs von Einnahmen und Ausgaben[47] hervor. Diese Grundsätze folgen entweder ausdrücklich, mittelbar oder in Gesamtschau mit anderen grundgesetzlichen Bestimmungen aus Art. 110 GG. Der Inhalt dieser Zentralnorm für das Haushaltsverfassungsrecht erschöpft sich aber nicht darin, die wesentlichen haushaltsrechtlichen Maximen festzuschreiben, sondern ist auch für den Begriff, die rechtlichen Grundlagen und den verfassungsrechtlichen Rahmen der Figur des Sondervermögens von wesentlicher Bedeutung. So findet sich allein in Art. 110 Abs. 1 Satz 1 HS 2 GG – neben der Bestimmung in Art. 115 Abs. 2 GG a.F. – eine explizite grundgesetzliche Regelung zu Sondervermögen des Bundes *im engeren Sinn*, wie sie Gegenstand der Arbeit sind[48]. Grundlagen und Grenzen einer Ausgliederung aus dem Zentralhaushalt in der Form von Sondervermögen müssen dem durch die Verfassung vorgegebenen Rahmen Rechnung tragen. Die Figur des Sondervermögens ist demnach nicht nur haushaltspraktisch relevant, sondern von Verfassung wegen ausdrücklich anerkannt. Es bleibt allerdings zu ergründen, welche normativen Bindungen bestehen und unter welchen verfassungsrechtlichen Bedingungen die Errichtung und die Ausgestaltung von Sondervermögen, die unter die Ausnahme des Art. 110 Abs. 1 Satz 1 HS 2 GG fallen, zulässig sind. Entscheidend für die folgenden Betrachtungen sind daher zunächst die Fragen, inwiefern und welche der Haushaltsprinzipien mit Verfassungsrang durch die mit der Errichtung von Sondervermögen i.S.d. Art. 110 Abs. 1 Satz 1 HS 2 GG einhergehenden Haushaltsauslagerungen betroffen sind. In weiteren Schritten muss dann untersucht werden, wie diese Beeinträchtigungen gerechtfertigt und legitimiert werden können.

---

46 Allgemein wird der Grundsatz des Ausgleichs von Einnahmen und Ausgaben im Haushaltsplan als Forderung nach formal-rechnerischer Ausgewogenheit aufgefasst. Nicht erforderlich ist demnach ein materieller Ausgleich, bei dem auf Einnahmenseite Rücklagenentnahmen und Krediterlöse und auf Ausgabenseite Schuldentilgung und Rücklagenbildung unberücksichtigt bleiben müssen; zuletzt BVerfGE 119, 96 (119); *Heintzen*, in: v. Münch/Kunig, Art. 110 Rn. 27; *Piduch* in: Arnold/Geske, Öffentliche Finanzwirtschaft, S. 134; siehe ausführlicher unten unter F. I. 2.

47 Art. 110 Abs. 1 Satz 2.

48 Anzumerken bleibt, dass der Begriff des Sondervermögens *im weiteren Sinn* für jegliche Art von Vermögensausgliederung aus dem Zentralhaushalt gebraucht wird, unter anderem beispielsweise auch für selbständige Rechtsträger des öffentlichen oder privaten Rechts, siehe dazu auch *Kube*, ZG 2010, 105 (109 ff.).

III. Berührung von Haushaltsgrundsätzen mit Verfassungsrang

1. Grundsatz der Vollständigkeit und Haushaltseinheit

Die wichtigsten aus Art. 110 GG folgenden haushaltsverfassungsrechtlichen Grundsätze sind das Prinzip der Vollständigkeit[49] und der damit notwendig verknüpfte Grundsatz der Einheit des Haushalts. Das Vollständigkeitspostulat, das aus der Formulierung „*Alle* Einnahmen und Ausgaben" in Art. 110 Abs. 1 Satz 1 GG folgt, wird häufig als tragendes Element und wesentlichster Budgetgrundsatz bezeichnet[50]. Alle Einnahmen und Ausgaben des Bundes sind demnach in den Haushaltsplan einzustellen. Keine voraussehbaren Einnahmen oder Ausgaben dürfen bei der Veranschlagung unberücksichtigt bleiben[51]. Der Grundsatz der Haushaltseinheit („in *den* Haushaltsplan einzustellen"), welcher ein einheitliches Budget garantieren und folglich die Aufstellung mehrerer Haushaltspläne verhindern soll[52], ergänzt dieses Vollständigkeitspostulat.

Beide Haushaltsprinzipien sollen zuvörderst die „Einheit der Gesamtentscheidung des Parlaments" gewährleisten[53]. Nur durch eine möglichst umfassende und lückenlose Aufstellung aller Einnahmen und Ausgaben des Bundes durch die Exekutive in einem Haushaltsplan kann der Bundestag die Mittelverteilung tatsächlich und effektiv kontrollieren und der Haushaltsplan seinem Zweck der politischen Legitimierung von Staatshandeln und als Gestaltungsinstrument des Staates gerecht werden[54]. Tatsächlich wirken bei der Haushaltspolitik Exekutive und Legislative zusammen, ergänzen sich und sind interdependent[55]. Dem Parlament kommt eine Zustimmungs- und Ermächtigungsfunktion zu, das Initiativrecht hingegen wird nach Art. 110 Abs. 3 GG nur von der Exekutive ausgeübt. Das Parla-

---

49 Zum Grundsatz der Vollständigkeit des Haushaltsplans als Prinzip mit Verfassungsrang siehe auch BVerfGE 55, 274 (303); 119, 96 (118).

50 *Kilian*, Nebenhaushalte, S. 114; zum Vollständigkeitsgrundsatz auch BVerfGE 122, 316 (333 ff.); 123, 132 (141); 124, 235 ff.

51 *Nebel*, in: Piduch, Bundeshaushaltsrecht, Stand: Dezember 2004, Art. 110 Rn. 33.

52 *Nebel*, in: Piduch, Bundeshaushaltsrecht, Stand: Dezember 2004, Art. 110 Rn. 32.

53 *Heckel*, in: Handbuch des deutschen Staatsrechts, Band II, S. 397.

54 *P. Kirchhof*, NJW 2001, 1332 (1333); vgl. zum Vollständigkeits- und Einheitsgrundsatz insgesamt *Nebel*, in: Piduch, Bundeshaushaltsrecht, Stand: Dezember 2004, Art. 110 Rn. 19; zur sich abschwächenden Bedeutung parlamentarischer Haushaltsbewilligung *derselbe*, Art. 110 Rn. 4, 8, 10; zur Beeinträchtigung der wirtschaftlichen Budgetplanung durch Abweichungen vom Vollständigkeitsgrundsatz („Bruchstückhaftigkeit der haushaltsmäßigen Wirtschaftsplanung") *Hirsch*, Parlament und Verwaltung, 2. Teil, S. 88 und S. 108; *Mußgnug*, in: FS Forsthoff, S. 259 (283 mit Fn. 51), sieht zwar auch die wirtschaftliche Planung beeinträchtigt, wertet diese Beeinträchtigung aber nur als finanzpolitisches, nicht rechtliches Problem.

55 *Wacke*, Finanzwesen BRD, S. 11; *Hettlage*, in: FS Weber, S. 401 ff.

ment hat vor dem Aspekt gegenseitiger Interaktion nicht allein die Aufgabe der Legitimierung. In der Verfassungswirklichkeit kontrollieren die Oppositionsfraktionen und der Bundesrechnungshof effektiv sogar stärker das Handeln der Regierung. Zudem fällt den nicht-staatlichen Institutionen wie den Medien und Lobbygruppen immer häufiger eine ähnliche Kontrollfunktion zu[56]. Allerdings gebührt in einer parlamentarisch verfassten Demokratie die wesentliche und wichtigste Legitimationsfunktion dem Parlament[57], so dass der Legislative gleichsam der Vorrang oder die „Vorherrschaft“ zukommt[58].

Das Vollständigkeits- und Einheitsprinzip bringt nicht nur die Kontrolle über die Verwaltung der Haushaltsmittel und über die Gestaltung politischen Handelns mit sich, sondern es hilft auch, die individuelle Freiheit der Staatsbürger zu bewahren. Durch verdeckte und unkontrollierte Auslagerungen aus dem Zentralbudget werden nämlich die Möglichkeit zur Verschleuderung öffentlicher Mittel, die Verschuldung und damit einhergehend die Missbrauchsgefahr auf staatlicher Seite begünstigt sowie unter Umständen die Abgabenlast jedes Einzelnen gesteigert. Die Bewahrung der Staatsfinanzen und die Beschränkung übermäßiger Ausgabenlasten sowie insbesondere die individuelle Freiheit können dadurch erheblichen Schaden nehmen[59]. Es obliegt parlamentarischer Kontrolle über ein vollständiges und einheitliches Budget, diese Risiken zu minimieren.

Das Postulat der Vollständigkeit und Einheitlichkeit des Haushalts kann nicht ohne Einschränkungen auskommen. Das zeigt sich bereits an der oftmals verkürzten, stichpunktartigen Darstellung der Haushaltsaufstellung und -aufmachung, die jedoch nur formaler Natur ist und der Wahrung einer übersichtlichen und klaren Form des Haushaltsplans dient[60]. Nur durch notwendige Verkürzungen, tabellarische und stichwortartige Darstellungen kann der ohnehin große Umfang des Budgets begrenzt und die Einschränkung des Vollständigkeitsprinzips gerechtfertigt werden[61].

Anders verhält es sich mit der materiellen Auslagerung von Budgets aus dem Gesamtetat, die zur Folge hat, dass alle Einnahmen und Ausgaben dieses neu geschaffenen Haushalts aus dem Gesamtplan verschwinden. Diese nicht nur formale, sondern materielle Auslagerung führt zur Nichtbeachtung der Prinzipien der

56 Darauf weist auch *Kilian*, Nebenhaushalte, S. 882, hin.

57 *Rüfner*, Formen öffentlicher Verwaltung, S. 222.

58 *Mallmann*, VVDStRL 19 (1961), 165 (186).

59 *Smekal*, Finanzwirtschaft intermediärer Gruppen, S. 36; vgl. auch *Puhl*, Budgetflucht, S. 116 ff., der aber betont, dass die Sicherung von Freiheit und Gleichheit der Bürger durch den Haushaltsplan nur faktisch gegeben, nicht aber normativ angelegt sei.

60 *Mußgnug*, Haushaltsplan, S. 315, spricht diesbezüglich von der „dürren Zahlen- und Stichwortsprache“ des Bundeshaushaltsplans.

61 Der Bundeshaushaltsplan 2009, BT-Drs. 16/9900, umfasst 2770 Seiten.

Vollständigkeit und Einheit des Etats. Eine Ausgliederung in der Form von Sondervermögen wird zwar nach Art. 110 Abs. 1 Satz 1 HS 2 GG vom Grundgesetz im Grundsatz gebilligt, aber sie ist nicht wie die nur formalen Einschränkungen als von vornherein gerechtfertigt zu qualifizieren. Bereits aus dem Wortlaut von Art. 110 Abs. 1 Satz 1 HS 2 GG und Art. 115 Abs. 2 GG a.F. folgt, dass es zwar ein Institut Sondervermögen geben darf und dass das Grundgesetz dieses Institut anerkennt. In der Finanzwirklichkeit stellt aber weder die Existenz eines Sondervermögens, geschweige denn die Existenz eines bestimmten Sondervermögens ein Muss dar. Beide verfassungsrechtlichen Normen sagen auch noch nichts aus über die Rechtfertigungsanforderungen, die an die Errichtung eines Sondervermögens zu stellen sind.

2. Weitere Haushaltsgrundsätze

Das Verfassungsrang besitzende Bruttoprinzip[62], das die getrennte Aufstellung von Einnahmen und Ausgaben im Haushaltsplan in voller Höhe und das Verbot der Saldierung statuiert[63], gilt gemäß Art. 110 Abs. 1 Satz 1 HS 2 GG nicht für Sondervermögen[64].

Der verfassungsrechtliche Jährlichkeitsgrundsatz nach Art. 110 Abs. 1 Satz 1 GG[65] kann – bezogen auf den Bundeshaushaltsplan – durch die Schaffung von dauerhaften, über das Haushaltsjahr hinausreichenden Sondervermögen nicht seine Wirkung entfalten[66]. In ähnlicher Konsequenz wie bei Verpflichtungsermächtigungen wirkt die Errichtung eines ausgelagerten Sondervermögens als Belastung für zukünftige Haushaltsjahre. Denn durch die Errichtung selbst werden bereits dauerhafte Ausgabenposten, insbesondere für die Verwaltung und das Personal

62 Siehe oben Fn. 43.

63 *Maunz*, in: Maunz/Dürig, Stand: 1981, Art. 110 Rn. 33; *Nebel*, in: Piduch, Bundeshaushaltsrecht, Stand: Dezember 2004, Art. 110 Rn. 20.

64 *Maunz*, in: Maunz/Dürig, Stand: 1981, Art. 110 Rn. 34; anderer Ansicht *Nebel*, in: Piduch, Bundeshaushaltsrecht, Stand: Dezember 2004, Art. 110 Rn. 47, der die Zulassung von Sondervermögen nicht als verfassungsrechtliche Ausnahme vom Bruttoprinzip erachtet, sondern davon ausgeht, dass gleichzeitig in einem Haushaltsjahr sowohl Zuführungen an das und Ablieferungen aus dem Sondervermögen vorkommen könnten.

65 Den Jährlichkeitsgrundsatz als Verfassungsprinzip qualifizieren *Heintzen*, in: v. Münch/ Kunig, Art. 110 Rn. 9; *Siekmann*, in: Sachs, Art. 110 Rn. 46, Rn. 60 f.; vgl. auch BVerfGE 55, 274 (303): „für jedes Rechnungsjahr".

66 *Maunz*, in: Maunz/Dürig, Stand: 1981, Art. 110 Rn. 64; *Nebel*, in: Piduch, Bundeshaushaltsrecht, Stand: Dezember 2004, Art. 110 Rn. 23.

des Sondervermögens sowie für dessen Finanzierung, über das aktuelle Haushaltsjahr hinaus begründet[67].

Schließlich kann bei entsprechender Ausgestaltung eines Sondervermögens auch das einfach-gesetzliche Element der *Non-Affektation*[68], auch Gesamtdeckungsprinzip genannt, betroffen sein. Durch den Non-Affektationsgrundsatz soll gewährleistet werden, dass alle Einnahmen des Bundes als Deckungsmittel für alle Ausgaben dienen und nicht von vornherein zweckgebunden verwendet werden[69]. Dieses Prinzip ist angetastet, wenn einige Sondervermögen aus Abgaben gespeist werden, deren Verwendung einer Zweckbindung unterliegt. Derart zweckgebundene Einnahmen für Sondervermögen führen nämlich zu einer „Topfwirtschaft", die das Gesamtdeckungsprinzip grundsätzlich zu verhindern sucht[70].

Die verfassungsrechtlichen Haushaltsprinzipien erfüllen eine Bewahrungsfunktion insofern, als sie die durch das Parlament im Lauf der Geschichte errungene Haushaltsmacht vor Eingriffen und Beschneidungen schützen sollen. Diese Haushaltsprinzipien finden somit ihren Ursprung im Prinzip der demokratischen Legitimation und dem Haushaltsbewilligungsrecht des Parlaments als Instrument der Kontrolle staatlichen Handelns[71]. Die Ausgliederung eines Budgets aus dem Haushaltsplan durch Errichtung eines Sondervermögens muss daher vor allem an dem Grundsatz demokratischer Legitimation nach Art. 20 Abs. 2 GG gemessen werden und bedarf der Rechtfertigung.

---

67 *Kilian*, Nebenhaushalte, S. 544 f.; *Totenhöfer-Just*, Öffentliche Stiftungen, S. 116. Nach finanzwissenschaftlichen Schätzungen sind die an der Haushaltsplanung und -gesetzgebung beteiligten Organe ohnehin insgesamt i.H.v. 80 bis 95 % des gesamten Ausgabevolumens durch bereits begründete Verpflichtungen oder faktische Bewilligungspflichten gebunden, *P. Kirchhof*, NVwZ 1983, 505 (508 mit Fn. 19); vgl. auch *Ewringmann*, Flexibilität öffentlicher Ausgaben, S. 66 ff., unter Bezugnahme auf nicht veröffentlichte Ermittlungen des Finanzplanungsrates; zu den Schwierigkeiten empirisch exakter Feststellung der rechtlichen und faktischen Bindungen *Heun*, Staatshaushalt/Staatsleitung, S. 176 ff., S. 328.

68 Die überwiegende Meinung geht davon aus, dass es sich beim Non-Affektationsprinzip um einen einfach-rechtlichen Haushaltsgrundsatz handelt, *Heintzen*, in: v. Münch/Kunig, Art. 110 Rn. 6; *Siekmann*, in: Sachs, Art. 110 Rn. 46; *Stern*, Staatsrecht II, S. 1244; offen hingegen BVerfGE 93, 319 (348); zur Berührung des Non-Affektationsprinzips durch die Erhebung von Sonderabgaben vgl. BVerfGE 18, 315 (328); 37, 1 (16 f.); 55, 274 (303 ff.); 122, 316 (334 f.); 123, 132 (142).

69 *Maunz*, in: Maunz/Dürig, Stand: 1981, Art. 110 Rn. 43; *Nebel*, in: Piduch, Bundeshaushaltsrecht, Stand: Dezember 2004, Art. 110 Rn. 21.

70 *Nebel*, in: Piduch, Bundeshaushaltsrecht, Stand: Dezember 2004, Art. 110 Rn. 21.

71 BVerfGE 45, 1 (32); 70, 324 (356); 119, 96 (119) m.w.N.

IV. Ziel der Untersuchung

Das in Art. 110 GG statuierte Regel-Ausnahme-Prinzip ist rein „statischer" Natur[72] und legitimiert lediglich die bei Erlass der grundgesetzlichen Vorschrift bestehenden Sondervermögen[73]. Da Aussagen zu den Voraussetzungen für die Auslagerung neuer Sondervermögen fehlen, besteht eine tatsächliche Regelungslücke. Es bleibt zu untersuchen, ob und wenn ja, welchen (normativen) Rahmens es aus verfassungsrechtlicher Sicht bedarf, um ein Sondervermögen zu errichten.

Während im Privatrecht ein gesetzlicher Katalog an Organisationsformen existiert, fehlen solche Regelungen im öffentlichen Recht fast gänzlich. Auch bei der Errichtung von Sondervermögen wird der fehlende normative Rahmen virulent: Ein grundlegendes Gesetz zur Errichtung bzw. Gestaltung von Sondervermögen existiert nicht, während es eine große Vielfalt an einzelnen Errichtungsgesetzen zu Sondervermögen gibt. Zwar mag diese Diversität notwendig sein, um die Flexibilität der Sondervermögen zu erhalten, allerdings bedarf es dringend weitergehender verallgemeinernder Normen, die zumindest die grundlegenden Gemeinsamkeiten bei der Auslagerung und das Bewirtschaftungsrecht für Sondervermögen in einen gesetzlichen Rahmen fassen[74].

Diese Arbeit wird der Frage der normativen und insbesondere verfassungsrechtlichen Zulässigkeit und Legitimation der Errichtung und Ausgestaltung von Sondervermögen nachgehen. Leitfaden muss dabei die Wahrung des Regel-Ausnahme-Verhältnisses von haushaltsmäßiger Veranschlagung einerseits und Errichtung eines abgesonderten Sondervermögens andererseits sein. Denn das Grundgesetz befreit das Sondervermögen nicht von den allgemeinen Grundsätzen demokratischer und rechtsstaatlicher Haushaltswirtschaft. Ausgehend davon soll erarbeitet werden, unter welchen Bedingungen die Errichtung eines Sondervermögens zulässig ist und inwiefern es an die Haushaltsgrundsätze gebunden werden muss, die auch für den Zentralhaushalt gelten. Dafür ist es notwendig, grundlegend auf den Begriff des Sondervermögens bzw. dessen Rechtsnatur, Rechtsstellung und Organisation einzugehen. Abschließend sollen auch das Verhältnis zum Muttergemeinwesen und zu Dritten und die Finanzierung der Sondervermögen näher beleuchtet werden.

Die Untersuchung bezweckt, Regelungslücken in Bezug auf die Gründung von Sondervermögen des Bundes aufzudecken. Die notwendigen Grundlagen zur

---

72 *Mann*, Die öffentlich-rechtliche Gesellschaft, S. 23.

73 Siehe dazu bereits oben unter Fn. 39.

74 Ähnlich schon die Forderung *Vialons*, Haushaltsrecht, S. 375, der für den Fall einer Neuordnung des Bundeshaushaltsrechts eine umfassende und klare Regelung des Bewirtschaftungsrechts für Sondervermögen anmahnt.

Errichtung von Sondervermögen im einfachen Haushaltsrecht sollen auf ihre Tauglichkeit und Vollständigkeit hin überprüft und notfalls revidiert werden.

Ob die Errichtung von Sondervermögen im konkreten Einzelfall einer weiteren, speziellen gesetzlichen Regelung bedarf, bleibt ebenfalls zu untersuchen. Ist dies zu bejahen, sind mögliche Normierungen zu erarbeiten, um der inhaltlich janusköpfigen Vielfalt an Errichtungsgesetzen zu begegnen und einen Leitfaden für den Erlass einheitlicher Modellformulierungen zu finden. Diese über die bereits bestehenden Normen der BHO hinausgehenden Regelungen müssen sich an den verfassungsrechtlichen Vorgaben und den praktischen Anforderungen orientieren.

B. Sondervermögen des Bundes – eine Bestandsaufnahme

Die Haushalts- und Vermögensrechnung des Bundes für das Jahr 2008[75] weist in Übersichten und Erläuterungen insgesamt 16 Sondervermögen des Bundes aus[76] und ist lückenhaft. Die Haushaltsrechnung für das Jahr 2009 korrigiert diese Aufzählung und listet nahezu[77] alle bestehenden Sondervermögen des Bundes auf[78].

I. Sondervermögen in unmittelbarer Bundesverwaltung

Die Haushalts- und Vermögensrechnung des Bundes für das Jahr 2007[79] differenziert, anders als die Jahresrechnung des Jahres 2008 und die Haushaltsrechnung des Jahres 2009, zwischen Sondervermögen in unmittelbarer Bundesverwaltung und „Sondervermögen, die von Stellen außerhalb der Bundesverwaltung verwaltet werden (Treuhandstellen)“[80].

Vier Sondervermögen des Bundes in unmittelbarer Bundesverwaltung – ERP-Sondervermögen, Fonds „Deutsche Einheit“, Erblastentilgungsfonds sowie Bundeseisenbahnvermögen – gebührt zudem eine Sonderstellung insoweit, als ihre Verschuldung mittlerweile zumindest zu einem Großteil im Haushaltsplan ausgewiesen und nicht außerhalb des Etats veranschlagt wird. Der Bund hat hier durch Gesetzesänderungen die Schulden der jeweiligen Sondervermögen als Mit-

---

75 Jahresrechnung 2008 einsehbar im Internet unter: http://www.kkr.bund.de/nn_216444/ DE/Dienststelle/Rechnungslegung/Haushalts-_20und_20Verm_C3_B6gensrechnung_20des_20Bundes/Haushalts-_20undVerm_C3_B6gensrechnung_20des_20Bundes.html.

76 Unter Gliederungspunkt 5.10, S. 1448 ff.

77 Der Restrukturierungsfonds sowie das Sondervermögen „Energie- und Klimafonds“ konnten wegen ihrer späteren Gründung noch nicht aufgenommen werden.

78 Dazu listet sie als weitere Sondervermögen des Bundes auch die Entschädigungseinrichtungen nach § 6 Abs. 1 Satz 2 Nr. 1, Nr. 2 EAEG auf, obwohl diese aufgrund der Beleihung von juristischen Personen des Privatrechts keine öffentlich-rechtlichen Sondervermögen darstellen und in der Haushaltsrechnung des Bundes nicht aufzuführen sind.

79 Jahresrechnung 2007 einsehbar im Internet unter: http://www.kkr.bund.de/nn_216444/DE/Dienststelle/Rechnungslegung/Haushalts-_20und_20Verm_C3_B6gensrechnung_20des_20Bundes/Haushalts-_20undVerm_C3_B6gensrechnung_20des_20Bundes.html.

80 Unter Gliederungspunkt 6.10, S. 1424 ff.

schuldner übernommen und weist sie daher als eigene Verpflichtungen aus. Ausschlaggebend für den Schuldbeitritt des Bundes zum Fonds „Deutsche Einheit" war die Umsetzung von Vorgaben des Bundesverfassungsgerichts zum Grundsatz der föderativen Gleichbehandlung[81]. Gründe für die Eingliederung der Schulden des ERP-Sondervermögens sowie des Erblastentilgungsfonds und des Bundeseisenbahnvermögens waren vor allem die Vereinfachung des Kreditmanagements und der Schuldenverwaltung und damit einhergehend ein Gewinn an Haushaltstransparenz und -wahrheit[82].

1. ERP-Sondervermögen

Das ERP-Sondervermögen geht zurück auf das Sonderkonto, auf das die Hilfeleistungsgelder aus dem Marshall-Plan für Deutschland flossen[83]. Sein Name leitet sich aus dem European Recovery Program ab. Gebildet wurde das Sondervermögen aufgrund eines deutsch-amerikanischen Abkommens vom 15.12.1949[84], dessen Ratifizierungsgesetz vom 31.01.1950[85] in Art. III die Errichtung eines Sondervermögens vorsah. Nähere Regelungen zum ERP-Sondervermögen wurden durch das ERP-Verwaltungsgesetz vom 31.08.1953[86] erlassen. Außerdem enthalten die jährlich durch Gesetz festzustellenden Wirtschaftspläne des Sondervermögens weitere Bestimmungen. Die Verwaltungszuständigkeit sowie die Zweckbestimmung des Sondervermögens haben sich im Laufe der Zeit häufig geändert. Die ERP-Wirtschaftsförderung wurde zuletzt durch das Gesetz zur Neuordnung der ERP-Wirtschaftsförderung vom 26.06.2007[87] neu geregelt. Das Sondervermögen soll gemäß § 2 ERP-Verwaltungsgesetz vom 26.06.2007[88] der Förderung der deutschen Wirtschaft nach Maßgabe der Bestimmungen des Abkommens über Wirtschaftliche Zusammenarbeit zwischen den Vereinigten Staaten von Amerika und

---

81 BVerfGE 101, 158 (237); siehe auch Entwurfsbegr. BT-Drs. 14/513, S. 19.

82 Vgl. Entwurfsbegr. BT-Drs. 14/7063, S. 8, und 16/4664, S. 6; kritisch zu diesen geäußerten Motiven *Esser*, Zur Einbeziehung einiger Sondervermögen in den Bundeshaushalt, S. 27 f.

83 Näheres zur Entstehung und Entwicklung des ERP-Sondervermögens bei *W. Becker*, Das ERP-Sondervermögen, Göttingen 1968; aktuelle verfassungsrechtliche Probleme behandelt *Waldhoff*, DÖV 2005, 674.

84 Abkommen über Wirtschaftliche Zusammenarbeit zwischen den Vereinigten Staaten von Amerika und der Bundesrepublik Deutschland (Marshallplanabkommen), BGBl. 1950, S. 10.

85 Gesetz betreffend das Abkommen über Wirtschaftliche Zusammenarbeit zwischen den Vereinigten Staaten von Amerika und der Bundesrepublik Deutschland vom 15. Dezember 1949 (Marshallplanabkommensgesetz), BGBl. 1950, S. 9.

86 Gesetz über die Verwaltung des ERP-Sondervermögens, BGBl. I, S. 1312, aufgehoben durch Art. 4 Satz 2 des Gesetzes vom 26.06.2007, BGBl. I, S. 1160.

87 BGBl. I, S. 1160.

88 BGBl. I, S. 1160.

der Bundesrepublik Deutschland vom 15. Dezember 1949 dienen, indem zinsgünstige Darlehen gewährt, Sicherheiten bestellt, Gewährleistungen und Bürgschaften eingegangen sowie Beteiligungen erworben und im Ausnahmefall Zuschüsse gewährt werden. Nach der Neuordnung des Förderungssystems wird der Zweck der Wirtschaftsförderung aber hauptsächlich dadurch erreicht, dass das Sondervermögen zur Verbilligung der Darlehen der Kreditanstalt für Wiederaufbau (KfW) bereitgestellt wird (§ 6 ERP-Verwaltungsgesetz). Daneben können nach den Bestimmungen des ERP-Entwicklungshilfegesetzes vom 09.06.1961[89] auch Mittel des ERP-Sondervermögens zur Förderung der Zusammenarbeit mit Entwicklungsländern eingesetzt werden[90]. Nach § 5 ERP-Verwaltungsgesetz soll das Sondervermögen in seinem Bestand ausdrücklich erhalten bleiben[91]. Verlorene Zuschüsse dürfen nur in Ausnahmefällen gewährt werden. Für diesen Zweck ist die KfW vorübergehend berechtigt, nach Maßgabe der Ermächtigung im jährlichen Gesetz über den Wirtschaftsplan des ERP-Sondervermögens[92] diesem verzinsliche rückzahlbare Mittel bereitzustellen (§ 7 Abs. 2 Satz 1 ERP-Verwaltungsgesetz). Hingegen ist die Kreditaufnahme durch das Sondervermögen am Kapitalmarkt nach § 7 Abs. 2 Satz 2 ERP-Verwaltungsgesetz nicht erlaubt. Die Vergabe der Fördermittel ist durch Einzelrichtlinien geregelt und wird von Banken übernommen, wobei grundsätzlich die Hausbank des Endkreditnehmers zwischengeschaltet ist.

89 Gesetz über die Finanzierungshilfe für Entwicklungsländer aus Mitteln des ERP-Sondervermögens, BGBl. II, S. 577, zuletzt geändert durch Art. 125 der Verordnung vom 31.10.2006, BGBl. I, S. 2407.

90 Das ERP-Wirtschaftsplangesetz 2008 vom 18.12.2007, BGBl. I, S. 2971, und das ERP-Wirtschaftsplangesetz 2009, BT-Drs. 16/10663, sehen keine solche Mittelverwendung vor.

91 Seit der Neuordnung des Förderungssystems existieren zwei Schienen der ERP-Wirtschaftsförderung. Einerseits werden nach § 6 ERP-Verwaltungsgesetz i.V.m. § 4 des ERPSchG Teile des Sondervermögens in Form einer Förderrücklage in die KfW eingebracht und weitere Teile als befristete Nachrangdarlehen an die KfW gewährt, so dass über die Tätigkeit der KfW das Sondervermögen mittelbar fördernd tätig ist. Kreditforderungen und sonstige Rechte wurden bereits i.H.v. 4,65 Mrd. Euro als Eigenkapital in die KfW eingebracht, das darüber hinaus noch verfügbare Kapital des Sondervermögens wird der KfW als befristetes Nachrangdarlehen gewährt. Die Vergütung aus dieser Kapitalrücklage und die Zinsen aus dem der KfW gewährten Nachrangdarlehen sind zur Fortführung der übrigen Förderprogramme bestimmt und sollen substanzerhaltend vertraglich festgelegt werden. Andererseits bestimmt § 7 Abs. 1 ERP-Verwaltungsgesetz, dass das Sondervermögen weiterhin eigene Fördermittel (Darlehensvergabe, Sicherheitenbestellung, Eingehen von Gewährleistungen und Bürgschaften, Beteiligungserwerb) bereitstellt.

92 Das ERP-Wirtschaftsplangesetz 2009, BT-Drs. 16/10663, sieht in § 2 eine Ermächtigung des Bundesministeriums für Wirtschaft und Technologie zur Aufnahme von Krediten bei der KfW Bankengruppe i.H.v. 30 % von einem Betrag von 386 Mio. Euro (entspricht einer Kreditermächtigung i.H.v. 115,8 Mio. Euro) vor.

Nach § 1 ERPSchG[93] übernahm der Bund im Wege der Schuldmitübernahme mit Wirkung vom 01.07.2007 die *bis dahin aufgelaufenen Verbindlichkeiten* des ERP-Sondervermögens im Nennwert von 14,08 Mrd. Euro[94]. Neu begründete Verbindlichkeiten sind davon nicht erfasst. Das Sondervermögen bleibt daneben weiterhin im Außenverhältnis verpflichtet. Der Bund ist nur im Innenverhältnis der alleinige Schuldner (§ 2 ERPSchG).

2. Ausgleichsfonds für überregionale Vorhaben zur Teilhabe schwerbehinderter Menschen am Arbeitsleben

Das Sondervermögen „Ausgleichsfonds für überregionale Vorhaben zur Teilhabe schwerbehinderter Menschen am Arbeitsleben" wurde durch § 12 Abs. 1 des Schwerbehindertengesetzes (SchwbG) vom 29.04.1974[95] errichtet. Jetzt finden sich Regelungen zum Ausgleichsfonds in den §§ 77 bis 79 SGB IX[96] und in §§ 35 ff. SchwbAV[97]. Zweck des Ausgleichsfonds ist die Förderung der Eingliederung Schwerbehinderter in das Arbeitsleben[98]. Der Fonds hat vor allem die Aufgabe, mehrere Bundesländer betreffende Maßnahmen auf dem Gebiet der Arbeits- und Berufsförderung von Schwerbehinderten zu unterstützen.

3. Fonds „Deutsche Einheit"

Das Sondervermögen Fonds „Deutsche Einheit" wurde durch das Gesetz über die Errichtung eines Fonds „Deutsche Einheit" (DEFG) vom 25.06.1990[99] ge-

---

93 Gesetz zur Mitübernahme der Schulden und Rechte des ERP-Sondervermögens in die Bundesschuld und in das Bundesvermögen, über die Zuführung von Mitteln aus dem ERP-Sondervermögen an den Bundeshaushalt sowie über die Einbringung von ERP-Vermögen in die Kreditanstalt für Wiederaufbau vom 26.06.2007, BGBl. I, S. 1160 (1162).

94 Siehe auch Entwurfsbegr. BT-Drs. 16/4664, S. 9.

95 Gesetz zur Sicherung der Eingliederung Schwerbehinderter in Arbeit, Beruf und Gesellschaft, BGBl. I, S. 1005, in der Fassung der Bekanntmachung vom 26.08.1986, BGBl. I, S. 1421 (1550), zuletzt geändert durch Art. 9 des Gesetzes vom 19.12.1997, BGBl. I, S. 3158, Gesetz aufgehoben durch Art. 63 des Gesetzes vom 19.06.2001, BGBl. I, S. 1046.

96 Art. 1 des Gesetzes vom 19.06.2001, BGBl. I, S. 1046, zuletzt geändert durch Art. 5 des Gesetzes vom 22.12.2008, BGBl. I, S. 2959.

97 Schwerbehinderten-Ausgleichsabgabeverordnung vom 28.03.1988, BGBl. I, S. 484, zuletzt geändert durch Art. 7 des Gesetzes vom 22.12.2008, BGBl. I, S. 2959.

98 Vgl. auch Entwurfsbegr. BT-Drs. 7/656, S. 26.

99 Art. 31 des Gesetzes zu dem Vertrag vom 18. Mai 1990 über die Schaffung einer Währungs-, Wirtschafts- und Sozialunion zwischen der Bundesrepublik Deutschland und der Deutschen Demokratischen Republik, BGBl. II, S. 518 (533), zuletzt geändert durch Art. 3 Abs. 1 des Gesetzes vom 12.07.2006, BGBl. I, S. 1466.

gründet. Der Zweck des Sondervermögens bestand zunächst in der Erfüllung staatsvertraglicher Vereinbarungen im Zuge der Schaffung einer Wirtschafts-, Währungs- und Sozialunion mit der DDR (§ 2 Abs. 1 Satz 1 DEFG)[100]. In der Zeit nach der Wiedervereinigung änderte sich seine Aufgabe dahingehend, finanzielle Hilfen zur Deckung der Haushaltsdefizite an die neuen Bundesländer bis zum Ende des Jahres 1994 zu leisten (§ 2 Abs. 1 Sätze 2 bis 6 DEFG) – unter anderem auch, weil die neuen Länder bis zu diesem Zeitpunkt noch aus dem Länderfinanzausgleichssystem, den Bundesergänzungszuweisungen und der Verteilung der Umsatzsteuer ausgenommen waren.

Nach § 6a DEFG[101] übernahm der Bund im Wege der Schuldmitübernahme den *gesamten* Schuldendienst des Sondervermögens. Im Innenverhältnis ist der Bund alleiniger Schuldner[102]. Dies führte noch nicht zur Auflösung des Fonds, weil zwar der Kreditbestand in den Bundeshaushalt eingegliedert wurde, das Sondervermögen aber weiterhin als Mitschuldner existent bleibt. Erst nach der Auflösung des Sondervermögens mit Ablauf des Jahres 2019 werden alle verbleibenden Verbindlichkeiten und das Vermögen des Fonds auf den Bund übergehen (§ 11 DEFG).

4. Entschädigungsfonds

Der Entschädigungsfonds wurde durch Art. 41 Abs. 1 des Einigungsvertrags und § 29a des Vermögensgesetzes (VermG) vom 18.04.1991[103] errichtet. Durch § 9 des Entschädigungsgesetzes (EntschG) vom 27.09.1994[104] wurde sein Zweck erweitert. Eigentümer von Grundstücken, die nach 1945 in der sowjetischen Besatzungszone und später in der DDR enteignet wurden und nach der Wiedervereinigung ihr Eigentum aufgrund entsprechender Regelungen im Vermögensgesetz nicht zurückerhalten konnten, werden aus dem Entschädigungsfonds entschädigt (§ 9 Abs. 1 i.V.m. § 1 EntschG)[105]. Daneben regelt das Sondervermögen nach § 9 Abs. 1 EntschG die Durchführung von Ausgleichsleistungen nach dem Ausgleichsleis-

100 Siehe auch Entwurfsbegr. BT-Drs. 11/7350, S. 49.

101 Eingefügt durch Art. 8 Nr. 2 des Gesetzes zur Fortführung des Solidarpaktes, zur Neuordnung des bundesstaatlichen Finanzausgleichs und zur Abwicklung des Fonds „Deutsche Einheit“ vom 20.12.2001, BGBl. I, S. 3955.

102 Vgl. zu den Erwägungen Entwurfsbegr. BT-Drs. 14/7063, S. 18 f.

103 Gesetz zur Regelung offener Vermögensfragen, BGBl. I, S. 957; § 29a Vermögensgesetz mittlerweile gegenstandslos.

104 Gesetz über die Entschädigung nach dem Gesetz zur Regelung offener Vermögensfragen, BGBl. I, S. 2624, in der Fassung der Bekanntmachung vom 13.07.2004, BGBl. I, S. 1658, zuletzt geändert durch Art. 3 Abs. 14 des Gesetzes vom 12.07.2006, BGBl. I, S. 1466.

105 Vgl. auch die Entwurfsbegr. BT-Drs. 12/4887, S. 29 f.

tungsgesetz[106] (Entschädigung für entschädigungslose Enteignung sonstiger Vermögenswerte in der sowjetischen Besatzungszone), von Entschädigungen nach dem NS-Verfolgtenentschädigungsgesetz[107] sowie von Leistungen nach dem Vertriebenenzuwendungsgesetz[108].

5. Erblastentilgungsfonds

Aufgrund des Erblastentilgungsfondsgesetzes (ELFG) vom 23.06.1993[109] wurde das Sondervermögen „Erblastentilgungsfonds" errichtet, um die durch die Wiedervereinigung entstandenen wesentlichen finanziellen Belastungen zusammenzufassen, zu verzinsen und zu tilgen[110]. Der Fonds übernahm daher bestimmte bis zum 01.01.1995 aufgelaufene Verbindlichkeiten des aufgelösten Kreditabwicklungsfonds[111], Finanzschulden der Treuhandanstalt[112] sowie ab 01.07.1995 die aufgrund des Altschuldenhilfe-Gesetzes übertragenen Altverbindlichkeiten.

Gemäß § 1 Abs. 1 des Schuldmitübernahmegesetzes vom 21.06.1999[113] wurden die *wesentlichen*[114] Schulden des Erblastentilgungsfonds i.H.v. ca. 305 Mrd. DM

---

106 Gesetz über staatliche Ausgleichsleistungen für Enteignungen auf besatzungsrechtlicher oder besatzungshoheitlicher Grundlage, die nicht mehr rückgängig gemacht werden können, vom 27.09.1994, BGBl. I, S. 2624, in der Fassung der Bekanntmachung vom 13.07.2004, BGBl. I, S. 1665, geändert durch Art. 4 Abs. 41 des Gesetzes vom 22.09.2005, BGBl. I, S. 2809.

107 Vom 27.09.1994, BGBl. I, S. 2624, in der Fassung der Bekanntmachung vom 13.07.2004, BGBl. I, S. 1671, zuletzt geändert durch Art. 4 Abs. 42 des Gesetzes vom 22.09.2005, BGBl. I, S. 2809.

108 Gesetz über eine einmalige Zuwendung an die im Beitrittsgebiet lebenden Vertriebenen vom 27.09.1994, BGBl. I, S. 2809, zuletzt geändert durch Gesetz vom 22.09.2005, BGBl. I, S. 2809.

109 Art. 37 des Gesetzes über Maßnahmen zur Bewältigung der finanziellen Erblasten im Zusammenhang mit der Herstellung der Einheit Deutschlands, zur langfristigen Sicherung des Aufbaus in den neuen Ländern, zur Neuordnung des bundesstaatlichen Finanzausgleichs und zur Entlastung der öffentlichen Haushalte, Gesetz über die Errichtung eines Erblastentilgungsfonds, BGBl. I, S. 944, in der Fassung der Bekanntmachung vom 16.08.1999, BGBl. I, S. 1882, zuletzt geändert durch Art. 3 Abs. 2 des Gesetzes vom 12.07.2006, BGBl. I, S. 1466.

110 Vgl. dazu Entwurfsbegr. BT-Drs. 12/4401, S. 111 f.

111 Siehe Näheres zum Kreditabwicklungsfonds unten unter G. IV. 2. c).

112 Nunmehr *Bundesanstalt für vereinigungsbedingte Sonderaufgaben*, die zwar zum 31.12.2000 ihre operative Tätigkeit eingestellt hat, aber noch als Rechts- und Vermögensträgerin fortbesteht. Als gesetzlicher Vertreter handelt seit 01.07.2008 die Bundesanstalt für Immobilienaufgaben.

113 Art. 1 des Gesetzes zur Eingliederung der Schulden von Sondervermögen in die Bundesschuld, Gesetz zur Mitübernahme der Schulden des Erblastentilgungsfonds, des Bundesvermögens sowie des Ausgleichsfonds zur Sicherung des Steinkohleeinsatzes in die Bundesschuld, BGBl. I, S. 1384.

114 Ausgenommen sind nach § 1 Abs. 1 Schuldmitübernahmegesetz Verpflichtungen nach § 2 Abs. 1 Nr. 1 ELFG und die Verbindlichkeiten des Fonds aus der Kreditaufnahme nach § 5 ELFG in der vor dem 01.07.1999 geltenden Fassung.

zum Übernahmezeitpunkt[115] in die Bundesschuld ab 01.07.1999 eingegliedert. § 11 ELFG bestimmt, dass der Fonds nach Tilgung seiner Verbindlichkeiten durch das Bundesministerium der Finanzen aufzulösen und die Auflösung im Bundesanzeiger bekannt zu machen ist.

6. Bundeseisenbahnvermögen

Das Bundeseisenbahnvermögen entstand durch das Bundeseisenbahnneugliederungsgesetz (BEZNG) vom 27.12.1993[116] aus der Zusammenführung der beiden bis dahin getrennt existierenden Sondervermögen „Deutsche Bundesbahn" und „Deutsche Reichsbahn" (§ 1 BEZNG). Das Sondervermögen wurde in einen unternehmerischen Bereich zur Erbringung der Eisenbahnverkehrsleistungen und in einen Verwaltungsbereich zur Wahrnehmung der hoheitlichen Aufgaben sowie zur Verwaltung der sonstigen Verbindlichkeiten des Sondervermögens gegliedert (§ 3 BEZNG). Nach der Übertragung des unternehmerischen Bereichs auf die Deutsche Bahn Aktiengesellschaft durch Übertragung vor allem von Liegenschaften und Vermögen aus dem Bundeseisenbahnvermögen nach § 3 Abs. 2 Nr. 1 i.V.m. § 20 BEZNG und nach der Übernahme der hoheitlichen Aufgaben durch das Eisenbahn-Bundesamt nach § 3 Abs. 2 Nr. 2 BEZNG verbleibt dem Bundeseisenbahnvermögen die Verwaltung der sonstigen Verbindlichkeiten[117].

Die *gesamten* Schulden des Bundeseisenbahnvermögens i.H.v. ca. 77,5 Mrd. DM *zum Übernahmezeitpunkt*[118] wurden nach § 1 Abs. 2 des Schuldmitübernahmegesetzes vom 21.06.1999[119] in die Bundesschuld ab 01.07.1999 eingegliedert. § 30 Abs. 1 BEZNG ermächtigt die Bundesregierung, frühestens zehn Jahre nach Inkrafttreten des BEZNG und damit ab dem 01.01.2004 das Bundeseisenbahnvermögen aufzulösen und die von ihm wahrgenommenen Aufgaben auf das

115 Vgl. Entwurfsbegr. BT-Drs. 14/513, S. 6.

116 Art. 1 des Gesetzes zur Neuordnung des Eisenbahnwesens, Gesetz zur Zusammenführung und Neugliederung der Bundeseisenbahnen, BGBl. I, S. 2378, zuletzt geändert durch Art. 15 Abs. 112 des Gesetzes vom 05.02.2009, BGBl. I, S. 160.

117 Die hauptsächlichen Aufgaben des Sondervermögens sind die Verwaltung des der Deutsche Bahn AG zugewiesenen beamteten Personals, der Festsetzung und Auszahlung von Versorgungsbezügen an Pensionäre, die Aufrechterhaltung und Weiterführung der betrieblichen Sozialeinrichtungen und die Verwaltung und Verwertung der restlichen Liegenschaften. Siehe zu den Hintergründen auch die Entwurfsbegr. BT-Drs. 12/4609, S. 54 ff.

118 Vgl. Entwurfsbegr. BT-Drs. 14/513, S. 6.

119 Art. 1 des Gesetzes zur Eingliederung der Schulden von Sondervermögen in die Bundesschuld, Gesetz zur Mitübernahme der Schulden des Erblastentilgungsfonds, des Bundesvermögens sowie des Ausgleichsfonds zur Sicherung des Steinkohleeinsatzes in die Bundesschuld, BGBl. I, S. 1384.

Eisenbahn-Bundesamt, das Bundesministerium für Verkehr, Bau und Stadtentwicklung oder die *Bundesschuldenverwaltung*[120] zu übertragen.

7. Fonds nach § 5 Mauergrundstücksgesetz

Nach Art. 1 § 5 des Mauergrundstücksgesetzes (MauerG) vom 15.07.1996[121] wurde ein Fonds zur Förderung von wirtschaftlichen, sozialen und kulturellen Zwecken in den neuen Bundesländern errichtet[122]. Die Mittel des Fonds werden gemäß § 2 MauerV[123] grundsätzlich nach einem festgelegten Verteilungsschlüssel in Form von Finanzhilfen des Bundes an die neuen Bundesländer für Projekte mit wirtschaftlichem, sozialem oder kulturellem Hintergrund gewährt.

8. Deutscher Binnenschifffahrtsfonds

Das Sondervermögen „Deutscher Binnenschifffahrtsfonds" wurde durch § 1 des Binnenschifffahrtsfondsgesetzes (BinSchFondsG) vom 26.06.2002[124] errichtet. Seine Gründung beruht auf der Verpflichtung nach Art. 3 Abs. 1 der Verordnung (EG) Nr. 718/1999 über kapazitätsbezogene Maßnahmen für die Binnenschifffahrtsflotten der Gemeinschaft und zur Förderung des Binnenschiffverkehrs[125] und soll Überkapazitäten bei den Binnenschifffahrtsflotten der EG-Mitgliedstaaten entgegenwirken[126]. Der Binnenschifffahrtsfonds setzt nach § 5 BinSchFondsG seine Mittel entsprechend der Art. 3 Abs. 5, Art. 6 und Art. 8 der Verordnung (EG) Nr. 718/1999 i.V.m. der Verordnung (EG) Nr. 805/1999 zur Festlegung der Durchführungsbestimmungen zur Verordnung (EG) Nr. 718/1999[127] ein. Demnach bezweckt das Sondervermögen die Förderung der Binnenschifffahrt und im Falle einer schweren Marktstörung auch die Gewährung von Abwrackprämien.

---

120 Ab dem Jahr 2002 *Bundeswertpapierverwaltung*, nunmehr eingegliedert in die seit 2000 bereits bestehende *Bundesrepublik Deutschland Finanzagentur GmbH*.

121 Gesetz über den Verkauf von Mauer- und Grenzgrundstücken an die früheren Eigentümer und zur Änderung anderer Vorschriften, BGBl. I, S. 980.

122 Vgl. auch Entwurfsbegr. BT-Drs. 13/3734, S. 7.

123 Verordnung nach § 6 des Mauergrundstücksgesetzes vom 02.08.2001, BGBl. I, S. 2128.

124 Gesetz über die Errichtung des Binnenschifffahrtsfonds, BGBl. I, S. 2266, geändert durch Art. 318 der Verordnung vom 31.10.2006, BGBl. I, S. 2407.

125 Verordnung (EG) des Rates vom 29.03.1999, ABl. EG Nr. L 90, S. 1.

126 Vgl. Begründung Verordnung (EG), ABl. EG 1999 Nr. L 90, S. 1 f.; Entwurfsbegr. BT-Drs. 14/6159, S. 4.

127 Verordnung (EG) der Kommission vom 16.04.1999, ABl. EG Nr. L 102, S. 64.

9. Sondervermögen „Kinderbetreuungsausbau“

Das Sondervermögen „Kinderbetreuungsausbau“ wurde durch § 1 des Kinderbetreuungsfinanzierungsgesetzes (KBFG) vom 18.12.2007[128] errichtet. Das Sondervermögen soll den bedarfsgerechten Ausbau von Betreuungsplätzen für Kinder unter drei Jahren in den Bundesländern fördern. Nach § 4 KBFG stellt der Bund dem Sondervermögen einmalig einen Betrag i.H.v. 2,15 Mrd. Euro zur Verfügung. Aus dem Sondervermögen sollen Finanzhilfen des Bundes für Investitionen der Länder zum Ausbau der Infrastruktur für die Kinderbetreuung fließen. Die Details ihrer Gewährung sind im Gesetz über Finanzhilfen des Bundes zum Ausbau der Tagesbetreuung für Kinder vom 15.12.2008[129] und in der Verwaltungsvereinbarung „Investitionsprogramm ‚Kinderbetreuungsfinanzierung‘ 2008-2013[130]“ geregelt[131].

10. Investitions- und Tilgungsfonds

Das Sondervermögen „Investitions- und Tilgungsfonds“ wurde durch das Investitions- und Tilgungsfondsgesetz (ITFG) vom 02.03.2009[132] gegründet. Hintergrund der Errichtung ist die Verabschiedung eines zweiten Konjunkturpakets, um die Folgen der weltweiten Wirtschaftskrise abzufedern[133]. Die Förderung des Wachstums und der Stabilität der Wirtschaft soll durch verschiedene Finanzmaßnahmen aus dem Fonds, auch über Zahlungen an die Bundesländer, forciert werden[134]. Die Einzelheiten zur Gewährung und Verteilung der Finanzhilfen an

---

128 Gesetz zur Errichtung eines Sondervermögens „Kinderbetreuungsausbau“, BGBl. I, S. 3022.

129 BGBl. I, S. 2403 (2407).

130 Verwaltungsvereinbarung zwischen Bund und Ländern, in Kraft mit Wirkung vom 01.01.2008.

131 Die Mittelvergabe an die Länder aus dem Sondervermögen richtet sich nicht nach dem KBFG, sondern basiert auf Art. 104b Abs. 1 Nr. 3 GG. Daher ist eine nähere Ausgestaltung durch ein zustimmungsbedürftiges Bundesgesetz und bzw. oder durch Verwaltungsvereinbarung zwischen Bund und Ländern aufgrund des Bundeshaushaltsgesetzes notwendig; vgl. dazu BVerfGE 41, 291 (304); siehe auch Entwurfsbegr. BT-Drs. 16/6596, S. 3.

132 Art. 6 des Gesetzes zur Sicherung von Beschäftigung und Stabilität in Deutschland, Gesetz zur Errichtung eines Sondervermögens „Investitions- und Tilgungsfonds“, BGBl. I, S. 416 (417), zuletzt geändert durch Gesetz vom 25.06.2009, BGBl. I, S. 1577.

133 Vgl. Entwurfsbegr. BT-Drs. 16/11740, S. 21.

134 Das ITFG sieht in § 2 Finanzmaßnahmen bis zu einem Betrag i.H.v. 20,4 Mrd. Euro vor, von dem allein bis zu 10 Mrd. Euro für Finanzhilfen an die Länder für besonders bedeutsame Zukunftsinvestitionen anfallen. Weitere Mittel betreffen direkte Investitionen des Bundes i.H.v. bis zu 4 Mrd. Euro, ein Programm zur Stärkung der Pkw-Nachfrage mit bis zu 5 Mrd. Euro (so genannte „Umwelt- oder Abwrackprämie“), die Ausweitung des Programms zur Stärkung des Mittelstands (i.H.v. bis zu 900 Mio. Euro) und die Förderung anwendungsorientierter Forschung im Bereich Mobilität (i.H.v. bis zu 500 Mio. Euro).

die Länder sind im Zukunftsinvestitionsgesetz (ZuInvG) vom 02.03.2009[135] geregelt, dessen Durchführung eine Verwaltungsvereinbarung auf der Grundlage von § 8 ZuInvG (Art. 104b Abs. 1 Nr. 1, Abs. 2 GG)[136] festhält.

11. Sondervermögen „Vorsorge für Schlusszahlungen für inflationsindexierte Bundeswertpapiere"

Das Sondervermögen „Vorsorge für Schlusszahlungen für inflationsindexierte Bundeswertpapiere" wurde durch das Schlusszahlungsfinanzierungsgesetz (SchlussFinG) vom 06.07.2009[137] errichtet. Durch die jährliche Zuführung von Mitteln aus dem Bundeshaushalt soll Vorsorge für die Inflationsentwicklung während der Laufzeit von inflationsindexierten Bundeswertpapieren getroffen werden. Dadurch kann zur Vermeidung künftiger Einmalbelastungen des Bundeshaushalts aus dem Vermögensbestand des Fonds bei Fälligkeit eines jeden inflationsindexierten Bundeswertpapiers der Unterschiedsbetrag, um den der Rückzahlungsbetrag den Gesamtnennbetrag übersteigt, gezahlt werden[138]. Insofern dient das Sondervermögen als überjährliches Sparkonzept.

12. Sondervermögen „Energie- und Klimafonds"

Das derzeit jüngste Sondervermögen wurde mit Wirkung zum 01.01.2011 auf der Grundlage von § 1 des Gesetzes zur Errichtung eines Sondervermögens „Energie- und Klimafonds" (EKFG) errichtet. Es soll der Förderung umweltschonender Energieversorgung dienen und insbesondere zur Finanzierung von Energieeffizienz, von erneuerbaren Energien, von Energiespeicher- und Netztechnologien sowie von energetischer Gebäudesanierung eingesetzt werden (§ 2 Abs. 1 EKFG).

13. Besonderheit: Rücklagen des Bundes

Rechtsgrundlage für die Bildung einer *Konjunkturausgleichsrücklage* des Bundes ist Art. 109 Abs. 4 Satz 1 Nr. 2 GG a.F., der nach Art. 143d Abs. 1 Satz 1

---

135 Gesetz zur Umsetzung von Zukunftsinvestitionen der Kommunen und Länder, BGBl. I, S. 416 (428).

136 Verwaltungsvereinbarung zwischen Bund und Ländern vom 02.04.2009.

137 Gesetz zur Errichtung eines Sondervermögens „Vorsorge für Schlusszahlungen für inflationsindexierte Bundeswertpapiere", BGBl. I, S. 1702.

138 Siehe auch die Entwurfsbegr. BT-Drs. 16/12233.

GG noch bis zum Haushaltsjahr 2011 Geltung hat. Demnach können zur Abwehr einer Störung des gesamtwirtschaftlichen Gleichgewichts auf der Grundlage eines Bundesgesetzes unter anderem unverzinsliche Guthaben bei der Deutschen Bundesbank als Konjunkturausgleichsrücklagen des Bundes unterhalten werden. Zweck einer Ausgleichsrücklage ist es, in Zeiten einer Hochkonjunktur zur Vermeidung einer Überforderung der volkswirtschaftlichen Leistungsfähigkeit Mittel aus Steuermehreinnahmen zurückzustellen. In Rezessionsphasen stünden zur Stabilisierung des gesamtwirtschaftlichen Gleichgewichts diese Mittel für zusätzliche Staatsausgaben zur Verfügung. Verschiedene Rechnungslegungs- und Veranschlagungsvorschriften des StabG[139] und der BHO[140] behandeln die Rücklage als abgezweigte, zweckgebundene Vermögensmasse des Bundes. So normiert § 6 Abs. 2 Satz 1 StabG, dass „zusätzliche" Ausgaben geleistet werden können, wenn sich die allgemeine Wirtschaftstätigkeit in einer die Ziele des § 1 StabG gefährdenden Weise abschwächt. „Zusätzlich" können nur solche Ausgaben sein, die nicht im Bundeshaushalt veranschlagt sind[141]. Außerdem bestimmt beispielsweise § 25 Abs. 2 Satz 2 BHO, dass ein der Rücklage zugeführter Überschuss in den nächsten Haushaltsplan einzustellen ist. § 7 Abs. 1 Satz 2 StabG regelt eine Zweckbindung der Mittel der Rücklage. Gemäß § 8 Abs. 2 StabG ist ein Leertitel für Einnahmen aus der Konjunkturausgleichsrücklage in den Bundeshaushalt einzustellen. Aus diesen Bestimmungen folgt, dass die Rücklage als ein vom Bundesetat zu unterscheidendes, weil abgesondertes Sondervermögen zu qualifizieren ist[142]. Nicht hinderlich ist ihre nicht dauerhafte Existenz, weil Dauerhaftigkeit kein Merkmal eines Sondervermögens ist.

Anders verhält es sich mit der nach § 62 BHO bei der Bundesbank zu bildenden *Kassenverstärkungsrücklage* zur Aufrechterhaltung einer ordnungsgemäßen Kassenwirtschaft ohne Inanspruchnahme von Kreditermächtigungen. Normen, die diese Rücklage als abgezweigten, vom Bundesvermögen zu trennenden Vermögensbestand behandeln, existieren nicht. Auch abweichende Rechnungslegungs- und Veranschlagungsvorschriften lassen sich nicht finden.

---

139 § 5 Abs. 2, Abs. 3; § 6 Abs. 1 Satz 3, Abs. 2 Satz 2; §§ 7; 8 Abs. 1 Satz 2, Abs. 2; § 15 StabG.

140 § 25 Abs. 2 BHO.

141 *Möller*, Kommentar StabG, § 6 Rn. 4, S. 133.

142 *Puhl*, Budgetflucht, S. 470 ff.

II. Sondervermögen, die von Stellen außerhalb der unmittelbaren Bundesverwaltung verwaltet werden

Der Vermögens- und Schuldenbestand solcher Sondervermögen, die der Bewirtschaftung von Stellen außerhalb der unmittelbaren Bundesverwaltung unterliegen, wird in allen Fällen außerhalb des Bundesetats verwaltet.

1. Bergmannssiedlungsvermögen

Das Bergmannssiedlungsvermögen ist eines der ältesten heute existierenden Sondervermögen des Bundes. Errichtet wurde es durch § 1 des Bergmannssiedlungsgesetzes (BergMSdlgG) vom 10.03.1930[143]. Das Bergmannssiedlungsvermögen fördert die Schaffung, Verwaltung und Erhaltung von Wohnungen für Beschäftigte im Kohlebergbau. Es wird nicht als Sondervermögen bezeichnet, sondern lediglich als „Vermögen", das von „Treuhandstellen" zu verwalten ist. § 1 Satz 2 BergMSdlgG bestimmt aber, dass das Bergmannssiedlungsvermögen Eigentum des *Reichs* ist[144]. Heute existiert nur noch eine Treuhandstelle – die Wohnungsbaugesellschaft für das Rheinische Braunkohlenrevier GmbH, Köln, nach § 2 Abs. 1 lit. f) BergMSdlgG[145]. Das Bergmannssiedlungsvermögen wurde anfangs aus einer Kohlenabgabe gebildet, die als Verbrauchsteuer beim Absatz von Kohle zu entrichten war. Später speiste sich das Sondervermögen zusätzlich aus Reichsbeihilfen. Heute erhält das Treuhandvermögen keine gesetzlichen Mittel.

143 Gesetz über Bergmannssiedlungen, RGBl. I, S. 32, in der im BGBl. III, Gliederungsnr. 2330-5, veröffentlichten bereinigten Fassung, zuletzt geändert durch Gesetz vom 08.12.2007, BGBl. I, S. 2812.

144 Die Zuordnung des Bergmannssiedlungsvermögens zu den im Eigentum des Bundes stehenden Sondervermögen ist bis heute nicht geklärt und der Status des Vermögens umstritten. Es besteht daher weiterhin Streit zwischen der einzig verbleibenden Treuhandstelle und dem Bund über die Rechte an dem Vermögen; siehe dazu auch die nachfolgende Fn.

145 Der Gesetzesänderung vom 08.12.2007 zum BergMSdlgG (BGBl. I, S. 2812) ging ein Streit zwischen einer der Treuhandstellen – der Treuhandstelle für Bergmannswohnstätten im Rheinisch-Westfälischen Steinkohlebezirk GmbH (THS) – und dem Bund über das Eigentum am Bergmannssiedlungsvermögen voraus. Der Streit wurde durch Vergleichsvertrag vom 14.06.2007 zwischen der THS und dem Bund beigelegt und sah vor, dass der Bund zur Abgeltung aller Ansprüche aus dem Bergmannssiedlungsvermögen einen Ablösebetrag i.H.v. ca. 450 Mio. Euro erhält und dafür das Treuhandverhältnis beendet wird. Das Rechtsverhältnis zwischen der verbleibenden Treuhandstelle und dem Bund ist weiterhin streitig.

2. Zweckvermögen bei der Landwirtschaftlichen Rentenbank

Das Zweckvermögen wurde durch § 10 Abs. 3, § 11 des Entschuldungsabwicklungsgesetzes vom 25.03.1952[146] errichtet. Nach der Aufhebung dieses Gesetzes im Jahr 2001[147] wurde das Sondervermögen jedoch weder abgewickelt bzw. aufgelöst noch eine An- oder Abschlussregelung betreffend seine Fortführung getroffen, so dass eine Gesetzeslücke über den Verbleib des Zweckvermögens entstand. Erst das Zweckvermögensgesetz (ZweckVG) vom 12.08.2005[148] stellte klar, dass das Vermögen trotz Abführungen an den Bundeshaushalt 2005 i.H.v. 45 Mio. Euro und Zuführungen nach § 9 Abs. 3 des Gesetzes über die Landwirtschaftliche Rentenbank (LwRentBkG)[149] als Zweckvermögen bei der Landwirtschaftlichen Rentenbank erhalten bleibt[150]. Die Aufgabe des Zweckvermögens besteht in der Unterstützung von Modell- bzw. Innovationsvorhaben auf land- oder forstwirtschaftlicher Grundlage sowie im Bereich des Gartenbaus und soll die Anpassungsfähigkeit des Agrarsektors fördern[151]. Einzelheiten finden sich in der vom Bundesministerium für Ernährung, Landwirtschaft und Verbraucherschutz im Einvernehmen mit dem Bundesministerium der Finanzen auf der Grundlage des § 2 Abs. 1 Satz 3 ZweckVG erlassenen Verwaltungsvorschrift[152]. Die Landwirtschaftliche Rentenbank – eine bundesunmittelbare Anstalt des öffentlichen Rechts nach § 1 Abs. 1 LwRentBkG – ist zur treuhänderischen Verwaltung des Zweckvermögens für den Bund eingesetzt (§ 1 Abs. 1 Satz 2 ZweckVG[153]).

3. Treuhandvermögen Bergarbeiterwohnungsbau

Das Treuhandvermögen Bergarbeiterwohnungsbau wurde durch § 2 Abs. 1 des Bergarbeiterwohnungsförderungsgesetzes (BergArbWoFöG) vom 04.05.1957[154] errichtet. Zweck des Treuhandvermögens war zunächst die Förderung des Neubaus und später auch der Modernisierung von Bergarbeiterwohnungen. Das Treu-

---

146 BGBl. I, S. 203.

147 Durch Art. 8 Nr. 1 des Gesetzes zur Änderung der Insolvenzordnung und anderer Gesetze vom 26.10.2001, BGBl. I, S. 2710.

148 Gesetz über das Zweckvermögen des Bundes bei der Landwirtschaftlichen Rentenbank, BGBl. I, S.2363.

149 Gesetz vom 11.05.1949, in der Fassung der Bekanntmachung vom 04.09.2002, BGBl. I, S. 3646, zuletzt geändert durch Art. 4 des Gesetzes vom 20.03.2009, BGBl. I, S. 607.

150 Vgl. Entwurfsbegr. zum ZweckVG, BT-Drs. 15/5566, S. 6.

151 Entwurfsbegr. BT-Drs. 15/5566, S. 7.

152 Richtlinien über die Verwendung des Zweckvermögens des Bundes bei der Landwirtschaftlichen Rentenbank vom 18.12.2008.

153 Vormals § 10 Abs. 3 Entschuldungsabwicklungsgesetz.

154 Gesetz zur Förderung des Bergarbeiterwohnungsbaues im Kohlenbergbau, BGBl. I, S. 418.

handvermögen finanzierte sich vor allem durch eine im Zeitraum von 1951 bis 1959 erhobene Kohlenabgabe. Dem Vermögen flossen in den Haushaltsjahren 1965 bis 1967 außerdem Mittel aus dem Bundeshaushalt zu. Daneben unterstützten Programme der Europäischen Gemeinschaft für Kohle und Stahl das Treuhandvermögen finanziell. Die Mittel aus dem Treuhandvermögen Bergarbeiterwohnungsbau wurden revolvierend[155] über die Gewährung von Darlehen an Berechtigte vergeben. Das Fünfte Gesetz zur Änderung des Gesetzes zur Förderung des Bergarbeiterwohnungsbaues im Kohlenbergbau vom 16.04.1997[156] stellte die Förderung aus dem Treuhandvermögen rückwirkend zum 31.12.1996 ein und leitete die Abwicklung des Treuhandvermögens ein[157] (§ 1 Abs. 1 und 3 BergArbWoFöG[158]). Die bereits eingegangenen Verpflichtungen werden jedoch weiterhin erfüllt (§ 1 Abs. 2 BergArbWoFöG) und auch die Zweckbindung der bisher geförderten Wohnungen ist erhalten geblieben (§§ 4, 5 BergArbWoFöG). § 1 Abs. 3 Satz 1 BergArbWoFöG bestimmt, dass der Überschuss der Einnahmen über die Ausgaben künftig dem Bundeshaushalt zuzuführen ist[159]. Gemäß § 12 Satz 1, § 16 Abs. 2, § 17 Abs. 1 Satz 1 BergArbWoFöG nehmen verschiedene Treuhandstellen, die vom Bundesministerium für Verkehr, Bau und Stadtentwicklung beauftragt werden, die Verwaltung des Treuhandvermögens für den Bund in eigenem Namen wahr. Alle Treuhandstellen sind oder gehören zu rechtsfähigen Anstalten des öffentlichen Rechts auf Länderebene[160].

155 Der revolvierende Einsatz von Mitteln aus Sondervermögen bedeutet, dass die Fonds trotz ihrer Verteilungsfunktion auf Substanzerhaltung ausgerichtet sind und so eingesetzt werden, dass ihr vorhandener Kapitalstock konstant bleibt oder sich vergrößert, *K. Burmeister*, Außerbudgetäre Aktivitäten, S. 218.

156 BGBl. I, S. 791.

157 Siehe auch die Entwurfsbegr. BT-Drs. 13/5963, S. 6.

158 Neufassung des Gesetzes zur Förderung des Bergarbeiterwohnungsbaues im Kohlenbergbau, 25.07.1997, BGBl. I, S. 1942, zuletzt geändert durch Art. 2 des Gesetzes vom 08.12.2007, BGBl. I, S. 2812.

159 Die Entwurfsbegr. BT-Drs. 13/5963, S. 6, geht davon aus, dass bis zum Jahr 2070 noch Einnahmeüberschüsse erzielt werden, die aber degressiv zurückgehen.

160 Treuhandstellen sind die folgenden: in Bayern und für Thüringen die Bayerische Landesboden Kreditanstalt in München, in Brandenburg die Investitionsbank des Landes Brandenburg in Potsdam, in Hessen und für Sachsen die Landestreuhandstelle Hessen – Bank für Infrastruktur in Frankfurt, in Niedersachsen die Niedersächsische Landestreuhandstelle in Hannover, in NRW die Wohnungsbauförderungsanstalt NRW, Anstalt der NRW Bank, in Münster, im Saarland die Landesbank Saar in Saarbrücken und in Sachsen-Anhalt die Investitionsbank Sachsen-Anhalt in Magdeburg.

4. Zweckvermögen bei der Deutschen Postbank AG (ehemalig Zweckvermögen bei der Deutschen Siedlungs- und Landesrentenbank)

Das Zweckvermögen wurde durch § 5 des Gesetzes über die Zusammenlegung der Deutschen Landesrentenbank und der Deutschen Siedlungsbank vom 27.08.1965[161] als Zweckvermögen bei der Deutschen Siedlungs- und Landesrentenbank gegründet. Es fasst Mittel zusammen, die ihm gemäß § 13 Abs. 2 DSL Bank-Umwandlungsgesetz (DSLBUmwG)[162] zugeflossen waren[163], und dient der Eingliederung von aus der Landwirtschaft stammenden Vertriebenen, Flüchtlingen und Spätaussiedlern durch Gewährung günstiger Darlehen. Nach der Umwandlung der Deutschen Siedlungs- und Landesrentenbank, einer bis dahin bundesunmittelbaren Anstalt des öffentlichen Rechts[164], in eine Aktiengesellschaft mit der Firma „DSL Bank Aktiengesellschaft" führte diese das Treuhandvermögen gemäß § 13 Abs. 2 DSLBUmwG weiter. Das wurde durch Treuhandvertrag vom 12.05.2000 zwischen der DSL Bank AG und dem *Bundesministerium für Ernährung, Landwirtschaft und Forsten*[165] bestätigt. Nach der Verschmelzung der DSL Bank AG mit der Deutschen Postbank AG ist nunmehr die letztere Treuhänderin des Zweckvermögens.

5. Revolvingfonds und Freistellungsfonds

Weder der Revolvingfonds noch der Freistellungsfonds wurden durch oder aufgrund eines Gesetzes errichtet. Beide Fonds finden ihre Errichtungsgrundlage in dem Vertrag über die Bildung eines Freistellungs- und eines Revolvingfonds (Re-

161 BGBl. I, S. 1001.

162 Gesetz über die Umwandlung der Deutschen Siedlungs- und Landesrentenbank in eine Aktiengesellschaft vom 16.12.1999, BGBl. I, S. 2441, zuletzt geändert durch Art. 176 der Verordnung vom 31.10.2006, BGBl. I, S. 2407.

163 Mittel nach § 3 des Dritten Abschnitts der Verordnung des Reichspräsidenten zur Behebung finanzieller, wirtschaftlicher und sozialer Notstände vom 26.07.1930 (RGBl. I, S. 311), nach § 5 des Vierten Teils Kapitel II der Dritten Verordnung des Reichspräsidenten zur Sicherung von Wirtschaft und Finanzen und zur Bekämpfung politischer Ausschreitungen vom 06.10.1931 (RGBl. I, S. 537), nach § 4 des Gesetzes zur Förderung der landwirtschaftlichen Siedlung vom 15.05.1953 (BGBl. I, S. 224, zuletzt geändert durch Art. 88 der Verordnung vom 31.10.2006, BGBl. I, S. 2407) sowie nach § 46 Abs. 2 des Bundesvertriebenengesetzes (Gesetz über die Angelegenheiten der Vertriebenen und Flüchtlinge, eingeführt durch Art. 1 des Gesetzes vom 25.02.1983, BGBl. I, S. 199).

164 § 1 Abs. 1 Gesetz über die Deutsche Siedlungs- und Landesrentenbank vom 11.07.1989, BGBl. I, S. 1421.

165 Nunmehr: Bundesministerium für Ernährung, Landwirtschaft und Verbraucherschutz.

volvingvertrag) vom 12.12.1974[166]. Die Vereinbarung wurde geschlossen zwischen der Bundesrepublik Deutschland vertreten durch den Bundesminister für Gesundheit sowie den Bundesminister für Familie und Senioren und der Bank für Sozialwirtschaft *GmbH*[167]. Das Treuhandvermögen des *Revolvingfonds* soll vor allem durch Gewährung von zinslosen Darlehen den zeitgemäßen Ausbau, insbesondere Neubau-, Umbau- und Sanierungsmaßnahmen, von freigemeinnützigen Anstalten und Einrichtungen der Spitzenverbände der Freien Wohlfahrtspflege unterstützen. Gefördert werden bundeszentrale und überregionale Einrichtungen, regionale Träger sowie Dienste mit überregionaler Aufgabenstellung (§ 2 Abs. 2 Revolvingvertrag und Richtlinien der Bank für Sozialwirtschaft[168]). Darlehen aus dem Revolvingfonds dürfen seit dem 01.01.2001 und befristet bis zum 31.12.2019 nur noch in den neuen Bundesländern vergeben werden (§§ 8, 7 Revolvingvertrag). Die Darlehensvergabe und das Verfahren sind in der Anlage 2 zum Revolvingvertrag näher normiert. Das Treuhandvermögen des *Freistellungsfonds* stellte ursprünglich Darlehen für den Aufbau von Krankenanstalten bereit. Neue Darlehen aus dem Freistellungsfonds werden jedoch seit 01.07.1986 nicht mehr gewährt (§ 2 Abs. 3 Revolvingvertrag). Die Erträge aus der Verwaltung beider Treuhandvermögen, insbesondere also Tilgungszahlungen, werden nicht an den Bundeshaushalt abgeführt. Sie können revolvierend durch die Fonds weiter genutzt werden (§ 2 Abs. 4 Satz 2 und Abs. 5 Revolvingvertrag). Die treuhänderische Verwaltung beider Fonds obliegt gemäß § 2 Abs. 4 Revolvingvertrag der Bank für Sozialwirtschaft.

6. Klärschlamm-Entschädigungsfonds

Die Errichtung eines Klärschlamm-Entschädigungsfonds beruht auf § 9 des Düngemittelgesetzes (DüngeMG), der im Zuge der Reform des Abfallrechts durch Art. 4 Nr. 8 des Gesetzes zur Vermeidung, Verwertung und Beseitigung von Abfällen vom 27.09.1994[169] eingefügt wurde. Mit der Aufhebung des DüngeMG durch das Düngegesetz (DüngG) vom 09.01.2009[170] wird der Entschädigungsfonds nunmehr in § 11 DüngG geregelt. Näheres zur Rechtsform des Entschädigungsfonds, zu seiner Ausstattung und Verwaltung und zum Beitragsverfahren enthält die Klär-

166 In der Fassung vom 24.06.1986, geändert am 06.12.1991, 17.07.1998, 14.07.2000 und am 04.12.2006.

167 Nunmehr: Bank für Sozialwirtschaft *AG*.

168 Stand Mai 2007.

169 BGBl. I, S. 2705.

170 BGBl. I, S. 54 (136).

schlamm-Entschädigungsfondsverordnung (KlärEV) vom 20.05.1998[171]. Der Entschädigungsfonds gewährt gemäß § 11 Abs. 1 DüngG den durch landwirtschaftliche Verwertung von Klärschlämmen Geschädigten Ersatz für entstandene Sach- und Personenschäden. Dadurch soll die landwirtschaftliche Klärschlammverwertung gefördert und abgesichert und so der übergeordnete Zweck umweltverträglicher Abfallentsorgung unterstützt werden[172]. Eine Besonderheit des beitragsfinanzierten Fonds ist, dass er nur bis zu einer Höhe von 125 Mio. Euro[173] ausgestattet werden darf und nach § 11 Abs. 3 Nr. 2 DüngG i.V.m. § 6 Abs. 1 Satz 1 KlärEV mit Erreichen dieses Betrags Beitragspflichten ruhen. Die Verwaltung des Fonds obliegt gemäß § 1 Abs. 2 KlärEV der Bundesanstalt für Landwirtschaft und Ernährung – einer rechtsfähigen Anstalt des öffentlichen Rechts im Geschäftsbereich des Bundesministeriums für Ernährung, Landwirtschaft und Verbraucherschutz[174].

7. Versorgungsrücklage und Versorgungsfonds des Bundes

Das Sondervermögen „Versorgungsrücklage des Bundes" und das Sondervermögen „Versorgungsfonds des Bundes" wurden jeweils auf der Grundlage von § 14a Bundesbesoldungsgesetz (BBesG)[175] in Verbindung mit dem Versorgungsrücklagegesetz (VersRücklG)[176] errichtet. Zweck dieser Sondervermögen ist die Bildung von Pensionsrücklagen zur Sicherung der Zahlung künftiger Versorgungsbezüge an Bundesbeamte[177]. Um die Versorgungsleistungen gegenüber den Versorgungsempfängern trotz der demographischen Entwicklung und des Anstiegs von Pensionsempfängern sicherzustellen, gibt § 14a Abs. 1 Satz 1 BBesG die Bildung von Rücklagen in Form von Sondervermögen auf. Aus dem Sonder-

---

171 Verordnung über den Klärschlamm-Entschädigungsfonds, BGBl. I, S. 1048, zuletzt geändert durch die Verordnung vom 16.03.2009, BGBl. I, S. 646.

172 Vgl. zum Zweck der Abfallverwertung Entwurfsbegr. BT-Drs. 12/7240, S. 1 f. und BT-Drs. 12/5672, S. 2.

173 Veraltet noch § 6 Abs. 1 Satz 1 KlärEV, der noch von circa der Hälfte des Betrags „125 Mio. Deutsche Mark" spricht.

174 § 1 Satz 1 des Gesetzes über die Errichtung einer Bundesanstalt für Landwirtschaft und Ernährung vom 02.08.1994, BGBl. I, S. 2018 (2019), zuletzt geändert durch Art. 15 Abs. 88 des Gesetzes vom 05.02.2009, BGBl. I, S. 160.

175 Art. 5 Nr. 4 des Gesetzes zur Umsetzung des Versorgungsberichts vom 29.06.1998, BGBl. I, S. 1666 (1669), in der Fassung der Bekanntmachung vom 06.08.2002, BGBl. I, S. 3020, zuletzt geändert durch Art. 2 und 2a des Gesetzes vom 05.02.2009, BGBl. I, S. 160.

176 Gesetz über eine Versorgungsrücklage des Bundes; zum Sondervermögen „Versorgungsrücklage" vgl. Gesetz vom 09.07.1998, BGBl. I, S. 1800, zum Sondervermögen „Versorgungsfonds" vgl. Gesetz vom 27.03.2007, BGBl. I, S. 482, zuletzt geändert durch Gesetz vom 22.12.2007, BGBl. I, S. 3245.

177 Entwurfsbegr. BT-Drs. 13/10724, S. 6, und BT-Drs. 16/2855, S. 7.

vermögen „Versorgungsrücklage“ werden ab dem Jahr 2018 Teile der Pensionsaufwendungen für Beamten, Richter und Soldaten bestritten, deren Dienst- oder Beschäftigungsverhältnis zum Stichtag des 31.12.2006 bereits begründet worden ist. Der Versorgungsfonds hingegen zahlt die Leistungen für die Versorgung und Beihilfegewährung für ab dem 01.01.2007 erstmals Beschäftigte (§ 14 VersRücklG). Gemäß § 5 Abs. 1 Satz 1 VersRücklG (i.V.m. § 15 Satz 2 VersRücklG) verwaltet das Bundesministerium des Innern die Sondervermögen. Allerdings bestimmt § 5 Abs. 1 Satz 2 VersRücklG (i.V.m. § 15 Satz 2 VersRücklG), dass die Verwaltung der Mittel beider Sondervermögen der Deutschen Bundesbank[178] – einer juristischen Person des öffentlichen Rechts[179] – übertragen wird[180].

Nicht verwechselt werden darf der Versorgungsfonds des Bundes mit dem „Versorgungsfonds der Bundesagentur für Arbeit“, der gemäß § 366a SGB III gebildet wurde[181], mit den Pensionsrückstellungen der Deutschen Bundesbank, mit der Pensionsrücklage der Bundesanstalt für Finanzdienstleistungsaufsicht nach § 19 Abs. 2 Finanzdienstleistungsaufsichtsgesetz und den Rückstellungen der Postbeamtenversorgungskasse nach §§ 14 bis 16 PostPersRG. Diese „Sonder-“ bzw. „Treuhandvermögen[182]“ rechnen nicht dem Bund zu, sondern teilen die Rechtsstellung der jeweiligen juristischen Person des öffentlichen Rechts.

178 Siehe zur Qualifizierung der Sondervermögen als Treuhandvermögen unten unter D. IV. 2.

179 § 2 Satz 1 des Gesetzes über die Deutsche Bundesbank vom 26.07.1957, in der Fassung der Bekanntmachung vom 22.10.1992, BGBl. I, S. 1782, zuletzt geändert durch Art. 12 des Gesetzes vom 05.02.2009, BGBl. I, S. 160. Die Deutsche Bundesbank ist eine rechtsfähige Anstalt des öffentlichen Rechts, dazu *Mann*, Die öffentlich-rechtliche Gesellschaft, S. 107 mit Fn. 58.

180 Die Zuführung der Mittel an das Sondervermögen „Versorgungsrücklage“ ist in § 6 VersRücklG geregelt. Nach § 6 Abs. 1 Satz 2 VersRücklG sind Beträge, die nicht aus dem Bundeshaushalt zugeführt werden – also beispielsweise Beträge von bundesunmittelbaren Sozialversicherungsträgern – gesondert auszuweisen. Damit ist die Einrichtung von Sonderkonten *innerhalb* des Sondervermögens für diese Mittel gemeint. Sie sind wie alle anderen Mittel Teil des Sondervermögens des Bundes. Die besondere Ausweisung und Entnahme dieser Mittel führt nicht dazu, dass sie etwa ein gesondertes Sondervermögen dieser Körperschaften bilden, das nur treuhänderisch vom Bund mitverwaltet wird. Das ergibt sich aus dem Gesamtregelungszusammenhang, der nur von *einem* Sondervermögen „Versorgungsrücklage“ spricht und daher eine ansonsten einheitliche Normierung desselben vorsieht. Die Ausnahmeregelungen in § 6 und § 7 VersRücklG tragen allein dem Selbstverwaltungsrecht und der Finanzautonomie der Selbstverwaltungskörperschaften Rechnung.

181 Vgl. zum Versorgungsfonds der Bundesagentur für Arbeit *Hoehl*, NZS 2008, S. 76 (77).

182 Vgl. die Bezeichnung in § 13 Abs. 2 Satz 2 der Satzung des Bundes-Pensions-Service für Post und Telekommunikation e.V. vom 17. Dezember 2000, Stand 19. Dezember 2006.

8. Entschädigungseinrichtung der Wertpapierhandelsunternehmen

§ 6 Abs. 1 Satz 1 des Einlagensicherungs- und Anlegerentschädigungsgesetzes (EAEG) vom 16.07.1998[183] bestimmt, dass bei der Kreditanstalt für Wiederaufbau (KfW) Entschädigungseinrichtungen als Sondervermögen des Bundes zu errichten sind. Angesichts der alternativen Möglichkeit nach § 7 EAEG, auch juristische Personen des Privatrechts mit den entsprechenden Aufgaben und Befugnissen zu beleihen, wurde tatsächlich nur ein öffentlich-rechtliches Sondervermögen gebildet[184], nämlich die Entschädigungseinrichtung der Wertpapierhandelsunternehmen. Dieses Sondervermögen ist Entschädigungseinrichtung für die Gruppe der „anderen Institute[185]" i.S.d. § 6 Abs. 1 Satz 2 Nr. 3 EAEG. Das EAEG setzt die Einlagensicherungsrichtlinie 94/19/EG vom 30.05.1994[186] sowie die Anlegerentschädigungsrichtlinie 97/9/EG vom 03.03.1997[187] um. Es dient der Harmonisierung des Mindestschutzes für die Einlagensicherung bei Kreditinstituten[188]. Das Sondervermögen sichert Anleger gegen den Verlust ihrer Ansprüche aus Geschäften mit Wertpapieren (§ 6 Abs. 3 EAEG). Nach § 3 Abs. 1, § 4 EAEG steht Gläubigern eines der Entschädigungseinrichtung angeschlossenen Instituts im Entschädigungsfall ein Entschädigungsanspruch für nicht zurückgezahlte Einlagen oder für nicht erfüllte Verbindlichkeiten aus Wertpapiergeschäften zu. Dieser Anspruch richtet sich gegen die Entschädigungseinrichtung und ist der Höhe nach begrenzt auf den Gegenwert von 100.000 Euro der Einlagen bzw. 90 % der ausstehenden Forderungen aus Wertpapiergeschäften und den Gegenwert von 20.000 Euro (§ 4 Abs. 2 Satz 1 EAEG). Ein Entschädigungsfall tritt nach § 1 Abs. 5 EAEG ein, wenn die Bundesanstalt für Finanzdienstleistungs-

---

183 BGBl. I, S. 1842, zuletzt geändert durch Art. 13 des Gesetzes vom 09.12.2010, BGBl. I, S. 1900.

184 Die Entschädigungseinrichtungen des Bundesverbands Öffentlicher Banken Deutschlands GmbH und der deutschen Banken GmbH bilden als beliehene Personen des Privatrechts Einrichtungen i.S.d. § 6 Abs. 1 EAEG. Ihnen sind die Institute nach § 6 Abs. 1 Satz 2 Nr. 1 und Nr. 2 EAEG zugeordnet.

185 „Andere Institute" in diesem Sinn sind Unternehmen, denen keine Erlaubnis nach § 1 Abs. 1 Satz 2 Nr. 1 oder Nr. 2 KWG erteilt wurde, die aber entweder als Kreditinstitute über eine Erlaubnis nach § 1 Abs. 1 Satz 2 Nr. 4 oder Nr. 10 und/oder nach § 1 Abs. 1a Satz 2 Nr. 1 bis Nr. 4 KWG verfügen oder als Finanzdienstleistungsinstitute nach § 1 Abs. 1a Satz 2 Nr. 1 bis Nr. 4 KWG tätig sind oder aber als Kapitalanlagegesellschaften arbeiten, die individuelle Vermögensverwaltung betreiben (§ 7 Abs. 2 Nr. InvG) und die eine Erlaubnis nach § 7 Abs. 1 InvG halten, so zum Beispiel Wertpapierhändler oder Börsenmakler.

186 Richtlinie über Einlagensicherungssysteme des Europäischen Parlaments und des Rates, ABl. EG Nr. L 135, S. 5; geändert durch die Richtlinie 2009/14/EG vom 11.03.2009, ABl. EG Nr. L 68, S. 3-7.

187 Richtlinie des Europäischen Parlaments und des Rates über Systeme für die Entschädigung der Anleger, ABl. EG Nr. L 84, S. 22.

188 Entwurfsbegr. BT-Drs. 13/10188, S. 12.

aufsicht feststellt, dass ein Institut nicht in der Lage ist, Einlagen zurückzuzahlen oder Verbindlichkeiten aus Wertpapiergeschäften zu erfüllen und keine Aussicht auf eine spätere Rückzahlung oder Erfüllung besteht. Die Verwaltung der Entschädigungseinrichtung obliegt gemäß § 6 Abs. 4 Satz 1 EAEG der KfW – einer rechtsfähigen Anstalt des öffentlichen Rechts[189].

9. Finanzmarktstabilisierungsfonds

Das Sondervermögen „Finanzmarktstabilisierungsfonds" wurde durch § 1 des Finanzmarktstabilisierungsfondsgesetzes (FMStFG) vom 17.10.2008[190] errichtet. Der Fonds wurde wegen der sich verdichtenden Spannungen auf den weltweiten Finanzmärkten und wegen zunehmender Liquiditätsengpässe von Finanzinstituten gegründet. Ziel der Errichtung war daher die Stabilisierung des Finanzmarktes durch die Gewährung von Liquidität und durch die Schaffung der Rahmenbedingungen für eine Stärkung der Eigenkapitalbasis der Finanzmarktteilnehmer[191]. Bei den durch den Finanzmarktstabilisierungsfonds zu leistenden Stabilisierungsmaßnahmen handelt es sich um drei sich ergänzende Instrumente: Der Fonds kann Garantien für Unternehmen des Finanzsektors übernehmen (§ 6 FMStFG), er kann zur Rekapitalisierung der Unternehmen insbesondere durch den Erwerb von Anteilen oder von sonstigen Bestandteilen ihrer Eigenmittel beitragen (§ 7 FMStFG) oder der Fonds kann Risikopositionen wie beispielsweise Forderungen, Wertpapiere oder Derivate nebst zugehöriger Sicherheiten erwerben oder auf andere Weise absichern (§ 8 FMStFG)[192]. Nähere Regelungen zu den einzelnen Stabilisierungsmaßnahmen enthält die Finanzmarktstabilisierungsfonds-Verordnung (FMStFV) vom 20.10.2008[193]. Die ursprünglich dem Bundesministerium der Finanzen obliegende Verwaltung des Fonds wird nach zulässiger Übertragung gemäß §§ 3a, 4 Abs. 2 Satz 1 FMStFG i.V.m. § 1 FMStFV von der gemäß § 3a Abs. 1 FMStFG i.V.m. § 1 Abs. 1 der Satzung der

189 § 1 Abs. 1 Satz 1 des Gesetzes über die Kreditanstalt für Wiederaufbau vom 05.11.1948, in der Fassung der Bekanntmachung vom 23.06.1969, BGBl. I, S. 573, zuletzt geändert durch Art. 173 der Verordnung vom 31.10.2006, BGBl. I, S. 2407.

190 Art. 1 des Gesetzes zur Umsetzung eines Maßnahmenpakets zur Stabilisierung des Finanzmarktes, Gesetz zur Errichtung eines Finanzmarktstabilisierungsfonds, BGBl. I, S. 1982, zuletzt geändert durch Art. 4 des Gesetzes vom 09.12.2010, BGBl. I, S. 1900.

191 Entwurfsbegr. BT-Drs. 16/10600, S. 15.

192 Erworbene Risikopositionen können vom Finanzmarktstabilisierungsfonds auf Zweckgesellschaften oder bundesrechtliche bzw. landesrechtliche Abwicklungsanstalten übertragen werden, so genanntes „Bad-Bank-Modell", siehe §§ 8, 8a, 8b FMStFG.

193 Verordnung zur Durchführung des Finanzmarktstabilisierungsfondsgesetzes, eBAnz. 2008, AT123 V1, zuletzt geändert durch Art. 2 des Gesetzes vom 17.07.2009, BGBl. I, S. 1980.

Bundesanstalt für Finanzmarktstabilisierung rechtlich selbständigen Bundesanstalt für Finanzmarktstabilisierung[194] wahrgenommen.

10. Restrukturierungsfonds

Der Restrukturierungsfonds wurde durch § 1 des Restrukturierungsfondsgesetzes (RStruktFG) vom 09.12.2010[195] mit Wirkung zum 31.12.2010 vor dem Hintergrund der Erfahrungen mit der weltweiten Finanz- und insbesondere Bankenkrise gegründet. Er dient der Überwindung von Bestands- und Systemgefährdungen von Kreditinstituten (§ 3 Abs. 1 RStruktFG) und damit allgemein der Stabilisierung des Finanzmarktes. Er ist quasi als Nachfolgesondervermögen für den ab dem 31.12.2010 auslaufenden Finanzmarktstabilisierungsfonds errichtet und soll diesen mit seinen eher kurzfristig angelegten Instrumenten als dauerhaftes Sondervermögen ablösen[196]. Die grundsätzlich allein durch eine Sonderabgabe der Kreditinstitute[197] zur Verfügung stehenden Mittel des Sondervermögens können für verschiedene Maßnahmen wie die Gründung von Brückeninstituten oder den Erwerb von Anteilen (§ 3 Abs. 2 Nr. 1, § 5 RStruktFG), die Gewährung von Garantien (§ 3 Abs. 2 Nr. 2, § 6 RStruktFG), die Durchführung von Rekapitalisierungen (§ 3 Abs. 2 Nr. 3, § 7 RStruktFG) sowie sonstige, in diesem Zusammenhang stehende Maßnahmen (§ 3 Abs. 2 Nr. 4, § 8 RStruktFG) verwendet werden. Verwaltet wird das Sondervermögen wie auch der Finanzmarktstabilisierungsfonds von der Bundesanstalt für Finanzmarktstabilisierung (§§ 1, 11 Satz 1 RStruktFG).

III. Kategorisierungen

Die Einteilung der Sondervermögen nach bestimmten Merkmalen verdeutlicht die Heterogenität der bestehenden Sondervermögen.

---

194 Im allgemeinen Sprachgebrauch auch „SoFFin“ genannt. SoFFin war eigentlich die Abkürzung für das Sondervermögen „Finanzmarktstabilisierungsfonds“ und steht für „Sonderfonds Finanzmarktstabilisierung“.

195 Gesetz zur Errichtung eines Restrukturierungsfonds für Kreditinstitute, BGBl. I, S. 1900 (Nr. 63).

196 Zum Restrukturierungsgesetz allgemein *Obermüller*, NZI 2011, S. 81 ff.; *Müller-Eising Brandi/ Sinhart/Lorenz/Löw*, BB 2011, S. 66 ff.; zur Bankenabgabe *Schön/Hellgardt/ Osterloh-Konrad*, WM 2010, S. 2145 ff.

197 §§ 2, 12 RStruktFG; nur wenn die notwendigen Mittel nicht mehr durch Beiträge gedeckt werden können, kann das Bundesministerium der Finanzen nach § 12 Abs. 3 Satz 3, Abs. 6 RStruktFG Kredit für den Fonds aufnehmen.

1. Grad der Autonomie

Vollrechtsfähige Sondervermögen im engeren Sinn, die eine eigene Rechtspersönlichkeit besitzen, existieren nicht. Die Mehrzahl der bestehenden Sondervermögen ist aber mit Teilrechtsfähigkeit ausgestattet[198]. Die teilrechtsfähigen Sondervermögen sind vom Zentralhaushalt besonders abgesonderte Vermögensmassen, weil sie in eigenem Namen handeln und sich so beispielsweise auch selbst rechtsgeschäftlich verpflichten können. Es gibt auch nicht teilrechtsfähige Sondervermögen wie den Ausgleichsfonds für überregionale Vorhaben zur Teilhabe schwerbehinderter Menschen am Arbeitsleben sowie das Sondervermögen „Vorsorge für Schlusszahlungen für inflationsindexierte Bundeswertpapiere" und einige der von Stellen außerhalb der Bundesverwaltung bewirtschafteten Sondervermögen[199]. Diese können nicht nach außen rechtgeschäftlich tätig werden.

2. Grundfunktion

Die Sondervermögen lassen sich auch nach ihrer grundlegenden Funktion einteilen. Ausgehend von ihrer Ausgestaltung durch das Errichtungsgesetz kann man zwischen verteilenden – also finanzierenden – Sondervermögen und solchen differenzieren, die pflegend und damit in Erfüllung nicht finanzieller Aufgaben tätig sind. Zu den pflegend tätigen Sondervermögen gehört heute nur noch das Bundeseisenbahnvermögen[200].

Die finanzierenden Sondervermögen können der Kategorie der revolvierend ausgestalteten Vermögensmassen zugeschlagen werden[201]. Das heißt, dass sie trotz ihrer Verteilungsfunktion auf Substanzerhaltung ausgerichtet sind und ihr vorhandener Kapitalstock so eingesetzt wird, dass er konstant bleibt oder sich

198 Alle existierenden Sondervermögen bis auf die im Text und der nachfolgenden Fn. genannten.

199 Treuhandvermögen Bergarbeiterwohnungsbau, Bergmannssiedlungsvermögen, Revolvingfonds und Freistellungsfonds, Zweckvermögen bei der Landwirtschaftlichen Rentenbank, Zweckvermögen bei der Deutschen Postbank AG.

200 Früher konnten darunter noch die Deutsche Bundesbahn und die Deutsche Bundespost gefasst werden.

201 Die auf Substanzerhaltung ausgerichteten Sondervermögen sind das Zweckvermögen bei der Landwirtschaftlichen Rentenbank, das Zweckvermögen bei der Deutschen Postbank AG, der Revolvingfonds und das ERP-Sondervermögen, bei dem die revolvierende Funktion sogar gesetzlich ausdrücklich festgeschrieben ist (§ 5 ERP-Verwaltungsgesetz). Früher revolvierend wirtschaftende Sondervermögen sind das Treuhandvermögen Bergarbeiterwohnungsbau, Bergmannssiedlungsvermögen und Freistellungsfonds. Entgegen *Vialon*, Haushaltsrecht, S. 374, und einschränkend auch *Nebel*, in: Piduch, Bundeshaushaltsrecht, Stand: Juni 2007, § 113 Rn. 1, ist aber lediglich die Minderheit der Sondervermögen substanzerhaltend eingerichtet.

vergrößert[202]. Zudem gibt es die sich verzehrenden Vermögen[203] und schließlich die Gruppe der sich ergänzenden Sondervermögen[204], die ihr Kapital nicht eigenständig vermehren oder konstant halten, aber dauerhaft über andere Finanzierungsgrundlagen verfügen. Bei dieser Grobeinteilung bleibt zu berücksichtigen, dass sich einige der Sondervermögen musterhaft unter ein Merkmal subsumieren lassen, während andere Mischformen darstellen. Vor allem die Untergruppe der sich verzehrenden Sondervermögen ist heterogen. Hier sammeln sich nicht nur die eindeutig verzehrend ausgestalteten Vermögensmassen mit einem von vornherein begrenzten Kapitalstock und enger Befristungsregelung[205]. Auch ein Sondervermögen wie der Finanzmarktstabilisierungsfonds lässt sich darunter fassen, der zwar eine Befristung, aber auch Merkmale eines revolvierenden Fonds aufweist, weil er seine Förderung grundsätzlich nur gegen Vergütung oder Verzinsung als Gegenleistung gewährt. Zudem gehören Fonds zur Gruppe der sich insgesamt verzehrenden Sondervermögen, obwohl sie in Teilen auch ergänzend ausgestaltet sind[206]. Sie unterliegen keiner Befristung, sind langfristig ausgerichtet und verfügen über jährliche Mittel[207].

3. Andere Kategorisierungsmerkmale

Weitere Einteilungen ergeben sich beispielsweise aus der Art der Finanzierung der Sondervermögen[208]. Nicht praktikabel ist eine Eingruppierung anhand der Ausgabenseite der Sondervermögen, da eine Fülle an verschiedenen Verteilungsformen von verlorenen Zuschüssen über Darlehen und Bürgschaften bis zu indirekter Förderung und Bereitstellung von Mitteln an die Bundesländer besteht. Die Eingliederung von Schulden in den Bundeshaushalt oder die Verwaltung durch Stellen

---

202 *K. Burmeister*, Außerbudgetäre Aktivitäten, S. 218.

203 Fonds „Deutsche Einheit", Entschädigungsfonds, Finanzmarktstabilisierungsfonds, Investitions- und Tilgungsfonds, Sondervermögen „Kinderbetreuungsausbau", Fonds nach § 5 Mauergrundstücksgesetz.

204 Ausgleichsfonds für überregionale Vorhaben zur Teilhabe schwerbehinderter Menschen am Arbeitsleben, Binnenschifffahrtsfonds, Sondervermögen „Energie- und Klimafonds", Entschädigungseinrichtung der Wertpapierhandelsunternehmen, Klärschlamm-Entschädigungsfonds, Restrukturierungsfonds, Versorgungsrücklage und Versorgungsfonds des Bundes.

205 Investitions- und Tilgungsfonds, Sondervermögen „Kinderbetreuungsausbau", Fonds nach § 5 Mauergrundstücksgesetz.

206 Fonds „Deutsche Einheit", Entschädigungsfonds.

207 Außerhalb dieser Kategorisierung stehen der Erblastentilgungsfonds und das Sondervermögen „Vorsorge für Schlusszahlungen für inflationsindexierte Bundeswertpapiere", da ersterer allein aus Passiva besteht und eine spezifische Tilgungsfunktion erfüllt und letzteres allein als überjährliches Ansparmodell dient. Beide dienen daher nur der internen Vermögensbewirtschaftung.

208 Siehe zur Finanzierung der Sondervermögen Näheres unten unter G. I.

außerhalb der Bundesverwaltung wurden bereits bei der Darstellung der einzelnen Sondervermögen berücksichtigt[209].

IV. Sondervermögen der Länder

Auch die Bundesländer können als Gebietskörperschaften und juristische Personen des öffentlichen Rechts eigene Sondervermögen errichten und verwalten. Aus der Fülle der Sondervermögen der Länder sind exemplarisch zwei Kategorien von Sondervermögen aufgrund ihrer Bedeutung hervorzuheben.

1. Grundstockvermögen

Die Länder Baden-Württemberg[210], Bayern[211], Brandenburg[212], Sachsen[213] und Sachsen-Anhalt[214] kennen auch heute noch ein so genanntes Grundstockvermögen als Sondervermögen. Ihm fließen Einnahmen aus dem Verkauf von Grundstücken und grundstücksgleichen Rechten sowie in einigen Ländern aus der Veräußerung von Anteilen an Unternehmen[215] zu. Die Einrichtung der Grundstockvermögen geht auf eine ältere Form der Haushaltswirtschaft zurück und soll die Vermögenssubstanz des jeweiligen Landes erhalten. Aus diesem Grund sind die Grundstockvermögen besonders geeignete Beispiele für Sondervermögen mit revolvierendem Charakter, weil Mittel aus den Sondervermögen nur zum Erwerb von Grundstücken bzw. grundstücksgleichen Rechten eingesetzt werden dürfen. Diese besondere Funktion der Rücklagenbildung hebt die Grundstockvermögen aus den übrigen Sondervermögen hervor[216]. Aufgrund ihrer spezifischen Zweckwidmung werden die Grundstockvermögen heute allerdings nicht selten wie

---

209 Siehe oben unter B. I. und II.

210 § 113 Abs. 2 LHO BW.

211 Art. 81 BayLVerf, Art. 113 Abs. 2 BayHO: nur der in Geld bestehende Teil des Grundstockvermögens ist ein Sondervermögen.

212 § 113 Abs. 2 BbgLHO.

213 § 113 Abs. 2 SäHO.

214 § 64 Abs. 6 LHO LSA.

215 Grundstockvermögen Baden-Württemberg: Zufluss von Mitteln aus dem Verkauf von Anteilen an Unternehmen in einer Rechtsform des privaten Rechts; Grundstockvermögen Sachsen: Zufluss von Mitteln aus dem Verkauf von Anteilen an Unternehmen in einer Rechtsform des privaten oder des öffentlichen Rechts.

216 So schon *Köttgen*, Fondsverwaltung in der Bundesrepublik, S. 22; *Vialon*, Öffentliche Finanzwirtschaft, S. 187.

reine „Geldrechnungen“[217] gebraucht, in denen die Erlöse nur bis zur nächsten Reinvestition nachgewiesen werden.

2. Versorgungsrücklagen und Versorgungsfonds

Alle Bundesländer sind verpflichtet, nach § 14a des Bundesbesoldungsgesetzes a.F. vom 29.06.1998[218] Versorgungsrücklagen für zukünftige Versorgungsaufwendungen an Landesbeamte und Richter zur schrittweisen Entlastung ihrer Haushalte zu bilden[219]. Diese Verpflichtung haben alle Länder durch Errichtung eines Landes-Sondervermögens „Versorgungsrücklage“ umgesetzt[220].

Zusätzlich hat die Mehrzahl der Bundesländer einen Versorgungsfonds eingerichtet, der Rückstellungen für die Finanzierung der Altersversorgung von Neueinstellungen sichern soll. Die Versorgungsfonds sind häufig als Sondervermögen errichtet[221]. In den Bundesländern Bremen[222], Rheinland-Pfalz[223] und Sachsen[224] wurden keine Sondervermögen, sondern rechtsfähige Anstalten des öffentlichen Rechts zur Versorgungssicherung gegründet.

---

217 *Gutschlag*, Sondervermögen und Kreditinstitute, S. 53, mit Hinweis auf die Bemerkungen des Landesrechnungshofs Baden-Württemberg 1990, S. 22, der das Grundstockvermögen des Landes lediglich als „Verwahrkonto“ bezeichnet.

218 Art. 5 Nr. 4 des Gesetzes zur Umsetzung des Versorgungsberichts, BGBl. I, S. 1666 (1669).

219 § 14a BBesG vom 29.06.1998 lautete wie folgt (Hervorhebungen nicht im Original):
Um die Versorgungsleistungen angesichts der demographischen Veränderungen und des Anstiegs der Zahl der Versorgungsempfänger sicherzustellen, werden beim Bund *und bei den Ländern* Versorgungsrücklagen als Sondervermögen aus der Verminderung der Besoldungs- und Versorgungsanpassungen nach Absatz 2 gebildet. Damit soll zugleich das Besoldungs- und Versorgungsniveau in gleichmäßigen Schritten von durchschnittlich 0,2 vom Hundert um 3 vom Hundert abgesenkt werden. (…)

220 § 2 Abs. 1 VersRücklG BW; Art. 13 BayVersRücklG; § 2 VersRücklG BLN; § 2 Abs. 1 BbgVRG; § 2 BremVersRücklG; § 2 HmbVersRücklG; § 2 Abs. 1 HessVersRücklG; § 2 Abs. 1 VersRücklG MV; § 3 NdsVersRücklG; § 2 EFoG NW; § 3a RPBeamtVFinG; § 2 Abs. 1 VersRG-SL; § 2 SäVersRücklG; § 3 VersRücklG LSA; § 2 Abs. 1 LVersRG SH; § 64 Abs. 1 ThürBesG i.V.m. § 1 Abs. 2 ThürPFG.

221 § 1 VersFondsG BW; Art. 2 Abs. 1 BayVersRücklG; § 2 Abs. 2 BbgVfG; § 1 Satz 1 HmbVersFondsG; § 2 Abs. 1 HessVersRücklG; § 1 Abs. 1 VersFondsG MV; § 14 EFoG NW; § 2 PensionsfondsG LSA.

222 § 1 BremVerVorG: „Rücklage“.

223 § 1 RPBeamtVFinG: „Finanzierungsfonds“.

224 § 1 Abs. 2 SächsGFEG: „Generationenfonds“.

V. Ursachen und Beweggründe für die Schaffung von Sondervermögen

Zu einer Ausgliederung von Vermögen aus dem Bundesetat in der Form von Sondervermögen führen unterschiedliche Gründe, Motivationen und geschichtliche Hintergründe. Ein Motiv für die Auslagerungen ist aber in den meisten Fällen dasselbe. Die Staatsaufgabenerfüllung wird immer diversifizierter und muss sich einem breiten Spektrum an Interessen widmen sowie differenzierten Anforderungen genügen. Der heutige Leistungs- und Wohlfahrtsstaat sieht sich zahlreichen Sonderaufgaben gegenüber gestellt, die er mit einem einheitlichen Rechenwerk nicht angemessen zu erfüllen vermag[225]. In den meisten Fällen der Vermögensausgliederung aus dem Staatsetat ist daher die Verbesserung und wirtschaftliche Effizienz der staatlichen Aufgabenerfüllung das übergeordnete Ziel[226]. Diese Effizienzsteigerung äußert sich in zahlreichen Einzelaspekten[227]. Hier zeigt sich, dass das Verwaltungsorganisationsrecht zunehmend als „Steuerungsressource" begriffen werden kann[228], das zumindest bei der strukturellen Ausgliederung von Sondervermögen eine Rolle spielen kann.

1. Flexiblere Bewirtschaftung

Für die Auslagerung von Bewirtschaftungsfunktionen auf kleinere Verwaltungseinheiten spricht, dass ein beweglicheres, flexibleres und rentableres Wirtschaften möglich ist als innerhalb eines schwerfälligen Zentralhaushalts[229]. Das kann an der mehr wirtschaftlich orientierten Aufgabenerledigung, aber auch an der organisatorischen Überlegenheit der verwaltenden Stellen über bürokratische

---

225 Zum Zusammenhang von Wohlfahrtsstaat und der Wahl privater Rechtsformen *Schuppert*, Verselbständigte Verwaltungseinheiten, S. 125 ff. und S. 191 ff.; zu verschiedenen Aufgaben des Staates und deren Bewältigung mithilfe von Nebenhaushalten *Kilian*, Nebenhaushalte, S. 871 mit Fn. 9.

226 Näheres zum Begriff der wirtschaftlichen Effizienz *Schemmel*, Unternehmen und Sondervermögen der öffentlichen Hand, Arbeitspapier Nr. 20, S. 23 ff.; zum Prinzip der wirtschaftlichen Effizienz beim finanzhoheitlichen Handeln des Staates *Kube*, Finanzgewalt in der Kompetenzordnung, S. 520 ff.

227 Siehe auch die Ausführungen bei *Gutschlag*, Sondervermögen und Kreditinstitute, S. 150 ff.; *Kilian*, Nebenhaushalte, S. 361 ff. und S. 879 ff.; *Schemmel*, Unternehmen und Sondervermögen der öffentlichen Hand, Arbeitspapier Nr. 20, S. 8 ff.

228 Zum Ganzen *Hoffmann-Riem/Schmidt-Aßmann*, Verwaltungsorganisationsrecht als Steuerungsressource, 1997.

229 *Krebs*, in: HStR V, § 108 Rn. 23 f., zu den Gründen organisatorischer Ausgliederung von Verwaltungsaufgaben insgesamt.

Verwaltungsstrukturen liegen[230]. Darüber hinaus schont die Verwaltung von Sondervermögen durch bereits vorhandene Organisationen – seien sie privatrechtlicher oder öffentlich-rechtlicher Natur – Ressourcen durch die Nutzung bestehender Strukturen[231]. Durch die Möglichkeit, eigene Haushalts- oder sogar Wirtschaftspläne zu erstellen, können wirtschaftliche Aspekte stärker betont werden und insbesondere auf wirtschaftliche Veränderungen flexibler reagiert werden[232]. Eine Organisation mit „flachen" Hierarchien fördert die Einstellung von spezialisiertem oder sachverständigerem Personal auf allen Ebenen und führt zu stärkerer Motivation und vermehrter Eigeninitiative der Entscheidungsorgane insgesamt[233]. Die nicht an strenge Vorgaben gebundene Organisation von ausgegliederten Sondervermögen ermöglicht zudem eine zumindest beratende Beteiligung außerstaatlicher Kräfte und so die Einbindung der Betroffenen und deren Interessen in die Entscheidungsfindung[234].

Diese Vorteile müssen hinsichtlich der Ausgestaltung der Sondervermögen aber auch mit Skepsis und Abstand betrachtet werden. Ein merklich flexibleres Bewirtschaften auf der Grundlage eigener Haushalts- oder Wirtschaftspläne ist nur dann möglich, wenn diese Pläne nicht ebenso starr sind wie der Zentralhaushalt des Bundes selbst. Vermeintlich bessere Organisationsstrukturen existieren dort nicht unbedingt, wo die Verwaltung der Sondervermögen in die Ministerialbürokratie eingebunden ist oder wo so viele Entscheidungsträger mitwirken oder Mitspracherechte anderer Stellen bestehen, dass der Entscheidungsprozess noch stärker verzögert wird als innerhalb des Haushaltsverfahrens[235]. Eigeninitiative

230 *Lüder*, in: Verwaltungskontrolle, S. 52; *Bull/Mehde*, Allgemeines Verwaltungsrecht, Rn. 366 und Rn. 1229; *Heintzen*, VVDStRL 62 (2003), 220 (259): „Krise des Berufsbeamtentums".

231 Zur Indienstnahme Privater durch die Verwaltung *Schuppert*, Verselbständigte Verwaltungseinheiten, S. 140; *Trute*, in: Schmidt-Aßmann/Hoffmann-Riem, Verwaltungsorganisation als Steuerungsressource, S. 249 (266 f.).

232 Vgl. zu Nachteilen der kameralistischen Buchführung *Berens u.a.*, DÖV 2008, 109 (110).

233 Zur Förderung von Kreativität und Innovation durch Abwesenheit von Hierarchien *Schuppert*, Verselbständigte Verwaltungseinheiten, S. 211 f. und S. 307 ff.; auch *J.-P. Schneider*, in: Schmidt-Aßmann/Hoffmann-Riem, Verwaltungsorganisationsrecht als Steuerungsressource, S. 103 (106 f.); *Ossenbühl*, VVDStRL 29 (1971), 137 (148); kritisch dazu *B. Becker*, Öffentliche Verwaltung, S. 934 f.

234 Zur Möglichkeit, Sachverstand einzubringen und Betroffene einzubinden, *Schuppert*, Verselbständigte Verwaltungseinheiten, S. 145 und S. 259 ff. sowie S. 282 ff.; *Dederer*, Korporative Staatsgewalt, S. 98 ff., insbesondere S. 100 ff.; zur effektiveren Aufgabenerledigung durch Beteiligung Betroffener BVerfGE 10, 89 (102 ff.); *Britz*, VerwArch 91 (2000), 418 (421); allgemein zu pluralistischen Verwaltungsgremien *Schreyer*, Pluralistische Entscheidungsgremien im Bereich sozialer und kultureller Staatsaufgaben, 1982.

235 *Korioth*, in: Hoffmann-Riem/Schmidt-Aßmann/Voßkuhle, Grundlagen des Verwaltungsrechts, Band III, § 44 Rn. 23.

des Personals wird nur dort begünstigt, wo Leistungsanreize – möglicherweise auch außerhalb des Beamtenapparates – vorhanden sind[236].

Die meisten Sondervermögen wirtschaften auf der Grundlage eines Wirtschaftsplans, mit ausdrücklicher Ausnahme des Finanzmarktstabilisierungsfonds sowie des Restrukturierungsfonds. Diese stellen kraft gesetzlicher Anordnung (§ 11 Abs. 3 Satz 1 FMStFG, § 13 Abs. 3 Satz 1 RStruktFG) weder einen Haushalts- noch einen Wirtschaftsplan auf. Die Fonds können dadurch sehr flexibel auf unterjährliche wirtschaftliche Veränderungen reagieren.

Was die Organisation der Sondervermögen betrifft, ist die Mehrzahl von ihnen in die Ministerialbürokratie eingebunden – nicht selten werden die Fonds direkt vom zuständigen Ministerium verwaltet. Die Entschädigungseinrichtung für Wertpapierhandelsunternehmen, der Finanzmarktstabilisierungsfonds und der Restrukturierungsfonds treten diesbezüglich hervor, weil sie von sachverständigen Anstalten geleitet werden[237]. Ähnliches trifft auf die übrigen Sondervermögen zu, die von Stellen außerhalb der unmittelbaren Bundesverwaltung bewirtschaftet werden[238]. Dadurch kann Expertenwissen genutzt und eine flexible, wirtschaftlich orientierte Politik betrieben werden[239]. Mit Blick auf Entscheidungsflexibilität negativ hervorzuheben ist der Ausgleichsfonds für überregionale Vorhaben zur Teilhabe schwerbehinderter Menschen am Arbeitsleben, der vom Bundesministerium für Gesundheit verwaltet wird, bei dem aber ein Beirat für die Teilhabe behinderter Menschen mitwirkt. Hier kommt nämlich eine zusätzliche Entscheidungsebene hinzu. Gleiches gilt für die Sondervermögen Versorgungsrücklage und Versorgungsfonds, die grundsätzlich vom Bundesministerium des Innern verwaltet werden, bei denen aber ein Beirat gebildet wird, dem bei wichtigen Fragen ein Mitwirkungsrecht zusteht. Mehr noch trifft das auf das Bundeseisenbahnvermögen zu, das als Sondervermögen über einen eigenen Verwaltungsunterbau verfügt und dadurch kaum schneller agieren kann als innerhalb des Zentralbudgets.

---

236 *Gutschlag*, Sondervermögen und Kreditinstitute, S. 153 f., zu beispielhaften Sondervermögen.

237 Entschädigungseinrichtung für Wertpapierhandelsunternehmen verwaltet von Kreditanstalt für Wiederaufbau; Finanzmarktstabilisierungsfonds sowie Restrukturierungsfonds verwaltet von der Bundesanstalt für Finanzmarktstabilisierung.

238 Bergmannssiedlungsvermögen, Bergarbeiterwohnungsbau, Zweckvermögen bei der Landwirtschaftlichen Rentenbank, Zweckvermögen bei der Deutschen Postbank AG sowie Revolvingfonds und Freistellungsfonds.

239 Zum Bedürfnis nach gesteigertem Fachwissen *Ritter*, in: Schmidt-Aßmann/Hoffmann-Riem, Verwaltungsorganisation als Steuerungsressource, S. 207 (209 f.).

2. Mittelverteilung

Das Argument zielgenauerer Mittelverteilung über Sondervermögen basiert auf der Annahme, dass Haushaltsmittel über den Haushaltsplan häufig nach dem Gießkannenprinzip verteilt werden[240]. Letzteres liegt daran, dass die Entscheidung über die Mittelvergabe den parlamentarischen Abstimmungsprozess durchlaufen muss und auf unterschiedliche Einzelinteressen trifft. Zudem werden durch den unüberschaubaren Umfang des Haushaltsplans häufig verschiedene Ausgabenpositionen mit sich überlappender Zielsetzung unkoordiniert bei mehreren Ressorts veranschlagt. Sondervermögen sollen deshalb genutzt werden, um unterschiedliche Interessen zu bündeln und Aufgaben sowie Ausgabenpositionen mit gleicher Zielsetzung zusammen zu fassen[241]. Darüber hinaus kann die öffentliche Errichtung eines Sondervermögens insbesondere die Kontrolle durch nichtstaatliche Kräfte fördern und so zu mehr Bürgernähe führen[242].

Betrachtet man die zahlreichen Sondervermögen mit Fördertätigkeiten, so wird deutlich, dass auch hier die Gefahr einer unkoordinierten Doppel- oder Mehrfachförderung aus verschiedenen Sondertöpfen besteht. Die Vermögensmassen werden zudem zum Teil von unterschiedlichen Ressorts verwaltet bzw. beaufsichtigt, so dass das Ziel sparsamer Ausgabenpolitik in den Hintergrund tritt. Auch erschweren die Auslagerung aus dem Etat und die damit einhergehende Unvollständigkeit des Haushaltsplans den Überblick über die Staatsausgaben. Das führt zu einem Verlust der konjunkturpolitischen Gesamtsteuerungsfähigkeit. Einzelne Interessen und kurzfristige Aufgaben werden dann zwar effektiv bedient, die gesamtkonjunkturelle, wirtschaftlich sinnvolle Steuerung kann aber aus dem Blick geraten[243]. Hinzu tritt ein möglicherweise noch bedeutenderer Nachteil, nämlich die Verschleierung des Umfangs der Staatstätigkeit insgesamt und der Staatsverschuldung im Besonderen[244]. Der verstärkten Kontrolle über einzelne Sondervermögen steht dann der Kontrollverlust über die Gesamtentwicklung gegenüber.

Der Investitions- und Tilgungsfonds, der Finanzmarktstabilisierungsfonds und der Restrukturierungsfonds betreiben eine zielgenaue, konsequente und

---

240 *Dickertmann*, in: Das rationale Budget, S. 163 (175); *Gutschlag*, Sondervermögen und Kreditinstitute, S. 154.

241 *Schemmel*, Unternehmen und Sondervermögen der öffentlichen Hand, Arbeitspapier Nr. 20, S. 10.

242 *Battis/Kersten*, NVwZ 2000, 1337 (1342): „Publizitäts- und Kontrollfunktion"; *Sachs*, in: Sachs, Art. 20 Rn. 18.

243 *Gutschlag*, Sondervermögen und Kreditinstitute, S. 155.

244 *B. Becker*, Öffentliche Verwaltung, S. 230, zu Sondervermögen; *Kilian*, Nebenhaushalte, S. 880 f., allgemein zu Nebenhaushalten.

koordinierte Mittelverteilung. Alle Sondervermögen wurden aufgrund der im Jahr 2008 beginnenden Finanz- und Wirtschaftskrise errichtet und halten an den konjunkturellen Bedürfnissen ausgerichtete Instrumente zur Überwindung einer Krise vor. Durch das Bereithalten eines ganzen Straußes von Hilfsprogrammen sollen sich die Fonds nicht nur an einzelwirtschaftlichen Zielen, sondern an der gesamtkonjunkturellen Entwicklung orientieren.

Hingegen bergen insbesondere der Ausgleichsfonds für überregionale Vorhaben zur Teilhabe schwerbehinderter Menschen, das ERP-Sondervermögen, das Sondervermögen „Kinderbetreuungsausbau“ und das Zweckvermögen bei der Landwirtschaftlichen Rentenbank das Risiko der Mehrfachförderung. Da die von ihnen unterstützten Maßnahmen auch durch zahlreiche andere Instrumente, beispielsweise durch Subventionsvergabe direkt aus dem Bundesetat oder Steueranreize, unterstützt werden können, besteht eine erhebliche Gefahr der unkoordinierten Vervielfachung einzelner Staatsleistungen. Das wiederum führt zu einer Erhöhung des verdeckten Staatsdefizits.

3. Finanzierungs- und Kostenkontrolle

Für die Errichtung und Verwaltung von Sondervermögen außerhalb des Haushaltsplans streitet die flexiblere Nachfrageorientierung, vor allem weil einzelne Sondervermögen je nach Ausgestaltung einen besseren Zugang zum Kapitalmarkt finden können. Auch lässt sich die Kostenkontrolle durch eine eigene Rechnungslegung als Vorteil anführen[245]. Zudem kann die Möglichkeit zu langfristiger Planung – über die Jährlichkeit des Bundesetats hinaus – wirtschaftlicher sein. Darüber hinaus wird vertreten, dass der Abgabenwiderstand gegen die Erhebung von Sonderabgaben bei den Bürgern nachlasse, wenn das Aufkommen der Abgabe zweckgebunden ist und einem Sondervermögen zufließt. Abgabepflichtige akzeptierten die Finanzierung einer ihnen nahe stehenden oder sie betreffenden Aufgabe durch ein zweckgebundenes Abgabeaufkommen häufig eher als die undifferenzierte Steuerschuld[246].

Zu beachten ist aber, dass eine flexiblere Kreditbeschaffung am Kapitalmarkt gleichzeitig auch die im Haushaltsplan nicht sichtbare Staatsverschuldung befördert. Der vermeintlich verminderte Abgabenwiderstand hingegen mag häufig auch nur damit zusammen hängen, dass Sonderabgaben teilweise geräuschloser eingeführt und erhöht werden, wohingegen eine alle betreffende Steuerschulderhöhung der Öffentlichkeit seltener entgeht.

---

245 *Gutschlag*, Sondervermögen und Kreditinstitute, S. 156.

246 *Dickertmann*, in: Das rationale Budget, S. 163 (168).

Ein besonderer Nachteil von Sondervermögen, die sich durch Sonderabgaben finanzieren, liegt in der durch Erlass des Errichtungsgesetzes über das Haushaltsjahr hinausgehenden und oftmals langfristig angelegten Belastung der Abgabeschuldner[247]. Die im Gegensatz zum Bundesbudget nicht jährlich zu bestätigende Finanzierung der Sondervermögen birgt die Gefahr, dass sie auch nach Wegfall ihres ursprünglichen Zwecks unter Änderung ihrer Aufgaben fortgesetzt werden. Solche Sondervermögen können zu dauerhaften Einrichtungen werden und begünstigen unter Umständen eine Verfilzung von Personalstrukturen und Ämterpatronage[248].

Zur eigenständigen Aufnahme von Krediten ermächtigt sind die Sondervermögen Entschädigungsfonds, Entschädigungseinrichtung der Wertpapierhandelsunternehmen, Finanzmarktstabilisierungsfonds[249], Investitions- und Tilgungsfonds und Restrukturierungsfonds[250]. Unter der Voraussetzung, dass die Sondervermögen von den kreditgebenden Instituten als kreditwürdig angesehen werden, besteht das Risiko einer erheblichen Verschuldung außerhalb des Bundeshaushalts vor allem beim Entschädigungsfonds und der Entschädigungseinrichtung für Wertpapierhandelsunternehmen. Die Aufnahme von Krediten für beide Sondervermögen ist betragsmäßig nicht limitiert und für den Entschädigungsfonds sogar vollkommen unbeschränkt.

Abgabenfinanziert sind der Ausgleichsfonds für überregionale Vorhaben zur Teilhabe schwerbehinderter Menschen am Arbeitsleben, der Binnenschifffahrtsfonds, die Entschädigungseinrichtung für Wertpapierhandelsunternehmen, der Klärschlamm-Entschädigungsfonds und der Restrukturierungsfonds. Hervorzuheben ist die Ausgestaltung des Klärschlamm-Entschädigungsfonds, dessen Finanzausstattung auf einen bestimmten Betrag gedeckelt ist, bei dessen Erreichen die

---

247 Siehe dazu aber die Rechtsprechung des Bundesverfassungsgerichts, wonach bei einer auf längere Zeit angelegten Finanzierung über Sonderabgaben der Gesetzgeber von Verfassung wegen angehalten ist, die Erhebung der Abgabe in Zeitabständen zu überprüfen, BVerfGE 55, 274 (308); 82, 159 (181); 110, 370 (392).

248 Zur Ämterpatronage allgemein siehe *Schmidt-Hieber*, NJW 1989, S. 558 ff.; bei Sondervermögen *Schemmel*, Unternehmen und Sondervermögen der öffentlichen Hand, Arbeitspapier Nr. 20, S. 21 f.

249 Die Garantieermächtigung gemäß § 6 Abs. 1 FMStFG ist in diesem Zusammenhang einer Aufnahme von Fremdkapital gleichzusetzen.

250 Der Restrukturierungsfonds ist nach § 6 RStruktFG zur Übernahme von Garantien ermächtigt, was einer Kreditaufnahme gleichzustellen ist. Zur Aufnahme von Krediten ist er hingegen nicht ermächtigt, dazu ist nach § 12 Abs. 6 RStruktFG nur der Bund für das Sondervermögen berechtigt. Der Fonds „Deutsche Einheit“ war gemäß § 5 Abs. 2 DEFG nur bis zum Jahr 1994 zur Kreditaufnahme ermächtigt.

Abgabenpflicht ausgesetzt wird und ein weiteres Anwachsen des Fonds ausgeschlossen wird[251].

Ein geringeres Risiko langjährigen Weiterlebens bergen die Sondervermögen, die schon durch das Errichtungsgesetz auflösend bedingt ausgestaltet sind. Dazu gehören der Fonds „Deutsche Einheit" (Auflösung mit Ablauf des Jahres 2019), der Erblastentilgungsfonds (aufzulösen nach Tilgung seiner Verbindlichkeiten), der Finanzmarktstabilisierungsfonds (Abwicklung und Auflösung ab 31.12.2010), der Investitions- und Tilgungsfonds (Auflösung mit Schuldentilgung), das Sondervermögen Kinderbetreuungsausbau (Auflösung nach Erfüllung der gesetzlichen Aufgaben, spätestens mit Ablauf des Jahres 2015), der Fonds nach § 5 Mauergrundstücksgesetz (Fonds endet mit vollständiger Verteilung der Mittel) und die Versorgungsrücklage des Bundes (Auflösung nach Auszahlung des Vermögens). Demgegenüber sind der Entschädigungsfonds und das ERP-Sondervermögen als negative Beispiele für eine im Laufe ihres Bestehens erfolgte Zweckänderung zugunsten eines langjährigen Weiterexistierens zu nennen.

4. Fazit

Einige Sondervermögen können die Vorteile ihrer Errichtung und Verwaltung außerhalb des Bundeshaushalts nutzen und durch effizientes Wirtschaften umsetzen. Insbesondere die Gründung und Ausgestaltung der neueren Sondervermögen wie des Finanzmarktstabilisierungsfonds, des Investitions- und Tilgungsfonds, des Restrukturierungsfonds, aber auch der Versorgungsrücklage und des Versorgungsfonds des Bundes ist unter diesen Aspekten betrachtet angemessen und begrüßenswert. Andere Sondervermögen bergen zum Teil die erwähnten Risiken und verdeutlichen damit das Erfordernis einer einheitlichen weitergehenden Normierung der Sondervermögen.

251 § 11 Abs. 3 Nr. 2 DüngG i.V.m. § 6 Abs. 1 KlärEV.

C. Die Entwicklung des Sondervermögens aus der jüngeren Fondswirtschaft

Eingang in die gesetzlichen Bestimmungen des Haushaltsrechts fand der Begriff des Sondervermögens durch die erste Fassung der Reichshaushaltsordnung vom 31.12.1922[252]. § 9 Nr. 3 RHO normierte, dass Einnahmen und Ausgaben eines nicht-rechtsfähigen Sondervermögens in den Haushaltsplan einzustellen seien. In das Verfassungsrecht übernommen wurde das Haushaltsinstitut des Sondervermögens erst mit der Änderung der Art. 110 und 115 GG durch das Zwanzigste Gesetz zur Änderung des Grundgesetzes vom 12.05.1969[253]. Die damit noch recht junge Bezeichnung hatte jedoch schon vor der Aufnahme in das einfache Haushalts- und in das Verfassungsrecht andere Begriffsvorläufer, wobei dem „Fonds“ in der Form des Staatsnebenfonds[254] in diesem Zusammenhang besondere Bedeutung zukommt.

I. Der Begriff des Fonds in der jüngeren Geschichte

Der Begriff des Fonds wird heute nicht im Sinne eines bestimmten haushaltsrechtlichen Instituts verwendet. Trotzdem tragen sehr häufig auch die jüngst errichteten Sondervermögen die Bezeichnung „Fonds“ im Namen[255]. Der Staatsfonds der jüngeren Geschichte kann als Vorgänger unter anderen zum heutigen Sondervermögen bezeichnet werden[256].

1. Preußisches Staatshaushaltsgesetz

Die erste Kodifikation des Haushaltsrechts in der deutschen Finanzgeschichte durch das Preußische Staatshaushaltsgesetz vom 11.05.1898 (PrStHHG)[257] er-

252 RGBl. II 1923, S. 17.

253 BGBl. I, S. 357.

254 Zur Entwicklung des Fondsbegriffs siehe *K. Burmeister*, Außerbudgetäre Aktivitäten, S. 96 ff.

255 Siehe die Darstellung zu den Sondervermögen oben unter B. I. und II.

256 *K. Burmeister*, Außerbudgetäre Aktivitäten, S. 245; *Fecher*, Zweckbindung öffentlicher Einnahmen, S. 31; *Neumark*, Der Reichshaushaltsplan, S. 171.

257 Gesetz betreffend den Staatshaushalt, PrGS, S. 77.

wähnte den Begriff des „Fonds" in den §§ 2 bis 4 und in § 16. Nach § 2 Abs. 1 Nr. 4 PrStHHG waren auch „Einnahmen und Ausgaben derjenigen zu besonderen Zwecken bestimmten Fonds, über welche dem Staate allein die Verfügung zusteht, sofern diese Fonds nicht juristische Persönlichkeit besitzen" in den Staatshaushalt aufzunehmen. Aus § 3 PrStHHG ergab sich, dass die Einnahmen und Ausgaben rechtsfähiger Fonds im Gegensatz dazu nicht haushaltssichtig gemacht werden mussten. § 16 Abs. 2 PrStHHG bestimmte zudem eine Ausnahme vom Non-Affektationsprinzip für die nicht-rechtsfähigen Staatsnebenfonds i.S.d. § 2 Abs. 1 Nr. 4 PrStHHG, wonach deren Einnahmen ausschließlich für ihre Zwecke zu verwenden waren. Damit bezeichnete das PrStHHG den Fonds als Sammelbegriff für alle Vermögensmassen des Staates, die einer bestimmten Aufgabe gewidmet waren und die sich zumindest zum Teil durch zweckgebundene Einnahmen finanzierten. Es kam nicht darauf an, ob diese Vermögensmassen rechtsfähig waren oder keine eigene Rechtspersönlichkeit hatten[258].

Staatsnebenfonds mit Rechtspersönlichkeit waren nicht gemäß den Normen des PrStHHG zu bewirtschaften und budgetsichtig zu machen, weil deren Einnahmen und Ausgaben nach der sich durchsetzenden Auffassung bereits keine solchen des Staates, sondern die eines anderen Rechtsträgers darstellten. Mit Verabschiedung des PrStHHG hatte sich diese (bis dahin umstrittene[259]) Auffassung der Staatsregierung im Parlament etabliert. Demnach verpflichtete Art. 99 der preußischen Verfassung, der unter anderen das parlamentarische Budgetrecht und die Grundsätze der Vollständigkeit und Einheit des Etats konstituierte[260], nicht dazu, auch Einnahmen und Ausgaben von Fonds mit juristischer Persönlichkeit in den Staatsetat aufzunehmen[261].

258 *K. Burmeister*, Außerbudgetäre Aktivitäten, S. 245 f.; *Köttgen*, Fondsverwaltung in der Bundesrepublik, S. 22.

259 Dieser sich durchsetzenden „juristischen" Meinung stand die „finanzwirtschaftliche" Sichtweise gegenüber, die dem Bereich staatlicher Haushaltswirtschaft auch das Finanzgebaren selbständiger juristischer Personen, über die dem Staat die alleinige Verfügungsgewalt zustand, zurechnen und es so dem parlamentarischen Budgetbewilligungsrecht unterstellen wollte, *K. Burmeister*, Außerbudgetäre Aktivitäten, S. 86 ff., *Hillgruber*, in: v. Mangoldt/Klein/Starck, Art. 110 Rn. 36.

260 Preußische Verfassung vom 31.01.1850, PrGS, S. 17; Art. 99 PrVerf lautete wie folgt:
Alle Einnahmen und Ausgaben des Staates müssen für jedes Jahr im Voraus veranschlagt und auf den Staatshaushalts-Etat gebracht werden.
Letzterer wird jährlich durch ein Gesetz festgestellt.

261 Reg.-Begr. PrStHHG, S. 312, zitiert nach K. Burmeister, Außerbudgetäre Aktivitäten, S. 241; *Hillgruber*, in: v. Mangoldt/Klein/Starck, Art. 110 Rn. 36.

2. Reichshaushaltsordnung

Der Begriff des „Fonds“ wurde in der neuen Reichshaushaltsordnung vom 31.12.1922[262] nicht mehr verwendet. Stattdessen bestimmte aber § 9 Nr. 3 RHO, dass insbesondere „Einnahmen und Ausgaben eines nicht-rechtsfähigen Sondervermögens, wenn dem Reiche die alleinige freie Verfügung darüber zugunsten allgemeiner oder bestimmter einzelner Reichsaufgaben zusteht“, in den Haushaltsplan einzustellen waren. Dieser Norm kommt wegen ihrer Stellung und ihres Normgehalts die Bedeutung als direkte Nachfolgevorschrift für § 2 Abs. 1 Nr. 4 PrStHHG zu. Gleiches gilt für die novellierte Fassung des § 9 RHO vom 13.12.1933[263], wonach gemäß § 9 Abs. 2 Nr. 2 insbesondere „Einnahmen des Reichs aus Sondervermögen und Ausgaben für diese“ in den Haushaltsplan eingestellt werden mussten. Anhand dieser Entwicklung lässt sich nachvollziehen, dass der Begriff des Sondervermögens in der RHO das Ergebnis einer Entwicklung darstellt, die auf den Begriff des „Fonds“ i.S.d. § 2 Abs. 1 Nr. 4 PrStHHG zurückgeht.

Wenn aber § 9 Nr. 3 RHO in seiner ursprünglichen Fassung vom 31.12.1922 noch von „nicht-rechtsfähigen Sondervermögen“ sprach, deutet dies darauf hin, dass der Gesetzgeber im Umkehrschluss von der Existenz rechtsfähiger Sondervermögen ausging. Erst die novellierte Fassung des § 9 Abs. 2 Nr. 2 RHO vom 13.12.1933 gab die – zumindest begriffliche – Unterscheidung zwischen rechtsfähigen und nicht-rechtsfähigen Sondervermögen auf. Dies lässt sich so interpretieren, dass der Begriffsvorläufer der Sondervermögen, der „Fonds“, in der Frühzeit haushaltsrechtlicher Kodifizierungen noch verschiedene Budgetausgliederungen von Vermögensmassen mit spezieller Zweckbestimmung erfasste und relativ undifferenziert war. Nach heutigem Verständnis ließen sich darunter sogar rechtsfähige Stiftungen und möglicherweise auch Anstalten und Körperschaften des öffentlichen Rechts fassen[264]. Dieses Begriffsverständnis ging zunächst auch in den älteren Sondervermögensbegriff der ursprünglichen RHO ein, der im Laufe der Zeit dann zunehmend konturierter wurde. Deutlich wird das vor allem in der Normierung des § 9b RHO der novellierten Fassung vom 13.12.1933. Diese neu hinzugefügte Bestimmung adressierte erstmals in Abgrenzung zu den in den §§ 9 und 9a RHO behandelten Sondervermögen „Anstalten, die (...) juristische Persönlichkeit besitzen“. Dieser Begriffswandel zeigt, wie der Haushaltsgesetzgeber eine Diversifizierung der verschiedenen Haushaltsinstitute vornahm. Aus dem weiten Fondsbegriff des PrStHHG ging auch der Begriff des Sondervermögens hervor.

---

262 RGBl. II 1923, S. 17.

263 RGBl. II, S. 1007.

264 *K. Burmeister*, Außerbudgetäre Aktivitäten, S. 86 ff. und S. 245 f.

II. Der heutige Fondsbegriff

Der „Fonds“ des PrStHHG ist ein Vorläufer der heutigen Sondervermögen, aber auch weiterer Ausgliederungen von Vermögensmassen aus dem Zentralhaushalt. Deutlich wird das heute noch an der Verwendung des Fondsbegriffs im einfachen Recht. Nicht nur Sondervermögen erhalten häufig die Bezeichnung „Fonds“, sondern neben den ausdrücklich als nicht-rechtsfähig bezeichneten Sondervermögen tragen auch Anstalten des öffentlichen Rechts mit eigener Rechtspersönlichkeit „Fonds“ im Namen. Exemplarisch seien der Holzabsatzfonds[265], der Deutsche Weinfonds[266] und der Absatzförderungsfonds der deutschen Land- und Ernährungswirtschaft[267] genannt, die als Anstalten des öffentlichen Rechts mit eigener Rechtspersönlichkeit errichtet wurden.

265 Errichtet aufgrund des Holzabsatzfondsgesetzes vom 06.10.1998, BGBl. I, S. 3130, zuletzt geändert durch Art. 2 des Gesetzes vom 26.06.2007, BGBl. I, S. 1170; siehe zur Verfassungswidrigkeit der Sonderabgabenerhebung für diesen Fonds BVerfGE 123, 132.

266 Errichtet als „Stabilisierungsfonds für Wein“ aufgrund von § 16 des Weinwirtschaftsgesetzes vom 11.09.1980, BGBl. I, S. 1665, nunmehr geregelt in §§ 37 ff. des Weingesetzes vom 08.07.1994, BGBl. I, S. 1467, in der Fassung vom 16.05.2001, BGBl. I, S. 985, zuletzt geändert durch Art. 15 Abs. 57 des Gesetzes vom 05.02.2009, BGBl. I, S. 160.

267 Errichtet durch das Absatzfondsgesetz vom 26.06.1969, BGBl. I, S. 635, in der Fassung der Bekanntmachung vom 04.10.2007, BGBl. I, S. 2342; siehe zur Verfassungswidrigkeit der Sonderabgabenerhebung für diesen Fonds BVerfGE 122, 316.

D. Die Rechtsstellung des Sondervermögens als Element unmittelbarer Bundesverwaltung

Der Begriff des Sondervermögens taucht nicht nur im Grundgesetz auf, sondern findet sich auch in Normen des StabG[268], des HGrG[269] und insbesondere der BHO[270]. Ebenso wird er in den einzelnen Errichtungsgesetzen verwendet, ohne jedoch gesetzlich definiert zu sein. Nach der Allgemeinen Verwaltungsvorschrift zu § 26 BHO handelt es sich bei Sondervermögen um „rechtlich unselbständige abgesonderte Teile des Bundesvermögens, die durch Gesetz oder aufgrund eines Gesetzes entstanden und zur Erfüllung einzelner Aufgaben des Bundes bestimmt sind“[271]. Ausschlaggebend auch für die Auslegung des einfachen Haushaltsrechts muss aber der verfassungsrechtliche Begriff des Sondervermögens sein.

I. Bundesverwaltung

Bereits begrifflich stellt ein Sondervermögen eine Vermögensmasse dar. Wie Art. 135a GG verdeutlicht, besteht es aus einer Zusammenfassung von Aktiva und bzw. oder Passiva, weil der Begriff des Vermögens sowohl Geld, Wertpapiere und Grundstücke als auch Verbindlichkeiten umfasst[272].

Eigentümer eines Bundes-Sondervermögens ist der Bund[273]. Es wird dem Bundesvermögen zugerechnet und kann aufgrund seiner Zweckbindung entweder zum Verwaltungsvermögen gezählt oder als eigenständige Kategorie des Bundesvermögens gewertet werden[274]. Anders als das Finanzvermögen des Bundes, das als bloß „werbendes Vermögen“ für die öffentliche Verwaltung mittelbar, unmittelbar aber nur für den Erwerb und die Bestandsmehrung nutzbar gemacht

268 § 13 Abs. 1, § 19 Satz 1, § 25 Satz 2 StabG.

269 § 18 Abs. 2, § 42 Abs. 1, § 48 Abs. 1, § 52 Abs. 2 Satz 2 und Abs. 3, § 53 Abs. 2 Satz 1 HGrG.

270 § 26 Abs. 2, § 61 Abs. 3 Satz 1, § 85 Nr. 2, § 88 Abs. 1, § 91 Abs. 1 Satz 1 Nr. 4, § 113 BHO.

271 VV-BHO zu § 26 Nr. 2.1.

272 Bereits *G. Schmidt*, VerwArch 60 (1969), 295 (319); *Höfling/Rixen*, in: Bonner Kommentar, Stand: September 2003, Art. 115 Rn. 391.

273 So schon *Vialon*, Haushaltsrecht S. 375.

274 Zum Sondervermögen als eigene Kategorie *Herbert*, VR 1996, 46 (48); *Isensee*, in: HStR V, § 122 Rn. 19.

wird, dient das Verwaltungsvermögen des Bundes direkt der Durchführung dessen öffentlichen Aufgaben[275]. Da die Vermögensmassen der Bundes-Sondervermögen den gesetzlichen Vorschriften des Bundeshaushaltsrechts unterstehen, rechnen sie innerhalb der Dreiteilung der Staatsfunktionen der Bundesverwaltung zu[276]. Sie müssen stets einer öffentlichen Aufgabe des Bundes gewidmet sein und dürfen folglich nicht ausschließlich der Kapitalanlage und -erhaltung dienen.

1. Sondervermögen als Teil unmittelbarer Bundesverwaltung

Bei der Bewirtschaftung der aktuell existierenden Sondervermögen handelt es sich ausschließlich um unmittelbare Bundesverwaltung, weil die fehlende Rechtsfähigkeit in allen Errichtungsgesetzen normiert ist. Damit bleibt Rechtsträger aller Sondervermögen der Bund[277]. Ihre häufige Ausgestaltung als teilrechtsfähige Gebilde hat keinen Einfluss auf ihre Zuordnung zur unmittelbaren Bundesverwaltung, da diese formale Zuordnung keine Aussage über die *tatsächliche* Selbständigkeit einer Organisationseinheit trifft[278]. Demzufolge sind Einnahmen und Ausgaben der Sondervermögen dem Rechtsträger Bund zuzurechnen und stellen somit Einnahmen und Ausgaben des Bundes dar.

Weder die Pensionsrücklagen der Bundesanstalt für Finanzdienstleistungsaufsicht sowie der Deutschen Bundesbank und der „Versorgungsfonds der Bundesagentur für Arbeit“[279] noch der durch Art. 1 Nr. 182 des GKV-Wettbewerbsstärkungsgesetzes vom 26.03.2007[280] errichtete Gesundheitsfonds oder der durch Art. 1 des Pflegeversicherungsgesetzes vom 26.05.1994[281] gegründete Ausgleichsfonds in der Pflegeversicherung stellen Sondervermögen des Bundes dar[282]. Die

---

275 Vgl. zum Verwaltungsvermögensbegriff BVerfGE 10, 20 (37); *Maunz*, in: Maunz/Dürig, Stand: 1976, Art. 134 Rn. 12; zu den Arten des Staatsvermögens allgemein *Isensee*, in: HStR V, § 122 Rn. 20 ff.

276 So auch die Definitionen bei *Heun*, in: Dreier, Art. 110 Rn. 19; *Kilian*, Nebenhaushalte, S. 236; *v. Köckritz/Ermisch/Lamm*, Stand: September 2003, § 26 BHO Rn. 2.2; *v. Köckritz/Ermisch/Lamm*, Stand: Oktober 2005, § 113 BHO Rn. 2; *Nebel*, in: Piduch, Bundeshaushaltsrecht, Stand: Dezember 2004, Art. 110 Rn. 37.

277 Zur Frage, ob es auch rechtsfähige Sondervermögen geben kann, siehe unten unter D.II.

278 *Lerche*, in: Maunz/Dürig, Stand: Juni 1998, Art. 83 Rn. 13 mit Fn. 43; kritisch *Lecheler*, NVwZ 1989, 834 (836), zu den damaligen Sondervermögen Deutsche Bahn und Deutsche Post; dazu, dass sich der Umfang tatsächlicher Selbständigkeit aus dieser Einteilung nicht deduzieren lässt, *Kirschenmann*, JuS 1977, 565 (570).

279 Siehe dazu bereits oben unter B. II. 7.

280 Gesetz zur Stärkung des Wettbewerbs in der gesetzlichen Krankenversicherung, BGBl. I, S. 378, in der Fassung des Art. 4 Nr. 3 des Gesetzes vom 15.12.2008, BGBl. I, S. 2426.

281 Gesetz zur sozialen Absicherung des Risikos der Pflegebedürftigkeit, BGBl. I, S. 1014.

282 Offen BSG, Urteil vom 05.09.2006, Aktz. B 4 R 71/06 R (juris), Rn. 27, das von dem „Ausgleichsfonds der Bundesrepublik Deutschland“ spricht.

Neuregelung des § 271 SGB V zur Bildung des Gesundheitsfonds sowie die Normierung des § 65 SGB XI zum Ausgleichsfonds sehen zwar jeweils ausdrücklich die Errichtung und Verwaltung eines Sondervermögens vor; beide Fonds können aber nicht dem Bund zugerechnet werden. Bei ihnen handelt es sich vielmehr um Sondervermögen der gesetzlichen Krankenkassen bzw. Pflegekassen, die Träger und Miteigentümer der Fonds sind[283]. Das ergibt sich bereits aus der Formulierung der Errichtungsnormen § 271 SGB V bzw. § 65 SGB XI, die beide – im Gegensatz zur sonst üblichen Formulierung – nur von „Sondervermögen" sprechen, nicht aber von „Sondervermögen des Bundes". Zudem fehlen weitere Vorschriften zur Vermögenstrennung, Haftung und zum sonstigen Status eines Sondervermögens des Bundes. Daneben deuten die Gesetzesmaterialien zur Errichtung des Gesundheitsfonds eine Trägerschaft der Krankenkassen an, wenn zwischen „Zuweisungen" an die Krankenkassen aus dem Fonds und „Zuschüssen" aus dem Bundeshaushalt in den Fonds differenziert wird[284]. Auch systematische Erwägungen stützen dieses Verständnis. § 221 Abs. 1 Satz 1 und Satz 3 SGB V stellen die zunächst direkten Leistungen des Bundes an die Krankenkassen für die Jahre 2006 und 2007 mit den Leistungen des Bundes an den Gesundheitsfonds ab dem Jahr 2009 gleich. Überdies geht § 266 Abs. 1 Satz 2 SGB V hinsichtlich des Risikostrukturausgleichs über den Gesundheitsfonds von einem Ausgleich „zwischen den Kassen" aus. Schließlich verweist § 220 Abs. 3 SGB V bei der Anwendung von Normen zur Haushalts- und Wirtschaftsführung des Gesundheitsfonds nicht auf die BHO, sondern auf Normen des SGB IV.

Noch deutlicher gilt das für die Regelungen, die sich auf den Ausgleichsfonds beziehen. § 8 Abs. 3 Satz 1, § 45c Abs. 7 Satz 1, § 60 Abs. 4, § 92c Abs. 6 Satz 1 und § 114a Abs. 5 Satz 2 SGB XI sprechen vom „Ausgleichsfonds der Pflegeversicherung"[285]. Nach § 45c Abs. 1 Satz 1 SGB XI werden Mittel, die der Spitzenverband Bund der Pflegekassen aufzubringen hat, dem Ausgleichsfonds entnommen. § 1 Abs. 1 Satz 1 der Verordnung über den Zahlungsverkehr, die Buchführung und die Rechnungslegung in der Sozialversicherung[286] bezieht neben Trägern der gesetzlichen Kranken-, Unfall-, Renten- und sozialen Pflegever-

283 So auch *Pfohl/Sichert*, NZS 2009, S. 71; für den Ausgleichsfonds *Höfling/Rixen*, in: Bonner Kommentar, Stand: September 2003, Art. 114 Rn. 422; *Trenk-Hinterberger*, in: Wannagat SGB XI, Stand: Dezember 2003, § 65 Rn. 3; wohl anderer Ansicht zum Ausgleichsfonds *Lehnert*, in: Jahn/Kulbe SGB XI, § 65 Rn. 4.

284 Entwurfsbegr. BT-Drs. 16/3100, S. 170; vgl. zu den Begriffen der „Zuwendung" und „Zuweisung" *Dommach*, in: Heuer, KHR, Stand: Dezember 1998, § 23 BHO Rn. 4.

285 Ebenso auch SG Aachen, Urteil vom 12.10.2004, Aktz. S 13 P 41/03 (juris), das von einem „Sondervermögen *der Pflegeversicherung*" spricht (Hervorhebung nicht im Original); ähnlich LSG Niedersachsen-Bremen, NJOZ 2007, 537 (539), und LSG Niedersachsen-Bremen, Urteil vom 21.03.2007, Aktz. L 2 R 234/05 (juris), Rn. 29, die vom „Ausgleichsfonds der Pflegeversicherung" sprechen.

286 Vom 15.07.1999, BGBl. I, S. 1627, zuletzt geändert durch die Verordnung vom 27.04.2009, BGBl. I, S. 951.

sicherung ausdrücklich den Ausgleichsfonds in seinen direkten Anwendungsbereich mit ein. Auch die Ausgestaltungen des Gesundheitsfonds und Ausgleichsfonds stützen diese Auffassung, wird doch der Gesundheitsfonds vor allem aus Kassenbeiträgen gespeist, um einen Risikostrukturausgleich *zwischen* den Kassen zu ermöglichen bzw. zu vereinfachen[287], ebenso wie der Ausgleichsfonds dem Finanzausgleich *zwischen* den Pflegekassen dient[288].

Gegen das Ergebnis spricht nicht, dass beide Sondervermögen vom Bundesversicherungsamt, einer selbständigen Bundesoberbehörde im Geschäftsbereich des Bundesministeriums für Arbeit und Soziales, verwaltet werden. Denn wie bei den Bundes-Sondervermögen, die von Stellen außerhalb der unmittelbaren Bundesverwaltung bewirtschaftet werden, können auch hier Vermögens- und Verwaltungsträgerschaft auseinander fallen[289].

2. Ressortzuständigkeit

Jedes Sondervermögen ist einem Ressort der Ministerialverwaltung zugeteilt[290]. Die meisten Sondervermögen ressortieren im Bundesministerium der Finanzen[291], einige gehören zum Bundesministerium für Verkehr, Bau und Stadtentwicklung[292] und die übrigen Sondervermögen verteilen sich auf verschiedene weitere Ressorts[293].

---

287 Zum Gesundheitsfonds vgl. auch *Sodan*, NJW 2007, 1313 (1316); *Richter*, DStR 2007, S. 810 (812).

288 Vgl. BSG, Urteil vom 29.11.2006, Aktz. B 12 RJ 4/05 R, B 12 RJ 2/05 R, B 12 R 5/06 R, B 12 R 8/06 R (juris), Rn. 12.

289 Siehe zu den Treuhandvermögen Näheres unten unter D. IV.

290 Vgl. zu öffentlichen Unternehmen *Püttner*, Öffentliche Unternehmen, S. 218.

291 Fonds „Deutsche Einheit", Sondervermögen „Energie- und Klimafonds", Entschädigungsfonds, Entschädigungseinrichtung der Wertpapierhandelsunternehmen, Erblastentilgungsfonds, Finanzmarktstabilisierungsfonds, Investitions- und Tilgungsfonds, Fonds nach § 5 Mauergrundstücksgesetz, Restrukturierungsfonds, Sondervermögen „Vorsorge für Schlusszahlungen für inflationsindexierte Bundeswertpapiere".

292 Treuhandvermögen Bergarbeiterwohnungsbau, Bergmannssiedlungsvermögen, Binnenschifffahrtsfonds, Bundeseisenbahnvermögen.

293 Bundesministerium des Innern: Sondervermögen Versorgungsrücklage und Versorgungsfonds; Bundesministerium für Arbeit und Soziales: Ausgleichsfonds für überregionale Vorhaben zur Teilhabe schwerbehinderter Menschen am Arbeitsleben; Bundesministerium für Familie, Senioren, Frauen und Jugend: Sondervermögen „Kinderbetreuungsausbau"; Bundesministerium für Wirtschaft und Technologie: ERP-Sondervermögen; Bundesministerium für Ernährung, Landwirtschaft und Verbraucherschutz: Klärschlamm-Entschädigungsfonds, Zweckvermögen bei der Landwirtschaftlichen Rentenbank, Zweckvermögen bei der Deutschen Postbank AG. Nicht zuzuordnen sind die Treuhandvermögen Revolvingfonds und Freistellungsfonds. Sie res-

II. Sondervermögen als juristische Person des öffentlichen Rechts?

Weder der Verfassungs- noch der einfache Gesetzgeber unterscheiden sprachlich zwischen rechtsfähigen und nicht-rechtsfähigen Vermögensausgliederungen. Zwar statten – mit Ausnahmen – alle Errichtungsgesetze die Sondervermögen mit Teilrechtsfähigkeit aus[294]; sie normieren aber auch, dass die Sondervermögen nicht-rechtsfähig sind. Notwendige Folge ist, dass der Bund unmittelbarer Rechtsträger der Vermögensmassen ist. Damit bleibt offen, ob es im Umkehrschluss auch rechtsfähige Sondervermögen geben kann, bei denen der Bund nicht mehr unmittelbarer Rechtsträger ist[295]. Ausgangspunkt für die Auslegung im einfachen Recht muss zwar der verfassungsrechtliche Begriff des Sondervermögens sein. Allerdings zielt die Frage, ob es Sondervermögen mit Rechtspersönlichkeit geben kann, auf die Haushaltswirklichkeit und damit auf die Existenz rechtsfähiger Sondervermögen im einfachen Haushaltsrecht.

Die Beantwortung dieser Frage darf nicht mit der Fähigkeit des Bundes verwechselt werden, jederzeit Teile des Bundesvermögens auf juristische Personen des öffentlichen Rechts zu übertragen. Die empfangende rechtsfähige Institution als Inhaberin des Vermögens kann dann verpflichtet werden, die auf sie übergegangenen Mittel zweckgebunden einzusetzen und speziellen Aufgaben zu widmen. Eine derartige Ausgliederung von Vermögen aus dem Bundeshaushalt auf Träger mittelbarer Staatsverwaltung kann nur im weiteren Sinn als Sondervermögen des Bundes bezeichnet werden[296]. Sie deckt sich aber nicht mit dem Gegenstand der vorliegenden Untersuchung. Denn die Bezeichnung als Sondervermögen im weiteren Sinn bezieht sich allein auf die das Vermögen innehabende rechtsfähige Person des öffentlichen Rechts, nicht aber auf die von ihr gehaltene Vermögensmasse, das heißt das Sondervermögen in engerem Sinne.

---

sortieren entweder beim Bundesministerium für Gesundheit oder beim Bundesministerium für Ernährung, Landwirtschaft und Verbraucherschutz.

294 Siehe bereits oben unter B. III. 1. mit Fn. 198.

295 Näheres zur Differenzierung zwischen Rechtsfähigkeit und Rechtssubjektivität *Bachof*, AöR 83 (1958), 208 (259 ff.).

296 In diesem Sinn wohl *Heckel*, in: Handbuch des deutschen Staatsrechts II, S. 380; *Vialon*, DÖV 1951, 113 (114); *derselbe*, Haushaltsrecht, S. 373, der Körperschaften, rechtsfähige Anstalten, Vereine und Stiftungen als „Sondervermögen in ihrer rechtlich selbständigen Gestalt" bezeichnet.

1. Verfassungsrechtlicher Sondervermögensbegriff

Das PrStHHG bezeichnete in Ausführung des Art. 99 Abs. 1 der preußischen Verfassung vom 31.01.1850[297] nur die Vermögensmassen mit spezieller Zweckbestimmung, die nicht-rechtsfähig waren, als Staatsnebenfonds, die nach § 2 Abs. 1 Nr. 4 PrStHHG im Staatsetat zu veranschlagen waren[298]. Zweckgebundene Vermögensmassen mit eigener Rechtspersönlichkeit wurden hingegen außerhalb des Haushaltsplans bewirtschaftet. Dies folgte aus dem Umstand, dass es sich bei Einnahmen und Ausgaben von selbständigen Institutionen des öffentlichen Rechts nicht um solche des Staates handeln sollte[299]. Dieses Verständnis galt auch für Art. 85 Abs. 1 WRV und es entsprach allgemeiner Ansicht, dass zu den Einnahmen und Ausgaben des Reichs nicht solche von Institutionen mit Rechtspersönlichkeit in der Trägerschaft des Reichs zählten[300]. Deutlich wird dies vor allem durch die Änderung der ursprünglichen Fassung der RHO vom 31.12.1922[301], in der es nach § 9 Nr. 3 noch hieß, dass „Einnahmen und Ausgaben eines *nicht-rechtsfähigen*[302] Sondervermögens" in den Haushaltsplan einzustellen seien, während § 9 Abs. 2 Nr. 2 RHO vom 13.12.1933[303] bereits normierte, dass „Einnahmen des Reichs aus Sondervermögen" eingestellt werden müssten. Trotz sprachlicher Änderung sollte eine inhaltliche Änderung dadurch nicht vollzogen werden. Es galt weiter die ohnehin herrschende Sichtweise, dass die Einnahmen und Ausgaben von Einrichtungen mit Rechtspersönlichkeit nicht denen des Reichs zuzuordnen waren.

Auch bei Inkrafttreten des Grundgesetzes und des Art. 110 GG kam es nicht zu einer Änderung dieser Rechtsauffassung, so dass ein Bedeutungswandel im Grundgesetz ausgeschlossen werden kann[304]. Literatur[305] und Rechtsprechung[306] betrachteten auch fortan Einrichtungen mit eigener Rechtspersönlichkeit als außerhalb der Haushaltswirtschaft des Bundes stehend. Zu den Einnahmen und

297 PrGS, S. 17.

298 Siehe dazu schon oben unter C. I. 1.

299 *K. Burmeister*, Außerbudgetäre Aktivitäten, S. 86 ff.; *Hillgruber*, in: v. Mangoldt/Klein/Starck, Art. 110 Rn. 36; siehe dazu auch oben unter C. I. 1.

300 *Neumark*, Reichshaushaltsplan, S. 216.

301 RGBl. II 1923, S. 17.

302 Hervorhebung nicht im Original.

303 RGBl. II, S. 1007.

304 Entwurfsbegr. BT-Drs. V/3040, S. 44 und S. 47; *Puhl*, Budgetflucht, S. 122 ff.

305 *Vialon*, Haushaltsrecht, S. 200 und S. 367; *Wacke*, Finanzwesen BRD, S. 82.

306 BVerfGE 23, 12 (24); BerlVerfGH, NVwZ-RR 2003, 537 (539); vgl. auch BVerfGE 4, (7, 26), mit dem sehr kurzen Hinweis darauf, dass Einnahmen des rechtsfähigen Sondervermögens Investitionshilfe nicht Bundeseinnahmen seien und nicht nach Art. 110 GG in den Bundeshaushalt aufgenommen werden müssten. Allerdings wird eine ausdrückliche Beziehung zur Rechtsfähigkeit des Sondervermögens nicht herausgestellt.

Ausgaben des Bundes i.S.d. Art. 110 Abs. 1 Satz 1 GG zählen daher von vornherein nur solche des Rechtsträgers Bund[307]. Das Haushaltsverfassungsrecht geht also von der fehlenden Rechtspersönlichkeit der Sondervermögen aus[308].

2. Haushaltsrechtlicher Sondervermögensbegriff

Die Haushaltsgesetze BHO[309] und HGrG[310] behandeln Sondervermögen einerseits und juristische Personen des öffentlichen Rechts andererseits getrennt voneinander. Zwar ordnen BHO und HGrG für beide Haushaltsinstitute häufig die Geltung gleicher Haushaltsregeln an, ihre Bewirtschaftung wird dagegen vor allem sprachlich und systematisch deutlich voneinander abgesetzt geregelt. Das einfache Haushaltsrecht legt es nahe, dass es keine rechtsfähigen Sondervermögen geben kann. Im Übrigen ist der verfassungsrechtliche Sondervermögensbegriff bestimmend für das Verständnis des einfachen Haushaltsrechts. Da es Anhaltspunkte für einen weiter gefassten Begriff im einfachen Recht nicht gibt, scheinen Überschneidungen beider Rechtsbegriffe ausgeschlossen.

Eine Bestandsaufnahme der existierenden Sondervermögen zeigt zudem, dass *alle aktuellen* Sondervermögen als unselbständige Institutionen errichtet wurden. Unter den Sondervermögen, die in vergangenen Zeiten konstituiert wurden und heute bereits aufgelöst sind, finden sich als Ausnahmen zwei Sondervermögen mit eigener Rechtspersönlichkeit. Allein mit dem Reichspostfinanzgesetz vom 18.03.1924[311] und mit dem Investitionshilfegesetz (IHG) vom 07.01.1952[312] – also jeweils vor der Finanzreform von 1969[313] – gründete der Bund „Sondervermögen“ mit Rechtspersönlichkeit. Einerseits wurde die „Deutsche Reichspost“ als „selbständiges Unternehmen“ (§ 1 Abs. 1 Reichspostfinanzgesetz) geschaffen, dessen Vermögen nach § 1 Abs. 2 Reichspostfinanzgesetz als „Sondervermögen“ bezeichnet und vom übrigen Vermögen des Reichs getrennt zu halten war. Andererseits war auch das „Industriekreditbank-Sondervermögen Investitionshilfe“ ein nach § 23 Abs. 1 Satz 2 IHG ausdrücklich mit eigener Rechtspersönlichkeit aus-

---

307 Entwurfsbegr. BT-Drs. V/3040, S. 44; *Heintzen*, in: v. Münch/Kunig, Art. 110 Rn. 5; *Heuer*, in: Heuer, KHR, Stand: März 1996, Art. 110 Rn. 7; *Hillgruber*, in: v. Mangoldt/ Klein/Starck, Art. 110 Rn. 33 ff.; *Jarass*, in: Jarass/Pieroth, Art. 110 Rn. 1 und Rn. 4a; *Nebel*, in: Piduch, Bundeshaushaltsrecht, Stand: Dezember 2004, Art. 110 Rn. 28 f.

308 *Puhl*, Budgetflucht, S. 130; vgl. auch die Entwurfsbegr. zur Novellierung des Art. 115 GG, BT-Drs. V/3040, S. 47: „Die Sondervermögen sind Teile des Bundes“.

309 Insbesondere §§ 105 und 113 BHO.

310 Insbesondere § 48 Abs. 1 HGrG.

311 RGBl. I, S. 287.

312 Gesetz über die Investitionshilfe der gewerblichen Wirtschaft, BGBl. I, S. 7.

313 Zu den Eckpfeilern dieser Reform siehe *Grommes*, NJW 1969, 1200, und *derselbe*, NJW 1969, 1224 (Fortsetzung).

gestattetes „Sondervermögen“[314]. Bei diesen frühen Erscheinungsformen handelte es sich nach unserem heutigen Verständnis aber nicht um Sondervermögen mit Rechtsfähigkeit.

a) Investitionshilfe

Auszuschließen ist zunächst, dass es sich bei der Errichtung der Investitionshilfe als einem rechtsfähigen „Sondervermögen“ um ein redaktionelles Versehen handelte[315]. Eine mögliche Erklärung für die Errichtung eines vom Gesetzeswortlaut her selbständigen Sondervermögens könnte darin liegen, dass der Begriff des Sondervermögens in das deutsche Haushaltsrecht erst durch §§ 9 ff. RHO vom 31.12.1922[316] Eingang fand[317]. Eine Definition innerhalb der RHO oder der Reichswirtschaftsbestimmungen von 1929 fehlte hingegen und auch in der Literatur wurde das Institut des Sondervermögens kaum behandelt. Das führte zu erheblichen Unsicherheiten in der Haushaltswissenschaft über das Wesen und die Merkmale des Sondervermögens[318], die mindestens bis zur Verabschiedung des ERP-Verwaltungsgesetzes am 31.08.1953[319] und damit bis nach Erlass des IHG bestehen blieben[320]. Es liegt nahe, dass der Gesetzgeber bei Errichtung der selbständigen Investitionshilfe keine klare Abgrenzung zwischen den verschiedenen Organisationsformen der öffentlich-rechtlichen Verwaltung vornahm. Bei dem vermeintlichen Sondervermögen Investitionshilfe handelte es sich daher

314 Die Investitionshilfe speiste sich aus einer nicht-steuerlichen Abgabe der gewerblichen Wirtschaft. Sie sollte den mit dem Koreakrieg 1950 einsetzenden ökonomischen Aufschwung in Deutschland und die damit verbundenen wirtschaftlichen Engpässe insbesondere in den Grundstoffindustrien wie dem Kohlebergbau, dem Energiesektor und der Eisen- und Stahlproduktion durch Umlenkung von Investitionsmitteln auf diese Bereiche und durch Förderung von Investitionsprojekten und eine damit verbundene Steigerung der Kohleförderung und Stahlerzeugung überwinden helfen. Näheres dazu bei *Jákli*, Vom Marshallplan zum Kohlepfennig, S. 68 ff.; siehe auch BVerfGE 4, 18, zur Zulässigkeit der Erhebung der Investitionshilfe.

315 § 23 Abs. 1 Satz 2 IHG verleiht dem Sondervermögen ausdrücklich Rechtsfähigkeit und § 23 Abs. 3 IHG nimmt auf diese Bestimmung Bezug.

316 RGBl. II 1923, S. 17.

317 Dort heißt es in § 9 Nr. 3 RHO: „In den Haushaltsplan sind insbesondere einzustellen: Einnahmen und Ausgaben eines nicht-rechtsfähigen Sondervermögens, wenn dem Reiche die alleinige freie Verfügung darüber zugunsten allgemeiner oder bestimmter einzelner Reichsaufgaben zusteht“.

318 *K. Burmeister*, Außerbudgetäre Aktivitäten, S. 244; *Vialon*, DÖV 1951, 113; *derselbe*, Haushaltsrecht, S. 372.

319 BGBl. I, S. 1312.

320 Auch mit der Errichtung des ERP-Sondervermögens und der Verabschiedung des ERP-Verwaltungsgesetzes konnten die Fragen zur systematischen Einordnung des Sondervermögens in den Bereich der Staatsverwaltung und seine haushalts- und vermögensrechtliche Behandlung nicht abschließend geklärt werden.

wohl nicht um ein rechtsfähiges Sondervermögen, sondern um eine juristische Person in der Form einer rechtsfähigen Anstalt bzw. einer Stiftung des öffentlichen Rechts[321]. Nicht nur früher, sondern auch in jüngerer Zeit schuf der Gesetzgeber öffentlich-rechtliche Einrichtungen, deren Rechtsform er im Errichtungsgesetz falsch bzw. missverständlich bezeichnete[322].

b) Deutsche Reichspost

§ 1 Abs. 1 Reichspostfinanzgesetz vom 18.03.1924[323] bezeichnete die „Deutsche Reichspost" als „selbständiges Unternehmen", sein Vermögen nach § 1 Abs. 2 aber als „Sondervermögen". Es liegt nahe, den Begriff der Selbständigkeit nicht im Sinne von Rechtsfähigkeit auszulegen, so dass sich die Selbständigkeit auf eine organisatorische und haushaltsmäßige Absonderung beschränkte[324]. Dafür spricht, dass die Deutsche Reichspost „reichseigene Verwaltung" blieb. Gestützt wird dieser Befund durch das später erlassene Gesetz über die vermögensrechtlichen Verhältnisse der Deutschen Bundespost vom 21.05.1953[325], wo in § 1 Abs. 1 Satz 1 auf die „Deutsche Reichspost" als „bisheriges Sondervermögen" und nicht etwa als selbständiges Unternehmen Bezug genommen wird. So stellte auch die Deutsche Bundespost als Nachfolgeeinrichtung der Reichspost gemäß § 3 Abs. 1 Postverwaltungsgesetz vom 24.07.1953[326] ein „Sondervermögen des Bundes mit eigener Haushalts- und Rechnungsführung" dar. Hinzu kommt, dass zur Zeit der Grün-

---

321 So zur Investitionshilfe auch *Ipsen*, AöR 78 (1953), 284 (287), wobei dessen Ausführungen sicherlich auch vor dem Hintergrund mangelnder Bekanntheit oder Durchdringung der Figur des Sondervermögens zu sehen sind und daher mit Vorsicht nur in die heutige Diskussion eingebracht werden können. Zur Schwierigkeit, die Organisationsformen der Stiftung und der rechtsfähigen Anstalt aufgrund der geringen Unterschiede gegeneinander abzugrenzen *Burgi*, in: v. Mangoldt/Klein/Starck, Art. 86 Rn. 54; *Krebs*, in: HStR V, § 108 Rn. 38.

322 Beispielsweise die öffentlichen Feuerversicherungsanstalten, die gemäß § 3 des preußischen Gesetzes betreffend die öffentlichen Feuerversicherungsanstalten fälschlicherweise als Körperschaften des öffentlichen Rechts bezeichnet wurden, nur um klarzustellen, dass sie Rechtsfähigkeit besitzen, die Kreditanstalt für Wiederafbau, die in der älteren Fassung des § 1 Abs. 1 KredAnst WiAG vom 23.06.1969 als Körperschaft des öffentlichen Rechts bezeichnet wurde, die Deutsche Genossenschaftsbank, die noch heute in § 1 Abs. 1 Satz 1 DG Bank-UmwG als Körperschaft anstatt als Anstalt bezeichnet wird, und die Deutsche Bundesbank, deren Rechtsform in § 2 Satz 1 des Gesetzes über die Deutsche Bundesbank nur als „bundesunmittelbare juristische Person des öffentlichen Rechts" angegeben ist. Siehe dazu *Mann*, Die öffentlich-rechtliche Gesellschaft, S. 107 mit Fn. 58 ff. m.w.N.; vgl. auch *Rüfner*, Formen öffentlicher Verwaltung, S. 244; *Kilian*, Nebenhaushalte, S. 580.

323 RGBl. I, S. 287.

324 *Möstl*, in: Maunz/Dürig, Stand: Oktober 2010, Art. 87f Rn. 12; *Vesting*, in: AK-GG, Art. 87f Rn. 4.

325 BGBl. I, S. 225.

326 Gesetz über die Verwaltung der Deutschen Bundespost, BGBl. I, S. 676.

dung der Deutschen Reichspost 1924 keine klare Vorstellung über das Haushaltsinstitut Sondervermögen herrschte. So wurde beispielsweise trotz der eindeutigen Normierungen diskutiert, ob es sich bei der Deutschen Bundespost um eine Anstalt des öffentlichen Rechts handeln könnte[327].

3. Abgrenzung zu den rechtsfähigen Institutionen der Körperschaft, Stiftung und Anstalt des öffentlichen Rechts

Nach dem verfassungsrechtlichen Begriff des Sondervermögens und auch nach der Systematik des einfachen Haushaltsrechts lässt sich die Rechtsform des Sondervermögens von den rechtlich selbständigen Institutionen der Körperschaft, der Anstalt sowie der Stiftung des öffentlichen Rechts schon anhand des Merkmals der Rechtsfähigkeit abgrenzen[328].

Spricht ein Errichtungsgesetz ausnahmsweise von einem „rechtsfähigen Sondervermögen", bleibt die Frage, ob diese Organisationsform *innerhalb* der Trias der Organisationsformen des Art. 87 Abs. 3 Satz 1 GG einen Platz finden könnte oder von vornherein verfassungswidrig wäre[329]. Mangels mitgliedschaftlich verfasster Organisationsstrukturen eines „rechtsfähigen Sondervermögens" wäre eine körperschaftliche Verfassung ausgeschlossen[330]. Das als rechtsfähig bezeichnete Sondervermögen könnte aber unter den Sammelbegriff der rechtsfähigen Anstalt oder der Stiftung des öffentlichen Rechts gefasst werden. Angesichts der

---

327 Vgl. *Kämmerer*, DVBl. 1966, 357 (359 mit Fn. 18), und *derselbe*, DVBl. 1966, 396 (399); *Vialon*, Haushaltsrecht, S. 1157, erkennt das Sondervermögen schon als eigenständige Rechtsfigur an, bezeichnet die Deutsche Bundespost aber trotzdem als „selbständig", tut das aber möglicherweise in Bezug auf deren Teilrechtsfähigkeit.

328 *K. Burmeister*, Außerbudgetäre Aktivitäten, S. 248 f.; *Dommach*, in: Heuer, KHR, Stand: Dezember 1998, § 26 BHO Rn. 3; *Eibelshäuser/Wallis*, in: Heuer, KHR, Stand: Dezember 1998, § 113 BHO Rn. 1; *v. Köckritz/Ermisch/Lamm*, Stand: Oktober 2005, § 113 BHO Rn. 2; *Nebel*, in: Piduch, Bundeshaushaltsrecht, Stand: Juni 2007, § 113 BHO Rn. 1; *Puhl*, Budgetflucht, S. 127 ff.; missverständlich *Kilian*, Nebenhaushalte, S. 170 Fn. 35, S. 173, S. 177, S. 629 und S. 631 Fn. 117.

329 Grundlegend *W. Weber*, Die Körperschaften, Anstalten und Stiftungen des öffentlichen Rechts; siehe auch *Jestaedt*, in: Hoffmann-Riem/Schmidt-Aßmann/Voßkuhle, Grundlagen des Verwaltungsrechts, Band I, § 14 Rn. 28; *Krebs*, HStR V, § 108 Rn. 37; *Burgi*, in: v. Mangoldt/Klein/Starck, Art. 86 Rn. 54, geht sogar nur von einer Zweiteilung – Anstalten und Körperschaften – aus, bezieht darin unter erweiternder Auslegung aber auch die Stiftungen ein; vgl. auch BVerfGE 37, 1 (24 f.), wonach die Verwaltung an die in Art. 87 Abs. 3 Satz 1 GG genannten Verwaltungsformen gebunden ist; vgl. auch *Dittmann*, Bundesverwaltung, S. 86; *Lerche*, in Maunz/Dürig, Stand: Dezember 1992, Art. 87 Rn. 190 und Rn. 191 mit Fn. 112.

330 Zum Mitgliedschaftskriterium *Jestaedt*, in: Hoffmann-Riem/Schmidt-Aßmann/Voßkuhle, Grundlagen des Verwaltungsrechts, Band I, § 14 Rn. 27; *Kluth*, in: Wolff/Bachof/Stober, Band 3, § 87 Rn. 7, Rn. 45 ff.

Weite der Definition der Anstalt des öffentlichen Rechts kann sie als Auffangbecken für neu gegründete, selbständige Bundesverwaltungsträger verstanden werden[331]. Die Einordnung des „rechtsfähigen Sondervermögens“ unter die Form einer öffentlich-rechtlichen Stiftung wäre ebenfalls denkbar, vorausgesetzt man billigt der Stiftung als Rechtsform eine eigenständige Bedeutung zu[332].

III. Absonderung vom Bundesvermögen

Trotz der fehlenden Rechtsfähigkeit ist dem Sondervermögen die Trennung vom übrigen Bundesvermögen begriffsimmanent, denn nur bei einer Absonderung der Vermögensmassen kann zwischen dem Bundesvermögen allgemein und dem Sondervermögen im Besonderen unterschieden werden[333]. Deutlich wird diese Trennung der Vermögensbereiche des Bundes auch in Vorschriften der BHO. So bestimmen insbesondere § 61 Abs. 3 Satz 1 und Satz 2 BHO, dass zwischen Sondervermögen und Bundeshaushalt Leistungen nur gegen Erstattung des vollen Wertes ausgetauscht werden dürfen, wodurch eine Vermischung der Vermögensmassen verhindert wird. Der Art der Finanzierung und der möglichen Abhängigkeit von Bundeszuschüssen kommt hinsichtlich dieser Erstattungspflicht keine Bedeutung zu, denn jedes Sondervermögen soll durch das in § 61 Abs. 3 Satz 1 und Satz 2 BHO statuierte Verbot interner Verrechnungen in seinem Bestand gesichert werden[334].

Die grundsätzliche Feststellung, dass es sich bei Sondervermögen um *abgesonderte* Vermögensmassen handeln muss, beantwortet nicht die Frage, ob damit

331 Zur Weite des Anstaltsbegriffs *Berg*, NJW 1985, 2294; *Krebs*, NVwZ 1985, 609 (613); *M. Müller*, in: Wolff/Bachof/Stober, Band 3, § 88 Rn. 6; *Scholz*, Kreditinstitute, S. 240 ff., insbes. S. 246; zum Anstaltsbegriff vgl. *Maurer*, Allgemeines Verwaltungsrecht, § 23 Rn. 46 ff.; bereits *O. Mayer*, Deutsches Verwaltungsrecht, S. 331 ff.; *Forsthoff*, Verwaltungsrecht, S. 495 ff.

332 *v. Campenhausen*, in: Werner/Campenhausen, Handbuch Stiftungsrecht, § 16 Rn. 16 f.; *Kluth*, in: Wolff/Bachof/Stober, Band 3, § 89 Rn. 25; vgl. zum Stiftungsbegriff *Scholz*, Kreditinstitute, S. 246 f.; zur Abgrenzung von Anstalt und Stiftung *v. Campenhausen*, in: Werner/Campenhausen, Handbuch Stiftungsrecht, § 16 Rn. 11 ff.; *Kluth*, in: Wolff/Bachof/ Stober, Band 3, § 89 Rn. 15. Als Beispiel für die Schwierigkeit, Sondervermögen und rechtsfähige Stiftungen voneinander abzugrenzen, wenn keine eindeutige gesetzliche Zuordnung existiert, lässt sich der *Allgemeine Hannoversche Klosterfonds* anführen. Dieser wurde im 19. Jahrhundert noch als Staatsvermögen betrachtet (*Lehzen*, Hannover's Staatshaushalt, 2. Theil, S. 251 ff.), nunmehr aber als rechtsfähige Stiftung des öffentlichen Rechts, vgl. nur die Entscheidung des niedersächsischen Staatsgerichtshofs vom 13.07.1972, Aktz. 1/71, Nds. StGHE 1, 120.

333 *G. Schmidt*, VerwArch 60 (1969), 295 (321).

334 *Kilian*, Nebenhaushalte, S. 132; *Piduch*, in: Piduch, Bundeshaushaltsrecht, Stand: Januar 1995, § 61 BHO Rn. 4.

zwingend eine haushaltsmäßige[335] oder auch organisatorische Ausgliederung[336] verbunden ist.

1. Organisatorische Absonderung vom Bundesvermögen

Das Grundgesetz enthält keinen Hinweis auf eine besondere Organisation von Sondervermögen außerhalb des Haushalts. Auch die Gesetze des einfachen Haushaltsrechts wie StabG, HGrG und BHO stellen keine besonderen Anforderungen an die organisatorische Auslagerung von Sondervermögen. Die Vorschrift des § 44 Abs. 2 BHO deutet sogar darauf hin, dass die Verwaltung von Vermögensbestandteilen des Bundes durch Stellen außerhalb der Bundesverwaltung und damit durch organisatorisch abgesonderte Verwaltungsträger dem Sondervermögensbegriff nicht wesensimmanent ist[337]. Die Einhaltung der Verpflichtung zur Vermögenstrennung nach § 61 Abs. 3 BHO setzt gleichfalls keine eigenständige Organisationsstruktur der Sondervermögen voraus.

Die existierenden Errichtungsgesetze für Sondervermögen weisen eine Vielzahl an Organisationsformen für die Verwaltung der Vermögensmassen auf. Aus ihrer Vielfalt lässt sich keine organisatorische Mindestanforderung entnehmen. So werden einige Sondervermögen direkt von den zuständigen Bundesministerien betreut[338], andere Sondervermögen unterliegen der Verwaltung durch nachgeordnete bzw. selbständige Bundesbehörden[339] und wieder andere werden von Stellen außerhalb der unmittelbaren Bundesverwaltung bewirtschaftet[340].

335 So *Bischoff*, DVBl. 1956, 187; *Nebel*, in: Piduch, Bundeshaushaltsrecht, Stand: Juni 2007, § 26 BHO Rn. 5, *derselbe*, Stand: Juni 2007, § 113 BHO Rn. 1, *derselbe* Stand: Dezember 2004, Art. 110 Rn. 43; *Piduch*, in: Piduch, Bundeshaushaltsrecht, Stand: Januar 1995, § 61 BHO Rn. 4; *Vialon*, DÖV 1951, 113 (114); *Vogt*, Entwicklung der Finanzen der DB, S. 21; wohl auch *K. Burmeister*, Außerbudgetäre Aktivitäten, S. 225; *Dommach*, in: Heuer, KHR, Stand: Dezember 1998, § 26 BHO Rn. 3; *Heuer*, in: Heuer, KHR, Stand: März 1996, Art. 110 Rn. 7; *v. Köckritz/Ermisch/Lamm*, Stand: September 2003, § 26 BHO Rn. 2.2.

336 So wohl *Dommach*, in: Heuer, KHR, Stand: Dezember 1998, § 26 BHO Rn. 3; *v. Köckritz/Ermisch/Lamm*, Stand: September 2003, § 26 BHO Rn. 2.2.

337 Siehe zu den Treuhandvermögen Näheres unten unter D. IV.

338 Ausgleichsfonds für überregionale Vorhaben zur Teilhabe schwerbehinderter Menschen am Arbeitsleben, Fonds „Deutsche Einheit", Sondervermögen „Energie- und Klimafonds", Erblastentilgungsfonds, ERP-Sondervermögen, Teile des Investitions- und Tilgungsfonds, Sondervermögen „Kinderbetreuungsausbau", Fonds nach § 5 Mauergrundstücksgesetz, Versorgungsrücklage und Versorgungsfonds des Bundes, Sondervermögen „Vorsorge für Schlusszahlungen für inflationsindexierte Bundeswertpapiere".

339 Binnenschifffahrtsfonds, Bundeseisenbahnvermögen, Entschädigungsfonds, Teile des Investitions- und Tilgungsfonds.

340 Bergmannssiedlungsvermögen, Treuhandvermögen Bergarbeiterwohnungsbau, Entschädigungseinrichtung der Wertpapierhandelsunternehmen, Finanzmarktstabilisierungsfonds, Klärschlamm-Entschädigungsfonds, Restrukturierungsfonds, Revolvingfonds und Freistellungs-

Die Ausnahmeregelungen für Sondervermögen existieren zumeist aufgrund einer haushaltsmäßigen Sonderbehandlung. Sowohl Art. 110 Abs. 1 Satz 1 HS 2 GG als auch die Vorschriften der BHO und des HGrG nehmen nur dann auf Sondervermögen Bezug, wenn ihre haushaltsrechtliche Behandlung in Frage steht. Es wird dadurch stets die funktionelle Bedeutung der Sondervermögen betont, besondere Anforderungen an ihre organisatorische Struktur werden dadurch aber nicht gestellt. Eine organisatorische Absonderung des Sondervermögens ist mithin keine unabdingbare Voraussetzung für seine Errichtung[341].

2. Haushaltsmäßige Absonderung vom Bundesvermögen

Nach Art. 110 Abs. 1 Satz 1 HS 2 GG *brauchen* Einnahmen und Ausgaben der Sondervermögen nicht haushaltsmäßig vollständig veranschlagt werden. Diese Formulierung setzt damit nicht notwendig die haushaltsmäßige Ausgliederung voraus. Im Umkehrschluss heißt das, dass aus verfassungsrechtlicher Sicht auch die vollständige Eingliederung in den Etat eine Option und die gesonderte Bewirtschaftung nicht obligatorisch ist[342]. Eine haushaltsrechtlich ausgesonderte Bewirtschaftung von Sondervermögen gehört damit nicht zu deren Begriffsmerkmal.

Die überwiegende Meinung setzt eine haushalts- und rechnungsmäßige Sonderbehandlung der Sondervermögen wie in Art. 110 Abs. 1 Satz 1 HS 2 GG optional angeboten als begriffsnotwendig voraus[343]. Die begriffsimmanente „Absonderung" des Sondervermögens vom übrigen Bundesvermögen wird als notwendig außerbudgetäre Bewirtschaftung des Sondervermögens begriffen. Dieser Auffassung kann so nicht gefolgt werden, da auch eine nur *rechnungsmäßige* Trennung der Vermögensmassen Bund und Sondervermögen *innerhalb* des Bundesetats möglich ist.

§ 26 Abs. 2 Satz 1 BHO wird nicht selten der Charakter einer die Integration der Sondervermögen in den Haushalt ausschließenden Muss-Vorschrift zugesprochen[344]. Er formuliert, dass bei Sondervermögen „nur die Zuführungen oder die Ablieferungen im Haushaltsplan zu veranschlagen" sind. Sicherlich knüpft § 26 Abs. 2 Satz 1 BHO an die Regelung des Art. 110 Abs. 1 Satz 1 HS 2 GG an

fonds, Zweckvermögen bei der Landwirtschaftlichen Rentenbank, Zweckvermögen bei der Deutschen Postbank AG.

341 Explizit *Hillgruber*, in: v. Mangoldt/Klein/Starck, Art. 110 Rn. 69; *Puhl*, Budgetflucht, S. 133.

342 *Püttner*, Öffentliche Unternehmen, S. 186: „fakultative Regelung"; *Puhl*, Budgetflucht, S. 139.

343 Siehe die Nachweise oben unter Fn. 335.

344 *Nebel*, in: Piduch, Bundeshaushaltsrecht, Stand: Juni 2007, § 26 BHO Rn. 5; *Vogt*, Entwicklung der Finanzen der DB, S. 21; anderer Ansicht eventuell *Dommach*, in: Heuer, KHR, Stand: Dezember 1998, § 26 BHO Rn. 1: „wird eine summenmäßige Zusammenfassung des Wirtschaftsergebnisses *zugelassen*" (Hervorhebung nicht im Original).

und greift die fakultativ abgesonderte Haushaltsführung für Sondervermögen auf. Allerdings darf gerade deshalb dem Wortlaut keine negativ-ausschließende Wertung beigelegt werden, die im Umkehrschluss eine vollständige Veranschlagung und damit eine integrative Haushaltswirtschaft der Sondervermögen verbietet. Vielmehr liegt es nahe, § 26 Abs. 2 Satz 1 BHO im Lichte der verfassungsrechtlichen Regelung als nur positiv verpflichtend dahingehend auszulegen, dass bei Sondervermögen *mindestens* Zuführungen oder Ablieferungen zu veranschlagen sind, darüber hinausgehend eine Bewirtschaftung innerhalb des Haushaltsplans aber ebenso zulässig ist. Gestützt wird diese Sichtweise dadurch, dass Art. 110 Abs. 1 Satz 1 HS 2 GG Sondervermögen und Bundesbetriebe keiner unterschiedlichen Behandlung unterwerfen wollte. § 26 Abs. 1 BHO macht in seiner Formulierung aber gerade für Bundesbetriebe deutlich, dass diese in den Haushaltsplan integriert sein können. Da Instrumente zur integrierten Veranschlagung zur Verfügung stehen, ist also auch eine nur rechnungsmäßige Absonderung innerhalb des Etats genügend[345].

Wie die Verfassung gibt die BHO eine Bewirtschaftung außerhalb des Haushaltsplans nicht vor. Die genaue Ausgestaltung der Haushalts- und Wirtschaftsführung sowie die Rechnungslegung der Sondervermögen können innerhalb verfassungsrechtlicher Grenzen dem einfachen Gesetzgeber überlassen bleiben.

Ungeachtet der legislatorischen Gestaltungsmöglichkeiten normieren fast alle Errichtungsgesetze eine eigenständige Haushalts- und Wirtschaftsführung der Sondervermögen. Die Konjunkturausgleichsrücklage hingegen kann als Sondervermögen des Bundes qualifiziert werden, das innerhalb des Bundeshaushalts bewirtschaftet wird. Liegt eine explizite Regelung nicht vor, stellt sich die Frage, ob die haushaltsmäßige Absonderung der Sondervermögen vom Bundesetat die gesetzlich geltende Regel ist.

§ 113 BHO macht die bloße Möglichkeit einer externen Bewirtschaftung der Sondervermögen zur einfach-rechtlichen Regel. In Satz 1 ordnet er nämlich nur die *entsprechende* Geltung der haushaltsrechtlichen Normen der BHO an. Insbesondere in Satz 2 („die Haushalts- und Wirtschaftsführung der Sondervermögen“) bringt er zum Ausdruck, dass die eigenständige Bewirtschaftung der Sondervermögen außerhalb des Gesamtbudgets keine Ausnahme ist. Soll ein Sondervermögen ausnahmsweise integriert bewirtschaftet werden, muss dies explizit im Errichtungsgesetz normiert werden.

345 So *Heintzen*, in: v. Münch/Kunig, Art. 110 Rn. 18; *Hillgruber*, in: v. Mangoldt/Klein/Starck, Art. 110 Rn. 69, *Puhl*, Budgetflucht, S. 133 f.

3. Rechnungsmäßige Absonderung vom Bundesvermögen

Gewiss ist, dass sich das Sondervermögen vom übrigen Bundesvermögen abheben und unterscheiden lassen muss. Eine solche Absonderung ist aber auch bei einer Bewirtschaftung der Sondervermögen innerhalb des Haushaltsplans möglich. Hier sind verschiedene Formen der Integration der Sondervermögen denkbar, bei denen allein die *rechnungsmäßige Absonderung* Ausschlag gebend ist.

a) Beispiele integrativer Bewirtschaftung

Eine Verbindung von rechnungsmäßiger Absonderung und einem Mindestmaß an haushaltsmäßiger Integration des Sondervermögens ist gewährleistet, wenn im entsprechenden Einzelplan ein Haushaltstitel mit einer Zweckbestimmung versehen wird, die auf einen als Anlage dem Bundeshaushaltsplan beigefügten Haushalts- bzw. Wirtschaftsplan des Sondervermögens verweist. Diese Verbindung des Haushalts- bzw. Wirtschaftsplans mit dem Bundeshaushaltsplan über die Zweckbindung des Titels genügt für eine Bewirtschaftung innerhalb des Budgets[346] und ermöglicht trotzdem eine eigenständigere Bewirtschaftung des Sondervermögens.

Eine andere Möglichkeit zur rechnungsmäßigen Absonderung, aber integrierten Bewirtschaftung des Sondervermögens stellt der bloße Zweckbindungsvermerk von Einnahmen nach § 8 Satz 2 BHO durch Gesetz oder durch Vermerk im Haushaltsplan dar[347]. Eine auch formal sichtbare Abgrenzung kann zusätzlich durch Darstellung in einem eigenen Einzelplan oder als Kapitel innerhalb eines Einzelplans erreicht werden[348]. Die Zweckbindung hat dann zur Folge, dass gemäß § 19 Abs. 1 Satz 1 BHO die Ausgaben ohne Weiteres übertragbar sind und somit weiter benötigte Ausgaben über das laufende Haushaltsjahr hinaus verfügbar gehalten werden[349]. Ausnahmen von der grundsätzlichen Bruttoveranschlagung (§ 15 Abs. 1 Satz 1 BHO) können durch die Ausbringung von Rückeinnahmevermerken bei den Ausgabetiteln gemacht werden[350]. Gleichfalls zulässig ist die Veranschlagung von Selbstbewirtschaftungsmitteln gemäß § 15 Abs. 2 Satz 1 BHO. Das hat zur Folge,

346 BVerfGE 70, 324 (357 f.); *Heun*, in: Dreier, Art. 110 Rn. 20; *Siekmann*, in: Sachs, Art. 110 Rn. 93; offen gelassen von *Mahrenholz*, abweichende Meinung zu BVerfGE 70, 324 (379).

347 Vgl. auch BVerfGE 7, 244 (254); 49, 343 (353 f.); 55, 274 (305, 310 f.); 110, 274 (294 f.), zur Zulässigkeit von Zwecksteuern; BVerfGE 93, 319 (348), zur Zulässigkeit der Zweckbindung von Erträgen aus nichtsteuerlichen Vorteilsabschöpfungsabgaben; vgl. zur Zweckbindung durch Gesetz oder Haushaltsvermerk insgesamt *Mießen*, in: Piduch, Bundeshaushaltsrecht, Stand: Oktober 2001, § 8 BHO Rn. 3 f.

348 *Puhl*, Budgetflucht, S. 134.

349 So genannte „geborene Übertragbarkeit“, *Mießen*, in: Piduch, Bundeshaushaltsrecht, Stand: Oktober 2001, § 19 BHO Rn. 1; *derselbe*, Stand: Juli 1998,§ 8 BHO Rn. 5.

350 Rückeinnahmevermerke können z.B. wie folgt formuliert werden: „Einnahmen (aus...) fließen den Ausgaben zu“, vgl. *Hugo*, in: Heuer, KHR, Stand: Dezember 2004, § 15 BHO Rn. 7.

dass die Mittel über das laufende Haushaltsjahr hinaus zur Verfügung stehen und die bei der Bewirtschaftung entstehenden Einnahmen den Selbstbewirtschaftungsmitteln direkt zufließen. Auch müssen bei der Rechnungslegung vereinfachend nur die zugewiesenen Mittel als Ausgabe nachgewiesen werden[351].

Allerdings könnte die Bewirtschaftung von Sonderabgaben, die häufig selbständigen Personen des öffentlichen Rechts oder Sondervermögen obliegt, eine Etatisierung verbieten. Während aus älteren Entscheidungen des Bundesverfassungsgerichts nicht ersichtlich ist, ob nur eine Bewirtschaftung außerhalb des Budgets dem verfassungsrechtlichen Erfordernis der Zweckbindung und gruppennützigen Verwendung des Abgabenaufkommens gerecht wird[352], lässt die neuere Rechtsprechung[353] keine Zweifel daran, dass eine Bewirtschaftung von Sonderabgaben innerhalb des Haushaltsplans möglich und zulässig ist[354].

b) Vermögenstrennung trotz Integration in den Bundeshaushalt?

Die Verleihung von Teilrechtsfähigkeit an ein Sondervermögen hängt nicht von seiner Bewirtschaftung außerhalb des Bundeshaushalts ab[355]. Gleiches gilt für die Ermächtigung zur eigenständigen Kreditaufnahme oder für eine zumindest beratende Beteiligung gesellschaftlicher Kräfte oder Sachverständiger an Entscheidungen über die Vermögensverwendung. Soll die unmittelbare Haftung des Bundesetats gegenüber Dritten für Fehlbeträge der Sondervermögen verhindert

351 Ausführlich zu den Folgen der Selbstbewirtschaftung *Hugo*, in: Heuer, KHR, Stand: Dezember 2004, § 15 Rn. 13; kritisch *Mießen*, in: Piduch, Bundeshaushaltsrecht, Stand: Januar 1991, § 15 Rn. 6.

352 Vgl. nur BVerfGE 55, 274 (310 f.); 101, 141 (147).

353 BVerfGE 108, 186 (215 f.), 113, 128 (147), BVerfG, NVwZ 2009, 641 (642); NVwZ 2009, 1030 (1031); BVerfGE 93, 319 (348); BVerfG, NVwZ 2003, 467 (470), zur Verfassungsmäßigkeit von Vorteilsabschöpfungsabgaben; siehe auch BVerfGE 78, 249 (Rn. 269 f.), wonach ein zweckgebundenes Aufkommen von Ausgleichszahlungen („Fehlbelegungsabgabe") ohne Bildung eines Sondervermögens nicht zu dessen Verfassungswidrigkeit führt. Zwar handelt es sich bei der Fehlbelegungsabgabe nicht um eine Sonderabgabe, sondern eine Abschöpfungsabgabe (siehe BVerfGE 78, 249 (267 f.)), doch liegt darin kein Grund für eine haushaltsmäßig unterschiedliche Bewertung.

354 So auch *Kilian*, Nebenhaushalte, S. 532; *Nebel*, in: Piduch, Bundeshaushaltsrecht, Stand: Dezember 2004, Art. 110 Rn. 37.

355 *Heintzen*, in: v. Münch/Kunig, Art. 110 Rn. 5; *Hillgruber*, in: v. Mangoldt/Klein/Starck, Art. 110 Rn. 37; *Puhl*, Budgetflucht, S. 75 f., S. 79, und S. 177 mit Fn. 329, gehen darüber hinaus davon aus, dass die Etatisierung selbständiger juristischer Personen, die vom Bund getragen werden, und damit deren vollständige Integration in den Bundeshaushalt zulässig, wenngleich durch Art. 110 Abs. 1 Satz 1 HS 1 GG nicht verpflichtend vorgegeben ist; anderer Ansicht wohl *Dommach*, in: Heuer, KHR, Stand: Februar 1992, § 11 BHO Rn. 2.

werden, kann ein Haftungsausschluss des Bundes gegenüber seinem Sondervermögen im Errichtungsgesetz formuliert werden[356].

4. Aktuelles Haushaltsrecht

Nur die Konjunkturausgleichsrücklage ist allein rechnungsmäßig vom Bundeshaushalt abgesondert. Die übrigen Sondervermögen werden aufgrund *eigener Haushalts- und Wirtschaftsführung* außerhalb des Zentralhaushalts verwaltet. Neben dieser haushaltsmäßigen Trennung vom Bundeshaushalt führen weitere Normierungen in den Errichtungsgesetzen zu einer Absonderung der Sondervermögen. Einige dieser Regelungen sollen kurz skizziert werden[357].

Nach den Errichtungsgesetzen sind die meisten Sondervermögen vom übrigen Bundesvermögen getrennt. Für den Erblastentilgungsfonds, das Sondervermögen „Vorsorge für Schlusszahlungen für inflationsindexierte Bundeswertpapiere" sowie für einige Sondervermögen, die von Stellen außerhalb der unmittelbaren Bundesverwaltung bewirtschaftet werden, ist eine solche Vermögenstrennung allerdings nicht normiert. Die gesetzlich geregelte Vermögenstrennung ist aber ohnehin nur deklaratorischer Natur, wenn das Sondervermögen als ausgegliederte Vermögensmasse errichtet wird.

Die Mehrzahl der Sondervermögen ist mit Teilrechtsfähigkeit ausgestattet und kann im Rechtsverkehr handeln, klagen und verklagt werden. Dadurch nähern sie sich in ihrer Handlungsfähigkeit rechtsfähigen Institutionen an.

Auch die Ermächtigung eines Sondervermögens zur eigenständigen Kreditaufnahme (verbunden mit der Ausstattung zur Teilrechtsfähigkeit) führt zu einer weiteren Absonderung vom Zentralhaushalt. Zur Kreditaufnahme ermächtigt sind die Entschädigungseinrichtung für Wertpapierhandelsunternehmen[358], der Investitions- und Tilgungsfonds, der Finanzmarktstabilisierungsfonds sowie der Entschädigungsfonds und Restrukturierungsfonds. Die drei letzteren sind unter anderem auch zur Übernahme von Garantien bzw. zur Begebung von Schuldverschreibungen durch Eintragung in das Bundesschuldenbuch berechtigt[359].

---

356 Zur Gewährträgerhaftung des Bundes insgesamt siehe die näheren Ausführungen unten unter G. II. 2.

357 Ein weiteres Organisationsmerkmal, nämlich das der Verwaltung der Sondervermögen durch Stellen außerhalb der unmittelbaren Bundesverwaltung, ist Gegenstand eines eigenen Gliederungspunkts, siehe dazu unten unter D. IV.

358 § 8 Abs. 4 EAEG.

359 § 6 Abs. 1 FMStFG für den Finanzmarktstabilisierungsfonds; § 9 Abs. 4 Satz 1 EntschG für den Entschädigungsfonds; § 6 Abs. 3 RStruktFG für den Restrukturierungsfonds, der darüber hinaus aber auch Kredite aufnehmen kann, § 12 Abs. 3 Satz 2, Abs. 6 RStruktFG.

Für Verbindlichkeiten des Ausgleichsfonds für überregionale Vorhaben zur Teilhabe schwerbehinderter Menschen am Arbeitsleben[360], des Binnenschifffahrtsfonds[361], des Bundeseisenbahnvermögens[362], des Sondervermögens „Kinderbetreuungsausbau“[363] und des Fonds nach § 5 Mauergrundstücksgesetz[364] hat der Bund kraft eines ausdrücklichen Haftungsausschlusses nicht einzustehen[365]. Hingegen haftet der Bund aufgrund expliziter Regelungen für Schulden des Fonds „Deutsche Einheit“[366], des Entschädigungsfonds[367], des Erblastentilgungsfonds[368], des ERP-Sondervermögens[369], des Finanzmarktstabilisierungsfonds[370], des Investitions- und Tilgungsfonds[371] und des Restrukturierungsfonds[372].

Die Finanzierung mittels eigener Einnahmequellen, hauptsächlich in Form von Sonderabgaben, fördert die Eigenständigkeit von Sondervermögen. Die Mittel fließen direkt an die Vermögensmasse und die Sondervermögen können die Höhe der Abgabe gegebenenfalls mit beeinflussen. Aus Abgaben speisen sich der Ausgleichsfonds für überregionale Vorhaben zur Teilhabe schwerbehinderter Menschen am Arbeitsleben[373], der Binnenschifffahrtsfonds[374], die Entschädigungseinrichtung der Wertpapierhandelsunternehmen[375], der Klärschlamm-Entschädigungsfonds[376] und der Restrukturierungsfonds[377].

Die Bewirtschaftung des ERP-Sondervermögens hebt sich von den übrigen Sondervermögen ab. Der Wirtschaftsplan dieses Sondervermögens wird gemäß § 8 Abs. 2 Satz 1 ERP-Verwaltungsgesetz jährlich durch formelles Gesetz festgestellt. Dieser Gesetzesvorbehalt kann als Annäherung an den Bundeshaushalt betrachtet werden, da der Bundeshaushaltsgesetzgeber auch über den ERP-Wirt-

---

360 § 35 Satz 3 SchwbAV.
361 § 6 Satz 2 BinSchFondsG.
362 § 5 Abs. 2 BEZNG.
363 § 3 Abs. 2 Satz 2 KBFG.
364 § 3 Abs. 2 MauerV.
365 Zu den Wirkungen eines ausdrücklichen Haftungsausschlusses siehe die näheren Erläuterungen zur Sondervermögenslast und der Gewährträgerhaftung des Bundes unten unter Gliederungspunkt G. II.
366 § 4 Abs. 2 DEFG.
367 § 9 Abs. 1 Satz 4 EntschG.
368 § 4 Abs. 1 Satz 1 ELFG.
369 § 4 Abs. 2 ERP-Verwaltungsgesetz.
370 § 5 Satz 2 HS 1 FMStFG.
371 § 4 Abs. 2 Satz 2 ITFG.
372 § 10 Satz 2 RStruktFG.
373 § 77 SGB IX i.V.m. § 36 SchwbAV.
374 Art. 4 ff. Verordnung (EG) 718/1999.
375 § 8 EAEG i.V.m. EdWBeitrV.
376 § 11 Abs. 2 DüngG.
377 §§ 3, 12 RStruktFG.

schaftsplan entscheidet und dabei nach gleichen Grundsätzen wie beim Haushaltsgesetz des Bundes verfährt[378]. Zudem geht mit der Verabschiedung des Plans in Form eines Gesetzes eine stärkere Transparenz und Öffentlichkeit einher.

Der Beschluss über den Wirtschaftsplan des Investitions- und Tilgungsfonds unterliegt keinem Gesetzesvorbehalt. Trotzdem verabschiedete das Parlament den Plan für das Haushaltsjahr 2009 als Anlage (§ 3 Abs. 2 ITFG) zum ITFG. Dadurch teilt er die Rechtsnatur des Parlamentsgesetzes[379].

IV. Verwaltung der Sondervermögen

1. Eigen- und fremdverwaltete Sondervermögen

Weil Bundes-Sondervermögen zur Bundesexekutive gehören, werden sie nicht selten von Stellen der unmittelbaren Bundesverwaltung bewirtschaftet. Diese Verwaltungsstellen können dann als Organe der Sondervermögen bezeichnet werden, wenn sie nur dafür geschaffen wurden, das teilrechtsfähige Sondervermögen nach außen handlungsfähig zu machen[380]. Die Qualifizierung als Organ einer öffentlich-rechtlichen Organisation setzt keine Voll-, wohl aber eine Teilrechtsfähigkeit der Organisation voraus[381]. Keine originären, wohl aber entliehene Organe sind hingegen die Verwaltungsstellen der unmittelbaren Bundesverwaltung, die nicht für das Sondervermögen geschaffen wurden, sondern ursprünglich andere, nicht das teilrechtsfähige Sondervermögen betreffende Zuständigkeiten des Bundes wahrnehmen.

Gemäß den Errichtungsgesetzen existieren auch Sondervermögen, die von Stellen außerhalb der unmittelbaren Bundesverwaltung bewirtschaftet werden. Es gibt zudem Vermögensmassen, die durch die Errichtungsakte als Treuhand- oder Zweckvermögen bezeichnet werden und besonderer Verwaltung unterliegen. Diskutiert wird, ob es sich bei ihnen um von den Sondervermögen zu unterscheidende Einrichtungen handelt. Treuhand- und Zweckvermögen werden zum Teil als eine Rechtsfigur behandelt[382], teilweise wird zwischen beiden Formen der Bewirtschaftung von Bundesvermögen auch differenziert[383]. Bei den Treuhandvermögen handelt es sich um abgesonderte Vermögensmassen des Bundes, die weiterhin in dessen Eigentum stehen. Sie erlangen keine eigene Rechtsfähig-

378 *W. Becker*, ERP-Sondervermögen, S. 46 f.; *Puhl*, Budgetflucht, S. 134.

379 BGBl. I 2009, S. 419-427 und S. 1578 f.

380 Vgl. *Ehlers*, in: Schoch/Schmidt-Aßmann/Pietzner, VwGO, § 40 Rn. 130.

381 *Wolff*, in: Wolff/Bachof, VerwR II, 4. Auflage 1976, S. § 75 I 1, § 77 IV c.

382 Vgl. *K. Burmeister*, Außerbudgetäre Aktivitäten, S. 250 ff.; *Puhl*, Budgetflucht, S. 135 f.

383 Vgl. *Kilian*, Nebenhaushalte, S. 174 ff.

keit, werden aber von Stellen außerhalb der Bundesverwaltung treuhänderisch bewirtschaftet und verwaltet[384]. Diese Verwaltung muss bestimmten, festgelegten Zwecken dienen. Auch Zweckvermögen sind Vermögensgesamtheiten des Bundes, die von Stellen *außerhalb* der Bundesverwaltung *für* den Bund verwaltet werden. Neben dem Begriff des Treuhandvermögens bezeichnet das Zweckvermögen keine eigene Vermögenskategorie und sollte daher nicht mehr gebraucht werden. Wenn es hingegen vereinzelt als Vermögensmasse kategorisiert wird, die zu der verwaltungsmäßigen Separierung zusätzlich auch eine spezifische und enge Einzelwidmung des Vermögens aufweise[385], wiederholt dieses Merkmal die für jedes Sondervermögen ohnehin unerlässliche Legitimationsvoraussetzung der Zweckbindung[386].

Vermögensgesamtheiten, die nicht im Bundeseigentum verbleiben, sondern rechtlich vollständig an eine Stelle außerhalb der unmittelbaren Bundesverwaltung übertragen werden, sind keine Treuhandvermögen. Auch wenn die externe Stelle verpflichtet wird, über das Vermögen im Sinne des Bundes zu verfügen, tritt bei diesen Vermögensmassen an die Stelle des Bundes ein anderer Rechtsträger. Damit ändert sich nicht nur der Verwaltungs-, sondern auch der Vermögensträger. Zudem erhält die externe Stelle die gesamte tatsächliche Verfügungsgewalt. Es handelt sich daher um eine rechtlich vollständige Auslagerung aus dem Bundesvermögen, die nicht mit den im Eigentum des Bundes verbleibenden Treuhandvermögen verwechselt werden darf. Diese Vermögensmassen sollten daher weder als Treuhand- noch als Zweckvermögen bezeichnet werden[387].

In diese letzte Kategorie der Vermögensmassen ist das Westvermögen bei der Deutschen Bau- und Grundstücks-AG einzuordnen. Das Westvermögen ist ein Immobilienvermögen, das bis zum 31.12.2004 von der Deutschen Bau- und Grundstücks-AG treuhänderisch für den Bund verwaltet wurde. Grundlage war ein Vertrag zwischen dem Deutschen Reich und der Bau-Grund-AG vom 09.09.1930/01.02.1934. Mit Wirkung zum 01.01.2005 wurde das Eigentum am Westvermögen aber an die rechtsfähige Bundesanstalt für Immobilienaufgaben übertragen[388] und stellt somit kein Treuhandvermögen des Bundes im engeren Sinn mehr dar.

---

384 Übereinstimmend *Dommach*, in: Heuer, KHR, Stand: Dezember 1998, § 26 BHO Rn. 3; *Kilian*, Nebenhaushalte, S. 174; *Nebel*, in: Piduch, Bundeshaushaltsrecht, Stand: Juni 2007, § 26 BHO Rn. 7; *Puhl*, Budgetflucht, S. 135; *Vialon*, Haushaltsrecht, S. 381; anderer Ansicht *K. Burmeister*, Außerbudgetäre Aktivitäten, S. 259 f.

385 So *Kilian*, Nebenhaushalte, S 176; *Vialon*, Haushaltsrecht, S. 381.

386 Siehe dazu Näheres unten unter E. III. 4.

387 So aber *Kilian*, Nebenhaushalte, S. 176; *Vialon*, Haushaltsrecht, S. 381.

388 Siehe dazu *Güntzel*, in: Heuer, KHR, Stand: Februar 2006, § 64 Rn. 2.

2. Verhältnis des Treuhandvermögens zum Sondervermögen

Eine Abgrenzung von eigenverwalteten Sondervermögen und fremdverwalteten Treuhandvermögen ist notwendig, um Grundsätze für die Ausübung der Verwaltungsbefugnisse durch die Treuhandstellen, für die Anforderung an die demokratische Struktur der Treuhänder und Treuhandvermögen und für die Einflussnahmemöglichkeiten und Kontrollinstrumente des Staates bzw. der Exekutive festzulegen.

Sowohl Treuhand- als auch Sondervermögen können aus Aktiva und Passiva sowie aus Vermögensgegenständen bestehen[389]. Wenn § 44 Abs. 2 BHO die „Verwaltung von Bundesmitteln" zum Gegenstand hat, ist damit nicht allein die treuhänderische Betreuung von Bundesausgaben, sondern auch von Bundeseinnahmen und -schulden gemeint[390]. Beide Vermögensmassen haben keine eigene Rechtspersönlichkeit, rechnen der Bundesexekutive zu und unterliegen grundsätzlich den Haushaltsprinzipien des Art. 110 Abs. 1 GG. Nur wenn die Treuhandvermögen Sondervermögen darstellen, kann für sie aber eine Ausnahme nach Art. 110 Abs. 1 Satz 1 HS 2 GG greifen. Da der Unterschied zwischen beiden Vermögen allein in der Organisation der Mittelverwaltung durch eigene oder fremde Verwaltungsstellen liegt, muss es sich bei Treuhandvermögen um einen Unterfall der Sondervermögen handeln. Sie stellen keine gesondert zu behandelnde Kategorie von Bundesmitteln bzw. Vermögensgesamtheiten des Bundes dar[391]. Es gibt weder einen eigenständigen verfassungsrechtlichen noch einen einfach-rechtlichen Begriff des Treuhandvermögens.

3. Verwaltung der Treuhandvermögen

Für die Verwaltung der Treuhandvermögen gilt § 44 Abs. 2 BHO, wonach Bundesmittel oder Vermögensgegenstände des Bundes durch Stellen außerhalb der Bundesverwaltung verwaltet werden und nicht durch eigene Behörden des Bundes.

---

389 Vgl. *Kammer*, in: Heuer, KHR, Stand: Juni 1999, § 91 BHO Rn. 10.

390 Vgl. *Nebel*, in: Piduch, Bundeshaushaltsrecht, Stand: Juni 2007, § 44 BHO Rn. 16.

391 So auch *Dommach*, in: Heuer, KHR, Stand: Dezember 1998, § 26 BHO Rn. 3 und Stand: Januar 2002, § 44 BHO Rn. 75; *Eibelshäuser/Wallis*, in: Heuer, KHR, Stand: Dezember 1998, § 113 BHO Rn. 2; *v. Köckritz/Ermisch/Lamm*, Stand: Oktober 2005, § 113 Rn. 1; *Nebel*, in: Piduch, Bundeshaushaltsrecht, Stand: Juni 2007, § 26 BHO Rn. 7 und § 113 BHO Rn. 2; *Puhl*, Budgetflucht, S. 135 f.; anderer Ansicht *K. Burmeister*, Außerbudgetäre Aktivitäten, S. 250 ff., 259 ff.; nicht eindeutig *Kilian*, Nebenhaushalte, S. 174 ff.; vgl. zur Rezeptionsgeschichte des Zweckvermögens ausführlich *G. Schmidt*, VerwArch 1969, 295 (309 ff.).

a) Gegenstand treuhänderischer Verwaltung

§ 44 Abs. 2 BHO unterscheidet zwischen der Verwaltung von Bundesmitteln und von Vermögensgegenständen des Bundes. Eine Verwaltung von Bundesmitteln liegt vor, wenn Ausgaben geleistet oder Einnahmen für den Bund erhoben werden. Die Betreuung von Vermögensgegenständen des Bundes setzt das Halten von oder Verfügen über Sachen, Rechte oder andere Vermögensarten des Bundes voraus[392]. Als Beispiele für die Mittelverwaltung lassen sich auf der Einnahmenseite die Erhebung von Sonderabgaben, die einem Sondervermögen des Bundes zufließen, oder der Einzug von Tilgungs- oder Zinszahlungen aus Bundesdarlehen nennen. Zur Ausgabenseite gehören die Gewährung von Darlehen oder sonstigen Subventionen für den Bund sowie das Leisten von Bundesentschädigungszahlungen. Die Bewirtschaftung von sonstigen Vermögensgegenständen umfasst ein noch breiteres Tätigkeitsfeld für Treuhänder. Darunter fallen auch die allgemeine Darlehensüberwachung für den Bund[393] sowie die Verwaltung von Schulden oder das Bewirtschaften von Immobilienvermögen. Da ein Treuhandvermögen sowohl aus Aktiva als auch teilweise oder ausschließlich aus Schulden oder Vermögensgegenständen bestehen kann, ist es möglich, dass beide Verwaltungsformen (Verwaltung von Bundesmitteln oder Vermögensgegenständen) einschlägig sind.

Der Begriff des Verwaltens bedeutet für Treuhänder der mehrheitlich *teilrechtsfähigen* Sondervermögen, dass sie im Außenverhältnis nicht in eigenem, sondern im Namen des Treuhandvermögens handeln (offene Treuhand)[394]. Die Vermögensmasse wird dadurch direkt berechtigt und verpflichtet und ist unmittelbarer Verfügungsgegenstand.

Handelt es sich um *nicht-teilrechtsfähige* Treuhandvermögen, tritt der externe Verwalter in eigenem Namen im Rechtsverkehr auf und verpflichtet nicht das Treuhandvermögen, sondern sich persönlich. Dabei hat er aber den Interessen des Bundes und der entsprechend vorgegebenen Zweckbindung des Vermögens zu folgen (verdeckte Treuhand).

---

392 VV-BHO zu § 44 Nr. 16.1 und 16.2.; *Kammer*, in Heuer, KHR, Stand: Juni 1999, § 91 BHO Rn. 10. Die Bewirtschaftung von Bundesmitteln schlägt sich immer im Einzug von Einnahmen oder Leisten von Ausgaben für den Bund nieder, hingegen kann die Verwaltung sonstiger Vermögensgegenstände weiter angelegt sein und ein breiteres Spektrum an rechtsgeschäftlichem Tätigwerden für den Bund nach außen umfassen.

393 Beispiel bei *Kammer*, in Heuer, KHR, Stand: Juni 1999, § 91 BHO Rn. 10.

394 So wohl auch *Dommach*, in: Heuer, KHR, Stand: Januar 2002, § 44 BHO Rn. 73: Zulässigkeit von offenem und verdecktem Treuhandverhältnis.

Auf die Betreuung von Bundesvermögen durch Verwaltungshelfer, die im Außenverhältnis nicht eigenständig auftreten und nur *unselbständige* Zuarbeit leisten, trifft der Begriff der treuhänderischen Verwaltung nicht zu[395].

b) Formen treuhänderischer Verwaltung

Treuhänder können nur selbständige Rechtsträger sein, da ansonsten keine Fremd-, sondern eine Eigenverwaltung des Bundes gegeben ist[396]. Anders als bei den „Stellen außerhalb der Bundesverwaltung" nach § 23 BHO[397] besteht nach allgemeiner Auffassung ein Treuhandverhältnis i.S.d. § 44 Abs. 2 BHO nicht nur bei der Vermögensverwaltung durch juristische Personen des Privatrechts, sondern auch bei treuhänderischer Überantwortung an Stellen der mittelbaren Bundesverwaltung[398]. Das ergibt sich aus dem Sinn der Norm, bei der Verwaltung von Bundesmitteln durch externe Dritte, die selbst zumindest nicht direkt den Bindungen der BHO unterliegen, genügend Einflussmöglichkeiten des Bundes auch nach der Übertragung sicher zu stellen. Denn auch für bundesunmittelbare juristische Personen des öffentlichen Rechts gelten die Normen der BHO gemäß § 105 Abs. 1 BHO nur in *entsprechender* Anwendung.

Die Treuhandstellen könnten möglicherweise sogar als *Organe* der zu verwaltenden Sondervermögen charakterisiert werden. Geht man von dem Organbegriff als institutionalisiertem Kompetenzkomplex zur transitorischen Wahrnehmung der Eigenzuständigkeiten einer (teil-) rechtsfähigen Organisation aus[399], stolpert man über den Definitionsteil des institutionalisierten Kompetenzkomplexes. Dieser impliziert, dass ein Organ dafür geschaffen wird bzw. wurde, um eine staatliche Organisation nach außen handlungsfähig zu machen[400]. Es muss also ein institutionelles Subjekt sein, das die Aufgaben einer Organisation funktionsteilig wahrnehmbar macht. Damit rechnen Organe als Durchgangsobjekt dem Binnenbereich der staatlichen Organisation als Zurechnungsendobjekt zu[401]. Sie können in der Regel nicht gleichzeitig eigenständige Rechtssubjekte sein, die

---

395 *v. Köckritz/Ermisch/Lamm*, Stand: September 2001, § 44 BHO Rn. 82.1.

396 *Dommach*, in: Heuer, KHR, Stand: Januar 2002, § 44 BHO Rn. 73.

397 Vgl. zur streitigen Auslegung dieses Begriffs nur *v. Köckritz/Ermisch/Lamm*, Stand: September 2003, § 23 BHO Rn. 3.6.2 m.w.N.

398 *Dommach*, in: Heuer, KHR, Stand: Januar 2002, § 44 BHO Rn. 73; *v. Köckritz/Ermisch/Lamm*, Stand: September 2001, § 44 BHO Rn. 82.1.; *Nebel*, in: Piduch, Bundeshaushaltsrecht, Stand: Juni 2007, § 44 BHO Rn. 22; *Vialon*, Haushaltsrecht, S. 381.

399 Ursprünglich *Wolff*, in: Wolff/Bachof, VerwR II, 4. Auflage 1976, S. § 75 I 1, § 77 IV c; *Erichsen*, in: FS Menger, S. 211 (215); *Hoppe*, Organstreitigkeiten vor den Verwaltungs- und Sozialgerichten, S. 169 f.

400 Vgl. *Ehlers*, in: Schoch/Schmidt-Aßmann/Pietzner, VwGO, § 40 Rn. 130.

401 *Erichsen*, in: FS Menger, S. 211 (215).

außerhalb des Binnenbereichs der Treuhandvermögen eigene, vom Sondervermögen losgelöste Aufgaben wahrnehmen[402]. Von den Treuhandstellen als originären Organen der Sondervermögen zu sprechen, verbietet sich deshalb.

Allerdings könnte man die Treuhandverwaltung als eine Form der *Organleihe* qualifizieren. Diese Qualifizierung kommt von vornherein aber nur für die öffentlich-rechtlichen Treuhandstellen in Betracht. Denn eine Organleihe ist nur zwischen staatlichen Organen möglich. Sie ist dadurch gekennzeichnet, dass das Organ eines Rechtsträgers ohne Verlagerung von Kompetenzen[403] ermächtigt und beauftragt wird, einen Aufgabenbereich eines anderen Rechtsträgers im Außenverhältnis in eigenem Namen wahrzunehmen[404]. Das entliehene Organ wird als solches des Entleihers tätig, unterstützt es also durch Zurverfügungstellen von sächlichen und personellen Mitteln und sein Handeln wird direkt dem Entleiher zugerechnet. So verhält es sich auch bei den öffentlich-rechtlichen Treuhandverhältnissen. Von der Amtshilfe im engeren Sinn[405] unterscheidet sich dieses Verhältnis dadurch, dass es sich um die Vergabe ganzer Aufgabenbündel handelt und nicht nur ein Tätigwerden im Einzelfall in Rede steht. Von der Delegation grenzt sich diese Beziehung ab, weil die Zuständigkeit im Außenverhältnis nicht an den Treuhänder übertragen wird[406]. Eine Mandatierung kann in der Einbindung eines öffentlich-rechtlichen Treuhänders deshalb nicht gesehen werden, weil es nicht zur Übertragung der Kompetenz zur Sondervermögensverwaltung an die Treuhandstelle kommt[407].

Der Treuhänder als Rechtsträger trifft Entscheidungen, die dem teilrechtsfähigen Sondervermögen oder dem Bund direkt als eigene zugerechnet werden. Allerdings gilt auch hier, dass im Unterschied zur Organleihe die Treuhandstelle nicht nur eines ihrer Organe, sondern den gesamten Treuhänder als Institution zur Verfügung stellt. Nicht ein Organ allein, sondern der gesamte Rechtsträger der Treuhandstelle wird entliehen. Eine Organleihe im engeren Sinn liegt daher nicht vor. Allerdings lässt sich die Treuhandverwaltung am besten als mittelbare Organleihe oder *Verwaltungsträgerleihe* bezeichnen. Denn durch die Übertragung der Verwaltung des Sondervermögens an die Treuhandstelle werden zwangsläufig mittelbar auch die Organe der Treuhandstelle betroffen. Nur durch sie kann der Treuhänder für das Sondervermögen bzw. den Bund tätig werden.

---

402 Kritisch *Böckenförde*, in: FS Wolff, S. 269 (280 ff.).

403 BVerfGE 63, 1 (32).

404 BVerfGE 63, 1 (32 f.); BVerwG, NJW 1976, 1468 (1469); BGHZ 176, 256; *Bonk/ Schmitz*, in: Stelkens/Bonk/Sachs, VwVfG, § 4 Rn. 39.

405 Die Organleihe kann aber als Amtshilfe im weiteren Sinn bezeichnet werden, BGH, NVwZ 2006, 1084 (1085).

406 *Lodde*, Rechtsfragen der Organleihe im Bund-Länder-Verhältnis, S. 46.

407 Zur Kompetenzübertragung bei Mandatierung *Horn*, NVwZ 1986, 808 (809).

Der Einordnung als mittelbare Organleihe steht nicht entgegen, dass die öffentlich-rechtlichen Treuhänder nicht nur ad hoc, sondern dauerhaft in die Struktur der entleihenden Bundes-Vermögensverwaltung eingebunden werden. Denn es kommt nicht zu einer Aufgabenübertragung, sondern die Sondervermögensverwaltung bleibt eine Aufgabe des Bundes. Sie wird allerdings beim Treuhänder dauerhaft institutionalisiert[408].

Private Treuhänder könnten als Indienstgenommene, Verwaltungshelfer oder sogar Beliehene auftreten. Die *Indienstnahme* setzt voraus, dass einem Privaten öffentlich-rechtliche Pflichten als eigene auferlegt werden, so dass er bei deren Erfüllung nicht öffentlich-rechtliche Kompetenzen ausübt, sondern eigene, privatrechtliche Angelegenheiten[409]. Der sondervermögensverwaltende private Treuhänder hingegen wird nicht in eigener, sondern in staatlicher Angelegenheit tätig und tritt zudem nicht notwendig privat, sondern bei offenem Treuhandverhältnis hoheitlich für das Sondervermögen auf. Sein Tätigwerden kann daher nicht als Indienstnahme qualifiziert werden.

Die *Beleihung* als Übertragung von Hoheitsbefugnissen setzt voraus, dass der private Rechtsträger – vergleichbar mit einem anderen Träger mittelbarer Staatsverwaltung[410] – staatliche Befugnisse als eigene verliehen bekommt[411]. Der private Treuhänder wird bei der Sondervermögensverwaltung nicht notwendig in eigener Befugnis tätig. Kompetenz, Verantwortung sowie innerorganisatorische Zuständigkeit der Vermögensverwaltung verbleiben beim Bund als Rechtsträger der Sondervermögen. Die Befugnisse übt der Treuhänder nur für den Bund aus. Allerdings kommt es im Einzelfall auf die konkrete Ausgestaltung der Indienstnahme der privaten Treuhandstelle an. Wird sie befugt, mit Wirkung für das Sondervermögen, aber eigenverantwortlich Staatsaufgaben in den Handlungsformen des öffentlichen Rechts wahrzunehmen, muss sie als Beliehene qualifiziert werden.

Je nach Ausgestaltung des Treuhandverhältnisses kommt zudem die Einordnung des privaten Treuhänders als unselbständiger Verwaltungshelfer in Betracht, der bei der staatlichen Aufgabenerledigung, der Bewirtschaftung von Staatsvermögen, herangezogen wird[412]. Eine vollständige Aufgabendelegation mit der Folge des Verlusts öffentlich-rechtlicher Aufgabenzuständigkeit findet

408 Anders für den Fall der dauerhaften Institutionalisierung *Knemeyer*, DÖV 1988, 397 (402).

409 *Schulze-Fielitz*, in: Hoffmann-Riem/Schmidt-Aßmann/Voßkuhle, Grundlagen des Verwaltungsrechts, Band I, § 12 Rn. 107.

410 *Busch*, DÖV 2007, 533 (541).

411 *Burgi*, in: FS Maurer, S. 581 ff, insbesondere S. 585.

412 Zur Abgrenzung der verschiedenen Formen privater Heranziehung für staatliche Aufgabenerledigung vgl. *Pielow*, Grundstrukturen öffentlicher Versorgung, S. 451 f. und S. 453; undifferenzierter noch *Ipsen*, Öffentliches Wirtschaftsrecht, S. 232 und S. 240.

nicht statt. Vielmehr verbleibt es bei der Zuordnung der Sondervermögensverwaltung als öffentlich-rechtlicher Aufgabe, wahrgenommen durch einen Privaten. Dabei handelt es sich aber insofern um eine besondere Form der Verwaltungshilfe, als dass der Treuhänder nicht nur Hilfsdienste verrichtet[413].

Da unabhängig von der Ausgestaltung der Treuhandverwaltung das Handeln in der Regel dem öffentlichen Recht zugeordnet bleibt, liegt keine materielle Privatisierung, wohl aber eine Form der funktionalen Privatisierung[414] vor.

4. Treuhandvermögen des Bundes

Zu den Treuhandvermögen des Bundes zählen die bereits erwähnten Sondervermögen[415]. Grundsätzlich ergibt sich die Einordnung als treuhänderisch verwaltete Vermögen bereits aus dem Regelungszusammenhang. Nicht eindeutig ist die Qualifizierung als Treuhandvermögen bei den Sondervermögen Versorgungsrücklage und Versorgungsfonds sowie bei den Sondervermögen „Kinderbetreuungsausbau" und „Investitions- und Tilgungsfonds".

Für die Sondervermögen Versorgungsrücklage und Versorgungsfonds gilt nach § 5 Abs. 1 Satz 1 (i.V.m. § 15 Satz 2) VersRücklG einerseits, dass sie vom Bundesministerium des Innern und damit direkt von einer Bundesbehörde zu verwalten sind, andererseits die *Mittelverwaltung* nach § 5 Abs. 1 Satz 2 (i.V.m. § 15 Satz 2) VersRücklG der Deutschen Bundesbank, einer juristischen Person des öffentlichen Rechts[416], übertragen wurde. Die Deutsche Bundesbank hat die Mittel nach den aufgrund von § 5 Abs. 2 Satz 2 VersRücklG erlassenen Anlagerichtlinien anzulegen. Bereits dem Wortlaut der § 5 Abs. 1 Satz 2 und § 10 Abs. 1 Satz 1 VersRücklG nach obliegt der Deutschen Bundesbank nicht nur die *Anlage* der Mittel, sondern die gesamte Mittel*verwaltung*, weshalb die Einordnung der Fonds als zumindest teilweise extern verwaltete Sondervermögen nahe liegt. In den Gesetzesmaterialien heißt es dazu, dass durch die Übertragung an die

---

413 Ähnlich *Höfling/Rixen*, in: Bonner Kommentar, Stand: September 2003, Art. 115 Rn. 393; zu den Treuhandtätigkeiten des Finanzmarktstabilisierungsfonds, der allerdings kein privater Treuhänder ist, vgl. *Buck*, NVwZ 2009, 955 (957 f.).

414 Zum Begriff *Burgi*, in: Erichsen/Ehlers, Allgemeines Verwaltungsrecht, § 10 Rn. 31 ff.; *Ibler*, in: Maunz/Dürig, Stand: Mai 2008, Art. 86 Rn. 117 ff.

415 Siehe oben unter B. II.; vgl. auch die (jeweils nicht vollständigen) Darstellungen bei *Bajohr*, Grundriss staatliche Finanzpolitik, S. 207; *Dommach*, in: Heuer, KHR, Stand: Dezember 1998, § 26 BHO Rn. 3 und § 44 BHO Rn. 75.

416 § 2 Satz 1 des Gesetzes über die Deutsche Bundesbank vom 26.07.1957, in der Fassung der Bekanntmachung vom 22.10.1992, BGBl. I, S. 1782, zuletzt geändert durch Art. 12 des Gesetzes vom 05.02.2009, BGBl. I, S. 160. Die Deutsche Bundesbank ist genauer noch eine rechtsfähige Anstalt des öffentlichen Rechts, siehe oben unter Fn. 179.

Deutsche Bundesbank „die Eigenständigkeit des Sondervermögens gestützt" werde[417]. Da die Bank bei der Mittelverwaltung im Außenverhältnis rechtlich bindend tätig wird, im Innenverhältnis aber an Anlagerichtlinien gebunden ist, liegt eine für den Bereich der Mittelverwaltung teilweise treuhänderische Bewirtschaftung für den Bund vor[418].

Das Sondervermögen „Kinderbetreuungsausbau" und der Investitions- und Tilgungsfonds können indes nicht als Treuhandvermögen qualifiziert werden. Für das Sondervermögen „Kinderbetreuungsausbau" bestimmt Art. 4 Abs. 3 Satz 1 und Satz 2 der Verwaltungsvereinbarung[419], dass die Mittel aus dem Sondervermögen als Einnahmen in die Haushaltspläne der Länder eingestellt werden und ihre Bewirtschaftung sich nach dem Haushaltsrecht der Länder richtet. Diese Normierung in der Verwaltungsvereinbarung muss den Anlass gegeben haben, das Sondervermögen in der Jahresrechnung des Bundes aus dem Jahr 2007 als treuhänderisch verwaltetes einzuordnen[420]. Wenn auch der Wortlaut der Vereinbarung von einer *Mittelbewirtschaftung* durch die Länder spricht und damit eine Verwaltungsbefugnis andeutet, so steht dem jedoch entgegen, dass die Mittel aus dem Sondervermögen gemäß § 1 des KitaFinHG[421] Finanzhilfen des Bundes an die Länder i.S.d. Art. 104b Abs. 1 Nr. 3 GG darstellen. Mit Aussonderung dieser Mittel aus dem Bundeshaushalt geht folglich nicht nur die Verfügungsbefugnis des Bundes auf die Länder über, sondern es findet auch ein endgültiger Eigentumsübergang auf die Empfänger statt. Von einer treuhänderischen Verwaltung von Bundesmitteln durch die Länder kann daher nicht die Rede sein[422]. Gleiches gilt auch für die Finanzhilfen, die endgültig für die Gemeinden bestimmt sind.

---

417 Entwurfsbegr. BT-Drs. 13/ 10724, S. 6.

418 *Dommach*, in: Heuer, KHR, Stand: Dezember 1998, § 26 BHO Rn. 3; anderer Ansicht *Nebel*, in: Piduch, Bundeshaushaltsrecht, Stand: Juni 2007, § 113 BHO Rn. 10, der auf die *Anlage* der Mittel am Kapitalmarkt durch die Bundesbank abstellt und die Sondervermögen unter der Kategorie der eigenverwalteten auflistet.

419 Verwaltungsvereinbarung „Investitionsprogramm ‚Kinderbetreuungsfinanzierung' 2008-2013" zwischen dem Bund und den Ländern, in Kraft mit Wirkung vom 01.01.2008.

420 Jahresrechnung 2007 einsehbar im Internet unter: http://www.kkr.bund.de/nn_216444/DE/Dienststelle/Rechnungslegung/Haushalts-_20und_20Verm_C3_B6gensrechnung_20des_20Bundes/Haushalts-_20undVerm_C3_B6gensrechnung_20des_20Bundes.html., Gliederungspunkt 6.10.2.5, S. 1432.

421 Gesetz über Finanzhilfen des Bundes zum Ausbau der Tagesbetreuung für Kinder vom 10.12.2008, BGBl. I, S. 2403 (2407).

422 Es handelt sich bei den Finanzhilfen des Bundes auch nicht um Zuwendungen an die Länder nach § 23 BHO. Denn da eine gesetzlich begründete Pflicht des Bundes zur Gewährung der Mittel nach dem KBFG besteht, es sich also nicht um eine freiwillige Leistung handelt, liegt keine „Zuwendung" vor. Ebenso wenig führen die Länder nach § 91 Abs. 1 Nr. 1 BHO Teile des Haushaltsplans für den Bund aus. Denn die Mittel gehen mit der durch den Bund veranlassten Auszahlung in das Eigentum der Länder über, so dass diesen keine Befugnis eingeräumt wird, zu Lasten des Bundeshaushalts Zahlungen auszuführen.

Denn auch diese Mittel müssen zunächst vollständig an die Länder gezahlt und dann von ihnen an die Gemeinden weitergeleitet werden[423].

Derselben Beurteilung unterliegt die Verwaltung des Investitions- und Tilgungsfonds. Er enthält Mittel, die für verschiedene Finanzmaßnahmen verwendet werden können (§ 2 ITFG). Der größte Förderanteil aus dem Fonds wird gemäß § 6 Abs. 2 Zukunftsinvestitionsgesetz[424] den Ländern zur eigenen Bewirtschaftung zur Verfügung stellt. Dazu führt § 6 Abs. 1 Satz 1 und Satz 2 der Verwaltungsvereinbarung[425] näher aus, dass die Bundesmittel als Einnahmen in den Haushaltsplänen der Länder vereinnahmt werden und sich ihre Bewirtschaftung nach dem Haushaltsrecht der Länder richtet. Wie bereits beim Sondervermögen „Kinderbetreuungsausbau“ werden die Mittel durch die Länder in eigenem und nicht wie bei der Treuhand in fremdem Interesse des Bundes bewirtschaftet. Mit dem Eigentumsübergang auf die Länder fällt gleichzeitig auch die Befugnis des Bundes weg, seine Interessen wirtschaftlich geltend zu machen. Ein Treuhandvermögen liegt auch beim Investitions- und Tilgungsfonds nicht vor.

V. Verhältnis zum Bundesbetrieb

In der wissenschaftlichen Literatur wird meist zwischen dem Haushaltsrechtsinstitut Sondervermögen und dem des Bundesbetriebs differenziert[426]. Das mag vor allem an der zum Teil unterschiedlichen Behandlung beider Einrichtungen durch Verfassungs- und einfaches Recht liegen. So wie das Grundgesetz durch die Erwähnung von Sondervermögen einerseits und Bundesbetrieben andererseits in Art. 110 Abs. 1 Satz 1 HS 2 GG und vor allem durch den Vorbehalt des Art. 115 Abs. 2 GG a.F., der sich nur auf Sondervermögen bezieht, offenbar den Bundesbetrieb als aliud behandelt, differenziert auch das einfache Haushaltsrecht durch separate Erwähnung beider Institutionen bei gleichzeitiger Unterwerfung unter ähnliche Rechtsfolgen[427]. Zunehmend werden allerdings Stimmen lauter, die die

423 Vgl. BVerfGE 39, 96 (122); 41, 291 (313); *Heintzen*, in: v. Münch/Kunig, Art. 104a Rn. 54, zur ausschließlichen Befugnis der Ländern, über den Einsatz der Finanzhilfen zu entscheiden.

424 Gesetz zur Umsetzung von Zukunftsinvestitionen der Kommunen und Länder vom 02.03.2009, BGBl. I, S. 416 (428).

425 Verwaltungsvereinbarung von Bund und Ländern vom 02.04.2009.

426 Vgl. *Karehnke*, DVBl. 1973, 167 (169); *Nebel*, in: Piduch, Bundeshaushaltsrecht, Stand: Dezember 2004, Art. 110 Rn. 46; *Rombach*, Unternehmen und Sondervermögen der öffentlichen Hand, S. 3; *Eichhorn*, in: FS Potthoff, S. 198.

427 Dieselben Rechtsfolgen nach sich ziehend: § 42 Abs. 1, § 52 Abs. 3 HGrG, § 26 Abs. 1 Satz 3 und Abs. 2 Satz 1, § 61 Abs. 3 Satz 1, § 88 Abs. 1 BHO; andere Rechtsfolgen für Sondervermögen und Bundesbetriebe sehen § 26 Abs. 1 Satz 1 und § 26 Abs. 2 Satz 2 BHO bzw. § 18 Abs. 1 Satz 1 und § 18 Abs. 2 Satz 2 BHO vor; nur für Bundesbetriebe und nicht für Sondervermögen gelten die §§ 74, 87 BHO.

Bundesbetriebe als Unterfall der Sondervermögen einordnen[428]. Das hätte zur Folge, dass der Vorbehalt des Art. 115 Abs. 2 GG a.F. auch auf Bundesbetriebe und nicht nur Sondervermögen Anwendung findet. Zu diskutieren wäre zudem, ob die auf Bundesbetriebe bezogenen Normen des einfachen Haushaltsrechts entsprechend auch auf Sondervermögen angewendet werden können.

Art. 110 Abs. 1 Satz 1 HS 2 GG nennt als zulässige Ausnahmetatbestände vom Einheits- und Vollständigkeitsprinzip nicht nur die Errichtung von Sondervermögen, sondern auch die Bildung von Bundesbetrieben[429]. Der Begriff des Bundesbetriebs wird zwar mehrfach im HGrG[430] und der BHO[431] gebraucht, vom Gesetzgeber aber an keiner Stelle legaldefiniert. Die Vermutung liegt nahe, dass es sich bei den Bundesbetrieben um einen Unterfall der Sondervermögen handelt[432].

1. Begriff des Bundesbetriebs

Dass es sich bei Bundesbetrieben um *rechtlich unselbständige Einrichtungen* handelt, die der Bundesverwaltung zurechnen, wird nicht angefochten[433]. Es entsprach zudem bereits dem Verständnis der Vorgängervorschrift Art. 110 Abs. 4 GG a.F.[434], die denselben Ausnahmevorbehalt für „kaufmännisch eingerichtete Betriebe" formulierte[435].

---

428 *Heintzen*, in: v. Münch/Kunig, Art. 110 Rn. 18; *Hillgruber*, in: v. Mangoldt/Klein/Starck, Art. 110 Rn. 71; *Puhl*, Budgetflucht, S. 147 f.; vgl. auch *Mahrenholz*, in: AK-GG, 2. Auflage, Art. 110 Rn. 48, der die Bundespost und die Deutsche Bundesbahn als Bundesbetriebe einordnet.

429 § 18 Abs. 1 HGrG und § 26 Abs. 1 BHO greifen diesen Vorbehalt auf und setzen ihn in einfaches Recht um.

430 Neben § 18 Abs. 1 auch § 42 Abs. 1, § 52 Abs. 3 HGrG.

431 Neben § 26 Abs. 1 BHO auch § 61 Abs. 3, §§ 74, 85 Nr. 3, §§ 87, 88 Abs. 1, § 102 Abs. 1 Nr. 2 BHO.

432 Schon *Vialon*, DÖV 1951, 113 (114), erkannte, dass „die Bewirtschaftungsprinzipien der so genannten 15er Betriebe so manche Verwandtschaft mit den Grundsätzen haben, die für die innere Gebarung der Vermögenswirtschaft, also auch für Sondervermögen, gelten"; siehe *Heintzen*, in: v. Münch/Kunig, Art. 110 Rn. 18; *Hillgruber*, in: v. Mangoldt/Klein/Starck, Art. 110 Rn. 71; *Puhl*, Budgetflucht, S. 147 f.; vgl. auch *Mahrenholz*, in: AK-GG, 2. Auflage, Art. 110 Rn. 48, der die Bundespost und die Deutsche Bundesbahn als Bundesbetriebe einordnete.

433 Das ergibt sich daraus, dass juristische Personen des öffentlichen Rechts bereits von vornherein nicht unter Art. 110 Abs. 1 Satz 1 GG fallen, siehe bereits oben unter D. II. 1.; *Heintzen*, in: v. Münch/Kunig, Art. 110 Rn. 18; *Heun*, Staatshaushalt/Staatsleitung, S. 382; *Hillgruber*, in: v. Mangoldt/Klein/Starck, Art. 110 Rn. 70; *Kilian*, Nebenhaushalte, S. 168; *Nebel*, in: Piduch, Bundeshaushaltsrecht, Stand: Juni 2007, § 26 BHO Rn. 1; *Puhl*, Budgetflucht, S. 138; *Stern*, Staatsrecht II, S. 1240.

434 Vom 23.5.1949, BGBl. 1949, S. 1; entspricht der Fassung vor der Finanzreform vom 12.05.1969.

435 Dazu *Vialon*, Haushaltsrecht, S. 207 und S. 434 f.

Bereits der Begriff des Bundesbetriebs verdeutlicht, dass es sich bei ihm nicht wie bei den Sondervermögen nur um die Zusammenfassung von Vermögenswerten, sondern um eine komplexere Funktionseinheit handelt, die aus Arbeitsleistung, Personal und sachlichen Mitteln gebildet wird[436].

Wie die Sondervermögen müssen sich Bundesbetriebe von der Bundesverwaltung abgrenzen lassen. Es stellt sich die Frage, ob sich unter den Begriff des Bundesbetriebs nur solche Funktionseinheiten fassen lassen, die wie die kommunalrechtlichen Regiebetriebe organisatorisch in die Bundesverwaltung integriert sind oder ob Bundesbetriebe auch ebenso gut wie die Eigenbetriebe der Gemeinden organisatorisch, personell und haushaltsrechtlich getrennt sein können[437]. Das Grundgesetz gibt hierfür keinen Hinweis[438]. Die historische Entwicklung des Begriffs des Bundesbetriebs legt es nahe, die organisatorische Anbindung zur Bundesverwaltung nicht als wesentlich zu betrachten. Nach Art. 110 Abs. 4 GG a.F.[439] war der Begriff des „kaufmännisch eingerichteten Reichsbetriebs" Vorläufer des heutigen Bundesbetriebs[440]. Durch die Abkehr vom Zusatz der „kaufmännischen Einrichtung" im Zuge der Neuregelung des Art. 110 GG[441] sollte eine kaufmännische Organisation und Buchführung nicht mehr vorausgesetzt sein[442]. Da sowohl organisatorisch verselbständigte als auch in die Verwaltung eingegliederte Bundesbetriebe wirtschaftlich ausgerichtet sein können, ist ihre Organisation unwesentlich[443].

---

436 *Karehnke*, DVBl. 1973, 167 (167); siehe auch *Puhl*, Budgetflucht, S. 139.

437 *Faiß/Faiß/Lang/H. Schmid*, Kommunales Wirtschaftsrecht, Rn. 902, zu den Regiebetrieben, Rn. 903 und Rn. 906 ff. zu den Eigenbetrieben; zu beiden Betriebsformen *Ehlers*, Verwaltung in Privatrechtsform, S. 294 f.; weiterführend schon *Eichhorn*, Struktur und Systematik kommunaler Betriebe; zu den Eigenbetrieben auch *Zeiss*, Das Eigenbetriebsrecht kommunaler Betriebe, 1993.

438 *Kilian*, Nebenhaushalte, S. 168 mit Fn. 26, ordnet die Bundesbetriebe als Regiebetriebe ein und schließt es aus, dass sie auch den verselbständigten Eigenbetrieben zugeordnet werden können; *Puhl*, Budgetflucht, S. 140, stellt an die Organisation der Bundesbetriebe kaum Anforderungen und ordnet sowohl die Regie- als auch die Eigenbetriebe als zulässige Bundesbetriebe ein.

439 Vom 23.05.1949, BGBl. 1949, S. 1.

440 Entwurfsbegr. BT-Drs. V/3040, S. 44.

441 20. Gesetz zur Änderung des Grundgesetzes vom 12.05.1969, BGBl. I, S. 357.

442 Entwurfsbegr. BT-Drs. V/3040, S. 52.

443 So auch BVerwGE 129, 219 (223); *Eichhorn*, in FS Potthoff, S. 189 (192 Fn. 5); *Puhl*, Budgetflucht, S. 140; anderer Ansicht wohl *Kilian*, Nebenhaushalte, S. 168 mit Fn. 26, der einen Vergleich der Bundesbetriebe mit den selbständigeren Eigenbetrieben ablehnt; enger wohl auch *v. Köckritz/Ermisch/Lamm*, Stand: Juli 2004, § 74 BHO Rn. 1, die die in behördeneigener Regie des Bundes geführten Kantinen nicht als Bundesbetriebe anerkennen, weil sie „integrierte Bestandteile" der jeweiligen Behörde seien und nicht „organisatorisch wie andere Behörden und Dienststellen des Bundes eine gewisse Eigenständigkeit besitzen". Zutreffend listet die Haushaltsrechnung des Bundes für das Haushaltsjahr 2009 auch die behördeneigenen Kantinen als Bundesbetriebe auf, obwohl sie in behördeneigener Regie des Bundes geführt werden (Gliederungspunkt

Auch eine haushaltsmäßige Absonderung von der Bundesverwaltung ist nicht notwendig. Der Wortlaut von Art. 110 Abs. 1 Satz 1 HS 2 GG verdeutlicht bereits, dass der verfassungsrechtliche Betriebsbegriff die Veranschlagung der Bundesbetriebe im Haushaltsplan nicht ausschließt, denn demnach *brauchen* bei Bundesbetrieben nur Zuführungen oder Ablieferungen in den Bundeshaushaltsplan eingestellt werden[444].

Wesentliches Merkmal des Bundesbetriebs ist dessen erwerbswirtschaftliche Ausrichtung[445]. Unter eine wirtschaftliche bzw. erwerbswirtschaftliche Betätigung wird allgemein eine Tätigkeit gefasst, bei der Waren oder Dienstleistungen gegen Entgelt angeboten werden[446]. Die Marktteilnahme eines Bundesbetriebs setzt nicht notwendigerweise die Verfolgung einer Gewinnerzielungsabsicht voraus. Denn auch die Vorgängervorschrift zu Art. 110 Abs. 1 Satz 1 HS 2 GG stellte nicht auf das Merkmal kostendeckenden oder gewinnorientierten Wirtschaftens ab. Für die Freistellung von der kameralistischen Haushaltsführung ist ein gewinnorientiertes Wirtschaften nicht Voraussetzung[447], da selbst ein Verlust- oder Zuschussbetrieb, der allerdings die Güternachfrage am Markt befriedigen muss, ein Bedürfnis nach kaufmännischer Bewirtschaftung haben kann[448].

2. Verhältnis des Bundesbetriebs zum Sondervermögen

Sowohl Sondervermögen als auch Bundesbetriebe rechnen der Exekutive zu und sind rechtlich unselbständige Einrichtungen. Für beide Institutionen bestehen

---

3.10.2, S. 71: Küchen- und Kantinenbetrieb bei der Bundesanstalt für Geowissenschaften und Rohstoffe in Hannover, Kantinen der Bundesforschungsinstitute für Tiergesundheit in Tübingen sowie auf der Insel Riems, Marketenderwarenversorgung, Bordkantinen und Feldlagerkantinen beim Bundesministerium für Verteidigung). Als weitere Bundesbetriebe sind genannt: Wasserwerke Oerbke und Wirtschaftsbetriebe Meppen.

444 Siehe nur *Hillgruber*, in: v. Mangoldt/Klein/Starck, Art. 110 Rn. 75.

445 Es genügt nicht, dass sich ein Bundesbetrieb ausschließlich gemeinnützig betätigt, so aber die Auffassung von *Patzig*, Haushaltsrecht, § 26 BHO Rn. 4, zitiert nach *Puhl*, Budgetflucht, S. 142 Rn. 159.

446 *Gröpl*, in: Bonner Kommentar, Stand: Dezember 2001, Art. 110 Rn. 98; *Püttner*, Öffentliche Unternehmen, S. 26 ff.; parallel *Ronellenfitsch*, in: HStR III, 2. Aufl., § 84 Rn. 2, zum Begriff unternehmerischen Handelns; vgl. auch *Schmahl*, LKV 2000, 47 (49), zum Begriff wirtschaftlicher Betätigung einer Gemeinde nach § 100 Abs. 1 BbgGO.

447 So auch *Puhl*, Budgetflucht, S. 143 ff.; *Eichhorn*, in: FS Potthoff, S. 189 (191); im Ergebnis auch *König*, DÖV 2009, 21 (27); BVerwGE 129, 219 (221 f.); offen noch VG Koblenz, Urteil v. 16.07.2007, 4 K 1737/06.KO (juris), Rn. 23.

448 Insofern können lediglich solche Einrichtungen aus dem Betriebsbegriff ausgegrenzt werden, deren Tätigkeit über die reine Vermögensverwaltung nicht hinausgeht. Für diese Finanzvorgänge besteht keine Notwendigkeit, von der kameralistischen Haushaltsführung abzuweichen.

weder organisatorische noch haushaltsmäßige Anforderungen. Nur die Merkmale der wirtschaftlichen Betätigung eines Bundesbetriebs sowie dessen Funktionseinheit aus Sach- und Personalmitteln könnten ihn vom Sondervermögen unterscheiden[449].

Die wirtschaftliche Ausrichtung von Bundesbetrieben hat Ähnlichkeit mit dem Merkmal der Zweckbindung des Sondervermögens und kann sogar als hinreichende Zweckbindung des Bundesbetriebs-Vermögens begriffen werden[450]. Diese für Sondervermögen erforderliche Qualifikation liegt dann bei Bundesbetrieben stets vor und zeigt sich als „spezifische", da „wirtschaftliche" Bindung[451].

Bundesbetriebe stellen im Gegensatz zu Sondervermögen komplexere Funktionseinheiten aus zusätzlich sachlichen und personellen Mitteln dar. Das ihnen zurechnende Vermögen kann allerdings als Sondervermögen qualifiziert werden. Aus diesem Grund darf aber nicht das Institut des gesamten Bundesbetriebs als *Unterfall* des Sondervermögens bezeichnet werden, weil nur dem ihm gewidmeten Vermögen diese Bezeichnung zukommt[452]. Da der Vermögensteil eines Bundesbetriebs also immer ein Sondervermögen darstellt, kann der gesamte Bundesbetrieb nicht als Unterfall eines Sondervermögens, sondern vielmehr als dessen Verwaltungsstelle bezeichnet werden[453].

Es ist demnach davon auszugehen, dass die meisten wirtschaftlich tätigen Sondervermögen in der Form eines Bundesbetriebs betrieben werden. Denn sobald Waren oder Dienstleistungen am Markt gegen Entgelt angeboten werden, hat dies zur Folge, dass nicht nur Vermögen, sondern auch personelle Mittel zur Bewirtschaftung und häufig auch sachliche Mittel vorhanden sind. Eine Aus-

---

449 Nicht entscheidend ist die Frage, ob die Gründung einer der beiden Rechtsformen einem Gesetzesvorbehalt unterliegt, weil diese Frage nicht die Begriffsvoraussetzungen, sondern die Rechtfertigung einer Gründung betrifft; anderer Ansicht *Nebel*, in: Piduch, Bundeshaushaltsrecht, Stand: Dezember 2004, Art. 110 Rn. 46; wohl auch *Rombach*, Unternehmen und Sondervermögen der öffentlichen Hand, S. 3.

450 Anderer Ansicht *Rombach*, Unternehmen und Sondervermögen der öffentlichen Hand, S. 3 f.

451 *Puhl*, Budgetflucht, S. 148; darauf Bezug nehmend auch *Hillgruber*, in: v. Mangoldt/Klein/Starck, Art. 110 Rn. 71.

452 *Karehnke*, DVBl. 1973, 167 (168), spricht bei „Bundesbetrieben", die keine eigene Leitung haben, sondern von einer anderen Rechtsperson verwaltet werden, von einem „Vermögensteil als Torso" und verneint die Qualifikation als Betrieb. Allerdings weicht er, wie es konsequent wäre, nicht auf eine Qualifikation als Sondervermögen aus. Als Sondervermögen der Gemeinde bezeichnet *Scholz*, Kreditinstitute, S. 237, die kommunalen Eigenbetriebe.

453 Tatsächlich differenzieren *Puhl*, Budgetflucht, S. 148, und *Hillgruber*, in: v. Mangoldt/Klein/Starck, Art. 110 Rn. 71, inhaltlich gleichermaßen, bezeichnen den Bundesbetrieb dann aber – nicht spezifisch genug – als „Unterfall" des Sondervermögens; bei *Heintzen*, in: v. Münch/Kunig, Art. 110 Rn. 18, wird dies hingegen nicht deutlich; schon *Vialon*, Haushaltsrecht, S. 435, stellte fest, dass „die Verwaltungsstelle eines Sondervermögens" ein kaufmännischer Betrieb sein könne.

nahme bilden aber die sich wirtschaftlich betätigenden fremdverwalteten Sondervermögen[454]. Diese können mangels eigener sachlicher und personeller Ausstattung nicht als Bundesbetriebe qualifiziert werden[455].

Von den aktuell existierenden Sondervermögen kommen anhand des Merkmals der wirtschaftlichen Betätigung allein der Finanzmarktstabilisierungsfonds und der Restrukturierungsfonds als Bundesbetriebe in Betracht, da sie – vereinfacht – zumindest Finanzgüter am Markt, wenn auch zu erheblich günstigeren Konditionen, anbieten. Ihrer Qualifizierung als Bundesbetriebe steht jedoch entgegen, dass sie über keine sachlichen und personellen Mittel verfügen, weil sie von der rechtlich selbständigen Bundesanstalt für Finanzmarktstabilisierung fremdverwaltet werden.

Eine andere Frage ist schließlich, ob es sich bei Bundesbahn und Bundespost vor deren Privatisierung tatsächlich wie in deren Verwaltungsgesetzen statuiert[456] um Sondervermögen oder aber um Bundesbetriebe handelte. Da beide Einrichtungen sowohl über sachliche wie auch personelle Mittel verfügten und Waren bzw. Dienstleistungen am Markt gegen Entgelt anboten, handelte es sich um Bundesbetriebe mit Sondervermögen[457].

Bei der Anwendung haushaltsrechtlicher Normen ist zu unterscheiden. Dort, wo wie im einfachen Haushaltsrecht zur selben Regelungsmaterie Spezialvorschriften für Sondervermögen einerseits und Bundesbetriebe andererseits existieren, muss weiterhin differenziert werden. Im Übrigen aber können Normen, die sich vom Wortlaut her allein auf Sondervermögen beziehen, auch für die von Bundesbetrieben verwalteten Sondervermögen Geltung beanspruchen. Das gilt vor allem auch für den verfassungsrechtlichen Ausnahmevorbehalt zur Kreditaufnahme nach Art. 115 Abs. 2 GG a.F. Trotz sprachlicher Unterscheidung findet er auch auf Bundesbetriebe Anwendung[458]. Aufgrund der Ähnlichkeit der Institute ist es gleichfalls möglich, die für Bundesbetriebe geltenden Normen entsprechend auf Sondervermögen anzuwenden.

---

454 Siehe zu den Treuhandvermögen oben unter D. IV.

455 Missverständlich *Puhl*, Budgetflucht, S. 335 mit Fn. 302.

456 § 1 BBahnG vom 13.12.1951, BGBl. I, S. 955; § 2 Abs. 1 PostVerfG vom 08.06.1989, BGBl. I, S. 1026.

457 Näheres hierzu und zu den Konsequenzen siehe *Puhl*, Budgetflucht, S. 148 f.; ebenso *Ehlers*, Verwaltung in Privatrechtsform, S. 406.

458 *Puhl*, Budgetflucht, S. 148.

VI. Verhältnis zur nicht-rechtsfähigen Anstalt des öffentlichen Rechts

Der Anstaltsbegriff ist in der wissenschaftlichen Diskussion sowohl als Modalität der handelnden Verwaltung[459] als auch als Organisationstyp[460] untersucht und eingeordnet worden. Hier interessiert nur seine organisatorische Bedeutung. Allgemein wird für die Qualifikation als nicht-rechtsfähige Anstalt allein ein bestimmtes Maß an *organisationsrechtlicher* Verselbständigung vorausgesetzt[461]. Es handelt sich daher um eine Funktionseinheit eines Hoheitsträgers mit im Innenverhältnis abgrenzbarer Organisation, die öffentlich-rechtlich organisiert und nicht körperschaftlich strukturiert ist[462]. Angesichts dieser Definition lassen sich unter den Anstaltsbegriff verschiedene öffentlich-rechtliche Organisationsformen fassen und unter anderen auch diejenigen Sondervermögen, die organisationsrechtlich vom Bundesvermögen abgetrennt sind[463]. Gänzlich integrierte Sondervermögen stellen keine nicht-rechtsfähigen Anstalten dar, da ihnen im Innenverhältnis zum Muttergemeinwesen die organisatorische Selbständigkeit fehlt[464]. Ebenso nicht unter den Anstaltsbegriff gefasst werden können schließlich die fremdverwalteten Sondervermögen[465]. Ihre „Organe" sind nicht Teile des Anstaltsträgers und stellen keine Funktionseinheit des Muttergemeinwesens dar.

---

459 Vgl. *O. Mayer*, Deutsches Verwaltungsrecht, S. 331 ff.

460 *Kluth*, in: Wolff/Bachof/Stober, Band 3, § 88 Rn. 2, unterscheidet zwischen einem verfassungsrechtlichen, verwaltungsrechtlichen (bezogen auf Handlungsformen), sachenrechtlichen, haushaltsrechtlichen, organisationsrechtlichen und aufgabenbezogenen Anstaltsbegriff.

461 *Berg*, NJW 1985, 2294 (2299); *Kluth*, in Wolff/Bachof/Stober, Band 3, § 88 Rn. 7; anderer Ansicht *Rüfner*, Formen öffentlicher Verwaltung, S. 252; *derselbe*, DÖV 1985, 603 (609), der für die Anerkennung als öffentliche Anstalt zumindest Teilrechtsfähigkeit voraussetzt.

462 Abzulehnen ist eine engere Definition des Anstaltsbegriffs durch die Bedingung, die Anstalt müsse nutzbar sein und Benutzern offen stehen, *Papier*, in: Erichsen/Ehlers, Allgemeines Verwaltungsrecht, § 39 Rn. 27 ff.; zur rechtsfähigen Anstalt *Hoffmann*, in: Obermayer, VwVfG, § 1 Rn. 20.

463 Ähnlich *Forsthoff*, Verwaltungsrecht, S. 497; *Kemmler*, Anstaltslast, S. 32; *Kluth*, in Wolff/Bachof/Stober, § 88 Rn. 4; *Scholz*, Kreditinstitute, S. 238 und S. 251 f., die sich aber allesamt konkret auf die Sondervermögen Deutsche Bundesbahn und Deutsche Bundespost beziehen und daher nicht zwischen organisatorisch abgetrennten und integrierten Sondervermögen differenzieren. Nach BVerwGE 64, 202 (205), wird das ehemalige Sondervermögen Deutsche Bundesbahn als teilrechtsfähige Anstalt bezeichnet.

464 In die gefundene Kategorisierung lassen sich auch die Bundesbetriebe einreihen: die den kommunalen Eigenbetrieben ähnlichen Bundesbetriebe stellen nicht-rechtsfähige öffentliche Anstalten dar, während die den gemeindlichen Regiebetrieben ähnlichen Bundesbetriebe mangels organisatorischer Verselbständigung nicht den Anstalten zugeordnet werden können.

465 Siehe zu den Treuhandvermögen oben unter D. IV.

E. Vereinbarkeit der Sondervermögen mit den Staatsstrukturprinzipien

Die mit der Errichtung eines ausgelagerten Sondervermögens einhergehende Abspaltung vom Zentralhaushalt stellt trotz ihrer grundsätzlichen Anerkennung durch die Verfassung nach Art. 110 Abs. 1 Satz 1 HS 2 und Art. 115 Abs. 2 GG a.F. eine Ausnahme vom Grundsatz der Vollständigkeit und Einheit des Haushaltsplans dar. Das Budgetbewilligungsrecht des Parlaments als wesentliches Recht der Legislative zur Teilhabe an der Staatsleitung, zur Verfügung über die Staatsfinanzen und damit auch zur Kontrolle der Regierung bzw. Verwaltung erfährt durch den einmaligen Gründungsakt eine starke Beschneidung. Denn nach Schaffung des ausgegliederten Sondervermögens erscheint dieses nicht mehr in vollständiger Form im Bundeshaushaltsplan, unterliegt nicht mehr dem Bruttoprinzip und der Haushaltsperiodizität und berührt den Grundsatz der Gesamtdeckung[466]. Wie durch die Darstellung der verschiedenen existierenden Sondervermögen[467] aber auch deutlich wird, kennt die Haushaltswirklichkeit zahlreiche Durchbrechungen dieser Prinzipien.

Trotz der verfassungsrechtlichen Anerkennung der Figur des Sondervermögens stellt das Grundgesetz keine ausdrücklichen Anforderungen an seine Errichtung und deren Grenzen, an seine Binnenorganisation und die notwendigen Einflussmöglichkeiten des Muttergemeinwesens. Weder die faktische Existenz noch die verfassungsrechtliche Anerkennung der ausgelagerten Sondervermögen können aber dazu führen, dass für ihre Errichtung und Ausgestaltung keinerlei Voraussetzungen und Grenzen gelten. Das Sondervermögen ist als Verwaltungsvermögen in öffentlich-rechtlicher Form verfasst und rechnet im Kanon der Staatsgewalten der Bundesexekutive zu. Das macht es vor dem Hintergrund des Rechtsstaatsprinzips notwendig, die Einflusssphären des Parlaments auf die Sondervermögen zu den Einwirkungsmechanismen der Regierung und Verwaltung abzugrenzen. Darüber hinaus stellt sich die Frage nach der Kompetenzverteilung zwischen Bund und Ländern bei der Errichtung von Sondervermögen.

---

466 Siehe bereits insgesamt die Ausführungen oben unter A. III.

467 Siehe oben unter B. I. und II.

I. Legitimation

Legitimationsbedürftig nach dem Grundsatz der Volkssouveränität gemäß Art. 20 Abs. 2 Satz 1 GG ist die gesamte deutsche „Staatsgewalt". Jede Ausübung von Staatsgewalt und damit jede Handlung und Entscheidung, die dem Staat zurechenbar ist und Entscheidungscharakter hat, bedarf der demokratischen Legitimation[468]. Auch das Agieren der Bundes-Sondervermögen fällt unter den Begriff der legitimationsbedürftigen Staatsgewalt, denn ungeachtet ihrer mehr oder weniger weit reichenden Verselbständigung vom Muttergemeinwesen handelt es sich bei ihnen um Teile der Bundesexekutive, die mangels voller Rechtsfähigkeit noch der unmittelbaren Staatsverwaltung zurechnen. Auch ist zwischen nach außen tätig werdenden und den nur intern und haushaltsrechtlich agierenden Sondervermögen nicht zu differenzieren, da beide Handlungsformen nicht nur beratenden, sondern entscheidenden Charakter haben. Denn für das Erfordernis demokratischer Legitimation ist es unerheblich, ob das Handeln unmittelbar nach außen oder ob es nur behördenintern wirkt[469]. Das Demokratiegebot fordert daher auch für die Errichtung und Tätigkeit der Bundes-Sondervermögen eine durch eine ununterbrochene Legitimationskette[470] vom demokratisch gewählten Parlament als Haushaltsgesetzgeber zur Verwaltung des Sondervermögens gewährleistete Legitimation[471].

Was die institutionelle Legitimation der Sondervermögen betrifft, ergibt diese sich bereits aus der Verfassung. Nicht nur rechnen die Sondervermögen zur nach Art. 20 Abs. 2 GG verfassungsrechtlich anerkannten Verwaltung als Staatsfunktion, sondern Art. 110 Abs. 1 Satz 1 GG und Art. 115 Abs. 2 GG a.F. erwähnen die Sondervermögen als Form der Vermögensverwaltung ausdrücklich.

1. Sachlich-inhaltliche Legitimation

Die Errichtung der Sondervermögen bezweckt nicht zuvörderst die Schaffung einer vom Bund unabhängigen neuen Gewalt, sondern ist bedingt durch die Diversifizierung und das Anwachsen staatlicher Aufgaben[472]. Hauptaufgabe eines Sonder-

468 BVerfGE 47, 253 (273); *Böckenförde*, HStR II, § 24 Rn. 12; *Mann*, Die öffentlich-rechtliche Gesellschaft, S. 58; *Schmidt-Aßmann*, AöR 116 (1991), 327 (338, 342); *Trute*, in: Hoffmann-Riem/Schmidt-Aßmann/Voßkuhle, Grundlagen des Verwaltungsrechts, Band I, § 6 Rn. 27.

469 BVerfGE 47, 253 (273); 93, 37; *Ehlers*, Jura 1997, 180 (184); *Schenke*, JZ 1991, 581 (583); *Schmidt-Aßmann*, AöR 116 (1991), 327 (342).

470 BVerfGE 47, 253 (272, 275); zuletzt 83, 60 (72 f.); 93, 37 (66 f.); 107, 59; 119, 331 (366, 393); BVerfG, NVwZ 2009, 708 (710).

471 Vgl. *Mann*, Die öffentlich-rechtliche Gesellschaft, S. 59; *Püttner*, Öffentliche Unternehmen, S. 136.

472 *Schuppert*, Verselbständigte Verwaltungseinheiten, S. 127 ff., allgemein zum Zusammenhang von Aufgabenlast und Verwaltungsorganisation.

vermögens ist daher die Ausführung von staatlichen Aufgaben und deren aufgabengerechte Lösung[473]. Bei der Aufgabenerfüllung, gleich ob sie Verwaltungshandeln mit Außenwirkung darstellt, oder sich in der Beschäftigung mit Angelegenheiten der inneren Verwaltung erschöpft, wird das Sondervermögen als Teil staatlicher Gewalt tätig und bedarf sachlich-inhaltlicher Legitimation[474]. Vermittelt werden kann diese zunächst durch das Gesetz (Art. 20 Abs. 3 GG), das die Rechtsbindung des Sondervermögens gewährleistet und die parlamentarische Verantwortlichkeit des Sondervermögens sicherstellt[475]. Auch darf die Finanz- und Wirtschaftlichkeitskontrolle der Sondervermögen nicht unerwähnt bleiben. Die Prüfung der Haushalts- bzw. Wirtschaftsführung durch eigene Verwaltungsorgane und schließlich durch Rechnungsprüfungsbehörden oder gegebenenfalls Wirtschaftsprüfer hat die Ordnungsmäßigkeit und Wirtschaftlichkeit des Gebarens von Sondervermögen zum Gegenstand und zielt auf eine wesentliche Kontrolle des gesamten Verhaltens[476].

Vor dem Hintergrund des Modells der Verwaltungshierarchie und Weisungskompetenz des Ministers spielt insbesondere aber die staatliche Beaufsichtigung der Verwaltung eine wesentliche Rolle für die Legitimation, die über die Regierungsverantwortlichkeit gegenüber dem Parlament reicht[477]. Es gilt der Grundsatz, dass alle nachgeordneten Organe und Behörden der Staatsaufsicht eines Ministers unterliegen[478]. Diese Aufsicht ist Rechts- und Fachaufsicht, weil die Regierung nicht nur für die recht-, sondern auch für die zweckmäßige Erfüllung der staatlichen Aufgaben gegenüber dem Parlament verantwortlich ist[479].

---

473 *Kilian*, Nebenhaushalte, S. 741.

474 Hoheitliches Handeln liegt auch bei einem nicht außenwirksamen Verhalten vor, OVG NRW, NVwZ 1997, 806 (807); BVerwG, DÖV 1972, 500 (501); siehe auch Fn. 469.

475 *Krebs*, in: HStR V, § 108 Rn. 46; *Püttner*, Öffentliche Unternehmen, S. 227.

476 Dazu Näheres unten unter F. III.; zur Rechnungsprüfung und Rechnungshofkontrolle als Instrument sachlich-inhaltlicher Legitimation *Mann*, Die öffentlich-rechtliche Gesellschaft, S. 128 f.; *Trute*, in: Hoffmann-Riem/Schmidt-Aßmann/Voßkuhle, Grundlagen des Verwaltungsrechts, Band I, § 6 Rn. 52.

477 Zur historischen Entwicklung der Staatsaufsicht *Kahl*, Die Staatsaufsicht, S. 37 ff.; der Grundsatz des Ministerial- und Ressortprinzips ist in Art. 65 Satz 2 GG verankert; *W. Müller*, JuS 1985, 497; *Sachs*, in: Sachs, Art. 20 Rn. 41; zur dogmatischen Verankerung der Staatsaufsicht im Demokratieprinzip BVerwG, NVwZ 1999, 870 (873); *Böckenförde*, HStR II, § 24 Rn. 24; *Schmidt-Aßmann*, AöR 116 (1991), 329 (358); anderer Ansicht *Kluth*, Funktionale Selbstverwaltung, S. 271 f., der die Staatsaufsicht dogmatisch dem Rechtsstaatsprinzip zuordnet.

478 Diese Form der Staatsaufsicht wird zum Teil auch als Organ- oder Behördenaufsicht bezeichnet, *Burgi*, in: Erichsen/Ehlers, Allgemeines Verwaltungsrecht, § 8 Rn. 39.

479 Dies gilt zumindest für die unmittelbare Bundesverwaltung; allgemein *Döhler*, Die Verwaltung 34 (2001), 59 (69); *Kahl*, Die Staatsaufsicht, S. 2; *Schröder*, JuS 1986, 371, (373); ebenso in Bezug auf das Sondervermögen Finanzmarktstabilisierungsfonds *Ewer/Behnsen*, NJW 2008, 3457 (3458); kritisch zum Institut der Fachaufsicht *Groß*, DVBl. 2002, 793 ff.

a) Rechts- und Fachaufsicht

Die Rechtsaufsicht dient der Überwachung der Aufgabenerfüllung durch das Sondervermögen und der Einhaltung rechtmäßigen Handelns sowie der Aufsicht über die für das Sondervermögen Handelnden. Die Instrumente der Fachaufsicht und ihre Intensität hingegen können vielgestaltiger sein und reichen von Informations- und Unterrichtungsrechten, über Beanstandungs- und Anordnungsrechte bis hin zum wesentlichen Instrument der verbindlichen Weisung[480]. Wie die Fachaufsicht auf das Gebaren der Sondervermögen anzuwenden ist und auszusehen hat, mag bei den unterschiedlich ausgestalteten und sehr differenziert tätigen Sondervermögen uneinheitlich sein und soll hier nicht im Detail Gegenstand der Untersuchung sein. Generell äußert sie sich aber als eine auch auf Zweckmäßigkeit ausgerichtete Kontrolle des Handelns und umfasst dort, wo das durch das Betätigungsfeld eines Sondervermögens möglich ist, vor allem auch die Durchsetzung *politischer* Standpunkte[481].

Unproblematisch besteht die Rechts- und Fachaufsicht über diejenigen Sondervermögen, die von einer nachgeordneten Behörde verwaltet werden[482]. Auch wenn das Errichtungsgesetz keine Bestimmungen zur Ausübung der Aufsicht trifft, kann von einer umfassenden Aufsichts- und Weisungsunterworfenheit ausgegangen werden. Denn die Sondervermögen und die sie verwaltende Behörde sind vollständig in die Verwaltungshierarchie eingegliedert. Dasselbe gilt für die von selbständigen Bundesoberbehörden betreuten Sondervermögen[483], weil das Merkmal der Selbständigkeit einer Bundesoberbehörde nur auf deren Zentralität, nicht aber auf organisatorische oder sachliche Unabhängigkeit zielt[484]. Ebenso eindeutig sind die Sondervermögen zu bewerten, die ohnehin direkt

480 *Burgi*, in: Erichsen/Ehlers, Allgemeines Verwaltungsrecht, § 8 Rn. 45 ff.; zur Begrifflichkeit *Kahl*, Die Staatsaufsicht, S. 349 ff.; zur Abgrenzung von Rechts- und Fachaufsicht *Groß*, DVBl. 2002, 793 ff.; zu den Aufsichtsinstrumenten beim Sondervermögen Finanzmarktstabilisierungsfonds *Jaletzke/M. C. Schmidt*, in: FMStFG, § 3a Rn. 15.

481 *Döhler*, Die Verwaltung 34 (2001), 59 (78 f.); *Jaletzke/M. C. Schmidt*, in: FMStFG, § 3a Rn. 14.

482 Binnenschifffahrtsfonds: verwaltet von Wasser- und Schifffahrtsdirektion West in Münster als Mittelbehörde, § 4 Abs. 1 BinSchFondsG; ähnliches dürfte auch für das Bundeseisenbahnvermögen gelten, das eigene Verwaltungsbehörden hat und von einem Präsidenten vertreten wird. Es untersteht aber trotzdem der Aufsicht des Bundesministeriums für Verkehr, Bau und Stadtentwicklung, wobei die Instrumente einer unbeschränkten Fachaufsicht durch das BEZNG etwas eingeschränkt und modifiziert sind.

483 Entschädigungsfonds: verwaltet von Bundesamt für zentrale Dienste und offene Vermögensfragen, § 9 Abs. 2 EntschG.

484 *Burgi*, NVwZ 2005, 247 (252); *Döhler*, Die Verwaltung 34 (2001), 59, (66 ff., insbes. 69 ff.); *Jochum*, VerwArch 94 (2003), 512 (515).

einem Bundesministerium unterstehen[485]. Hier entscheidet der dem Parlament verantwortliche Minister[486].

b) *Aufsicht über Treuhandvermögen*

Ungeklärt ist die Frage, ob und inwiefern die treuhänderisch verwalteten Sondervermögen einer Aufsicht unterliegen. Normiert das Errichtungs- oder ein anderes Gesetz ausdrücklich eine Aufsicht über das Treuhandvermögen und deren Umfang, gilt diese gesetzliche Regelung[487]. Zweifel entstehen hingegen, wenn der Treuhänder zwar durch Gesetz einer Aufsicht unterworfen ist, aber nicht deutlich wird, ob die Aufsicht nur die Rechts- oder auch die Fachaufsicht umfassen soll[488], oder wenn das Errichtungsgesetz und sonstige in Betracht zu ziehende Normen Aufsichtsinstrumente vollkommen unerwähnt lassen[489].

---

485 Ausgleichsfonds für überregionale Vorhaben zur Teilhabe schwerbehinderter Menschen am Arbeitsleben: verwaltet von Bundesministerium für Arbeit und Soziales, § 78 Satz 2 SGB IX; Fonds „Deutsche Einheit“: verwaltet von Bundesministerium der Finanzen, § 3 Satz 3 DEFG; Erblastentilgungsfonds: verwaltet von Bundesministerium der Finanzen, § 3 Abs. 1 Satz 4 ELFG; ERP-Sondervermögen: verwaltet von Bundesministerium für Wirtschaft und Technologie, § 1 ERP-Verwaltungsgesetz; Investitions- und Tilgungsfonds: verwaltet von Bundesministerium der Finanzen, § 4 Abs. 1 Satz 4 ITFG; Sondervermögen „Kinderbetreuungsausbau“: verwaltet von Bundesministerium für Familie, Senioren, Frauen und Jugend, § 3 Abs. 1 Satz 4 und Satz 5 KBFG; Fonds nach § 5 Mauergrundstücksgesetz: verwaltet von Bundesministerium der Finanzen, § 3 Abs. 1 MauerV; Sondervermögen „Vorsorge für Schlusszahlungen für inflationsindexierte Bundeswertpapiere“: verwaltet von Bundesministerium der Finanzen, § 3 Satz 2 SchlussFinG.

486 Insgesamt die Fachaufsicht über Sondervermögen bejahend auch *Kilian*, Nebenhaushalte, S. 783; *Schemmel*, Unternehmen und Sondervermögen der öffentlichen Hand, Arbeitspapier Nr. 20, S. 26; speziell für das ehemalige Sondervermögen Deutsche Bundespost *Roßnagel/Wedde*, DVBl. 1988, 562 (565); BVerfGE 28, 66 (84).

487 Finanzmarktstabilisierungsfonds und Restrukturierungsfonds: Rechts- und Fachaufsicht über die Bundesanstalt für Finanzmarktstabilisierung durch das Bundesministerium der Finanzen, § 3a Abs. 2 Satz 2 FMStFG, § 11 Satz 2 RStruktFG; Klärschlamm-Entschädigungsfonds: Rechts- und Fachaufsicht über das Bundesamt für Landwirtschaft und Ernährung durch das Bundesministerium für Landwirtschaft und Verbraucherschutz, § 8 Abs. 2 Satz 1 Gesetz über die Errichtung einer Bundesanstalt für Landwirtschaft und Ernährung.

488 Treuhandvermögen Bergarbeiterwohnungsbau: Aufsicht über die Treuhandstellen durch Bundesministerium für Verkehr, Bau und Stadtentwicklung, § 9 Abs. 1 und Abs. 2 BergArbWoFöG; Bergmannssiedlungsvermögen: Aufsicht über die Treuhandstelle durch das Bundesministerium für Verkehr, Bau und Stadtentwicklung, § 5 Abs. 1 BergMSdlgG; Entschädigungseinrichtung der Wertpapierhandelsunternehmen: Aufsicht über die Kreditanstalt für Wiederaufbau durch das Bundesamt für Finanzdienstleistungsaufsicht, § 6 Abs. 4 Satz 2 EAEG; Zweckvermögen bei der Landwirtschaftlichen Rentenbank: Aufsicht über Landwirtschaftliche Rentenbank durch Bundesministerium für Ernährung, Landwirtschaft und Verbraucherschutz, § 11 Abs. 1 LwRentBkG.

489 Dies trifft nur auf drei Treuhandvermögen zu: Sondervermögen Versorgungsrücklage und Versorgungsfonds: Aufsichtsrechte über die mittelverwaltende Deutsche Bundesbank sind im VersRücklG nicht normiert; Zweckvermögen bei der Deutschen Postbank AG: Aufsichtsrechte sind

Betrachtet man zunächst die Treuhandvermögen, die von einer öffentlich-rechtlichen Stelle verwaltet werden – das ist die Mehrzahl der Treuhandvermögen[490] –, liegt es auf den ersten Blick nahe, nur für eine Rechtsaufsicht zu plädieren. Das ließe sich damit begründen, dass die Treuhänder Stellen außerhalb der unmittelbaren Bundesverwaltung darstellen, die in der Regel bei ihrem sonstigen Handeln meist nur einer Rechtsaufsicht unterliegen[491]. Diese Auffassung ist jedoch nicht belastbar. Solange keine Besonderheiten dagegen sprechen, müssen die öffentlich-rechtlichen Treuhänder hinsichtlich der Vermögensverwaltung regelmäßig einer Fachaufsicht durch das zuständige Bundesministerium unterliegen. Denn die Treuhandstellen handeln in Form der mittelbaren Organ- bzw. Rechtsträgerleihe für die Sondervermögen als Teile der unmittelbaren Verwaltung und damit für den Bund[492]. Hinzu kommt, dass die Treuhandtätigkeit allein im Interesse des Bundes ausgeübt wird und dem Treugeber schon vom Wesen der fremdnützigen Treuhandbeziehung her ein maximaler Einfluss auf das Verhalten des Treuhänders zukommen muss[493].

Ist der externe Verwalter eine private Stelle, lässt sich auch auf das Wesen der Treuhand verweisen, die gerade darin besteht, fremde Interessen des Treugebers zu vertreten und nicht eigene Ziele zu verfolgen oder Rechte wahrzunehmen. Der Einfluss des Bundes muss deshalb grundsätzlich auch und gerade bei Zweckmäßigkeitserwägungen und politischen Entscheidungen sichergestellt werden, was am besten durch die Instrumente der Fachaufsicht erreicht wird. Hinzu tritt, dass das Sondervermögen als Teil der unmittelbaren Verwaltung trotz der privaten Fremdverwaltung in die Verwaltungshierarchie eingebunden bleibt. Wenn sogar privatrechtliche Stellen zur Verwaltung der Sondervermögen herangezogen werden und Bundesvermögensverwaltung wahrnehmen, ist eine enge Aufsicht über deren Verhalten und besondere staatliche Kontrolle gerade als Korrelat für die relative Verselbständigung der Verwaltungsfunktion geboten[494].

---

im DSL Bank-Umwandlungsgesetz nicht normiert. Keine gesetzlichen Bestimmungen zu Aufsichtsrechten finden sich selbstverständlich für den Revolvingfonds und den Freistellungsfonds. Das liegt aber bereits am Mangel der gesetzlichen Grundlage.

490 Alle Treuhandvermögen bis auf das Bergmannssiedlungsvermögen, das Zweckvermögen bei der Deutschen Postbank AG und Revolvingfonds und Freistellungsfonds.

491 *Fichtmüller*, AöR 91 (1966), 297 (336); *Knöpfle*, in: FS Ule, S. 93 (107); *Lange*, VVDStRL 44 (1986), 169 (202); *Salzwedel*, VVDStRL 22 (1965), 206 (236).

492 BVerfGE 63, 1 (32 f.); BVerwG, NJW 1976, 1468 (1469); *Bonk/Schmalz*, in: Stelkens/Bonk/Sachs, VwVfG, § 4 Rn. 39.

493 Zum Wesen der Verwaltungstreuhand vgl. *J. Schmitt/Reuter*, in: MüKomm BGB, Vorbem. §§ 164-181 Rn. 29.

494 Vgl. *Sachs*, in: Sachs, Art. 20 Rn. 39 und Rn. 41; *Gersdorf*, Öffentliche Unternehmen, S. 195; für die Fälle der „Indienstnahme Privater“ *Ipsen*, Öffentliches Wirtschaftsrecht, S. 242.

c) *Zulässigkeit einer Begrenzung auf Rechtsaufsicht?*

Allerdings sind in Einzelfällen Abweichungen von der umfassenden Fachaufsicht denkbar. Nicht selten ist der zentrale Beweggrund für die Ausgliederung von Sondervermögen und deren treuhänderische Verwaltung[495] das Nutzen von Spezialwissen[496]. Beschränkungen des fachaufsichtlichen Instrumentariums kann es einmal dann geben, wenn das Gesetz explizit nur eine Rechtsaufsicht anordnet oder wenn die Gesetzesinterpretation zeigt, dass bei der Verwaltung von Sondervermögen durch Treuhänder der sachliche Durchgriff auf die Einzelentscheidungen beschränkt werden soll. Die Beschränkung kann gerechtfertigt sein, wenn dies zu einer sachgerechten Aufgabenerledigung notwendig oder wenigstens sinnvoll ist und wenn als Ausgleich andere Elemente demokratischer Legitimation greifen[497]. So können die Organisation, interne Kontrollstrukturen und ein hohes Maß an prozeduraler Legitimation das Defizit der sachlich-inhaltlichen Legitimation kompensieren[498]. Eine nicht explizite, aber durch Auslegung ermittelte Beschränkung liegt nahe, wenn kollegiale Beschlusskörper oder Fachausschüsse eine Entscheidung treffen oder wenn in einem unabhängig ausgestalteten Entscheidungsprozess Voten gefällt werden[499]. Dann nämlich kann man davon ausgehen, dass diese Entscheidungen nicht durch eine Einzelweisung außer Kraft gesetzt werden sollen.

Eine solche Ausnahme von der Fachaufsicht könnte die verwaltende Stelle der Sondervermögen Versorgungsrücklage und Versorgungsfonds betreffen. Die Mittelverwaltung obliegt gemäß § 5 Abs. 1 Satz 2 (i.V.m. § 15 Satz 2) VersRücklG der Deutschen Bundesbank, einer Anstalt des öffentlichen Rechts. Die verfassungsrechtlich unabhängige Stellung der Deutschen Bundesbank nach § 12 Satz 1 BBankG – auch von einer Rechtsaufsicht[500] – betrifft aber nur die währungspolitischen Aufgaben, also die geldwertsichernden Tätigkeiten[501], nicht die

495 Nicht nur bei einer treuhänderischen Verwaltung, sondern auch bei der Bewirtschaftung durch selbständige Bundesoberbehörden ist eine solche Beschränkung nur auf Rechtsaufsicht oder einzelne Instrumente der Fachaufsicht denkbar.

496 Siehe zu diesen Beweggründen schon oben unter B. III. 1.

497 Die Zulässigkeit der Beschränkung setzt auch *Kilian*, Nebenhaushalte, S. 751 f. voraus. Vgl. zur Aufsicht über öffentlich-rechtliche Gesellschaften *Mann*, Die öffentlich-rechtliche Gesellschaft, S. 360, der nur verlangt, dass den Aufsichtsbehörden die Letztentscheidungskompetenz in allen strategisch bedeutsamen Entscheidungen vorbehalten bleibt.

498 *Trute*, in: Hoffmann-Riem/Schmidt-Aßmann/Voßkuhle, Grundlagen des Verwaltungsrechts, Band I, § 6 Rn. 44 (allgemein) und Rn. 68 (zu selbständigen Bundesoberbehörden).

499 Parallel zu solchen Ausnahmen im Fall von Bundesoberbehörden *Döhler*, Die Verwaltung 34 (2001), 59 (71); vgl. auch *Mayen*, DÖV 2004, 45 ff.; *Loschelder*, HStR III, § 68 Rn. 57 ff.

500 Anderer Ansicht *Breuer*, VVDStRL 44 (1986), 211 (239).

501 BVerfGE 62, 169 (183); 89, 155 (208).

Sondervermögensbewirtschaftung[502]. In Bezug auf letztere gilt die allgemeine Weisungsunterworfenheit der Deutschen Bundesbank. Nichts anderes folgt aus den Bestimmungen des VersRücklG. Wenn § 5 Abs. 2 Satz 1 VersRücklG als Anlagegrundsätze Sicherheit, Liquidität sowie Rendite festlegt und § 5 Abs. 2 Satz 2 VersRücklG normiert, dass das Bundesministerium des Innern im Einvernehmen mit dem Bundesministerium der Finanzen Anlagerichtlinien zu erlassen hat, spricht daraus zwar die Intention, die Mittelverwaltung durch eine besonders qualifizierte Treuhandstelle einer gewissen Eigenständigkeit zuzuführen[503]. Daraus folgt aber noch nicht der Ausschluss der umfassenden Fachaufsicht inklusive von Weisungsrechten.

2. Personell-organisatorische Legitimation: Mitwirkung von Kollegialorganen

Die Mitwirkung von Kollegialorganen bei der Verwaltung von Sondervermögen stellt eine bloße Alternative zur verwaltungsinternen Abstimmung einzelner Ressortbereiche dar, soweit das Gremium allein mit Regierungs- bzw. Verwaltungsvertretern besetzt ist. Durch die Einbeziehung gesellschaftlicher Kräfte in die Verwaltung von Sondervermögen hingegen sollen die Aufgaben sachgerechter wahrgenommen werden, einerseits durch Beteiligung der betroffenen Interessenvertreter, andererseits durch deren Kontrolle[504]. Legitimationsdefizite können sich nicht nur aus der fehlenden individuell-personellen Legitimation dieser Interessenvertreter ergeben sowie daraus, dass solche Gremien eventuell weisungsfrei gestellt werden[505]. Auch problematisch ist deren Zusammensetzung, weil sie häufig nur einen Teil der betroffenen gesellschaftlichen Kräfte widerspiegelt[506]. Demokratieprinzip und Repräsentationsgedanke fordern im Hinblick auf die Frage der personellen Legitimation bei der Ausübung von Staatsgewalt, dass der Amtswalter seine Amtsstellung mindestens mittelbar auf Volkswahl zurückführen kann[507]. Trotzdem ist es nicht gänzlich unzulässig, gesellschaftliche, nicht legitimierte Kräfte an der Ausübung von Staatsgewalt zu beteiligen. So ist

502 *Herdegen*, in: Maunz/Dürig, Stand: Oktober 2010, Art. 88 Rn. 41; vgl. auch *Hahn*, BayVBl. 1982, 33, (34).

503 Vgl. Entwurfsbegr. BT-Drs. 13/10724, S. 6.

504 *Kilian*; Nebenhaushalte, S. 836 ff.; allgemein zur Kontrollfunktion *Schuppert*, Verselbständigte Verwaltungseinheiten, S. 365 ff., insbes. S. 376 ff.

505 *Schmidt-Aßmann*, AöR 116 (1991), 329 (361).

506 *Trute*, in: Hoffmann-Riem/Schmidt-Aßmann/Voßkuhle, Grundlagen des Verwaltungsrechts, Band I, § 6 Rn. 69; ähnlich *Schmidt-Aßmann*, AöR 116 (1991), 329 (361).

507 BVerfGE 93, 37 (67); *Böckenförde*, HStR II, § 24 Rn. 17; *Schmidt-Aßmann*, AöR 116 (1991), 327 (360); *Trute*, in: Hoffmann-Riem/Schmidt-Aßmann/Voßkuhle, Grundlagen des Verwaltungsrechts, Band I, § 6 Rn. 9.

eine fehlende Legitimationskette unschädlich, wenn es nur um beratende Tätigkeiten, Anhörungs-, Informations- und nicht bindende Vorschlagsrechte geht[508]. Insoweit ist das Handeln schon nicht legitimationsbedürftig, da es keinen Entscheidungscharakter hat[509].

Ausgehend davon, dass das Errichtungsgesetz selbst die wesentliche Partizipationsform durch gesellschaftliche Kräfte festlegen muss[510], kann deren Mitwirkung im Einzelnen so vielgestaltig sein, dass nur auf die bereits vorhandenen Mitwirkungsformen in den existierenden Sondervermögen eingegangen werden soll.

Beim Finanzmarktstabilisierungsfonds und beim Restrukturierungsfonds entscheidet in Grundsatzfragen, Angelegenheiten von besonderer Bedeutung und Fragen über wesentliche Auflagen auf Vorschlag und statt der sonst zuständigen Bundesanstalt für Finanzmarktstabilisierung (FMSA) ein interministerieller Ausschuss, der „Lenkungsausschuss" (§ 4 Abs. 1 Satz 2 FMStFG bzw. § 4 Abs. 1 Satz 2 RStruktFG). Dieser setzt sich nach § 4 Abs. 3 Satz 1 FMStFG zusammen aus je einem Vertreter des Bundeskanzleramts, des Bundesministeriums der Finanzen, des Bundesministeriums der Justiz, des Bundesministeriums für Wirtschaft und Technologie sowie einem Mitglied auf Vorschlag der Länder. Ein Vertreter der Deutschen Bundesbank gehört dem Ausschuss beratend an (§ 4 Abs. 3 Satz 2 FMStFG), weitere beratende Mitglieder können nach Maßgabe des § 4 Abs. 3 Satz 3 FMStFG hinzutreten. Die überwältigende Mehrheit im Ausschuss sind personell legitimierte Regierungsmitglieder, lediglich der auf Vorschlag der Länder zu berufende Vertreter kann auf keine vom Volk der Bundesrepublik vermittelte Legitimation zurückgreifen. Die demokratische Legitimation der Entscheidungen des Lenkungsausschusses ist trotzdem dadurch garantiert, dass die die Entscheidung tragende Mehrheit sich ihrerseits aus einer Mehrheit personell legitimierter und parlamentarisch verantwortlich handelnder Mitglieder ergibt. Demnach erfordert es die Zusammensetzung von entscheidungsbefugten Kollegialorganen nicht, dass alle an der Entscheidung Beteiligten über eine individuell-personelle Legitimation verfügen; es genügt vielmehr, dass die Mehrheit der Mitglieder legitimiert und gleichzeitig jede konkrete Entscheidung von einer Mehrheit der so legitimierten Mitglieder getragen wird (Prinzip der doppelten Mehrheit)[511]. Vor diesem Ergebnis stört es nicht, dass dem Ausschuss insofern ein Weisungsrecht nach § 1 Abs. 2 Satz 1 FMStFV gegenüber der FMSA zusteht.

---

508 *Böckenförde*, HStR II, § 24 Rn. 21, *Schmidt-Aßmann*, AöR 116 (1991), 329 (373).

509 BVerfGE 83, 60 (73 f.); 93, 37 (68).

510 *Groß*, in: Gremienwesen, S. 28 f.; *Trute*, in: Hoffmann-Riem/Schmidt-Aßmann/Voßkuhle, Grundlagen des Verwaltungsrechts, Band I, § 6 Rn. 72 ff.; *Voßkuhle*, in: HStR III, § 43 Rn. 61, Rn. 66.

511 BVerfGE 93, 37 (67 ff.); 107, 59 (87 f.); BVerwGE 106, 64 (73); wohl auch NWVerfGH NVwZ-RR 1998, 473 (476); *Böckenförde*, HStR II, § 24 Rn. 17 ff. m.w.N.; *Oebbecke*, Weisungsfreie Räume, S. 92 ff.; anders noch NWVerfGH, NVwZ 1987, 211 (212).

Bei den Sondervermögen Versorgungsrücklage und Versorgungsfonds wird gemäß § 11 (i.V.m. § 15 Satz 1) VersRücklG jeweils ein „Beirat“ gebildet, der bei wichtigen Fragen *mitwirkt*, insbesondere bei Fragen zu Anlagerichtlinien und zum Wirtschaftsplan, und dessen Stellungnahme zur Jahresrechnung einzuholen ist. Da der Beirat keine Entscheidungsrechte besitzt und damit nur beratende Funktionen ausübt, ist er nicht legitimationsbedürftig.

Bei der Vergabe von Mitteln aus dem Ausgleichsfonds für überregionale Vorhaben zur Teilhabe schwerbehinderter Menschen am Arbeitsleben wirkt ein „Beirat“ durch ein alleiniges Vorschlags- und ein Unterrichtungs- und Stellungnahmerecht mit (§ 64 Abs. 1 Satz 3 SGB IX i.V.m. § 42 bis § 44 SchwbAV). Obwohl es sich bei den Rechten des Beirats um die Entscheidungen bloß vorbereitende Rechte handelt, bedarf es der personellen Legitimation der Beiratsmitglieder. Denn der Vorschlag des Beirats ist gemäß § 64 Abs. 1 Satz 3 SGB IX erforderlich und bindend für die Entscheidung des Bundesministeriums bei der Vergabe von Mitteln aus dem Fonds. Er ist somit Teil der Entscheidung und nicht nur vorbereitender Natur[512]. Der Beirat setzt sich gemäß § 64 Abs. 2 SGB IX aus 48 Mitgliedern unterschiedlicher gesellschaftlicher Gruppen von Arbeitgeber, Arbeitnehmer, Organisationen behinderter Menschen und verschiedener Arbeitsgemeinschaften mit der Aufgabe der Behindertenförderung zusammen. Seine Mitglieder werden vom Bundesministerium für Arbeit und Soziales berufen, allerdings auf Vorschlag der jeweiligen Interessengruppe. Was die Auswahl der Interessengruppen betrifft, hat der Gesetzgeber kein freies Ermessen, sondern muss die in den beteiligten Kreisen vertretenen Ansichten zumindest tendenziell erfassen und damit dem allgemeinen Repräsentationsgedanken Rechnung tragen[513]. Durch die Auswahl der gesellschaftlichen Repräsentanten muss ein ausgewogenes Abbild privater Akteure entworfen werden. Das dürfte mit Blick auf den Zweck des Sondervermögens zur Förderung von behinderten Menschen im Arbeitsleben und die Auswahl der Vertreter aus verschiedenen Kreisen der Behindertenförderung und -absicherung sowie des Arbeitslebens durch die geltende Regelung ausreichend gelungen sein. Während die Auswahl der verschiedenen gesellschaftlichen Kräfte den Anforderungen an eine möglichst effektive Erfassung aller relevanten Interessen Rechnung trägt, könnte das *Vorschlagsrecht* des jeweiligen Verbands problematisch sein. Denn obwohl keine gesetzlich vorgegebene strikte Bindung zur Berufung einzelner Mitglieder besteht, trifft die jeweilige Gruppe eine wichtige Vorauswahl. Es stellt sich also die Frage, ob der Vor-

---

512 Vgl. *Oebbecke*, Weisungsfreie Räume, S. 81 f.; *Schmidt-Aßmann*, AöR 116 (1991), 327 (361).

513 BVerfGE 83, 130 (153); 83, 238 (334); weitergehend *Trute*, in: Hoffmann-Riem/Schmidt-Aßmann/Voßkuhle, Grundlagen des Verwaltungsrechts, Band I, § 6 Rn. 73: möglichst vollständige Erfassung; anderer Ansicht wohl *Groß*, in: Gremienwesen, S. 29 f.

schlag zur Berufung der einzelnen Mitglieder für das Bundesministerium für Arbeit und Soziales bindend ist. § 64 Abs. 2 Satz 2 SGB IX enthält dazu keine eindeutige Regelung. Die Norm macht nicht deutlich, ob die vom Bundesministerium auf Vorschlag zu berufenden Mitglieder ernannt werden müssen oder ob dem Ministerium ein Zurückweisungsrecht bezüglich einzelner Mitglieder zukommt. Das Gesetz weist hier eine Regelungslücke auf, die auch durch systematische Überlegungen nicht geschlossen werden kann. Aus diesem Grund muss eine verfassungskonforme und damit dem Erfordernis personeller Legitimation genügende Auslegung bevorzugt werden. Es ist davon auszugehen, dass dem die Mitglieder berufenden Bundesministerium notfalls das Recht zusteht, die Vorgeschlagenen zurückzuweisen. Nur dann kann die Berufung aller Beiratsmitglieder auf eine lückenlose Legitimationskette ausgehend von der Einsetzung durch das Bundesministerium zurückgeführt werden[514].

Der Klärschlamm-Entschädigungsfonds wird durch die Bundesanstalt für Landwirtschaft und Ernährung verwaltet, die wiederum durch einen Beirat nach § 2 KlärEV beraten wird. Da es sich bei den Rechten des Beirats lediglich um die Entscheidungen vorbereitende Rechte handelt, ist eine demokratische Legitimation nicht erforderlich. Der Beirat gibt keine verbindlichen Stellungnahmen ab, sondern wirkt allein im Vorfeld der Entscheidung und übt daher keine legitimationsbedürftige Staatsgewalt aus[515].

II. Gesetzes- bzw. Parlamentsvorbehalt

Durch die Ausgliederung von Sondervermögen aus dem Gesamtetat des Bundes verliert das Parlament das ihm grundsätzlich zustehende Recht, nach Art. 110 Abs. 1 und 2 GG über *alle* Ausgaben und Einnahmen des Bundes im Rahmen eines Finanzgesamtentwurfs abzustimmen. Die Ausgliederung von Vermögen geht zwangsweise einher mit dem Verlust des Budgetrechts des Parlaments über diesen Vermögensteil. Der Verlust dieses wesentlichen staatsleitenden Hoheitsrechts im Rahmen der Finanzverfassung ist zwar in seinem *Zielpunkt*, also betreffend die institutionelle Legitimation, durch die Erwähnung von Sondervermögen in der Verfassung nach Art. 110 Abs. 1 Satz 1 HS 2 GG anerkannt, der *Weg* dorthin ist allerdings durch Art. 110 GG nicht beschrieben. Nun kann aber, wenn die Verfassung selbst den Weg nicht vorgibt, nur das Organ den Verlust einer wesentlichen Kompetenz herbeiführen, das von dem Entzug und der Kom-

514 Bejahend, wenn ein Zurückweisungsrecht gegeben ist, *Püttner*, Öffentliche Unternehmen, S. 140; ausführlich *Ehlers*, JZ 1987, 218 (223); *derselbe*, Jura 1997, 180 (183).

515 *Oebbecke*, Weisungsfreie Räume, S. 81 f.

petenzbeschneidung auch selbst betroffen ist. Nicht die Verwaltung darf über die Ausgliederung von Sondervermögen entscheiden und so durch Beeinträchtigung des Vollständigkeits- und Einheitsgrundsatzes die überragende demokratische Errungenschaft der Budgethoheit[516] eigenmächtig beschneiden. Vielmehr kann es allein in der Verantwortung des Parlaments selbst liegen, darüber zu entscheiden. Hieraus ergibt sich das Erfordernis eines Parlamentsvorbehalts für das „Ob" der Ausgliederung von Sondervermögen. Dieser Vorbehalt fungiert zugleich als Ausgleich für den teilweisen Verlust des Budgetrechts und als legitime Grundlage für die Errichtung des Sondervermögens[517].

1. Errichtungsvorbehalt

Der Gesetzesvorbehalt folgt aus dem Demokratieprinzip des Art. 20 Abs. 2 Satz 1 GG und spezieller des Art. 110 Abs. 1 und Abs. 2 GG. Wo nach diesem Prinzip in Verbindung mit dem Rechtsstaatsprinzip der Wesentlichkeitsgrundsatz[518] einen organisatorischen oder institutionellen Gesetzesvorbehalt[519] voraussetzt, spielt er auch bei der Ausgliederung von Sondervermögen über die Spezialnorm des Art. 110 GG eine Rolle. Das in Art. 110 GG begründete Budgetrecht des Parlaments ist speziell Ausdruck des allgemeinen Prinzips der demokratischen

---

516 BVerfGE 45, 1 (32); BVerwGE 10, 140 (143).

517 Mit dieser Begründung auch *Nebel*, in: Piduch, Bundeshaushaltsrecht, Stand: Juni 2007, § 113 Rn. 1; *Puhl*, Budgetflucht, S. 177; *Kilian*, Nebenhaushalte, S. 631 f. und S. 905 ff., mit der Einschränkung des Gesetzesvorbehalts auf „wesentliche Nebenhaushalte", die nach der Summe des jährlichen Finanzbedarfs gezogen werden könnte; *Schemmel*, Unternehmen und Sondervermögen der öffentlichen Hand, Arbeitspapier Nr. 20, S. 32, begründet den Gesetzesvorbehalt hingegen mit wirtschaftlichen Gesichtspunkten; ohne gesonderte Begründung *Dommach*, in: Heuer, KHR, Stand: Dezember 1998, § 26 Rn. 3; *Eibelshäuser/Wallis*, Heuer, KHR, Stand: Januar 2001, § 113 Rn. 1; *v. Köckritz/Ermisch/Lamm*, Stand: September 2003, § 26 Rn. 2.2; *Mann*, Die öffentlich-rechtliche Gesellschaft, S. 104; anderer Ansicht *Höfling/Rixen*, in: Bonner Kommentar, Stand: September 2003, Art. 115 Rn. 387; *Köttgen*, Fondsverwaltung in der Bundesrepublik, S. 22; wohl auch *Ehlers*, Verwaltung in Privatrechtsform, S. 296.

518 Dazu, dass die Wesentlichkeitstheorie nicht nur im grundrechtsrelevanten Bereich, sondern auch bei institutionellen Vorbehalten Anwendung finden muss *Kirchhof*, in: Maunz/Dürig, Stand: Januar 2009, Art. 83 Rn. Rn. 35 f.; *Schlink*, Die Amtshilfe, S. 119; *G. C. Burmeister*, Institutioneller Gesetzesvorbehalt, S. 51 ff. m.w.N.; restriktiver *Lerche*, in: Maunz/Dürig, Stand: Juni 1998, Art. 83 Rn. 60; ebenso *Ossenbühl*, VVDStRL 29 (1971), 137 (174), wonach der Gesetzesvorbehalt bei „Bagatellfällen" nicht gelten solle.

519 Vgl. zum institutionellen Gesetzesvorbehalt *Böckenförde*, Organisationsgewalt im Bereich der Regierung, S. 95 ff.; *Schmidt-Aßmann*, in: FS Ipsen, S. 333 (336 ff.); vgl. zur Heranziehung der Wesentlichkeitstheorie in diesem Zusammenhang *Mann*, Die öffentlich-rechtliche Gesellschaft, S. 75; *Krebs*, in: HStR V, § 108 Rn. 102.

Verfassungsordnung[520], wonach wesentliche Entscheidungen im Staat nur durch den Gesetzgeber getroffen und nicht delegiert werden dürfen[521]. Der Parlamentsvorbehalt verbietet es, das Letztentscheidungsrecht des Parlaments über die Sondervermögensbildung an die Verwaltung zu delegieren. Denn aufgrund der Wesentlichkeit des zu beschneidenden Budgetrechts geht es nicht an, die Entscheidungsmacht über das „Ob" der Ausgliederung der Verwaltung zu überlassen. Es genügt daher nicht, wenn das Parlament eine gesetzliche Regelung schafft, wonach die Ausgliederungsentscheidung zugunsten der Kompetenzen der Verwaltung offen gehalten wird.

Nicht dem Vorbehalt des Gesetzes unterfällt die staatliche Vermögensverwaltung durch in den Gesamtetat des Bundes integrierte Sondervermögen, da sie keine Nebenhaushaltswirtschaft darstellt. Das Parlament kann mittels Budgetrecht weiterhin über alle Einnahmen und Ausgaben der integrierten Sondervermögen entscheiden, weshalb ein „Verlustausgleich" durch Gesetzesvorbehalt für ihre Errichtung nicht erforderlich ist[522]. Ihre Gründung als verwaltungsorganisatorische Entscheidung liegt damit weiterhin in der Kompetenz der Verwaltung.

Betrachtet man das staatliche Handeln mittels der bereits errichteten Sondervermögen, fallen der Klärschlamm-Entschädigungsfonds, der Fonds nach § 5 Mauergrundstücksgesetz sowie der Revolving- und Freistellungsfonds auf. Der Klärschlamm-Entschädigungsfonds wurde zwar auf der Grundlage von § 9 DüngeMG bzw. dessen Nachfolgeregelung § 11 DüngG errichtet, allerdings normieren diese Vorschriften nur, dass ein „Entschädigungsfonds" zu gründen ist. Die Bezeichnung als „Fonds" meint jedoch nicht (allein) die Rechtsform des Sondervermögens. Der Begriff des Fonds ist kein formaler, eindeutig qualifizierter Rechtsbegriff und umfasst sowohl rechtsfähige als auch nicht- oder eben teilrechtsfähige Personen des öffentlichen Rechts. Folglich überlässt der Gesetzgeber die Entscheidung über die Rechtsform des Fonds gemäß § 11 Abs. 3 Nr. 1 DüngG der Bundesexekutive und damit auch die Entscheidung über das „Ob" der Ausgliederung. Es fehlt mithin an einer (hinreichend präzisen) parlamentsgesetzlichen Grundlage für die Ausgliederung als Sondervermögen.

Auch der Fonds nach § 5 Mauergrundstücksgesetz entbehrt einer gesetzlichen Grundlage. § 5 MauerG regelt lediglich die Errichtung eines „Fonds". Nach § 6 MauerG wird das Bundesministerium der Finanzen ermächtigt, die Einzelheiten und damit auch die Rechtsform des Fonds zu regeln. Erst durch die Normierungen der MauerV wird der Fonds zum ausgegliederten Sondervermögen.

520 *Heun*, in: Dreier, Art. 110 Rn. 6.

521 BVerfGE 40, 237 (249); 47, 46 (79 f.); 58, 257 (274); 101, 1 (34) m.w.N.; kritisch *Ossenbühl*, in: HStR V, 3. Aufl., § 101, Rn. 41 ff.

522 *Puhl*, Budgetflucht, S. 177.

Noch deutlicher ist die fehlende parlamentsgesetzliche Grundlage bei den Sondervermögen Revolvingfonds und Freistellungsfonds. Beide Sondervermögen wurden lediglich auf der Grundlage eines Vertrags über die Bildung eines Freistellungs- und eines Revolvingfonds (Revolvingvertrag) vom 12.12.1974 errichtet. Eine gesetzliche Grundlage fehlt ganz.

Nicht zu bemängeln ist hingegen die Gründung des Zweckvermögens bei der Deutschen Postbank AG. Wenn auch ein Treuhandvertrag zwischen dem Bund und der heutigen Treuhänderin besteht, ist entscheidend, dass das Sondervermögen gemäß § 5 des Gesetzes über die Zusammenlegung der Deutschen Landesrentenbank und der Deutschen Siedlungsbank errichtet wurde.

Fraglich ist schließlich, ob der Verfassung eine quantitative Grenze für eine Ausgliederung von Sondervermögen entnommen werden kann. Das lässt sich mit dem Grundgesetz kaum begründen[523]. Wohl aber muss man von einer absoluten Missbrauchsgrenze ausgehen, wonach eine Zergliederung eines Großteils des Bundesvermögens in einzelnen Sondervermögen nicht mehr gerechtfertigt ist, wenn dadurch die Koordinationsfunktion des Bundeshaushalts beeinträchtigt wird[524]. Anhand der Summe des Haushaltsvolumens der Sondervermögen im Verhältnis zum Gesamtvolumen des Bundeshaushalts wird dies allein nicht zu beurteilen sein, da die Summe der Sondervermögenshaushalte vor der Deutschen Einheit bereits 43 % des Gesamthaushalts ausmachte[525]. Die schwer justiziable Missbrauchsgrenze muss nach der Gesamtschau von Haushaltsvolumen, Anzahl der Sondervermögen und Aufgabenumfang sowie -gebiet festgelegt werden.

2. Auflösungsvorbehalt

Aus dem Vorbehalt zum „Ob" einer Ausgründung von Vermögensmassen in der Form von Sondervermögen folgt umgekehrt, dass auch die Wiedereingliederungs- und Auflösungsentscheidung dem Parlament obliegt. Denn wegen des Vorrangs des Gesetzes nach Art. 20 Abs. 3 GG kann das einmal durch den Gesetzgeber vorgegebene Programm von der Exekutive nicht eigenmächtig geändert bzw. aufgelöst werden[526].

Anders hingegen dürfte es zu bewerten sein, wenn der Gesetzgeber bereits im Errichtungsgesetz die Verwaltung ermächtigt, zu einem bestimmten oder bestimmbaren Zeitpunkt das Sondervermögen aufzulösen, oder wenn die Auflö-

---

523 *Heintzen*, in: v. Münch/Kunig, Art. 110 Rn. 13.

524 *Kilian*, Nebenhaushalte, S. 582 und S. 628; ähnlich wohl *Hillgruber*, in: v. Mangoldt/Klein/Starck, Art. 110 Rn. 41.

525 *Kilian*, Nebenhaushalte, S. 582 mit Fn. 129.

526 *Ehlers*, Verwaltung in Privatrechtsform, S. 297; *Krebs*, in: HStR V, § 108, Rn. 103.

sungsentscheidung durch Einfügung einer auflösenden Bedingung in das Errichtungsgesetz bereits getroffen wurde[527]. Schon nach dem allgemeinen Demokratieprinzip nach Art. 20 Abs. 2 GG und der Wesentlichkeitstheorie wird die wesentliche Entscheidung über das „Ob“ und den Zeitpunkt der Auflösung nämlich bereits im Gesetz durch das Parlament gefällt. Die verbleibende Regelungsmacht kann an die Exekutive delegiert werden. Allerdings wird man es als zulässig erachten müssen, dass der Gesetzgeber die Exekutive auch zu einer jederzeitigen Auflösung ohne Angabe eines bestimmbaren Zeitpunkts ermächtigt. Denn mit Beendigung und Abwicklung wird das Sondervermögen in den Zentralhaushalt ohnehin wieder eingegliedert, so dass das Parlament dadurch ein Mehr an Gestaltungskompetenz erhält.

Der Gesetzgeber hat die Verwendung der gegebenenfalls bei der Auflösung noch vorhandenen Mittel des Sondervermögens festzulegen. Da es sich auch hierbei um eine wesentliche Entscheidung handelt, kann sie vom Gesetzgeber nicht auf die Exekutive übertragen werden. Das Parlament muss das „Wie“ der Auflösung deshalb normieren, weil es nur so die in den sonstigen Fällen der integrierten Vermögensverwaltung durch seine Bestätigung der Ausgaben im Bundeshaushalt ausgeübte Steuerungsfunktion wahrnimmt[528].

Das Sondervermögen Versorgungsrücklage ist befristet ausgestaltet gemäß § 12 VersRücklG. Demnach gilt das Sondervermögen nach Auszahlung seines Vermögens als aufgelöst. Auch der Investitions- und Tilgungsfonds wird gemäß § 11 ITFG mit Tilgung seiner Schulden aufgelöst. Die Auflösung ist im Bundesanzeiger bekannt zu geben und verbleibendes Vermögen fällt an den Bund. Für den Erblastentilgungsfonds bestimmt § 11 ELFG, dass der Fonds nach Tilgung seiner Verbindlichkeiten durch das Bundesministerium der Finanzen aufzulösen und die Auflösung im Bundesanzeiger bekannt zu machen ist. Mit Ablauf des Jahres 2019 wird der Fonds „Deutsche Einheit“ nach § 11 DEFG aufgelöst. Dann gehen alle verbleibenden Verbindlichkeiten und das Vermögen des Fonds auf den Bund über. § 6b DEFG enthält diesbezüglich eine genaue Regelung, in welcher Höhe sich die alten Bundesländer nach der Auflösung des Fonds an einer eventuell verbleibenden Schuldenlast im Verhältnis zum Bund zu beteiligen haben. Das Sondervermögen „Kinderbetreuungsausbau“ ist gemäß § 8 Satz 1 KBFG nach Erfüllung seiner gesetzlichen Aufgaben und spätestens mit Ablauf des Jahres 2015 aufzulösen. Verbleibendes Vermögen fällt an den Bund. Einzelheiten zur Auflösung und Abwicklung sind gemäß § 8 Satz 3 KBFG in einer nicht

527 So auch *Ehlers*, Verwaltung in Privatrechtsform, S. 297, zur Auflösung der durch Gesetz errichteten juristischen Personen des öffentlichen Rechts.

528 Zur Steuerungs- und Kontrollfunktion des Bundeshaushalts in ähnlichem Zusammenhang *Puhl*, Budgetflucht, S. 176.

zustimmungsbedürftigen Rechtsverordnung der Bundesregierung zu normieren. § 13 FMStFG enthält eine Regelung zur Befristung des Finanzmarktstabilisierungsfonds. Stabilisierungsmaßnahmen aus dem Fonds sind demzufolge in der Regel nur bis zum 31.12.2010 möglich, anschließend ist der Fonds abzuwickeln und aufzulösen. Die Aufteilung des verbleibenden Schlussergebnisses nach der Abwicklung des Sondervermögens zwischen Bund und Ländern normiert § 13 Abs. 2 FMStFG, während § 13 Abs. 4 FMStFG festhält, dass die Einzelheiten der Abwicklung und Auflösung durch Rechtsverordnung der Bundesregierung zu bestimmen sind. Ebenfalls den Vorgaben einer hinreichend bestimmten Ermächtigung entspricht § 8 BinSchFondsG. Demnach darf das Bundesministerium für Verkehr, Bau und Stadtentwicklung im Einvernehmen mit dem Bundesministerium der Finanzen den Binnenschifffahrtsfonds durch Rechtsverordnung auflösen und die zweckentsprechende Verwendung der verbleibenden Mittel regeln. Weder nennt das Gesetz einen bestimmten noch einen bestimmbaren Zeitpunkt für die Auflösung des Sondervermögens. Trotzdem genügt § 8 BinSchFondsG den Anforderungen an eine hinreichend bestimmte Ermächtigung, weil auch eine jederzeitige Auflösungsermächtigung dem Gesetzesvorbehalt genügt.

Nicht dem Grundsatz des Gesetzesvorbehalts entspricht allerdings die Normierung zur Auflösung des Fonds nach § 5 Mauergrundstücksgesetz. Gemäß § 5 MauerV endet der Fonds mit der vollständigen Verteilung der Mittel. Seine Auflösung ist im Bundesgesetzblatt bekannt zu geben. Da die Auflösungsentscheidung lediglich in einer Rechtsverordnung und nicht im MauerG durch das Parlament getroffen ist, entspricht sie nicht den Vorgaben des Rechtsstaatsprinzips.

3. Reichweite des Parlamentsvorbehalts betreffend die Verwaltungsträgerschaft

Die Verwaltung der meisten heute existierenden Bundes-Sondervermögen und deren Entscheidungsträgerschaft ist bereits durch das Errichtungsgesetz festgelegt[529]. Soll die Verwaltung eines Sondervermögens unmittelbar einem Bundes-

---

529 Ausgleichsfonds für überregionale Vorhaben zur Teilhabe schwerbehinderter Menschen am Arbeitsleben: nach § 78 Satz 2 SGB IX Bundesministerium für Arbeit und Soziales; Bergmannssiedlungsvermögen: die in § 2 Abs. 1 BergMSdlgG genannten Treuhandstellen; Binnenschifffahrtsfonds: nach § 4 Abs. 1 BinSchFondsG Wasser- und Schifffahrtsdirektion West in Münster (Mittelbehörde); Bundeseisenbahnvermögen: nach § 6 BEZNG eigener Verwaltungsaufbau; Fonds „Deutsche Einheit“: nach § 3 Satz 4 DEFG Bundesministerium der Finanzen; Entschädigungsfonds: nach § 9 Abs. 2 EntschG Bundesamt für zentrale Dienste und offene Vermögensfragen (Bundesoberbehörde); Entschädigungseinrichtung der Wertpapierhandelsunternehmen: nach § 6 Abs. 4 Satz 1 EAEG Kreditanstalt für Wiederaufbau (rechtsfähige Anstalt des öffentlichen Rechts); Erblastentilgungsfonds: nach § 3 Abs. 1 Satz 4 ELFG Bundesministe-

ministerium[530] bzw. einer Bundesoberbehörde[531] oder einer mittleren[532] oder unteren Bundesbehörde obliegen, ist die Regelung dieser Zuständigkeit im Errichtungsgesetz nicht notwendig. Gemäß Art. 64 Abs. 1 GG und Art. 86 Satz 2 GG kommt der Exekutive hier ohnehin die alleinige Organisationsgewalt und die Zuordnung der Zuständigkeiten zu[533]. Insofern ist auch die Verwaltung des Fonds nach § 5 Mauergrundstücksgesetz durch das Bundesministerium der Finanzen verfassungsgemäß. Denn die gesetzliche Grundlage des § 5 MauerG schweigt zwar zur Verwaltung des Fonds, die Zuständigkeit konnte aber auch durch § 3 Abs. 1 Satz 1 MauerV zulässig begründet werden.

Problematischer ist die Reichweite des Parlamentsvorbehalts in Bezug auf Entscheidungen von Treuhandstellen, die nicht ohne Weiteres der Exekutive zurechnen. § 11 Abs. 3 Nr. 3 DüngG ermächtigt das Bundesministerium für Ernährung, Landwirtschaft und Verbraucherschutz, Bestimmungen zur Verwaltung des Klärschlamm-Entschädigungsfonds zu treffen. Erst in Ausführung dieser Ermächtigung überträgt § 1 Abs. 2 KlärEV die Verwaltung des Fonds der Bundesanstalt für Landwirtschaft und Ernährung, einer rechtsfähigen Anstalt des öffentlichen Rechts. Hinsichtlich des Treuhandvermögens Bergarbeiterwohnungsbau enthält

---

rium der Finanzen; ERP-Sondervermögen: nach § 1 ERP-Verwaltungsgesetz Bundesministerium für Wirtschaft und Technologie; Finanzmarktstabilisierungsfonds: nach §§ 3a, 4 Abs. 2 FMStFG Ermächtigung zur Übertragung an Bundesanstalt für Finanzmarktstabilisierung; Investitions- und Tilgungsfonds: nach § 4 Abs. 1 Satz 4 ITFG Bundesministerium der Finanzen und nach § 9 ITFG z.T. Bundesamt für Wirtschaft und Ausfuhrkontrolle (Bundesoberbehörde); Sondervermögen „Kinderbetreuungsausbau“: nach § 3 Abs. 1 Satz 4 und Satz 5 KBFG Bundesministerium für Familie, Senioren, Frauen und Jugend; Restrukturierungsfonds: nach § 11 Satz 1 RStruktFG Bundesanstalt für Finanzmarktstabilisierung; Versorgungsrücklage und Versorgungsfonds des Bundes: nach § 5 Abs. 1 (i.V.m. § 15 Satz 2) VersRücklG Bundesministerium des Innern, Mittelverwaltung durch Deutsche Bundesbank (juristische Person des öffentlichen Rechts); Zweckvermögen bei der Landwirtschaftlichen Rentenbank: nach § 1 Abs. 1 Satz 2 ZweckVG die Landwirtschaftliche Rentenbank (rechtsfähige Anstalt des öffentlichen Rechts).

530 Bundesministerium des Innern: Versorgungsrücklage und Versorgungsfonds; Bundesministerium der Finanzen: Erblastentilgungsfonds, Fonds „Deutsche Einheit“, z.T. Investitions- und Tilgungsfonds, Fonds nach § 5 Mauergrundstücksgesetz; Bundesministerium für Arbeit und Soziales: Ausgleichsfonds für überregionale Vorhaben zur Teilhabe schwerbehinderter Menschen am Arbeitsleben; Bundesministerium für Familie, Senioren, Frauen und Jugend: Sondervermögen „Kinderbetreuungsausbau“; Bundesministerium für Wirtschaft und Technologie: ERP-Sondervermögen.

531 Bundesamt für zentrale Dienste und offene Vermögensfragen: Entschädigungsfonds; Bundesamt für Wirtschaft und Ausfuhrkontrolle: z.T. Investitions- und Tilgungsfonds.

532 Wasser- und Schifffahrtsdirektion West in Münster: Binnenschifffahrtsfonds.

533 Unter den Begriff der Organisationsgewalt fällt nicht nur die Errichtung der Behörden, sondern auch die Festlegung der Aufgaben und Befugnisse; *Burgi*, in: v. Mangoldt/Klein/Starck, Art. 86 Rn. 73; *Hermes*, in: Dreier, Art. 86 Rn. 60; *Ibler*, in: Maunz/Dürig, Stand: Mai 2008, Art. 86 Rn. 160.

das Errichtungsgesetz lediglich mit § 12 Satz 1 BergArbWoFöG eine Ermächtigung an das Bundesministerium für Verkehr, Bau und Stadtentwicklung, für die Verwaltung des Sondervermögens Treuhandstellen zu beauftragen. Weitere Konkretisierungen enthält die Ermächtigung nicht. Als vom Bundesministerium beauftragte Treuhänder fungieren rechtsfähige Anstalten des öffentlichen Rechts. Das Zweckvermögen bei der Deutschen Postbank AG wiederum wurde zwar ursprünglich durch § 5 des Gesetzes über die Zusammenlegung der Deutschen Landesrentenbank und der Deutschen Siedlungsbank errichtet. Auch sah das Gesetz die treuhänderische Verwaltung durch die Deutsche Siedlungs- und Landesrentenbank, eine Anstalt des öffentlichen Rechts (§ 1 Abs. 3), vor. Nach Umwandlung der Anstalt in eine Aktiengesellschaft normierte auch § 13 Abs. 2 DSL Bank-Umwandlungsgesetz die Weiterführung der treuhänderischen Verwaltung durch die neue AG. Allerdings wurde dann nach der Verschmelzung dieser AG mit der Deutschen Postbank AG die (fortgesetzte) treuhänderische Verwaltung des Sondervermögens durch die nach Verschmelzung fortbestehende Postbank AG nunmehr durch Treuhandvertrag geregelt[534].

Allen drei Sondervermögen ist gemeinsam, dass nicht der Gesetzgeber, sondern die Exekutive die letzte Entscheidung zur treuhänderischen Verwaltung[535] der Sondervermögen durch rechtsfähige Personen des öffentlichen oder des privaten Rechts regelt. Die Zulässigkeit solcher Bestimmungen ist vor dem Hintergrund der Reichweite des Gesetzesvorbehalts zu hinterfragen.

Die treuhänderische Verwaltung der Vermögen ist materiell die Wahrnehmung von staatlichen Aufgaben[536]. Denn der Treuhänder tritt für das Sondervermögen bei dessen Unselbständigkeit zwar in eigenem Namen und nur bei dessen Teilrechtsfähigkeit im Namen des Sondervermögens auf. Er handelt aber auch im Außenverhältnis immer verbindlich für das Sondervermögen. Bei der Frage, was der Gesetzgeber regeln muss und was die Exekutive regeln kann, ist erneut die Wesentlichkeitstheorie[537] heranzuziehen. Gegen das Erfordernis gesetzlicher Regelung und für die Überantwortung der Bestimmung treuhänderischer Verwaltung an die Exekutive spricht, dass es sich im Fall eines *privaten Treuhänders* bei der Überantwortung der Treuhandtätigkeit nicht notwendig und immer um eine Beleihung handelt, die ohnehin den Gesetzesvorbehalt auslösen wür-

534 Auf die unzulässige treuhänderische Verwaltung von Revolvingfonds und Freistellungsfonds wird hier nicht zusätzlich eingegangen, weil bereits deren Errichtung mangels gesetzlicher Grundlage nicht verfassungsgemäß ist.

535 Zum Begriff des Treuhandvermögens siehe die näheren Ausführungen oben unter D. IV.

536 *v. Köckritz/Ermisch/Lamm*, Stand: Juli 2004, § 44 BHO Rn. 82.3.

537 Siehe bereits oben unter E. II. 1. mit Fn. 518; vgl. *Ossenbühl*, VVDStRL 29 (1971), 137 (161), zum Demokratiegebot und Gesetzesvorbehalt bei der Ausgliederung von Hoheitskompetenzen: „Maßstab des politischen Gewichts“.

de[538]. Denn die Treuhandstelle nimmt – anders als bei einer Beleihung – für ein teilrechtsfähiges Sondervermögen dessen Aufgaben nicht immer in eigenem, sondern eventuell auch in fremdem Namen wahr. Für ein nicht teilrechtsfähiges Sondervermögen handelt der Treuhänder zwar in eigenem Namen, aber er wird nicht hoheitlich tätig, sondern tritt als Privater auf[539]. Trotzdem ist zu berücksichtigen, dass der private Treuhänder zwar nicht notwendig Beliehener, mindestens aber ein mit weit reichenden Kompetenzen ausgestatteter Verwaltungshelfer ist[540]. Er hat umfangreiche Verwaltungs- und wesentliche Entscheidungsbefugnisse über Teile des Bundesvermögens und wird grundsätzlich selbständig tätig. Dabei trifft er bindende Entscheidungen für das Bundesvermögen. Letzteres gilt auch für die Verwaltung der Sondervermögen durch *öffentlich-rechtliche Treuhandstellen.* Angesichts der Wesentlichkeit der Vermögensverwaltung kann sie nur auf parlamentsgesetzlicher Grundlage an Treuhandstellen delegiert werden[541]. Bei der Verwaltung durch private Treuhänder muss das Parlamentsgesetz entweder die verwaltende Stelle selbst bestimmen oder i.S.d. Art. 80 Abs. 1 Satz 2 GG der Exekutive durch Ermächtigung hinreichend konkrete Angaben zur Bestimmung eines geeigneten Treuhänders an die Hand geben[542]. Weil hingegen öffentlich-rechtliche Treuhandstellen anders als private Treuhänder der Bundesverwaltung zurechnen, genügt es, wenn der Gesetzgeber im Errichtungsgesetz durch eine Grundentscheidung deutlich macht, dass eine mittelbare Organleihe von einer Stelle der mittelbaren Verwaltung zulässig ist. Es gelten dann also etwas geringere Anforderungen an die Regelungsdichte des Gesetzes.

Hinzu kommt, dass es eines besonderen sachlichen Grundes für die Mandatierung des Treuhänders bedarf. Nur so wird dem Ausnahmecharakter der Verwaltungsübertragung Rechnung getragen, weil eigene Aufgaben grundsätzlich durch eigene Verwaltungseinrichtungen wahrzunehmen sind[543].

---

538 *Maurer*, Verwaltungsrecht, § 21 Rn. 65 f.

539 Zum Begriff der Beleihung *Ronellenfitsch*, in: Beck-OK VwVfG, Stand: 01.10.2010, § 1 Rn. 71; *Schmitz*, in: Stelkens/Bonk/Sachs, VwVfG, § 1 Rn. 256 und Rn. 259.

540 *Spahn*, Die Einschaltung der Kreditinstitute bei Eingliederungsdarlehen, S. 17, bezweifelt sogar, ob es sich um „Erfüllungsgehilfen" der Verwaltung handelt, weil die Treuhänder in eigenem Namen handeln; *Schmitz*, in: Stelkens/Bonk/Sachs, VwVfG, § 1 Rn. 134.

541 So wohl *Nebel*, in: Piduch, Bundeshaushaltsrecht, Stand: Juni 2007, § 44 Rn. 22; vgl. auch *Trute*, in: Hoffmann-Riem/Schmidt-Aßmann/Voßkuhle, Grundlagen des Verwaltungsrechts, Band I, § 6 Rn. 58 f. und Rn. 63, zur Verantwortung des Gesetzgebers bei der Kooperation mit Privaten; anderer Ansicht *Spahn*, Die Einschaltung der Kreditinstitute bei Eingliederungsdarlehen, S. 18.

542 So im Ergebnis auch *Ossenbühl*, VVDStRL 29 (1971), 137 (172 ff.), für die Subventionsverwaltung durch Private mit einer Ausnahme für Bagatellfällen.

543 BVerfGE 63, 1 (41).

§ 44 Abs. 2 BHO genügt nicht als ausreichende gesetzliche Grundlage für die Delegation der Sondervermögensverwaltung an Treuhänder. Denn es bedarf einer spezifischeren Ermächtigungsregelung. § 44 Abs. 2 BHO ist zu unbestimmt.

Die Bestimmung des § 11 Abs. 3 Nr. 3 DüngG[544] ist keine ausreichende gesetzliche Grundlage für die treuhänderische Verwaltung des Klärschlamm-Entschädigungsfonds durch die rechtsfähige Bundesanstalt für Landwirtschaft und Ernährung. Denn das Parlamentsgesetz trifft keine Grundentscheidung für eine solche Treuhandverwaltung.

Anderes gilt für das Treuhandvermögen Bergarbeiterwohnungsbau. Da das Errichtungsgesetz durch § 12 Satz 1 BergArbWoFöG die Ermächtigung zur Beauftragung von Treuhandstellen gegeben und damit bereits eine Grundentscheidung zur treuhänderischen Verwaltung getroffen hat, genügt dies dem Parlamentsvorbehalt. Eine konkretere Ermächtigung ist nicht erforderlich.

Etwas problematischer ist die Verwaltung des Zweckvermögens bei der Deutschen Postbank AG. Die Besonderheit ist, dass der Gesetzgeber konkret die treuhänderische Verwaltung durch die private DSL Bank AG in § 13 Abs. 2 DSL Bank-Umwandlungsgesetz normierte. Nur aufgrund einer privatrechtlichen Verschmelzung mit der Postbank AG entspricht diese gesetzliche Bestimmung nicht mehr dem aktuellen Rechtszustand. Hier lässt sich argumentieren, dass die parlamentsgesetzliche Delegation der externen Verwaltung an die DSL Bank AG auch deren nur privatrechtliche Verschmelzung und damit die Verwaltung durch die Rechtsnachfolgerin Postbank AG umfasste. Auch die Verwaltung des Zweckvermögens bei der Deutschen Postbank AG entspricht mithin den Anforderungen des Gesetzesvorbehalts.

III. Rechtfertigungsvoraussetzungen für die Ausgliederung

Der Parlamentsvorbehalt zur Ausgliederung von Sondervermögen ist zwar eine notwendige, aber noch keine hinreichende Bedingung für die zulässige Errichtung. Hinzu kommen muss noch ein die Aussonderung rechtfertigender Grund[545]. Das

544 Wortlaut: „Das Bundesministerium wird ermächtigt, (…) durch Rechtsverordnung mit Zustimmung des Bundesrates Vorschriften zu erlassen über
(…),
(…),
die Verwaltung des Entschädigungsfonds“.

545 So auch *Kilian*, Nebenhaushalte, S. 590 f., der jedoch nur auf einen besonderen Rechtfertigungsbedarf zur Errichtung von Nebenhaushalten insgesamt verweist, ohne näher auf dessen Inhalt einzugehen; zu den Staatszwecken als Rechtfertigungen für staatliches Handeln *Brugger*, NJW 1989, 2425 (2429 f.).

Ziel staatlichen Handelns muss das Gemeinwohl sein[546], so dass die Staatsgewalt vor allem bei der Bewirtschaftung des Vermögens an Rationalität und Verantwortung gegenüber heutigen und zukünftigen Generationen gebunden ist. Weil zudem ausgegliederte Sondervermögen die verfassungsrechtliche Ausnahme vom Einheits- und Vollständigkeitsprinzip darstellen und damit das Budgetrecht des Parlaments berühren, darf es nicht in der *freien* Hand des Gesetzgebers liegen, Vermögensmassen auszugliedern. Einerseits kann sich auch das Parlament nicht grundlos seiner Kompetenz (und Pflicht[547]) hinsichtlich des Budgetrechts entäußern. Andererseits bedarf es eines Rechtfertigungszwangs schon deshalb, weil die durch die Ausgliederung beeinträchtigten Haushaltsprinzipien nicht nur das Parlament, sondern die Staatslenkung und -leitung insgesamt schützen sollen[548].

1. Geeignetes Rechtfertigungskriterium

In Anlehnung an andere verfassungsrechtlich ungeschriebene Rechtfertigungsgründe auf dem Gebiet der Staatsleitung oder -organisation ließe sich parallel zur dazu vorhandenen verfassungsrechtlichen Rechtsprechung das Erfordernis eines *hinreichenden sachlichen Grundes* für die Ausgliederungsentscheidung als taugliches Rechtfertigungskriterium ausmachen[549]. So fordert das Bundesverfassungsgericht für die Errichtung einer selbständigen Bundesoberbehörde zwar keine weiteren Einschränkungen, statuiert aber zumindest ein Missbrauchsverbot[550], welches ebenfalls ein sachliches Kriterium darstellt.

Ein Mehr an Rechtfertigung im Sinne eines die Auslagerung *zwingenden* Grundes dürfte schon deshalb nicht gefordert werden, weil dies der Effektivität der Ausnahme in Art. 110 Abs. 1 Satz 1 HS 2 GG zuwider liefe[551]. Es ist nämlich kein einziger haushaltsrechtlicher Sachverhalt denkbar, der eine Sondervermögensauslagerung als unbedingt zwingend und ohne Alternative erforderlich macht. Das Haushaltsrecht ist im Hinblick auf seine Funktionsfähigkeit nicht

---

546 *Bull*, NVwZ 1989, 801 (805 f.); *Brugger*, NJW 1989, 2425 (2427); *v. Arnim*, Staatslehre, Kap. 3 G.; weiterführend *Fisch/Strom*, in: FS v. Arnim, S. 73 ff.

547 BVerfGE 45, 1 (33); *Mahrenholz*, in: AK-GG, Stand: August 2002, Art. 110 Rn. 30.

548 *Gröpl*, in: Bonner Kommentar, Stand: Dezember 2001, Art. 110 Rn. 27.

549 Siehe zu dieser Argumentation insgesamt *Puhl*, Budgetflucht, S. 169 f. mit Fn. 291; *Nebel*, in: Piduch, Bundeshaushaltsrecht, Stand: Juni 2007, § 113 Rn. 1: „wohlerwogene Gründe".

550 BVerfGE 14, 197 (215).

551 So im Ergebnis auch *Battis/Kersten*, NVwZ 2000, 1337 (1342); anderer Ansicht *Jahndorf*, Grundlagen der Staatsfinanzierung, S. 80; *Schemmel/Borell*, Verfassungsgrenzen für Steuerstaat und Staatshaushalt, S. 187 f., mit dem Hinweis darauf, dass bei nur sachlichem, nicht zwingendem Grund das Wirtschaftlichkeits- und Effizienzprinzip die Privatisierung der Aufgabe anstatt (nur) der Ausgliederung von Sondervermögen gebiete.

unbedingt auf die Gründung von Sondervermögen angewiesen. Auch bietet das Grundgesetz keine Anhaltspunkte dafür, dass mehr als nur ein sachlich nachvollziehbarer Grund, der sich am Gemeinwohl, also am öffentlichen Zweck und nicht etwa an Partikularinteressen zu orientieren hat[552], für die Errichtung durch das Parlament gegeben sein muss. Zwar ist das ausgelagerte Sondervermögen als Ausnahme konzipiert, aber vom Verfassungsrecht als solches durchaus anerkannt. Es sollte daher angesichts des ohnehin geltenden Gesetzesvorbehalts nicht unter noch größeren Rechtfertigungszwang gestellt werden.

2. Primat der Wirtschaftlichkeit?

Offen ist, ob die Ausgliederung von Sondervermögen allein aus Gründen der wirtschaftlicheren Verwaltung der Vermögensmasse zulässig ist. Dass der Wirtschaftlichkeitsgrundsatz überhaupt bei der Ausgliederung von Vermögen eine Rolle spielt, folgt aus der Bindung aller Staatsgewalt an das Gemeinwohl, an Rationalität und Verantwortung gegenüber zukünftigen Generationen[553]. Dabei ist – unabhängig von der Frage, ob das Wirtschaftlichkeitsprinzip als Verfassungsgrundsatz auch den Haushaltsgesetzgeber bindet[554] – vorrangig zu berücksichtigen, dass das Primat der Wirtschaftlichkeit im Sinne einer Nutzenmaximierung[555] als Grundlage und alleiniger Ausgangspunkt staatlichen Handelns nicht denkbar ist. Denn die Wirtschaftlichkeit als Optimierungsgebot ist kein sich selbst tragendes und sich allein genügendes Prinzip, sondern setzt inhaltliche Werte bzw. Nutzen, die es zu optimieren gilt, schon voraus[556]. Als rein „formales" und „inhaltlich offenes"[557] Prinzip kann es daher nicht für sich allein stehen und nicht Rechtfertigungsgrund für die Errichtung ausgegliederter Sondervermögen sein. Wirtschaftlichkeit muss bei der Ausgliederung zwar berücksichtigt werden, setzt aber gleichzeitig das Vorliegen eines rechtfertigenden sachlichen Grundes voraus[558].

---

552 Vgl. *Püttner*, Öffentliche Unternehmen, S.128.

553 *v. Arnim*, Wirtschaftlichkeit als Rechtsprinzip, S. 67 ff., insbes. S. 71 ff.; *Kube*, DÖV 2000, 810 (816); *Gröpl*, in: Bonner Kommentar, Stand: Dezember 2001, Art. 110 Rn. 140 m.w.N.

554 Dazu eingehend *v. Arnim*, Wirtschaftlichkeit als Rechtsprinzip, S. 71 ff.; *Fischer-Menshausen*, in: v. Münch/Kunig, Art. 110 Rn. 27; *Gröpl*, in: Bonner Kommentar, Stand: Dezember 2001, Art. 110 Rn. 140; *Grupp*, DVBl. 1994, 140 (146); eher ablehnend *Siekmann*, in: Sachs, Art. 110 Rn. 67 f. m.w.N.

555 *Gröpl*, in: Bonner Kommentar, Stand: Dezember 2001, Art. 110 Rn. 141.

556 Zum Wirtschaftlichkeitsprinzip als einem an sich wertentkleideten Prinzip vgl. eingehend *Luhmann*, VerwArch 51 (1960), 97 (98 ff.); auch *Gersdorf*, Öffentliche Unternehmen, S. 423.

557 *v. Arnim*, Wirtschaftlichkeit als Rechtsprinzip, S. 36.

558 Zum Vorrang des Demokratie- vor dem Wirtschaftlichkeitsprinzip *Gersdorf*, S. 495 ff., insbes. S. 498 f.

Vor dem Hintergrund dieses Rechtfertigungsgrundes erst kann der Optimierungsgedanke im Sinne der Frage, ob eine Bewirtschaftung innerhalb oder außerhalb des Gesamtetats sinnvoller und wirtschaftlicher zur Zielerreichung ist, zur Anwendung gebracht werden[559].

Als Rechtfertigungsgründe zur Ausgliederung von Sondervermögen in Verbindung mit dem Wirtschaftlichkeitsgebot kommen beispielsweise in Betracht: spezielle Finanzierungen oder Förderungen, Zukunftsinvestitionen, flexible Entschädigung bestimmter Gruppen oder die Hinzuziehung besonderen Sachverstands insbesondere im Bereich der Wirtschaftsunterstützung[560].

3. Einschätzungsprärogative

Eine Einschätzungsprärogative steht den verfassungsrechtlich zuständigen Organen im Allgemeinen zu, wenn Prognoseentscheidungen zu treffen oder wenn politische Einschätzungen oder Wertungen abzugeben sind[561]. Der Grund für die Einräumung dieses Spielraums und die damit einhergehende begrenzte Überprüfbarkeit durch das Bundesverfassungsgericht ist dabei zum Einen die Offenheit und Unbestimmtheit der zu bewertenden Begriffe und Situationen[562]. Andererseits wird davon ausgegangen, dass die Einschätzung des Verfassungsgerichts im Vergleich mit den an der Entscheidung durch den ersten Zugriff beteiligten Verfassungsorganen nicht schwerer wiegen dürfe, vor allem wenn diese anderen Verfassungsorgane zu mehreren zusammenwirkten[563].

Das Vorliegen eines sachlichen Grundes zur Ausgliederung von Sondervermögen kann nicht zu einer dieser Kategorien gezählt werden. Weder ist das Rechtfertigungsmerkmal des sachlichen Grundes zu unbestimmt oder wertungsbedürftig, noch erfordert es eine politische Einschätzung oder Prognose. Darüber hinaus müssen nicht mehrere Organe im Vorfeld über das Vorliegen dieser Voraussetzung urteilen, sondern allein der Gesetzgeber, so dass dem Bundesverfassungsgericht durchaus ein Letztentscheidungsrecht eingeräumt werden muss[564].

---

559 Zur Zulässigkeit rein erwerbswirtschaftlicher Betätigung der öffentlichen Hand vgl. auch *Gersdorf*, Öffentliche Unternehmen, S. 488 ff.; *Ehlers*, Verwaltung in Privatrechtsform, S. 92 f.; *derselbe*, JZ 1990, 1089 (1091); *derselbe*, Jura 1999, 212 (213 f.); *Püttner*, Öffentliche Unternehmen, S. 131; *Gusy*, JA 1995, 166 (170); *Hidien*, Gemeindliche Betätigung rein erwerbswirtschaftlicher Art und öffentlicher Zweck kommunaler wirtschaftlicher Unternehmen, S. 136.

560 Vgl. *Kilian*, Nebenhaushalte, S. 871 mit Fn. 9.

561 Vgl. BVerfGE 79, 311 (343 f.) und BVerfGE 119, 96 (140 ff.); BVerfGE 62, 1 (50 f.) und BVerfGE 114, 121 (155 ff.); auch BVerfGE 106, 62 (151 f.) und BVerfGE 111, 226 (255).

562 *Puhl*, Budgetflucht, S. 170.

563 BVerfGE 114, 121 (155).

564 Anderer Ansicht *Puhl*, Budgetflucht, S. 170.

Anderes gilt hingegen auf der zweiten Stufe für die Beurteilung der Wirtschaftlichkeit der Ausgliederung durch das Bundesverfassungsgericht. Bei dieser Voraussetzung nämlich handelt es sich nicht nur um einen wertenden, der Interpretation zugänglichen Begriff, sondern insbesondere auch um eine Voraussetzung, die eine Prognoseentscheidung und eine Bewertung und Abwägung durch den Gesetzgeber erfordert[565]. Diesbezüglich muss dem Parlament ein Beurteilungs- und Einschätzungsspielraum zugestanden werden, der durch das Bundesverfassungsgericht nur auf die Schranke des Missbrauchs bzw. auf Willkür überprüft werden kann[566].

Dem steht nicht entgegen, dass die in Art. 114 Abs. 2 Satz 1 GG vorgesehene Wirtschaftlichkeitskontrolle durch den Bundesrechnungshof keine Einschätzungsspielräume kennt. Diese Besonderheit der Finanzkontrolle durch den Bundesrechnungshof hängt allein damit zusammen, dass ihr im Gegensatz zur gerichtlichen Kontrolle keine letztverbindliche Entscheidungsgewalt zukommt[567].

4. Zweckbindung und Zweckverdeutlichungspflicht

Bei den in den Bundeshaushalt integrierten Sondervermögen ist die besondere Zweckbindung der Vermögensmasse notwendiges Begriffsmerkmal. Dies gilt für die ausgesonderten Sondervermögen nicht unbedingt. Theoretisch könnten sie auch ohne spezielle Aufgabe außerhalb des Etats errichtet werden[568]. Fraglich ist aber, ob eine Widmung zu einem bestimmten Zweck und zu einer bestimmten, abgrenzbaren Aufgabe eine Voraussetzung zur Rechtfertigung der Etatausgliederung ist. Dass die Zweckbestimmung Rechtfertigungsmerkmal ist, könnte nicht nur aus dem Ausnahmecharakter der Ausgliederung folgen, sondern insbesondere aus dem in Art. 110 Abs. 1 Satz 1 GG wurzelnden Grundsatz der Haushaltsklarheit und Bestimmbarkeit. Dieser verlangt von der integrierten, ausnahmsweise nicht dem Gesamtdeckungsgrundsatz unterworfenen Sondervermögensbewirtschaftung im Haushaltsplan, dass Parlament und Öffentlichkeit der Zweckbestimmung der einzelnen Haushaltstitel ohne längere Nachforschungen entnehmen können, wozu und wie die veranschlagten Mittel einzusetzen sind[569]. Was für

565 Zum Wirtschaftlichkeitsprinzip ausführlich *K. Vogel/P. Kirchhof*, in: Bonner Kommentar, Stand: März 1973, Art. 114 Rn. 90 ff.

566 Vgl. zum Inhalt der Willkürkontrolle nur BVerfGE 79, 311 (344).

567 *Heintzen*, in: v. Münch/Kunig, Art. 114 Rn. 9; *Krebs*, Kontrolle in staatlichen Entscheidungsprozessen, S. 200 f.

568 Anderer Ansicht wohl *Puhl*, Budgetflucht, S. 131 m.w.N., der die Zweckbindung in allen Fällen als Begriffsmerkmal einordnet.

569 *Gröpl*, in: Bonner Kommentar, Stand: Dezember 2001, Art. 110 Rn. 117. Bei innerhalb des Bundesetats veranschlagten Einnahmen und Ausgaben schlägt sich das Prinzip der Budgetbe-

innerhalb des Budgets veranschlagte zweckgebundene Titel gilt, muss aber erst recht auch Niederschlag bei der Errichtung ausgegliederter Sondervermögen finden. Ihre Zweckbestimmung wird damit zu einer weiteren Rechtfertigungsvoraussetzung.

Es existieren zahlreiche, in ihrer Zweckbestimmung erheblich voneinander abweichende Sondervermögen des Bundes. Verallgemeinert man die spezielle Zweckbindung, lassen sich die Sondervermögen vier übergeordneten Kategorien zuteilen.

(1) Einige Fonds erbringen *Entschädigungs- oder Ausgleichsleistungen* an Dritte wie die Entschädigungseinrichtung der Wertpapierhandelsunternehmen, der Entschädigungsfonds und der Klärschlamm-Entschädigungsfonds.
(2) Der Ausgleichsfonds für überregionale Vorhaben zur Teilhabe schwerbehinderter Menschen am Arbeitsleben, der Fonds „Deutsche Einheit", Teile des Investitions- und Tilgungsfonds, der Fonds nach § 5 Mauergrundstücksgesetz und das Sondervermögen „Kinderbetreuungsausbau" stellen *Finanzmittel an die Bundesländer* zur Erreichung bestimmter Zwecke bereit.
(3) Daneben gibt es Sondervermögen, die *Dritte* durch Finanzmaßnahmen im weiteren Sinn *fördern oder unterstützen*, wozu das Bergmannssiedlungsvermögen, der Binnenschifffahrtsfonds, das Sondervermögen „Energie- und Klimafonds", das ERP-Sondervermögen, der Finanzmarktstabilisierungsfonds, Teile des Investitions- und Tilgungsfonds, der Restrukturierungsfonds, der Revolvingfonds, das Zweckvermögen bei der Deutschen Postbank AG und das Zweckvermögen bei der Landwirtschaftlichen Rentenbank zählen.
(4) Zu nennen bleiben schließlich noch die Sondervermögen, die der *internen Bewirtschaftung von Vermögensmassen* dienen. Dies sind die Versorgungsrücklage und der Versorgungsfonds des Bundes, die der Bildung von Pensionsrücklagen dienen, der Erblastentilgungsfonds, der zur Zusammenfassung und Tilgung von Schulden errichtet wurde, das Bundeseisenbahnvermögen, das die Verwaltung sonstiger Verbindlichkeiten aus den ehemaligen Sondervermögen „Deutsche Reichsbahn" und „Deutsche Bundesbahn" bezweckt, und das Sondervermögen „Vorsorge für Schlusszahlungen für inflationsindexierte Bundeswertpapiere", welches zur Ansparung von Vermögensmitteln dient.

Der Gesetzgeber muss bereits den besonderen Zweck festlegen, so dass die Pflicht zur Zweckverdeutlichung die Reichweite des Gesetzesvorbehalts betrifft[570]. Die

stimmtheit in der gemäß § 17 Abs. 1 Satz 1 BHO erforderlichen Einzelveranschlagung nieder, *v. Köckritz/Ermisch/Lamm*, Stand: Juni 2001, § 17 Rn. 1 f. BHO.

570 Vgl. *Mann*, Die öffentlich-rechtliche Gesellschaft, S. 79; unklar *Püttner*, Öffentliche Unternehmen, S. 124 und S. 131.

Festschreibung des Sondervermögenszwecks in jedem Errichtungsgesetz dient so nicht nur der Wahrnehmung des haushaltsrechtlichen Steuerungsauftrags des Parlaments gegenüber der Exekutive und stellt eine wesentliche Entscheidung dar, die vom Gesetzgeber getroffen werden muss. Gleichzeitig erfüllt sie auch die Anforderungen, die sich aus dem haushaltsrechtlichen Bestimmtheitsgrundsatz ergeben.

Die Auffassungen zur Verwirklichung des haushaltsrechtlichen Bestimmtheitsgrundsatzes *innerhalb* des Haushaltsplans gehen weit auseinander[571]. Denn es geht darum, sowohl dem Bestimmtheitsgrundsatz zu entsprechen als auch den Anforderungen an die Anschaulichkeit und Begrenzung des Umfangs des Haushaltsplans gerecht zu werden. Dieser Streit um die Verwirklichung des Prinzips der haushaltsrechtlichen Bestimmtheit wirkt sich aber nur rudimentär auf das Erfordernis der Zweckbestimmung bei ausgelagerten Sondervermögen aus. Denn bei der gesetzlichen Errichtung eines solchen Sondervermögens kann das Erfordernis der Anschaulichkeit und der Begrenzung des Umfangs des Haushaltsplans keine Rolle spielen. Damit liegt die Betonung allein auf dem Bestimmtheitsgebot, das sich infolgedessen zu einem *Gebot der Spezialisierung* verdichten muss. Durch eine hinreichend spezifizierte und präzise Zweckbestimmung kann das Parlament seine Steuerungs- und Leitungsfunktion am wirksamsten erfüllen und auch bei der Auslagerung von Sondervermögen eine verbindliche Leitlinie gegenüber der Exekutive vorgeben[572]. Daraus wiederum folgt, dass auch eine Zweckänderung oder -erweiterung dem Gesetzgeber vorbehalten sein muss.

Hinsichtlich des Gebots der Spezialisierung bestehen gegenüber dem ERP-Sondervermögen und gegenüber dem Fonds nach § 5 Mauergrundstücksgesetz Bedenken. Gemäß § 2 ERP-Verwaltungsgesetz dient das ERP-Sondervermögen der Förderung der deutschen Wirtschaft nach Maßgabe der Bestimmungen des Abkommens über Wirtschaftliche Zusammenarbeit zwischen den Vereinigten Staaten von

571 Die geringsten Anforderungen stellt *Mußgnug*, in: FS Forsthoff, S. 259 (280): es reiche ein Globalansatz, um dem Bestimmheitsgebot im Haushaltsplan Rechnung zu tragen; *Maunz*, in: Maunz/Dürig, Stand: 1981, Art. 110 Rn. 38: aus dem Verfassungsrecht folge nur, dass der Haushaltsplan einen vollständigen Überblick über die Entwicklung von Einnahmen und Ausgaben bieten müsse und nicht undurchsichtig sein dürfe; etwas weitergehend schon BVerfGE 70, 324 (355): es seien hinreichend konkrete Angaben über Einnahmen und Ausgaben erforderlich und Informationen, die dem Abgeordneten eine sachverständige Beurteilung des Haushaltsplans ermöglichen; die höchsten Anforderungen stellen *Kisker*, in: HStR IV, § 89 Rn. 71: so präzise Fassung der Angaben, dass Finanzgebaren der Exekutive wirksam gesteuert werden kann; und *Mahrenholz*, in: AK-GG, Stand: August 2002, Art. 110 Rn. 54a: aus dem Bestimmtheitsprinzip folge der Grundsatz der Spezialität.

572 Die gesetzliche Globalregelung des § 26 Abs. 2 BHO erfüllt nicht bereits die Anforderungen an die Zweckverdeutlichungspflicht für jedes einzelne Sondervermögen. Da der Zweck konkret für das jeweilige Sondervermögen zu bestimmen ist, ist es notwendig, ihn im Errichtungsgesetz festzuschreiben.

Amerika und der Bundesrepublik Deutschland[573]. Diese Normierung kann nicht als besonders bestimmt bezeichnet werden. Allerdings gelten für das ERP-Sondervermögen aufgrund seiner historischen Wurzeln besondere Regeln. Denn einerseits bestehen die völkervertraglichen Bindungen des ERP-Sondervermögens fort, so dass eine Umfunktionierung des Vermögens nur in Abstimmung mit den USA möglich sein dürfte[574]. Andererseits ist Grundlage für die Vergabe von Fördermitteln aus dem ERP-Sondervermögen der jährlich durch Gesetz zu erlassende Wirtschaftsplan, so dass eine enge Zweckbindung durch ihn gewährleistet wird. Die Widmung des ERP-Sondervermögens ist daher verfassungsrechtlich unproblematisch.

Die Zweckbestimmung für den Fonds nach § 5 Mauergrundstücksgesetz entspricht den Anforderungen des Gesetzesvorbehalts in Bezug auf das haushaltsrechtliche Bestimmtheitsgebot nicht. Wenn § 5 Abs. 1 Satz 1 MauerG als Aufgabe die Förderung von wirtschaftlichen, sozialen und kulturellen Zwecken in den neuen Bundesländern normiert, so kommt darin ein zu geringer Bestimmtheitsgrad der gesetzlichen Normierung zum Ausdruck, die mit dem Verfassungsrecht nicht vereinbar ist[575].

IV. Sondervermögen und Bundesstaat

1. Kompetenzverteilung

a) Errichtungskompetenz

Verfassungsrechtlicher Ausgangspunkt für die Frage nach der Kompetenz zur Gründung von Sondervermögen muss Art. 109 Abs. 1 GG und dessen Garantie haushaltswirtschaftlicher Selbständigkeit und Unabhängigkeit von Bund und Ländern sein. Denn Art. 110 Abs. 1 Satz 1 GG liefert keinen Kompetenztitel zur Errichtung von Sondervermögen[576].

aa) Selbständige und voneinander unabhängige Haushaltswirtschaft

Als originäre Ausprägung des Bundesstaatsprinzips und Festschreibung eigenverantwortlicher Staatlichkeit von Bund und Bundesländern kommt Art. 109

573 Vom 15.12.1949, BGBl. 1950, S. 10.

574 Siehe dazu insgesamt *Waldhoff*, DÖV 2005, 674 (679).

575 Anderer Ansicht wohl *Kilian*, Nebenhaushalte, S. 587 f., der eine Gemeinwohlverpflichtung von Sondervermögen genügen lässt.

576 So aber die Entwurfsbegründung zur Errichtung des Investitions- und Tilgungsfonds, BT-Drs. 16/11740, S. 23.

Abs. 1 GG die Aufgabe zu, die getrennte Haushaltswirtschaft der Gebietskörperschaften im Grundsatz festzuschreiben und zu schützen. Sowohl der Bund als auch die einzelnen Bundesländer sind aus kompetenzrechtlicher Sicht frei, Sondervermögen (durch Gesetz) zu errichten, und handeln insofern in eigenstaatlicher Verantwortung.

Zur Haushaltswirtschaft i.S.d. Art. 109 Abs. 1 GG zählen die unmittelbar auf die staatlichen Einnahmen und Ausgaben bezogenen *haushälterischen* Vorgänge und somit vor allem die Vermögens- und Schuldenverwaltung[577]. Soweit also *allein* die Ausgliederung von Vermögen (in Form von Aktiva und/oder Passiva) aus dem Haushalt in der Form eines Sondervermögens zu beurteilen ist, fällt der Errichtungsakt unter den Gewährleistungsgehalt des Art. 109 Abs. 1 GG, der damit kompetenzrechtliche Grundlage ist[578]. Das Trennungsgebot sichert den Schutz des Bundes vor der Kontrolle oder Einwirkung auf die Errichtung durch einzelne oder mehrere Bundesländer und umgekehrt[579].

Die Gewährleistung selbständiger und unabhängiger Haushaltswirtschaft der Gebietskörperschaften umfasst nicht nur die erstmalige Errichtung von Sondervermögen, sondern ihre gesamte Verwaltung im Sinne einer reinen Vermögensverwaltung und insbesondere die Regelungen ihrer Haushalts- und Wirtschaftsführung, ihrer Mittelzuordnung, eventuelle Tilgungs-, Befristungs- oder Teilrechtsfähigkeitsanordnungen und schließlich auch ihrer Rechnungslegung und -prüfung[580].

Auch das Erfordernis eines formellen Gesetzes für die Errichtung eines ausgegliederten Sondervermögens führt nicht zu einer Anwendbarkeit der Kompetenzregelungen der Art. 30, 70 ff. GG anstelle des Art. 109 Abs. 1 GG. Denn der Gesetzesvorbehalt als solcher ist kein materieller, sich nach außen an Dritte richtender, sondern ein wegen Art. 110 Abs. 1 GG geltender institutioneller Vorbehalt, der allein aus dem intern bleibenden Organisationsakt der Vermögensauslagerung folgt. Die Art. 30, 70 ff. GG sind daher grundsätzlich nicht anwendbar[581].

bb) Schranken des Gewährleistungsgehalts von Art. 109 Abs. 1 GG

Aus diesen Feststellungen ergeben sich aber bereits die Grenzen der Gewährleistung nach Art. 109 Abs. 1 GG. Das Trennungsgebot der Haushaltswirtschaften

---

577 *Heintzen*, in: v. Münch/Kunig, Art. 109 Rn. 5; *Jarass*, in: Jarass/Pieroth, Art. 109 Rn. 1; *H.-P. Schneider*, in: AK-GG, Stand: 2001, Art. 109 Rn. 4.

578 *Heintzen*, v. Münch/Kunig, Art. 109 Rn. 5.

579 *Heun*, in: Dreier, Art. 109 Rn. 17; *Jarass*, in: Jarass/Pieroth, Art. 109 Rn. 1.

580 *Heintzen*, in: v. Münch/Kunig, Art. 109 Rn. 5; *Heun*, in: Dreier, Art. 109 Rn. 15; *H.-P. Schneider*, in: AK-GG, Stand: 2001, Art. 109 Rn. 4.

581 Zu diesem institutionellen Gesetzesvorbehalt siehe oben unter E. II. 1.

zwischen Bund und Ländern ermöglicht eine eigenständige Errichtung von Sondervermögen durch den Bund nur, soweit das Errichtungsgesetz als Organisationsakt ausschließlich die Gründung des Sondervermögens und die Regelungen zur Vermögensverwaltung normiert. Sofern mit dem Errichtungsakt auch Bereiche der Ausgabenverteilung wie Förderungsmaßnahmen oder Finanzhilfen an Länder aus dem Sondervermögen geregelt werden – wie in vielen Fällen der Gründung von Sondervermögen[582] – sind auch andere Verfassungsbestimmungen betroffen. Art. 109 Abs. 1 GG findet für die Ausgabenseite der Haushaltswirtschaft seine Schranken vornehmlich in den Normen der Art. 104a, 104b, 91a und 91b GG[583]. Gleiches gilt für die Schranken der Sachkompetenz nach Art. 70 ff. GG. Soweit Sondervermögen nicht nur der internen Vermögensverwaltung dienen, sondern anderen externen Sachaufgaben gewidmet werden, greifen die vorrangigen Kompetenztitel der Art. 30, 70 ff. GG.

Aus dem in Art. 104a Abs. 1 GG statuierten Prinzip der Konnexität geht nicht nur das Gebot hervor, dass Bund und Länder im Verhältnis zueinander die Ausgaben nach ihrer Wahrnehmungszuständigkeit zu tragen haben. Aus der Norm folgt insbesondere auch das Verbot, fremde Aufgaben zu finanzieren. Eine Gebietskörperschaft darf sich nicht freiwillig oder durch Vereinbarung an den Kosten beteiligen, die einer anderen Gebietskörperschaft aus der Erfüllung der

---

582 Ausgleichsfonds für überregionale Vorhaben zur Teilhabe schwerbehinderter Menschen am Arbeitsleben: Förderung schwerbehinderter Menschen und Regelung der Ausgleichsabgabepflicht nach § 77 SGB IX; Bergmannssiedlungsvermögen: Ausgabenverteilung; Treuhandvermögen Bergarbeiterwohnungsbau: ehemals Regelung der Förderung und damit der Ausgabenverteilung; Binnenschifffahrtfonds: Ausgabenverteilung bzw. Mittelverwendung; Bundeseisenbahnvermögen: Regelung der Verwaltung und des Verwaltungsaufbaus nach §§ 2, 6 ff. BEZNG; Fonds „Deutsche Einheit“: Regelung von Finanzhilfen an Länder nach § 2 DEFG; Entschädigungsfonds: Entschädigungsregelungen; Entschädigungseinrichtung der Wertpapierhandelsunternehmen: Regelung der Entschädigung, des Entschädigungsverfahrens nach § 5 EAEG und der Beitragspflicht nach § 8 EAEG; ERP-Sondervermögen: Regelung der Ausgabenverteilung nach §§ 2, 6, 7 ERP-Verwaltungsgesetz; Finanzmarktstabilisierungsfonds: Regelung des Stabilisierungsverfahrens; Investitions- und Tilgungsfonds: Kreditermächtigung; Klärschlamm-Entschädigungsfonds: Regelung der Entschädigung, der Beitragspflicht nach § 11 Abs. 2 DüngG i.V.m. §§ 4 ff. KlärEV und des Entschädigungsverfahrens nach §§ 9 ff. KlärEV; Fonds nach § 5 Mauergrundstücksgesetz: Regelung von Finanzhilfen an Länder nach § 2 MauerV; Restrukturierungsfonds: Regelung der Beitragspflicht und des Verfahrens nach § 12 Abs. 1 und §§ 3 ff. RStruktFG; Zweckvermögen bei der Landwirtschaftlichen Rentenbank: Verwendung und damit Ausgabenverteilung; Zweckvermögen bei der Deutschen Postbank AG: ebenfalls Ausgabenverteilung; die übrigen hier nicht genannten Sondervermögen fallen unter die Errichtungskompetenz des Bundes nach Art. 109 Abs. 1 GG (mit Ausnahme von Revolvingfonds und Freistellungsfonds, die ohnehin unzulässigerweise ohne gesetzliche Grundlage errichtet wurden).

583 *Heun*, in: Dreier, Art. 109 Rn. 20; *Jarass*, in: Jarass/Pieroth, Art. 109 Rn. 2.

dieser allein überantworteten Aufgaben entstehen[584]. Aus der Zusammenschau von Art. 104a Abs. 1 und Abs. 2 GG wird deutlich, dass unter der Wahrnehmungszuständigkeit, aus der die Kostentragungspflicht folgt, die Verwaltungszuständigkeit zu verstehen ist[585]. Da Art. 104a Abs. 1 GG nur einen Grundsatz statuiert, sind anderweitige verfassungsrechtliche Regelungen der Kostentragungslast nach Art. 104a Abs. 1 HS 2 GG zulässig. Dies sind insbesondere Art. 104a Abs. 2, Abs. 3 und Abs. 4 GG sowie Art. 91a und 91b GG; schließlich sind daneben Art. 106 Abs. 4 und Abs. 8 GG, Art. 106a GG, Art. 120 GG und Art. 143c GG als Ausnahmeregelungen zu nennen[586].

Für die Errichtung von Sondervermögen des Bundes zeitigen der Konnexitätsgrundsatz und seine Ausnahmeregelungen nicht unerhebliche Folgen. Wenn das Errichtungsgesetz (des Bundes) nämlich Lastentragungsregelungen im Verhältnis zu den Bundesländern trifft, also entweder allgemein Förderungsmaßnahmen für Dritte auf bestimmten Gebieten vorsieht oder Finanzhilfen an Bundesländer zur Verfügung stellt, sind diese nur dann kompetenzordnungsgemäß erlassen, soweit sie nach Art. 104a oder nach Art. 91a, Art. 91b oder 104b GG zulässig sind[587]. Finanzhilfen an Länder durch den Bund oder die Bereitstellung von Mitteln für Förderungsmaßnahmen an Dritte durch das Errichtungsgesetz des Sondervermögens müssen deshalb in die allgemeine Verwaltungszuständigkeit des Bundes fallen oder Ausdruck einer besonderen verfassungsrechtlichen Kostentragungsregelung sein[588].

Da sich die Aufgaben- und Ausgabenverantwortung des Bundes an seiner Verwaltungszuständigkeit orientieren und letztere nicht weiter reicht als die Bundesgesetzgebungskompetenzen nach Art. 30, 70 ff. GG[589], kann auch die Zuständigkeit zur Errichtung von Sondervermögen höchstens so weit gehen wie die Bundesgesetzgebungsbefugnisse. Eine Ausnahme gilt nur für den Bereich

---

584 BVerwGE 81, 312 (314); *Heun*, in: Dreier, Art. 104a Rn. 17; *Maunz*, in: Maunz/Dürig, Stand: 1977, Art. 104a Rn. 25; *Siekmann*, in: Sachs, Art. 104a Rn. 12.

585 *Keilmann*, in: Piduch, Bundeshaushaltsrecht, Stand: Juni 2007, Art. 104a Rn. 27; *Maunz*, in: Maunz/Dürig, Stand: 1977, Art. 104a Rn. 59.

586 *Kube*, in Beck-OK GG, Stand: 01.10.2010, Art. 104a Rn. 27; *Maunz*, in: Maunz/Dürig, Stand: 1977, Art. 104a Rn. 28.

587 *Maunz*, in: Maunz/Dürig, Stand: 1977, Art. 104a Rn. 13; *Siekmann*, in: Sachs, Art. 104a Rn. 14.

588 Zur umstrittenen Problematik der Bundeszuständigkeit im Hinblick auf Förderungen durch das ERP-Sondervermögen siehe *Maunz*, in: Maunz/Dürig, Stand: 1977, Art. 104a Rn. 14. Finanzhilfen an die Bundesländer gewähren die Bundes-Sondervermögen Investitions- und Tilgungsfonds und Sondervermögen „Kinderbetreuungsausbau" auf der Grundlage von Art. 104b Abs. 1 Satz 1 Nr. 3 GG. Das Sondervermögen gemäß § 5 Mauergrundstücksgesetz sieht ebenfalls Finanzhilfen an Bundesländer vor und kann sich auf Art. 104a Abs. 4 GG a.F. stützen.

589 BVerfGE 12, 205 (229); 15, 1 (16).

der ungeschriebenen Verwaltungszuständigkeiten[590] und der damit einhergehenden (ungeschriebenen) Finanzierungszuständigkeiten des Bundes[591].

Da die Ausgliederung von Sondervermögen aus dem Zentralhaushalt stets durch einen hinreichenden sachlichen Grund gerechtfertigt sein muss[592] und dieser sachliche Grund in der Praxis meist nicht nur internen Vermögensverwaltungs-, sondern nach außen gerichteten Drittbezug aufweist, normieren die meisten Errichtungsgesetze nicht nur die Gründung und Bewirtschaftung der Sondervermögen, sondern regeln auch die Mittelverteilung. Die einzigen heute existierenden Sondervermögen, die allein vermögensverwaltenden Zwecken dienen, sind die Konjunkturausgleichsrücklage, der Erblastentilgungsfonds, das Sondervermögen „Vorsorge für Schlusszahlungen für inflationsindexierte Bundeswertpapiere" und die Sondervermögen Versorgungsrücklage und Versorgungsfonds des Bundes[593]. Da der Erblastentilgungsfonds allein der Zusammenfassung, Verzinsung und Tilgung von Verbindlichkeiten des Bundes dient und Versorgungsrücklage und Versorgungsfonds die Aufgabe haben, Pensionsrücklagen zu bilden und zu sichern, weisen alle drei Sondervermögen keinen Drittbezug auf und bedürfen keiner über Art. 109 Abs. 1 GG hinausgehenden Kompetenzgrundlage.

b) Verwaltungskompetenz

Nur wenn neben der rein intern bleibenden Vermögensverwaltung auch die auf Außenwirkung zielende Vergabe von Fördermitteln und die Einrichtung von Behörden bzw. das Verwaltungsverfahren normiert werden, greift Art. 109 Abs. 1 GG nicht mehr allein; eine entsprechende Verwaltungskompetenz des Bundes muss sich auch aus den Vorschriften der Art. 83 ff. GG ergeben.

---

590 Vgl. BVerfGE 22, 180 (216 ff.); *Keilmann*, in: Piduch, Bundeshaushaltsrecht, Stand: Juni 2007, Art. 104a Rn. 13; *Kirchhof*, in: Maunz/Dürig, Stand: Januar 2009, Art. 83 Rn. 49 ff.; zum Streit, ob Art. 84 Abs. 1 GG und entsprechend Art. 85 Abs. 1 GG zuständigkeitsbegründender Charakter für den Bundesgesetzgeber zukommt oder die Regelungskompetenz des Bundes für das Verwaltungsverfahren als Annexzuständigkeit aus Art. 70 ff. GG folgt – so die herrschende Auffassung – *Neuser*, Gesetzgebungskompetenzen für das Verwaltungsverfahren, S. 110 ff.; *Hermes*, in: Dreier, Art. 83 Rn. 20 ff. und Art. 85 Rn. 27; *Kirschenmann*, JuS 1977, 565 (572 mit Fn. 87); anderer Ansicht *Lerche*, in Maunz/Dürig, Stand: Juni 1998, Art. 83 Rn. 32 ff., insbesondere Rn. 37, und Art. 84 Rn. 14.

591 Vgl. dazu ausführlich *Maunz*, in Maunz/Dürig, Art. Stand: 1977, 104a Rn. 15 ff.; *Keilmann*, in: Bundeshaushaltsrecht, Art. 104a Rn. 14 ff.

592 Siehe dazu oben unter E. III. 1.

593 Siehe zu diesen Sondervermögen im Einzelnen oben unter B. I. und II.

aa) Einrichtung von Behörden

Sobald das Errichtungsgesetz nicht nur die interne Bundesvermögensverwaltung nach Art. 109 Abs. 1 GG betrifft, sondern des externen Vollzugs bedarf, müssen grundsätzlich die Regelungen der Art. 83, 84 GG greifen, wonach die Länder die Bundesgesetze als eigene Angelegenheit ausführen. Denn auch Subventionsverwaltung des Bundes ist nur innerhalb der föderalen Kompetenzschranken des Grundgesetzes zulässig[594]. Etwas anderes kann allerdings verfassungsrechtlich nach Art. 86 ff. GG bestimmt sein.

Sollen – ohne dass es eine abweichende verfassungsrechtliche Bundesverwaltungszuständigkeit gibt – die Vermögensverwaltung und die Verwaltung im Sinne der Art. 83 ff. GG in einer Hand, nämlich der des Bundes, liegen, so bietet es sich nach Art. 87 Abs. 3 Satz 1 GG an, Einrichtungen der mittelbaren Bundesverwaltung oder selbständige Bundesoberbehörden mit den entsprechenden Befugnissen zu betrauen. Nicht möglich ist es, die Verwaltungskompetenz des Bundes aus dem Titel „Bundesfinanzverwaltung" gemäß Art. 87 Abs. 1 Satz 1 GG abzuleiten. Dadurch wären in unzulässiger Weise einer subventionierenden Bundestätigkeit keine Grenzen gesetzt[595]. Art. 87 Abs. 3 Satz 1 GG setzt allerdings wiederum eine entsprechende Bundesgesetzgebungskompetenz nach Art. 70 ff. GG voraus[596].

In seltenen Fällen werden Sondervermögen mit eigenem Verwaltungsunterbau gegründet[597]. Dafür bedarf es entweder einer ausdrücklichen Normierung in den Art. 87 ff. GG oder es müssen die Voraussetzungen des Art. 87 Abs. 3 Satz 2 GG gegeben sein.

---

594 *Grosser*, Vergabe von staatlichen Wirtschaftssubventionen, S. 53 ff.; *Hermes*, in: Dreier, Art. 87 Rn. 94.

595 So auch *Hermes*, in: Dreier, Art. 87 Rn. 94 mit Fn. 366; anderer Ansicht *V. Götz*, Recht der Wirtschaftssubventionen, S. 311.

596 Entschädigungsfonds: Verwaltung durch Bundesoberbehörde und Bundesgesetzgebungstitel; Entschädigungseinrichtung der Wertpapierhandelsunternehmen: Verwaltung durch Anstalt des öffentlichen Rechts und Bundesgesetzgebungstitel; Finanzmarktstabilisierungsfonds und Restrukturierungsfonds: Verwaltung durch Bundesanstalt für Finanzmarktstabilisierung und Bundesgesetzgebungstitel; Klärschlamm-Entschädigungsfonds: Verwaltung durch Anstalt des öffentlichen Rechts und Bundesgesetzgebungstitel.

597 Nur beim Bundeseisenbahnvermögen nach § 2 Abs. 1 VwO-BEV zweigliedriger Aufbau: gedeckt von Art. 87e Abs. 1 Satz 1 GG; vgl. *Windthorst*, in: Sachs, Art. 87e Rn. 23. Der Binnenschifffahrtsfonds allerdings wurde zwar nicht mit eigenem Verwaltungsunterbau errichtet, seine Verwaltung obliegt aber einer Mittelbehörde. Diese Bundesverwaltung, die auch tatsächlich über die bloße Vermögensverwaltung hinausgeht, kann sich auf Art. 89 Abs. 2 Satz 2 GG stützen.

bb) Besonderheit Treuhandvermögen

Besonderheiten gelten für die von Stellen außerhalb der unmittelbaren Bundesverwaltung bewirtschafteten und verwalteten Sondervermögen. Ist die externe Stelle eine bundesunmittelbare Person des öffentlichen Rechts, kann sich ihre Tätigkeit kompetenzrechtlich auf Art. 87 Abs. 3 Satz 1 Alt. 2 GG stützen. Dem Bund muss die Gesetzgebungskompetenz zustehen, um so die Verwaltungskompetenz zu begründen.

Kompetenzrechtlich problematischer ist die treuhänderische Bewirtschaftung durch Stellen, die dem privaten Recht zurechnen. Diese privaten Treuhänder stellen weder oberste Bundesbehörden i.S.d. Art. 87 Abs. 3 Satz 1 Alt. 1 GG dar, noch sind sie immer Beliehene. Die erstgenannte Eigenschaft kommt ihnen nicht zu, weil zwar ein ausgegliedertes Sondervermögen an sich „Behörde" sein kann, nicht aber der nur verwaltende Treuhänder. Dieser handelt nur *für* das Sondervermögen bzw. dessen Träger Bund. Der Beliehenenstatus kann fehlen, wenn die Treuhandstelle Aufgaben eines teilrechtsfähigen Sondervermögens nicht in eigenem, sondern in fremdem Namen wahrnimmt und für ein nicht teilrechtsfähiges Sondervermögen zwar in eigenem Namen, aber nicht hoheitlich auftritt[598]. Allerdings könnte es möglich sein, Art. 87 Abs. 3 Satz 1 GG auf die Übertragung der Sondervermögensverwaltung auf private Treuhandstellen analog anzuwenden[599]. Einerseits kann dafür ein argumentum a maiore ad minus herangezogen werden. Wenn schon die vollständige Ausgründung auf privatrechtliche Organisationsformen im Anwendungsbereich des Art. 87 Abs. 3 Satz 1 GG gestattet sein soll, dann muss es erst recht möglich sein, private, schon existierende Stellen zu einer nur treuhänderischen Verwaltung für den Bund heranzuziehen. Außerdem kann man den Treuhänder, der kein Beliehener, aber ein mit weit reichenden Aufgaben ausgestatteter Verwaltungshelfer ist, als Teileinheit des zu betreuenden Sondervermögens und Teil der Verwaltung einordnen, so dass unter der Voraussetzung der Bundesgesetzgebungskompetenz auch die Übertragung auf Treuhänder nach Art. 87 Abs. 3 Satz 1 GG zulässig und kompetenzgemäß ist.

598 Zum Begriff der Beleihung *Ronellenfitsch*, in: Beck-OK VwVfG, Stand: 01.10.2010, § 1 Rn. 71; *Schmitz*, in: Stelkens/Bonk/Sachs, VwVfG, § 1 Rn. 256 und Rn. 259.

599 Für die (direkte oder analoge) Anwendung auf verselbständigte Rechtsträger *Dittmann*, Bundesverwaltung, S. 154; *Ehlers*, Verwaltung in Privatrechtsform, S. 115 ff.; *Hermes*, in: Dreier, Art. 87 Rn. 93; *Lerche*, in: Maunz/Dürig, Stand: Dezember 1992, Art. 87 Rn. 203 ff.; *Ossenbühl*, VVDStRL 29 (1971), 137 (166); *Püttner*, Öffentliche Unternehmen, S. 220; für unmittelbare Anwendbarkeit bei Beleihung *Stelkens*, NVwZ 2004, 304 (307); differenziert *Burgi*, in: v. Mangoldt/Klein/Starck, Art. 87 Rn. 106; anderer Ansicht *Sachs*, in: Sachs, Art. 87 Rn. 70.

2. Zulässigkeit von Gemeinschafts-Sondervermögen von Bund und Ländern?

Bei der Frage, ob es zulässig sein könnte, Gemeinschafts-Sondervermögen von Bund und (allen oder nur einigen oder einzelnen) Ländern zu gründen, müssen Sondervermögen außer Betracht bleiben, die vollständig dem Bund zurechnen, also Sondervermögen des Bundes darstellen, aber zu einem Teil aus Mitteln der Bundesländer gespeist werden[600]. Fraglich ist vielmehr nur, ob die Errichtung eines Sondervermögens zulässig sein könnte, das im Teil-Eigentum des Bundes und einiger Bundesländer steht.

Es ist ausgeschlossen, auf zivilrechtliche Eigentumsregelungen zu verweisen oder eine Parallele zu Misch-Sondervermögen von Einrichtungen der mittelbaren Bundesverwaltung zu ziehen[601]. Denn für diese gelten nicht die Besonderheiten, wie sie zwischen Bund und Gliedstaaten wegen der grundgesetzlichen Kompetenzbestimmungen zu berücksichtigen sind.

Die Garantie selbständiger und unabhängiger Haushaltswirtschaft der Gebietskörperschaften nach Art 109 Abs. 1 GG verbietet grundsätzlich die Errichtung von Misch-Sondervermögen zwischen dem Bund und einem oder mehreren Ländern. Denn unabhängig davon, ob dieses von Miteigentümern gehaltene Sondervermögen von allen betroffenen Gebietskörperschaften gemeinsam oder aber von einer Gebietskörperschaft stellvertretend für alle verwaltet würde, läge in Bezug auf die Eigentumsverhältnisse eine gemischte und nicht getrennte Vermögensverwaltung vor. Ebenso verbietet auch das in Art. 104a Abs. 1 GG verankerte Konnexitätsprinzip, dass Aufgaben der einen Gebietskörperschaft durch eine andere Gebietskörperschaft fremd finanziert wird.

Ausnahmen vom Konnexitätsprinzip des Art. 104a Abs. 1 GG und von der Grundregel der Selbständigkeit und Unabhängigkeit nach Art. 109 Abs. 1 GG kann es auf dem Gebiet der Ausgabenseite der Haushaltswirtschaft durchaus geben, wobei nach der Zulässigkeit der Mischfinanzierung zu fragen ist. Unter einer Mischfinanzierung ist die Erfüllung einer Aufgabe aufgrund einer Mischung von Finanzierungsmaßnahmen des Bundes und der Länder zu verstehen[602]. Als Aus-

600 Ein solches Sondervermögen ist der Fonds „Deutsche Einheit", der sich nach § 5 Abs. 1 Satz 3 und Satz 4 DEFG für die Jahre 1993 und 1994 auch aus indirekten und direkten Mitteln von Bundesländern speiste. Auch der Erblastentilgungsfonds erhält nach § 6 Abs. 1 Satz 1 Nr. 2 ELFG i.V.m. § 3 Altschuldenregelungsgesetz Zuschüsse von Bundesländern. Nicht dasselbe, aber ähnliches gilt für den Finanzmarktstabilisierungsfonds, dessen Mittel zwar ausschließlich Bundesmittel darstellen, für den aber zumindest nach seiner Abwicklung § 13 Abs. 2 und 3 FMStFG eine Beteiligung der Länder an den verbleibenden Lasten vorsehen.

601 Wie bereits oben unter C.II. 1. kurz dargelegt, existieren auf Bundesebene Sondervermögen wie der Gesundheitsfonds oder der Ausgleichsfonds in der Pflegeversicherung, die einer Vielzahl an Trägern der mittelbaren Bundesverwaltung zurechnen und damit in deren Miteigentum stehen.

602 *Maunz*, in: Maunz/Dürig, Stand: 1979, Art. 109 Rn. 12; *Siekmann*, in: Sachs, Art. 104a Rn. 12.

nahmetatbestände kommen die Normen der Art. 104a Abs. 3 GG, Art. 104b, Art. 91a GG und Art. 91b GG sowie Art. 135 Abs. 4 GG in Betracht, die eine gemischte Finanzierung und damit Sonderregelungen zu Art. 109 Abs. 1 GG und Art. 104a Abs. 1 GG vorsehen[603]. Sie erlauben zwar, dass eine nur einer bestimmten Gebietskörperschaft zurechenbare Aufgabe auch von anderen Gebietskörperschaften mitfinanziert wird. Fraglich ist aber, ob sie auch die Errichtung eines Sondervermögens, das nur zu Teilen vom Bund und im Übrigen von einem oder mehreren Ländern gehalten wird, rechtfertigen.

Art. 104b GG scheidet von vornherein als Grundlage zur Bildung eines Misch-Sondervermögens aus, weil danach nur Finanzhilfen des Bundes an Länder in der Form von direkten Zahlungen zulässig sind[604]. Die übrigen Ausnahmetatbestände der Art. 104a Abs. 3 GG, Art. 91a GG und Art. 91b GG enthalten auf den ersten Blick keine Wertung darüber, ob eine Mischfinanzierung auch auf der Grundlage von Misch-Sondervermögen zulässig wäre[605].

Allgemeine Prämisse für die Errichtung eines Sondervermögens ist, dass das Sondervermögen der Erfüllung von öffentlichen Aufgaben des Rechtsträgers dient, dem es zurechnet. Das Sondervermögen als teilverselbständigtes Verwaltungsvermögen ist Teil der unmittelbaren Bundesverwaltung und kann daher schon vom Grundsatz her nicht sowohl der Bundes- als auch der Landesverwaltung zurechnen. Ein Misch-Sondervermögen hingegen würde die Voraussetzungen einer unzulässigen Mischverwaltung erfüllen, da Bundes- und Landesbehörden bei sachlichen Entscheidungen zusammenwirken müssten[606]. Zwar ist anders als beim Tätigwerden von Verwaltungsbehörden nach außen mit Wirkung gegenüber Dritten die Bildung von Misch-Sondervermögen nicht notwendigerweise als Verwaltungstätigkeit im Sinne der Art. 83 ff. GG zu verstehen. Trotzdem würde der Grundsatz eigenständiger und eigenverantwortlicher Aufgabenwahrnehmung durch die Länder und der Grundsatz der Verantwortungsklarheit verletzt, weil die im Grundgesetz angelegte Trennung der Verwaltungsräume von Bund und Ländern und das Prinzip der Zuordnung klarer Kompetenzen durchbrochen würden[607].

---

603 *Maunz*, in: Maunz/Dürig, Stand: 1979, Art. 109 Rn. 14 ff.

604 Kube, in: Beck-OK GG, Stand: 01.10.2010, Art. 104b Rn. 3.

605 Art. 135 Abs. 4 GG stellt eine besondere grundgesetzlich ausdrücklich normierte Ausnahme zu den übrigen Tatbeständen dar. Von dieser Ermächtigung wurde mit dem Gesetz zur Errichtung einer Stiftung preußischer Kulturbesitz und zur Übertragung von Vermögenswerten des ehemaligen Landes Preußen auf die Stiftung vom 25.07.1957 (BGBl. I, S. 841) Gebrauch gemacht. Die dadurch errichtete Stiftung preußischer Kulturbesitz wird vom Bund und allen Ländern gemeinsam getragen.

606 Den Begriff der Mischverwaltung offen gelassen hat BVerfGE 63, 1 (38); zur Frage der Zulässigkeit siehe BVerfGE 119, 331 (365); 108, 169 (182).

607 Zur Unzulässigkeit einer Mischverwaltung zuletzt BVerfGE 119, 331 (364 ff.), dazu *Cornils*, ZG 2008, 184; *Meyer*, NVwZ 2008, 275; *Peters*, NDV 2008, 53; *Ritgen*, NdsVerwBl. 2008,

Ein besonderer sachlicher Grund für die ausnahmsweise Zulassung einer Mischverwaltung ist bei den Ausnahmetatbeständen der Art. 104a Abs. 3 GG, Art. 91a GG und Art. 91b GG in Bezug auf die Errichtung von Misch-Sondervermögen hingegen von vornherein nicht denkbar[608]. Darüber hinaus erlauben die Tatbestände der Art. 104a Abs. 3 GG, Art. 91a GG und Art. 91b GG zwar Ausnahmen bezüglich der Finanzierungsverantwortlichkeit von Bund und Ländern, ändern aber nichts an der Zuordnung der Aufgabenerfüllung. Selbst wenn sich der Bund gemäß Art. 91a, 91b oder 104a Abs. 3 GG an der Aufgabenerfüllung durch die Länder finanziell beteiligt, bleiben die Aufgaben solche in der Zuständigkeit der Bundesländer. Nur sie können aufgrund der strikten Aufgabentrennung auf diesen Gebieten Sondervermögen gründen.

Hinzu kommt, dass Ausnahmen von Art. 109 Abs. 1 GG nur soweit denkbar sind, wie sie nicht den *Kernbereich* eigenständiger und unabhängiger Haushaltswirtschaft betreffen. Das Grundgesetz kann auf der Ausgabenseite der Haushaltswirtschaft gegenseitige Abhängigkeiten der Haushalte der Gebietskörperschaften nach Art. 104a Abs. 3 GG, Art. 104b GG, Art. 91a GG und Art. 91b GG zulassen, lässt dabei aber den Kernbereich des Art. 109 Abs. 1 GG und den Grundsatz der Trennung der Haushaltswirtschaften unangetastet[609]. Das Trennungsgebot als unantastbarer Kernbereich würde aber bei der Gründung von Misch-Sondervermögen beeinträchtigt.

3. Verpflichtung der Länder zur Errichtung von Sondervermögen

Nicht nur theoretische, sondern auch tatsächliche Bedeutung hat die Frage, ob der Bund durch Verabschiedung eines entsprechenden Bundesgesetzes die Bundesländer verpflichten kann, selbst Länder-Sondervermögen zu errichten. Denn § 14a Abs. 1 Satz 1 BBesG in der Fassung vom 29.06.1998[610] bestimmte nicht nur, dass sowohl der Bund als auch alle Länder zur Sicherstellung der Versorgungsleistungen ihrer Beamten Versorgungsrücklagen zu bilden haben, sondern auch, dass dies durch Errichtung von Sondervermögen geschehen müsse. Ein bundesgesetzlicher Auftrag an die Länder zur Gründung von Sondervermögen bedürfte eines Kompetenztitels des Bundes.

185; *Schulz*, DÖV 2008, 1028; zur Mischverwaltung insgesamt *Henneke*, DÖV 2005, 177 (188 f.); *Lühmann*, DÖV 2004, 677 (683); *Ruge/Vorholz*, DVBl. 2005, 403 (407 f.); *Zuck*, NJW 2005, 649 (650).

608 Zu den Gründen zulässiger Mischverwaltung BVerfGE 63, 1 (41); 119, 331 (367).

609 *Heun*, in: Dreier, Art. 109 Rn. 14: Art. 109 Abs. 1 GG als „Kernbereich der Staatlichkeit"; siehe auch *derselbe*, Art. 109 Rn. 20.

610 Art. 5 Nr. 4 des Gesetzes zur Umsetzung des Versorgungsberichts, BGBl. I 1998, S. 1666 (1669).

Art. 109 Abs. 4 GG verleiht dem Bund eine inhaltlich beschränkte *Kompetenz zur Grundsatzgesetzgebung* betreffend das Haushaltsrecht. Dabei kann der Bund jedoch nur Regelungen schaffen, die das Sachgebiet der Haushaltswirtschaft nicht erschöpfend behandeln, sondern nur grundsätzlicher Natur sind und einen hohen Abstraktionsgrad aufweisen[611]. Der Bund überschreitet seine Kompetenz, wenn den Ländern in den Grenzen des Gesetzes kein wesentlicher Ausgestaltungsspielraum verbleibt. Die Zuständigkeit zur Normierung von Haushaltsgrundsätzen überschreitet der Bund, wenn er den Ländern konkrete Vorgaben zur Gründung von Sondervermögen macht. Denn eine solche Regelung hat nicht bloß die Festschreibung von rahmenrechtlichen Form- und Verfahrensregelungen zum Gegenstand, sondern stellt eine ins Einzelne gehende, keiner weiteren Ausgestaltung bedürfende Verpflichtung an die Länder dar, die nicht vom Titel des Art. 109 Abs. 4 GG gedeckt ist[612].

Die bundesgesetzliche Vorgabe an Bundesländer, Sondervermögen zu gründen, kann ebenso wenig auf eine *Kompetenz des Bundes kraft Sachzusammenhangs* gestützt werden. Das verbietet die Sperre der Garantie selbständiger und unabhängiger Haushaltswirtschaft der Länder nach Art. 109 Abs. 1 GG[613]. Auf Gebieten, in denen dem Bund eine ausdrücklich zugewiesene Gesetzgebungszuständigkeit nach Art. 70 ff. GG zukommt, kann er eine Materie ergänzend mit regeln, wenn ein zwingender Zusammenhang zum Kompetenztitel besteht und eine parallele Normierung der ungeschriebenen Materie unerlässlich ist[614]. Es ist kein Fall denkbar, in dem diese engen Voraussetzungen vorliegen und eine Verpflichtung zur Errichtung von Sondervermögen auf Landesebene unerlässlich sein kann. Denn die mit der Gründung von ausgelagerten Sondervermögen verbundenen Vorteile können auch durch andere haushaltsrechtliche Gestaltungen erreicht werden. So ist nicht nur die Errichtung von Sondervermögen möglich, sondern auch die Zweckbindung von Haushaltsmitteln oder gar die Gründung rechtsfähiger Anstalten. In allen Fällen würden die vorgegebenen Ziele erfüllt. Bei bundesgesetzlicher Vorgabe der zu erreichenden Vorteile ist daher die Auswahl der Haushaltsgestaltung den Bundesländern zu überlassen und muss nicht zwingend mit geregelt werden. Darüber hinaus greift die bundesgesetzlich vorgeschriebene Errichtung von Sondervermögen in unzulässiger Weise in den Kernbestand der nach Art. 109 Abs. 1 GG gewährleisteten Autonomie der Länderhaushalte ein. Wenn es dem Bund auch

611 *Epping/Hillgruber*, in: Beck-OK GG, Stand: 01.10.2010, Art. 109 Rn. 36; *Maunz*, in: Maunz/Dürig, Stand: 1979, Art. 109 Rn. 51.

612 VG Ansbach, NVwZ 2002, 501 (505); *Battis/Kersten*, NVwZ 2000, 1337 (1342); offen *Isensee*, ZBR 1998, 295 (307 mit Fn. 55).

613 *Isensee*, ZBR 1998, 295 (307); ablehnend VG Ansbach, NVwZ 2002, 501 (505); *Battis/Kersten*, NVwZ 2000, 1337 (1342).

614 BVerfGE 3, 407 (427 f.); 110, 33 (48).

möglich sein muss, ausnahmsweise kraft Sachzusammenhangs Vorschriften zu haushaltsrechtlichen Zielsetzungen zu machen, so kann er nicht so weit gehen, den Ländern auch den Weg zur Erreichung dieser haushaltsrechtlichen Ziele vorzuschreiben. § 14a Abs. 1 Satz 1 BBesG in der Fassung vom 29.06.1998 ist demnach kompetenzwidrig.

F. Haushaltsverfassungsrechtliche Vorgaben an Sondervermögen

Wenn auch das Sondervermögen eher faktisch als rechtlich-normativ eine Rolle in der Finanzwirklichkeit spielt, wurde es doch bis zum 31.07.2009 an zwei zentralen Stellen der Haushaltsverfassung ausdrücklich erwähnt: in Art. 110 Abs. 1 Satz 1 HS 2 GG und bei den Regelungen zur Kreditaufnahme des Bundes nach Art. 115 Abs. 2 GG[615]. Es gilt noch immer als Ausnahme von wesentlichen Haushaltsgrundsätzen und stellte bis zur Neuregelung des Art. 115 GG eine Ausnahme zur Beschränkung der Kreditaufnahmeregelungen dar. Durch die am 01.08.2009 in Kraft getretene Neufassung insbesondere des Art. 115 GG[616] soll die Ausnahmestellung zumindest in Bezug auf die Verschuldung wegfallen. Trotzdem stellt sich weiterhin die Frage, welche Rolle die haushaltsverfassungsrechtlichen Regelungen dem Sondervermögen zuteilen.

I. Regelungen des Art. 110 GG

1. Ausnahme von den Grundsätzen des Art. 110 GG

Ausgegliederte Sondervermögen bilden Durchbrechungen der in Art. 110 GG festgelegten Haushaltsgrundsätze mit Verfassungsrang[617]. Am offenkundigsten ist ihre Ausnahme vom Prinzip der Vollständigkeit des Budgets nach Art. 110 Abs. 1 Satz 1 HS 1 GG, weil sie als Teile des Bundesvermögens nicht mehr vollständig mit Einnahmen und Ausgaben im Bundeshaushaltsplan veranschlagt sind. Art. 110 Abs. 1 Satz 1 HS 2 GG lässt zu, dass nur die Zuführungen vom Bund an das jeweilige Sondervermögen als Ausgaben und die Abführungen vom Sondervermögen an den Bund in Form von Bundeseinnahmen haushaltssichtig gemacht werden.

Historisch ist der in Art. 110 Abs. 1 GG verankerte Ausnahmetatbestand darauf zurück zu führen, dass mit seiner Einführung durch die Große Finanzreform von 1969 lediglich die bereits existierende einfache Rechtslage verfassungsrecht-

615 In der Fassung vom 12.05.1969, BGBl. I, S. 357.

616 Gesetz zur Änderung des Grundgesetzes vom 29.07.2009, BGBl. I, S. 2247.

617 Siehe oben unter A. III.

lich bestätigt bzw. gerechtfertigt werden sollte[618]. Sowohl das Sondervermögen Reichspost als auch die Reichsbahn waren zuvor bereits aus dem Zentralhaushalt ausgegliedert worden, um sie stärker vom Reichsvermögen zu verselbständigen und sie auf erwerbswirtschaftlicher Grundlage bewirtschaften zu können. Auch das ERP-Sondervermögen wurde noch vor der Änderung des Art. 110 GG außerhalb des Bundeshaushalts geführt.

a) Bedürfnis nach formalisierter Planung

Eine Ausgründung von Sondervermögen hat damit zwangsläufig zur Folge, dass einerseits der Bundeshaushaltsplan in seinen grundlegenden Funktionen an Wirkung verliert, weil er nicht mehr für alle Einnahmen und Ausgaben des Bundes Geltung beansprucht, und andererseits die Sondervermögen nicht mehr an den durch den Bundeshaushaltsplan verwirklichten Funktionen teilhaben. Daraus lässt sich die Frage ableiten, ob es zumindest als Kompensation dieser Defizite von Verfassung wegen notwendig ist, dass Sondervermögen auf der Grundlage eines eigenen Voranschlags und damit auf der Grundlage eigener Haushalts- oder Wirtschaftspläne wirtschaften.

Wesentliche Bedeutung für die Beurteilung dieser Frage kommt den *Funktionen* des Bundeshaushaltsplans zu. Entscheidend ist nämlich, inwiefern diese Funktionen nach der Ausgliederung von Sondervermögen noch erfüllt werden. Auch die durch die Ausgliederung betroffenen *Haushaltsgrundsätze* müssen größtmögliche Beachtung finden.

Während mit den Haushaltsgrundsätzen wie zum Beispiel dem Prinzip der Vollständigkeit, der Einheit oder Klarheit des Budgets die rechtlichen Kategorien der Haushaltsplanung des Bundes gemeint sind, sind mit den Funktionen des Haushaltsplans dessen Aufgaben im gesamtstaatlichen Zusammenhang angesprochen[619]. Für die Beantwortung der Frage, ob Sondervermögen aufgrund von Verfassungsrecht mithilfe von Haushalts- oder Wirtschaftsplänen zu verwalten sind oder aber eine ordnungsgemäße Buchführung und bloß nachträgliche Rechnungslegung genügen kann, geben die rechtlichen Kategorien des Haushaltsrechts allein nicht genügend Aufschluss. Dass Art. 110 Abs. 1 Satz 1 HS 2 GG ausdrücklich eine Ausnahme vom Vollständigkeits- und Bruttoprinzip formuliert und damit auch das Einheitsprinzip und den Jährlichkeitsgrundsatz berührt, sagt nur in der Gesamtbetrachtung mit den Haushaltsfunktionen mehr darüber aus, ob Sondervermögen eines Wirtschafts- oder Haushaltsplans bedürfen[620].

---

618 *Pünder*, in: Berliner Kommentar, Stand: Dezember 2008, Art. 110 Rn. 10.

619 *Gröpl*, in: Bonner Kommentar, Stand: Dezember 2001, Art. 110 Rn. 37.

620 Zur Beeinträchtigung von Haushaltsfunktionen durch Nebenhaushalte allgemein *Puhl*, Budgetflucht, S. 16 f.

Allgemein kann man von vier Funktionen des Haushaltsplans ausgehen[621]. Seine *politische Programmfunktion* erhält der Haushaltsplan durch die Art und das Maß der Veranschlagung von Mitteln. Einerseits gebührt der Regierung das Initiativrecht zur Einleitung der Budgetgesetzgebung, andererseits kommt dem Parlament das Budgetbewilligungsrecht zu. Der Haushaltsplan, der durch das Haushaltsgesetz verabschiedet wird, ist damit mehr als nur Zahlenwerk, sondern verbindliches und komplettes „Regierungsprogramm in Zahlen"[622]. Diese Funktion der vollständigen Programmgestaltung kann der Haushaltsplan nach einer Ausgliederung von Sondervermögen nicht mehr vollständig erfüllen.

Durch das Erfordernis eines hinreichend präzisen und den Zweck des Sondervermögens festschreibenden parlamentarischen Errichtungsgesetzes[623] und durch die Bewilligung von Zuführungen und Ablieferungen wird aber auch für jedes einzelne Sondervermögen sichergestellt, dass das Parlament dessen grundlegendes Programm mitgestaltet. Die Exekutive wiederum ist ohnehin Verwalter der Sondervermögen oder erhält zumindest hinreichende Aufsichtsrechte und Einflussmöglichkeiten, so dass sie ihrer Steuerungsfunktion nachkommen kann. Allein aus der Beeinträchtigung der politischen Programmfunktion des Haushaltsplans erwächst daher nicht das Bedürfnis nach einer planäquivalenten Bewirtschaftung der Sondervermögen.

Gleiches könnte für die *Rechts- und Kontrollfunktion* des Budgets gelten. Während die Rechtsfunktion des Haushaltsplans der Verwaltung einen rechtlich verbindlichen Rahmen für ihre Aufgabenerfüllung vorgibt, bringt die Kontrollfunktion zum Ausdruck, dass auf der Grundlage des rechtsverbindlichen Plans die Rechnungshöfe ihre Finanzkontrolle durchführen können[624]. Der verbindliche Rahmen, der den ausgegliederten Sondervermögen anstatt der Ansätze im Gesamtetat vorgegeben wird, ist kompensatorisch den Bestimmungen des Errichtungsgesetzes zu entnehmen. Wenn das Errichtungsgesetz auch weniger präzise Vorgaben für die Planung von Einnahmen und Ausgaben macht als bei einer vollständigen Veranschlagung im Etat, genügen die Normierungen aber, um die Grundlagen und den Bewirtschaftungsrahmen für das Sondervermögen vorzugeben. Eine präzisere Erfüllung kann trotz Durchbrechung der Rechtsfunktion des Budgets nicht gefordert werden. Denn bei der Beurteilung der ausgegliederten

621 Vgl. nur *Heintzen*, in: HStR V, § 120, Rn. 15 ff.; *Stern*, Staatsrecht II, S. 1196 ff.; grundlegend *Neumark*, in: Handbuch der Finanzwissenschaft, Bd. I, S. 554 ff. (558 f.), der zwischen einer finanzpolitischen, einer politischen, einer kontrollierenden und einer wirtschaftspolitischen Funktion differenziert.

622 *Nebel*, in: Piduch, Bundeshaushaltsrecht, Stand: Dezember 2004, Art. 110 Rn. 10.

623 Siehe dazu oben unter E. II. 1.

624 *Hillgruber*, in: v. Mangoldt/Klein/Starck, Art. 110 Rn. 9; *Gröpl*, in: Bonner Kommentar, Stand: Dezember 2001, Art. 110 Rn. 41.

Sondervermögen ist stets in Rechnung zu stellen, dass sie eine deutliche Ausnahmestellung innehaben, die der Verfassungsgesetzgeber intendierte[625].

Sogar das Gebot nachträglicher, spezifischer Finanzkontrolle, das eine an haushaltsrechtlichen Maßstäben orientierte Kontrolle fordert, kann auch ohne Vorliegen eines ex ante festgestellten Plans allein auf der Grundlage einer nachträglichen Rechnungslegung erfüllt werden[626].

Problematischer wird die Ausgliederung von Sondervermögen vor dem Hintergrund der *finanzwirtschaftlichen Ordnungsfunktion* des Haushaltsplans. In Ergänzung zum haushaltsrechtlichen Vollständigkeits- und Einheitsprinzip[627] erfüllt der Gesamtetat demnach den Zweck, alle Einnahmen und Ausgaben systematisch zusammenzufassen und zu koordinieren[628]. Die Beeinträchtigung dieser Ordnungsaufgabe durch Ausgliederung von Vermögensmassen kann nicht ohne Weiteres kompensiert werden. Denn durch die Auslagerung verliert das Budget unwiederbringlich einen Teil seines Steuerungsobjekts. Da der Ordnung und Koordination auch das Moment der vorzeitigen Planung sowie des rationalen und effektiven Ressourceneinsatzes innewohnt, dürfte dies ein wesentliches Argument dafür sein, Sondervermögen nur auf der Grundlage von Voranschlägen und mithin Haushalts- oder Wirtschaftsplänen zu bewirtschaften[629]. Nur auf deren Grundlage wird einerseits dem Element der vorzeitigen und verantwortlichen Planung des Finanzgebarens der Sondervermögen Rechnung getragen und andererseits die Abstimmung und Koordination mit dem übrigen Haushalt ermöglicht.

Auch die *volks- und gesamtwirtschaftliche Funktion* des Budgets spricht für die Verwaltung der ausgegliederten Sondervermögen auf der Grundlage von Haushalts- oder Wirtschaftsplänen[630]. Die gesamtwirtschaftliche Etatfunktion bringt zum Ausdruck, dass die öffentlichen Finanzen den Zustand der Gesamtwirtschaft zumindest nicht unerheblich beeinflussen[631]. Um diesen Einfluss auf die

625 Anderer Ansicht *Puhl*, Budgetflucht, S. 193; *Gröpl*, in: Bonner Kommentar, Stand: Dezember 2001, Art. 110 Rn. 99.

626 Zum Kontrollgegenstand bei der Kontrolle durch Rechnungshöfe vgl. *Krebs*, Kontrolle in staatlichen Entscheidungsprozessen, S. 181 f.

627 So explizit *Heun*, in: Dreier, Art. 110 Rn. 12, der die Funktionen des Haushaltsplans unter staatsrechtlichen Aspekten gliedert.

628 Vgl. BVerfGE 45, 1 (32): „wirtschaftliche Grundentscheidung für zentrale Bereiche der Politik während des Planungszeitraums"; *Nebel*, in: Piduch, Bundeshaushaltsrecht, Stand: Dezember 2004, Art. 110 Rn. 10.

629 Vgl. *Puhl*, Budgetflucht, S. 192 f., S. 210 f.

630 Ähnlich *Puhl*, Budgetflucht, S. 212.

631 Vgl. BVerfGE 79, 311 (329): „wegen seines Umfangs ein gewichtiger Faktor für das Wirtschaftsleben" und „konjunktursteuerndes Instrument"; *Gröpl*, in: Bonner Kommentar, Stand: Dezember 2001, Art. 110 Rn. 40; *Nebel*, in: Piduch, Bundeshaushaltsrecht, Stand: Dezember 2004, Art. 110 Rn. 10.

volkswirtschaftliche Entwicklung vorhersehen und effektiv und effizient steuern zu können, muss ein Gesamtüberblick über alle existierenden staatlichen Einnahmen und Ausgaben beim Haushaltsgesetzgeber vorhanden sein. Weil die ausgegliederten Sondervermögen weiterhin dem Rechtsträger Bund zurechnen, kein ganz unerhebliches Gewicht haben und durchaus wichtige Instrumente staatlicher Wirtschaftspolitik sein können, ist es notwendig, ihr Verhalten ebenso zu überschauen und in eine Gesamtpolitik einzupassen wie das übrige Finanzgebaren des Bundes. Ein dem Haushaltsplan ähnliches Minimum an vorausschauender Zusammenstellung von Einnahmen und Ausgaben oder Aufwand und Ertrag ist für ausgelagerte Sondervermögen daher in der Form eines Haushalts- oder Wirtschaftsplans notwendig. Zudem ist es erforderlich, dass das Finanzgebaren der ausgegliederten Sondervermögen dem zentralen Steuerungssubjekt, dem Haushaltsgesetzgeber, zur Kenntnis gebracht wird. Nur so kann dieser seiner Steuerungsaufgabe nachkommen.

Ergänzend zu den Betrachtungen der Haushaltsfunktionen könnten Erwägungen zu den haushaltsverfassungsrechtlichen Grundsätzen die Auffassung von einem Planungsgebot stützen. Die Prinzipien der Vollständigkeit und Einheit des Budgets sind zuvörderst und direkt durch eine Vermögensausgliederung betroffen. Anhand der Regelung des Art. 110 Abs. 1 Satz 1 HS 2 GG wird aber deutlich, dass die Beeinträchtigung durch die Verfassung grundsätzlich gebilligt ist. Daher ist bei der Frage, ob das Grundgesetz es notwendig macht, die Sondervermögen planäquivalent zu bewirtschaften, vor allem auf die mittelbar beeinträchtigten Haushaltsgrundsätze einzugehen.

Die verfassungsrechtliche Entscheidung für die Ausnahmestellung ausgegliederter Sondervermögen ist dabei aber hinreichend zu berücksichtigen. Die flexiblere, ja auch wirtschaftlichere Verwaltung der Sondervermögen war gerade Motiv für diese Ausnahme[632]. Deshalb müssen die Beeinträchtigungen, die der Bundeshaushalt durch die Ausgliederung erfährt, in Ausgleich gebracht werden mit der grundsätzlichen Zulässigkeit und dem notwendigen Maß an Flexibilität für die ausgegliederten Sondervermögen. Die mittelbar besonders betroffenen und daher näher zu beleuchtenden Haushaltsgrundsätze sind die der Vorherigkeit, der Periodizität und der Öffentlichkeit der Planung.

Der Grundsatz der *Vorherigkeit* des Haushaltsplans ist in Art. 110 Abs. 2 Satz 1 GG verankert und komplettiert die Funktion der Ordnung, Koordination und

632 Vgl. die Begründung zum Regierungsentwurf, BT-Drs. V/3040, S. 44, Tz. 106, worin deutlich zum Ausdruck kommt, dass die „wirtschaftliche Betätigung der Einrichtungen" nicht behindert werden sollten, wobei sich dieses Motiv eindeutig auf die Ausnahme für Bundesbetriebe *und* Sondervermögen bezog; siehe auch *Puhl*, Budgetflucht, S. 194.

Vorausplanung durch den Haushaltsplan[633]. Die Auslagerung von Sondervermögen nimmt die Vermögensmassen aus dem Vorherigkeitsgrundsatz aus und beeinträchtigt damit nicht nur die Ordnungs- und Planungsfunktion des Gesamtbudgets, sondern verhindert eine Vorausplanung für die Sondervermögen selbst. Nur wenn auch sie auf der Grundlage von Voranschlägen arbeiten, wird zumindest diese Beeinträchtigung des Vorherigkeitsprinzips kompensiert.

Der *Periodizitätsgrundsatz* des Art. 110 Abs. 2 Satz 1 GG ist Ausdruck für das Erfordernis periodischer Ausübung des parlamentarischen Budgetbewilligungsrechts und des Bedürfnisses nach demokratischer Legitimation, die grundsätzlich zeitlich begrenzt ist[634]. Die Beeinträchtigung der Periodizität wird nur zum Teil durch die parlamentsgesetzliche Errichtung der Sondervermögen kompensiert. An die Stelle der parlamentarischen Budgetbewilligung tritt das Errichtungsgesetz, das den Zweck der Sondervermögen hinreichend präzise verdeutlichen muss[635]. Die dauerhafte formell-gesetzliche Errichtung kann aber die durch das jährliche Haushaltsgesetz vermittelte zeitliche und periodisch erneuerte Legitimation nicht ersetzen[636]. Dem mag man entgegen halten, dass das Parlament jederzeit befugt ist, die Ausgliederungsentscheidung rückgängig zu machen. Angesichts der Arbeitsbelastung des Bundestags ist es aber wenig wahrscheinlich, dass eine solche im Gegensatz zur regulären Budgetbewilligung *initiative* Entscheidung ohne regelmäßige und damit periodische Information des Parlaments getroffen wird. Nur wenn der Haushaltsgesetzgeber über das Finanzgebaren seiner Sondervermögen regelmäßig informiert wird, kann der Verlust des periodischen Budgetbewilligungsrechts zumindest aufgefangen werden.

Das Bedürfnis nach periodischer Information wiederum kann durch mehrere Instrumente verwirklicht werden und erfordert nicht unbedingt eine planäquivalente Sondervermögens-Bewirtschaftung. Die Verfassung gebietet allein aus diesem Aspekt also keine solche Bewirtschaftung, sondern überlässt es dem einfachen Gesetzgeber, wie er die Informationspflicht umsetzt. Feststellen lässt sich aber, dass das Instrument der Bewirtschaftung mittels Voranschlägen eine regelmäßige Information des Parlaments ermöglichen würde.

Ähnliches gilt auch für das Prinzip der *Öffentlichkeit* der Planung. Es erfordert nur eine hinreichende Information der Öffentlichkeit über das Finanzgebaren von Sondervermögen und nicht speziell eine Haushalts- bzw. Wirtschaftsplanung. Das

---

633 Zum Vorherigkeitsgebot ausführlich *Nebel*, in: Piduch, Bundeshaushaltsrecht, Stand: Dezember 2004, Art. 110 Rn. 18 und Rn. 56 ff.

634 *Gröpl*, in: Bonner Kommentar, Stand: Dezember 2001, Art. 110 Rn. 126; *Heun*, in: Dreier, Art. 110 Rn. 28.

635 Siehe dazu bereits oben unter E. III. 4.

636 Vgl. *Puhl*, Budgetflucht, S. 213 f., der von einer „effektiven Möglichkeit zur Revokation" durch das Parlament spricht, daraus aber eine andere Schlussfolgerung zieht.

im Demokratieprinzip wurzelnde Öffentlichkeitsgebot fordert die Zugänglichkeit der Haushaltsplanung, -entscheidung, des -vollzugs sowie der Haushaltskontrolle für die allgemeine Öffentlichkeit und erfasst damit alle Stadien der Haushaltsführung[637]. In Bezug auf das Gesamtbudget wird dem Öffentlichkeitsgrundsatz bereits durch das (öffentliche) Gesetzgebungsverfahren zur Verabschiedung des Bundeshaushalts und die anschließende Publikation des Haushaltsgesetzes im Bundesgesetzblatt Rechnung getragen[638]. Durch die Auslagerung der Sondervermögen aus dem Haushalt entstehen zwangsläufig Defizite. Das obligatorische demokratische Gesetzgebungsverfahren zur Gründung der Sondervermögen[639] vermag das entstehende Defizit nicht völlig auszugleichen. Das Errichtungsgesetz nämlich regelt die zwingenden Grundlagen und den Zweck der Sondervermögensverwaltung, die als Weichenstellung für die ins Einzelne gehende Bewirtschaftung bezeichnet werden können. Allerdings normiert es nicht die Bewirtschaftung der ausgegliederten Sondervermögen im Detail und periodisch. Der entstehende, auf das konkrete Finanzgebaren bezogene demokratische Mangel muss nun nicht notwendig durch eine formalisierte, der Haushaltsgesetzgebung nachempfundene Planung und deren Veröffentlichung kompensiert werden. Vielmehr heißt es, ein Instrument zu finden, um mindestens die Öffentlichkeit über das Finanzgebaren jedes einzelnen Sondervermögens zu informieren. Eine Veröffentlichung der Rechnungslegung beispielsweise vermag diese Funktion zu erfüllen[640]. Zu statuieren ist aber, dass auch eine Publikation von Haushalts- oder Wirtschaftsplänen dem Öffentlichkeitsgrundsatz entsprechen würde und die Mindestanforderungen sogar übertrifft.

Es lässt sich festhalten, dass sowohl die Beeinträchtigung der finanzwirtschaftlichen Ordnungs- und der gesamtwirtschaftlichen Funktion des Haushaltsplans als auch die Berührung des Vorherigkeitsprinzips eine planäquivalente und formalisierte Bewirtschaftung der ausgegliederten Sondervermögen erforderlich machen[641]. Unterstützend herangezogen werden können die Haushaltsgrundsätze der Periodizität und der Budgetöffentlichkeit, die zwar keine formalisierte Planung, aber eine periodische Unterrichtung des Parlaments und die Information der Öffentlichkeit über das Finanzgebaren der Sondervermögen notwendig machen[642].

---

637 *Heintzen*, in: v. Münch/Kunig, Art. 110 Rn. 26; *Heun*, in: Dreier, Art. 110 Rn. 22.

638 *Nebel*, in: Piduch, Bundeshaushaltsrecht, Stand: Dezember 2004, Art. 110 Rn. 27.

639 Zum Gesetzesvorbehalt siehe oben unter E. II. 1.

640 Anderer Ansicht *Puhl*, Budgetflucht, S. 209.

641 Übereinstimmend, aber mit zum Teil anderer Begründung *Puhl*, Budgetflucht, S. 189 ff. und S. 192 f.; *Gröpl*, in: Bonner Kommentar, Stand: Dezember 2001, Art. 110 Rn. 99; *Mußgnug*, in: FS Forsthoff, S. 259 (280 ff.); bei *F. Kirchhof*, VVDStRL 52 (1993), 71 (105), wird nicht deutlich, ob er die Aufstellung von Plänen durch Nebenhaushalte als Gebot oder nur nicht verpflichtenden Wunsch betrachtet.

642 Offenbar ist auch der historische Verfassungsgesetzgeber davon ausgegangen, dass Sondervermögen auf der Grundlage von Plänen zu wirtschaften haben, denn in der Begründung des

b) *Formalisierte Planung durch Haushalts- oder Wirtschaftspläne der Sondervermögen?*

Das Gebot formalisierter Finanzplanung könnte nicht nur durch einzelne Haushaltspläne, sondern auch durch Wirtschaftspläne der Sondervermögen als Planungsinstrumente verwirklicht werden.

Ein Haushaltsplan wird in kameralistischer, also in Einnahmen und Ausgaben gegliederter Form, ein Wirtschaftsplan nach betriebswirtschaftlichen Regeln in Form einer Aufwands-Ertrags-Planung geführt[643]. Beide Instrumente werden in der Regel nicht in verbindlicher Gesetzesform erlassen, da sie anders als der Bundeshaushaltsplan grundsätzlich nicht vom Gesetzgeber verabschiedet werden[644]. Allerdings lässt sich der Systematik der BHO entnehmen, dass Sondervermögen gemäß § 113 Satz 1 BHO i.V.m. § 11 Abs. 1 BHO grundsätzlich zur Aufstellung eines Haushaltsplans verpflichtet sind. § 26 Abs. 1 Satz 1 BHO lässt das Wirtschaften auf der Grundlage von Wirtschaftsplänen für Bundesbetriebe zu. Demnach stellt der Haushaltsplan die Regel, der Wirtschaftsplan die Ausnahme für die Bewirtschaftung staatlicher Mittel dar[645]. Die Erstellung eines Wirtschafts- anstatt eines Haushaltsplans hat dann den Vorrang, wenn dies der Zweck der Bewirtschaftung gebietet, insbesondere wenn gewinnorientiertes oder zumindest unternehmensbezogenes Wirtschaften im Vordergrund steht[646]. Da es sich bei beiden Planungsformen um Instrumente handelt, die das Finanzgebaren der Sondervermögen im Voraus festlegen sollen, kann ihnen eine grundsätzlich interne und externe Verbindlichkeit nicht abgesprochen werden. Aufgrund der besonderen Ausnahmefunktion des Wirtschaftsplans muss man allerdings davon ausgehen, dass dieser als flexibleres Instrument einzusetzen ist und daher einfacher von seinen Vorgaben abgewichen werden kann[647]. Daraus lässt sich folgern, dass das der Verfassung näher liegende, weil verbindlichere und dem Gesamtbudget ähnlichere Planungsinstrument für ausgelagerte Sondervermögen der Haushaltsplan ist. Nur wenn ein Wirtschaften auf der Grundlage von Wirtschaftsplänen wegen der Aufgabe des Sondervermögens zweckmäßiger ist, ist dieses Instrument zu bevorzugen.

Regierungsentwurfs zur Neufassung des Art. 110 Abs. 1 GG heißt es: „Die Sondervermögen und Bundesbetriebe, bei denen ein Wirtschaften nach Einnahmen und Ausgaben des Haushaltsplans nicht zweckmäßig ist, stellen Wirtschaftspläne auf", BT-Drs. V/3040, S. 44, Tz. 106.

643 *Dommach*, in: Heuer, KHR, Stand: Dezember 1998, § 26 Rn. 1; *v. Köckritz/Ermisch/Lamm*, § 26 Rn. 2.1.

644 Zur gesetzlichen Ausnahme bezüglich des ERP-Sondervermögens und zur faktischen Ausnahme beim Investitions- und Tilgungsfonds siehe oben unter D. III. 4.

645 Vgl. auch die Formulierung des § 110 BHO.

646 *Nebel*, in: Piduch, Bundeshaushaltsrecht, Stand: Juni 2007, § 110 Rn. 2.

647 Vgl. zur Frage der Verbindlichkeit *Kilian*, Nebenhaushalte, S. 665 ff.; *Puhl*, Budgetflucht, S. 196 f.

Fraglich ist, ob nur das Parlament oder auch die bewirtschaftende Stelle darüber entscheiden darf, ob das jeweilige Sondervermögen auf kameralistischer oder betriebswirtschaftlicher Grundlage verwaltet wird. Ausgehend von der einfach-rechtlichen Bestimmung des § 113 Satz 1 i.V.m. § 11 Abs. 1 BHO gilt in der Regel, dass Sondervermögen mittels Haushaltsplänen zu bewirtschaften sind[648]. Daran ist auch die verwaltende Stelle gebunden. Allerdings kann § 26 Abs. 1 Satz 1 BHO ohnehin nicht nur auf Bundesbetriebe, sondern auch auf Sondervermögen insgesamt angewendet werden[649], so dass unter diesen Voraussetzungen auch die Bewirtschaftung auf der Grundlage von Wirtschaftsplänen zulässig ist, ohne dass dies der Gesetzgeber für das einzelne Sondervermögen nochmals explizit normieren muss[650].

c) Mindestanforderungen

Es bleibt die Frage nach haushaltsverfassungsrechtlichen Mindestanforderungen an die durch die Sondervermögen aufgestellten Haushalts- oder Wirtschaftspläne. Art. 110 GG normiert für den Gesamtplan ein Bündel an Haushaltsgrundsätzen, die in unterschiedlicher Form auf die Pläne der Sondervermögen übertragen werden können bzw. müssen.

Aus den Prinzipien der *Vorherigkeit* und *Jährlichkeit* (Art. 110 Abs. 2 Satz 1 GG) folgt, dass die Pläne für ein Rechnungsjahr im Voraus zu erstellen sind. Auch haben sie den Grundsätzen der *Vollständigkeit*, der *Wahrheit* und *Klarheit* zu genügen, die als unbedingte Voraussetzungen für ein funktionierendes Budget angesehen werden müssen. Dem mit Verfassungsrang ausgestatteten *Bruttoprinzip*[651] haben zumindest die Sondervermögen Rechnung zu tragen, die aufgrund eines Haushaltsplans wirtschaften. Ausnahmen sind aber aufgrund der nur mittelbaren verfassungsrechtlichen Verankerung des Bruttoprinzips aus sachlichen Gründen zulässig[652].

---

648 *Eibelshäuser/Wallis*, in: Heuer, KHR, Stand: Dezember 1998, § 113 Rn. 3 f.; *Nebel*, in: Piduch, Bundeshaushaltsrecht, Stand: Juni 2007, § 113 Rn. 2.

649 Dazu bereits oben unter D. V. 2. am Ende.

650 *Eibelshäuser/Wallis*, in: Heuer, KHR, Stand: Dezember 1998, § 113 Rn. 4.

651 *Maunz*, in: Maunz/Dürig, Stand: 1981, Art. 110 Rn. 33, hält das Bruttoprinzip lediglich für einen Grundsatz des einfachen Haushaltsrechts; ebenso *Hillgruber*, in: v. Mangoldt/Klein/Starck, Art. 110 Rn. 59 ff.; *Brockmeyer*, in: Schmidt-Bleibtreu, Art. 110 Rn. 12a; differenzierend *Heun*, Staatshaushalt/Staatsleitung, S. 429 m.w.N.; wie hier mit Verfassungsrang *Heintzen*, in: v. Münch/Kunig, Art. 110 Rn. 16; *Jarass*, in: Jarass/Pieroth, Art. 110 Rn. 4; *Siekmann*, in: Sachs, Art. 110 Rn. 46, 49 f.; *Mahrenholz*, in: AK-GG, Stand: August 2002, Art. 110 Rn. 50; *Gröpl*, in: Bonner Kommentar, Stand: Dezember 2001, Art. 110 Rn. 111.

652 So zur Zulässigkeit von Ausnahmen *Heun*, in: Dreier, Art. 110 Rn. 18; *Siekmann*, in: Sachs, Art. 110 Rn. 50; *Puhl*, Budgetflucht, S. 255; ähnlich *Mahrenholz*, AK-GG, Stand: August

Schwieriger ist es, die Gebote der *Periodizität* und der *Budgetöffentlichkeit* und damit der Information von Parlament und Öffentlichkeit umzusetzen. Hier ist davon auszugehen, dass dem einfachen Gesetzgeber ein Beurteilungs- und Gestaltungsspielraum zukommt, wie er die Informationspflichten ins einfache Recht implementieren will. Das kann von der Feststellung des Plans durch das Parlament in einem öffentlichen Gesetzgebungsverfahren mit anschließender Veröffentlichung im Bundesgesetzblatt reichen[653], über die Aufnahme des vollständigen Haushalts- bzw. Wirtschaftsplans als Anhang in den zu publizierenden Bundeshaushaltsplan, bis hin zur Erfüllung der Mindestanforderungen nach § 26 Abs. 2 Satz 2 BHO. Das Gebot der Information des Parlaments leitet sich aus der Beeinträchtigung der Gesamtwirtschafts- und der Koordinationsfunktion des Bundeshaushaltsplans ab und folgt gleichzeitig aus dem demokratischen Erfordernis der periodischen Legitimation. Die ausschließliche Veranschlagung von Zuführungen und Ablieferungen im Haushaltsplan gemäß Art. 110 Abs. 1 Satz 1 HS 2 GG genügt den Informationsgeboten nicht, weil das Finanzgebaren der Sondervermögen daraus nicht hervorgeht. Um aber dem Ausnahmetatbestand der Ausgliederung ebenfalls Rechnung zu tragen, mag es zwar wünschenswert sein[654], die Pläne der Sondervermögen vollständig in den Bundesetat aufzunehmen; es kann dies jedoch keine Mindestvoraussetzung sein, weil auch Übersichten hinreichenden Aufschluss über den Bestand der Vermögen geben. Gleiches gilt für die Beeinträchtigung des Prinzips der Budgetöffentlichkeit, das durch ein Mindestmaß an Publizität, nicht aber notwendig die vollständige Veröffentlichung im Bundeshaushalt ausgeglichen werden muss[655].

Die Beifügung von Übersichten über Einnahmen, Ausgaben und Verpflichtungsermächtigungen der Sondervermögen als Anlagen oder Aufnahme in die Erläuterungen des Bundeshaushalts gemäß § 26 Abs. 2 BHO kann daher als Erfüllung des Mindestmaßes zur Realisierung der Unterrichtungs- und Informationspflichten gegenüber Parlament und Öffentlichkeit betrachtet werden. Bei Beachtung des einfachen Haushaltsrechts ist daher eine verfassungsgemäße Bewirtschaftung der Sondervermögen gewährleistet[656].

2002, Art. 110 Rn. 50 f.; zum Gebot des Haushaltsausgleichs siehe nähere Ausführungen unten unter F. I. 2.

653 So auch beim Wirtschaftsplan des ERP-Sondervermögens gemäß § 8 Abs. 2 Satz 1 ERP-Verwaltungsgesetz.

654 In diesem Sinn wohl auch *F. Kirchhof*, VVDStRL 52 (1993), 71 (105 f.).

655 Anderer Ansicht *Puhl*, Budgetflucht, S. 210 ff. und S. 218, zum ERP-Sondervermögen; *Gröpl*, in: Bonner Kommentar, Stand: Dezember 2001, Art. 110 Rn. 99.

656 So wohl auch *Puhl*, Budgetflucht, S. 217. Dieses Ergebnis kann sich auf eine Parallele in der Rechtsprechung des Bundesverfassungsgerichts stützen. Danach kann dem Gebot hinreichender Kontrolle und Information durch Parlament und Öffentlichkeit bei der außerbudgetären

d) Umsetzung im einfachen Recht

Das einfache Haushaltsrecht regelt zwar die Aufstellung eines Haushaltsplans für Sondervermögen gemäß § 113 Satz 1 i.V.m. § 11 BHO bzw. eines Wirtschaftsplans entsprechend § 26 Abs. 1 Satz 1 BHO. Nach § 113 Satz 1 BHO gilt dies aber nur, wenn nicht durch oder aufgrund eines Gesetzes etwas anderes bestimmt ist. Dieser Ausnahmevorbehalt steht mit der unbedingten verfassungsrechtlichen Anforderung einer planäquivalenten Bewirtschaftung nicht in Einklang. So bestehen Defizite bei der planmäßigen Bewirtschaftung des Finanzmarktstabilisierungsfonds und des Restrukturierungsfonds, die gemäß § 11 Abs. 3 Satz 1 FMStFG bzw. § 13 Abs. 3 Satz 1 RStruktFG keine Haushalts- oder Wirtschaftspläne aufzustellen haben. Aussagen zur Bewirtschaftung des Treuhandvermögens Bergarbeiterwohnungsbau, der Entschädigungseinrichtung für Wertpapierhandelsunternehmen, des Revolving- und Freistellungsfonds sowie des Zweckvermögens bei der Deutschen Postbank AG können mangels Informationen über ihre Bewirtschaftungsgrundlagen nicht getroffen werden. Außer Betracht bleibt hier das Bergmannssiedlungsvermögen, über dessen Rechtsverhältnis zwischen der verbleibenden Treuhandstelle und dem Bund weiterhin Streit besteht[657].

Das einfache Haushaltsrecht ordnet gemäß § 26 Abs. 2 Satz 2 BHO an, dass dem Haushaltsplan Übersichten über die Einnahmen, Ausgaben und Verpflichtungsermächtigungen der Sondervermögen als Anlagen beizufügen oder in die Erläuterungen aufzunehmen sind. Diese Mindestanforderungen erfüllen die meisten Sondervermögen nicht. Der Ausgleichsfonds für überregionale Vorhaben zur Teilhabe schwerbehinderter Menschen am Arbeitsleben, der Binnenschifffahrtsfonds, der Fonds „Deutsche Einheit“, die Entschädigungseinrichtung der Wertpapierhandelsunternehmen, der Finanzmarktstabilisierungsfonds[658], der Klärschlamm-Entschädigungsfonds, der Revolvingfonds und Freistellungsfonds sowie das Sondervermögen „Vorsorge für Schlusszahlungen für inflationsindexierte Bundeswertpapiere“ finden keine hinreichende Erwähnung im Bundeshaushaltsplan.

Hingegen wird das Treuhandvermögen Bergarbeiterwohnungsbau in den Erläuterungen zum Bundeshaushaltsplan erwähnt[659] und das Zweckvermögen bei der Deutschen Postbank AG findet mit Einnahmen[660] und Liquiditätszuschuss[661]

Bewirtschaftung von Sonderabgaben durch eine dem Haushaltsplan beigefügte Anlage Rechnung getragen werden, BVerfGE 108, 186 (215 f.).

657 Vgl. dazu bereits oben unter Fn. 144 und Fn.145.

658 Dem Bundeshaushaltsplan 2010 ist lediglich der Wirtschaftsplan der Bundesanstalt für Finanzmarktstabilisierung als Anlage beigefügt (Anlage 2 zu Kapitel 6002), was aber nicht mit einem Wirtschaftsplan des Sondervermögens selbst gleichgestellt werden kann.

659 Bundeshaushaltsplan 2010, Kapitel 1225, Titel 134 01-411.

660 Bundeshaushaltsplan 2010, Kapitel 1002, Titel 129 02-529.

des Bundes Erwähnung. Die Wirtschaftspläne des Bundeseisenbahnvermögens[662], des Entschädigungsfonds[663], des Erblastentilgungsfonds[664], des Sondervermögens „Investitions- und Tilgungsfonds“[665], des Sondervermögens „Kinderbetreuungsausbau“[666], des Fonds nach § 5 Mauergrundstücksgesetz[667], der Sondervermögen Versorgungsrücklage[668] und Versorgungsfonds[669] sowie des Zweckvermögens bei der Landwirtschaftlichen Rentenbank[670] sind sogar dem Bundeshaushaltsplan als Anlagen beigefügt.

Das ERP-Sondervermögen stellt insofern eine Besonderheit dar, als sein Wirtschaftsplan nach § 8 Abs. 2 Satz 1 ERP-Verwaltungsgesetz vor Beginn eines jeden Rechnungsjahres, das dem Haushaltsjahr des Bundes gleicht, durch Gesetz festgestellt wird. Für den Investitions- und Tilgungsfonds ist eine gesetzliche Feststellung des Wirtschaftsplans nicht geregelt. Trotzdem wurde der Plan für das Jahr 2009 noch als Anlage zum ITFG gemäß § 3 Abs. 2 ITFG erlassen und erging folglich in Gesetzesform[671].

2. Formeller Haushaltsausgleich gemäß Art. 110 Abs. 1 Satz 2 GG

Art. 110 Abs. 1 Satz 2 GG bestimmt, dass der Haushalt des Bundes in Einnahmen und Ausgaben ausgeglichen sein muss. Da das Ausgleichsgebot auch durch Einnahmen aus Krediten hergestellt werden kann, ist es nur als Verpflichtung zu einem formal ausgeglichenen Haushalt zu verstehen. Ein materielles Gebot und damit eine Begrenzung der Kreditaufnahme ist darin nicht enthalten[672]. Wenngleich deshalb der Bestimmung des Art. 110 Abs. 1 Satz 2 GG wenig Disziplinierungswirkung zukommt, bleibt trotzdem die Frage, ob auch Sondervermögen dem Gebot der rechnungsmäßigen Ausgeglichenheit des Bundeshaushalts ver-

---

661 Bundeshaushaltsplan 2010, Kapitel 1002, Titel 624 01-529.

662 Bundeshaushaltsplan 2010, Anlage zu Kapitel 1222, Titel 634 01.

663 Bundeshaushaltsplan 2010, Anlage 1 zu Kapitel 6003.

664 Bundeshaushaltsplan 2010, Anlage 3 zu Kapitel 6003.

665 Bundeshaushaltsplan 2010, Anlage 1 zu Kapitel 6002.

666 Bundeshaushaltsplan 2010, Anlage 2 zu Kapitel 1702.

667 Bundeshaushaltsplan 2010, Anlage 2 zu Kapitel 6003.

668 Bundeshaushaltsplan 2010, Anlage 2 zu Kapitel 0602.

669 Bundeshaushaltsplan 2010, Anlage 3 zu Kapitel 0602.

670 Bundeshaushaltsplan 2010, Anlage 1 zu Kapitel 1002.

671 Dazu schon oben Fn. 644.

672 So die herrschende Meinung, siehe nur *Heintzen*, in: v. Münch/Kunig, Art. 110 Rn. 27; *Heun*, in: Dreier, Art. 110 Rn. 25; *Hillgruber*, v. Mangoldt/Klein/Starck, Art. 110 Rn. 55; *Puhl*, Budgetflucht, S. 494 ff.; *Siekmann*, in: Sachs, Art. 110 Rn. 65; anderer Ansicht *Lappin*, Kreditäre Finanzierung des Staates, S. 94 ff.; *Nebel*, in: Piduch, Bundeshaushaltsrecht, Stand: Dezember 2004, Art. 110 Rn. 24 und Rn. 48 ff.; *Stern*, Staatsrecht II, S. 1249.

pflichtet sind. Ausgehend von der Ausnahmeregelung in Art. 110 Abs. 1 Satz 1 HS 2 GG können Einnahmen und Ausgaben von Sondervermögen nur dann dem Ausgleichsgebot unterliegen, wenn sie trotz Ausnahmevorbehalt im Gesamtetat veranschlagt sind. Denn die Verpflichtung zum Ausgleich bezieht sich, weil sie nur rechnungsmäßig gilt, nur auf *veranschlagte* Posten und stellt ein Planausgleichsgebot *im* Haushaltsplan dar[673]. Einnahmen und Ausgaben von ausgegliederten Sondervermögen sind beim Haushaltsausgleich daher nicht zu berücksichtigen. Berücksichtigung finden müssen nur die in Form von Ausgaben im Haushaltsplan veranschlagten Zuführungen oder die als Einnahmen zu verbuchenden Ablieferungen an den Bundeshaushalt.

Eine andere Frage ist die nach der Geltung des Ausgleichsgebots für die Haushalts- bzw. Wirtschaftspläne der Sondervermögen. Das Gebot des Ausgleichs kann als „planungsmethodisches Prinzip“ begriffen werden[674], das der gesamten Haushaltswirtschaft des Bundes zugrunde liegen muss. Das ausgewogene Verhältnis zwischen Einnahmen und Ausgaben bzw. Aufwand und Ertrag beansprucht daher auch für die Bewirtschaftung der Sondervermögen des Bundes Geltung[675].

Darüber hinaus ist fraglich, ob das Gebot des Haushaltsausgleichs nur für die Aufstellung des Plans gilt oder auch bei seinem Vollzug durch die Exekutive zu beachten ist. Da sich die Ausgleichsregel an Bundestag, Bundesrat und Bundesregierung gleichermaßen wendet[676], gilt sie auch für den Vollzug[677]. Ein Verstoß hat allerdings nicht die Nichtigkeit des Plans zur Folge, sondern erfordert nur eine Ergänzung[678].

3. Bruttoprinzip gemäß Art. 110 Abs. 1 Satz 1 HS 2 GG

Sondervermögen durchbrechen das Gebot, Einnahmen und Ausgaben getrennt voneinander und in voller Höhe, folglich nicht saldiert, in den Haushaltsplan einzustellen[679]. Art. 110 Abs. 1 Satz 1 HS 2 GG erlaubt es, für Sondervermögen

---

673 *Heintzen*, in: v. Münch/Kunig, Art. 110 Rn. 27; *Heun*, in: Dreier, Art. 110 Rn. 25; *Mahrenholz*, in: AK-GG, Stand: August 2002, Art. 110 Rn. 59; *Gröpl*, in: Bonner Kommentar, Art. 110 Rn. 119.

674 *Nebel*, in: Piduch, Bundeshaushaltsrecht, Stand: Dezember 2004, Art. 110 Rn. 24.

675 *Kilian*, Nebenhaushalte, S. 731; *Lappin*, Kreditäre Finanzierung des Staates, S. 187.

676 BVerfGE 1, 144 (161).

677 *Gröpl*, in: Bonner Kommentar, Stand: Dezember 2001, Art. 110 Rn. 119; *Heintzen*, in: v. Münch/Kunig, Art. 110 Rn. 28; *Maunz*, in: Maunz/Dürig, Stand: 1981, Art. 110 Rn. 48; *Stern*, Staatsrecht II, S. 1250; anderer Ansicht *Mahrenholz*, in: AK-GG, Stand: August 2002, Art. 110 Rn. 59.

678 *Heintzen*, in: v. Münch/Kunig, Art. 110 Rn. 28; differenzierend *Gröpl*, in: Bonner Kommentar, Stand: Dezember 2001, Art. 115 Rn. 120.

679 Siehe nur *Maunz*, in: Maunz/Dürig, Stand: 1981, Art. 110 Rn. 34.

nach dem Nettoprinzip entweder nur Zuführungen oder Ablieferungen im Haushaltsplan zu veranschlagen. Es wurde aber bereits darauf hingewiesen, dass die ausgegliederten Sondervermögen, die auf der Grundlage von eigenen Haushaltsplänen wirtschaften, gleichfalls das Bruttoprinzip zu beachten haben[680]. Das hat beispielsweise zur Folge, dass durch Sonderabgaben finanzierte Sondervermögen das Abgabenaufkommen in ihren Haushaltsplan einzustellen haben, das Aufkommen aber nicht als Einnahme im Zentralhaushalt veranschlagt werden muss[681].

II. Verschuldungsregelungen des Verfassungsrechts

Die Aufnahme von Schulden ist ein ebenso durch die Verfassung gebilligtes Mittel zur Finanzierung des Staates wie die Abgabenerhöhung[682]. Es ist trotzdem erforderlich, die Staatsverschuldung normativ zu begrenzen, weil sie aufgrund der Belastung künftiger Generationen durch Zins- und Tilgungsverpflichtungen den Dispositionsspielraum der künftigen Haushaltsgesetzgeber erheblich einengt. Allerdings ist die Staatsverschuldung in politischer Hinsicht nicht selten einfacher durchsetzbar und meist sogar populärer, weil der gesellschaftliche Widerstand gegen die staatliche Kreditaufnahme meist weitaus geringer ist als gegen Abgabenerhöhungen[683].

Zentrale Norm des Haushaltsverfassungsrechts zur Kreditaufnahme ist nach wie vor Art. 115 GG. Dieser hat im Jahr 2009 eine wesentliche Umgestaltung basierend auf Vorschlägen der Föderalismuskommission II[684] erfahren, die am 01.08.2009 in Kraft trat[685]. Auch für Sondervermögen gelten nunmehr neue Regeln. Art. 143d Abs. 1 Satz 1 und Satz 2 GG bestimmen allerdings, dass die Neuregelungen der Art. 109 und Art. 115 GG zwar am 01.08.2009 in Kraft treten, erstmals aber auf das Haushaltsjahr 2011 anzuwenden sind. Für die Haushaltsjahre 2009 und 2010 gelten die alten Haushaltsregelungen fort.

---

680 Siehe dazu oben unter F. I. 1. c).

681 *Mußgnug*, in: FS Forsthoff, S. 259 (264); anderer Ansicht wohl *Kilian*, Nebenhaushalte, S. 856 f.; um die Belastung mit Sonderabgaben aber angemessen zu dokumentieren, sind diese auch vollständig in einer Anlage zum Bundeshaushaltsplan aufzuführen, BVerfGE 108, 186 (215 f.).

682 *Patzig*, DÖV 1985, 293 (299 f.); *Püttner*, Staatsverschuldung als Rechtsproblem, 1980, widmet sich dieser Fragestellung und verneint sogar grundsätzlich die verfassungsrechtliche Zulässigkeit der Staatsverschuldung mit Blick auf das Demokratieprinzip. Allerdings räumt er ein, dass mit Art. 115 GG a.F. das Grundgesetz die Kreditaufnahme doch zumindest billigt; dazu auch *Henseler*, AöR 108 (1983), 489 (497 ff.).

683 *Patzig*, DÖV 1985, 293 (299).

684 Beschlüsse der Kommission von Bundestag und Bundesrat zur Modernisierung der Bund-Länder-Finanzbeziehungen vom 05.03.2009, Kommissionsdrucksache 174.

685 Gesetz zur Änderung des Grundgesetzes vom 29.07.2009, BGBl. I, S. 2247.

1. Altes Konzept bis zum Haushaltsjahr 2011

Leitmotiv für die Neuregelungen von Art. 109 und Art. 115 GG war die wirksame Begrenzung der wachsenden Staatsverschuldung[686]. Diesbezüglich haben sich die überholten verfassungsrechtlichen Normen als untauglich erwiesen. Den Sondervermögen kam und kommt dabei eine nicht unwesentliche Rolle zu, weil für sie Ausnahmen von der Schuldenbegrenzungsregel des Art. 115 Abs. 1 GG galten. Dieser Ausnahmevorbehalt wurde zuletzt immer häufiger zulasten der Bundesschuld ausgenutzt, indem die teilrechtsfähigen Sondervermögen zu umfangreichen Kreditaufnahmen ermächtigt wurden[687].

Für bereits errichtete Sondervermögen gilt gemäß Art. 143d Abs. 1 Satz 2 HS 2 GG, dass bis zum 31.12.2010 eingerichtete Kreditermächtigungen auch weiterhin Geltung haben[688].

a) Gesamtwirtschaftliches Gleichgewicht gemäß Art. 109 Abs. 2 GG a.F.

Art. 109 Abs. 2 GG a.F. verpflichtet den Bund (und die Länder) auf das ökonomische Ziel des gesamtwirtschaftlichen Gleichgewichts und beinhaltet eine verpflichtende Staatszielbestimmung und verbindliche Rechtspflicht[689]. Als offener Verfassungsbegriff[690] ist das Ziel des gesamtwirtschaftlichen Gleichgewichts nicht genau definiert und erlaubt eine aktiv antizyklische Politik[691]. Unabhängig von den weiteren, in ihrer praktischen Handhabe umstrittenen Konkretisierungen[692] dieser Berücksichtigungspflicht, stellt sich die Frage, ob auch Sondervermögen des Bundes Regelungsadressaten der Bestimmung sind. Der Wortlaut der Norm schließt die Einbeziehung der Sondervermögen nicht aus. Durch die ausdrückliche Ausnahmeregelung in Art. 110 Abs. 1 Satz 1 HS 2 GG für Sondervermögen wird zudem deutlich, dass im Umkehrschluss ohne eine solche Bestimmung Sondervermögen dem Bund als Regelungsadressaten hinzurechnen. Zudem sind die un-

---

686 Vgl. zur Reformdiskussion und zu den verschiedenen dazu vorgetragenen Konzepten nur *Kahl*, DÖV 2009, 2 (9 f.); *Weinzen*, DÖV 2008, 535 ff.; *derselbe*, DÖV 2009, 454 ff.; vgl. auch die Kritik bei *Korioth*, JZ 2009, 729 (736).

687 Vgl. zur Entwicklung der Neuverschuldung *Engels/Hugo*, DÖV 2007, 445 (445 ff.); auch mit Blick auf Nebenhaushalte *Puhl*, Budgetflucht, S. 473 ff.; vgl. zur Entwicklung der Ermächtigungsvorschriften zur Kreditaufnahme für Sondervermögen *Weinzen*, DÖV 2007, 509.

688 Siehe auch die näheren Ausführungen zur Übergangsregel des Art. 143d Abs. 1 Satz 2 HS 2 GG unten unter F. II. 2. c).

689 *Friauf*, VVDStRL 27 (1969), 1 (37); *Heintzen*, in: v. Münch/Kunig, Art. 109 Rn. 15; *Heun*, in: Dreier, Art. 109 Rn. 21 m.w.N.

690 Vgl. BVerfGE 79, 311 (338).

691 *Siekmann*, in: Sachs, Art. 109 Rn. 17.

692 Vgl. nur *Rodi*, in: Bonner Kommentar, Stand: November 2004, Art. 109 Rn. 175 ff.

selbständigen Sondervermögen stets Teile des Rechtsträgers Bund und schon aus diesem Grund adressiert. Außerdem liefe es dem Regelungsziel des Art. 109 Abs. 2 GG a.F., eine gesamtwirtschaftliche Stabilitätspolitik zu betreiben[693], zuwider, wollte man die zum Teil substantiell umfangreichen und bedeutenden Sondervermögen nicht auch in die Verpflichtung nehmen[694]. Art. 109 Abs. 2 GG a.F. gilt für sämtliche Bereiche der öffentlichen Bundeshaushaltswirtschaft inklusive der Haushaltswirtschaft der Sondervermögen.

Dieses Ergebnis wird auch im einfachen Recht hinreichend umgesetzt. So verpflichtet § 1 Satz 1 StabG „Bund und Länder“, bei ihren wirtschafts- und finanzpolitischen Maßnahmen die Erfordernisse des gesamtwirtschaftlichen Gleichgewichts zu beachten, und verpflichtet sie nach § 1 Satz 2 StabG auf das „magische Viereck“ von Preisstabilität, hohem Beschäftigungsstand, außenwirtschaftlichem Gleichgewicht und stetigem und angemessenem Wirtschaftswachstum. Auch hier werden Sondervermögen als Adressaten dem Rechtsträger Bund zugerechnet[695]. Als Begründung darf jedoch nicht genügen, dass Sondervermögen von unmittelbaren Bundesorganen bewirtschaftet werden[696]. Denn es ist nicht entscheidend, wer die unselbständigen Sondervermögen verwaltet. Ausschlag gebend ist vielmehr, dass die Sondervermögen selbst Teile des Bundes darstellen. Sie, nicht ihre Verwalter, sind die nach Art. 109 Abs. 2 GG a.F. und § 1 StabG in die Verantwortung Genommenen. Daher gilt die Verpflichtung auch für Treuhandvermögen.

b) Kreditaufnahmeregelungen gemäß Art. 115 GG a.F.

Die auch in ihrer alten Fassung auf die Begrenzung der Kreditaufnahme und damit die Eindämmung der Neuverschuldung zielende Norm des Art. 115 GG a.F. war zentrale Regelung für die Kreditaufnahme durch Sondervermögen. Sie stellt in Absatz 1 Vorgaben auf, um das Schuldenniveau des Bundes niedrig zu halten. Absatz 2 scheint diese Begrenzungsregelung für Sondervermögen aber voraussetzungslos auszuhebeln. Weil die bis zum 31.12.2010 eingerichteten Kreditermächtigungen zumindest für die bereits errichteten Sondervermögen gemäß Art. 143d Abs. 1 Satz 2 HS 2 GG auch über das Haushaltsjahr 2010 hinaus Gel-

---

693 *Siekmann*, in: Sachs, Art. 109 Rn. 12.

694 So auch BVerfGE 86, 148 (266 f.), in einem obiter dictum zu „Nebenhaushalten“; *Kilian*, Nebenhaushalte, S. 724; *Maunz*, in: Maunz/Dürig, Stand: Oktober 2008, Art. 115 Rn. 52; *Rodi*, in: Bonner Kommentar, Stand: November 2004, Art. 109 Rn. 247; *Siekmann*, in: Sachs, Art. 115 Rn. 59; *Wendt*, in: v. Mangoldt/Klein/Starck, Art. 115 Rn. 68; *Puhl*, Budgetflucht, S. 441 ff. und S. 513 m.w.N., auch mit historischer Begründung.

695 *Möller*, Kommentar StabG, § 1 Rn. 2, S. 86 f.

696 So aber *Möller*, Kommentar StabG, § 1 Rn. 2, S. 86 f.; *Puhl*, Budgetflucht, S. 462.

tung haben werden[697], lohnt es sich auch für die Zukunft, die Bestimmungen des Art. 115 GG a.F. genauer zu untersuchen.

aa) Kreditermächtigung gemäß Art. 115 Abs. 1 Satz 1 GG

Art. 115 Abs. 1 Satz 1 GG formuliert einen echten Gesetzesvorbehalt für die Aufnahme von Krediten sowie die Übernahme von Bürgschaften, Garantien und sonstigen Gewährleistungen. An die Aufnahme von Krediten werden zwei Anforderungen gestellt. Erstens ist ein Parlamentsgesetz als Ermächtigungsnorm erforderlich, wobei die Einstellung der Einnahmen aus den Krediten in den Haushaltsplan nicht genügen soll[698]. Zweitens bedarf es eines bestimmten, der Höhe nach festgelegten Rahmens für die Kreditaufnahme.

aaa) Regelungsinhalt

Der Parlamentsvorbehalt für das Eingehen von Schulden war im Staatsrecht schon früh geregelt[699]. Sinn des Vorbehalts ist nicht nur die Erhaltung und Absicherung des parlamentarischen Budgetbewilligungsrechts durch die Überantwortung der Entscheidung über Krediteinnahmen an den Gesetzgeber. Auch sollen Publizität und Öffentlichkeit angesichts der Erheblichkeit des Risikos der Staatsverschuldung gewährleistet werden[700]. Rechnung getragen werden kann dem Vorbehalt durch die Erteilung der Ermächtigung im Haushaltsgesetz oder in einem Spezialgesetz[701].

Unter den Begriff der Kreditaufnahme fällt der Tatbestand der Beschaffung von Geldmitteln, die zurückgegeben werden müssen. Solche Finanzschulden[702] sind sowohl längerfristige Darlehensverbindlichkeiten zur Finanzierung von Ausgaben einschließlich solcher zur Schuldentilgung als auch Kassenverstärkungskredite genannte, kurzfristige Kredite zur Überbrückung von Haushaltsde-

---

697 *Korioth*, JZ 2009, 729 (733), plädiert deshalb für eine zeitliche Grenze auch für Alt-Sondervermögen.

698 *Friauf*, HStR IV, § 91 Rn. 25; *Höfling/Rixen*, in: Bonner Kommentar, Stand: Juli 2003, Art. 115 Rn. 109; *Pünder*, HStR V, § 123 Rn. 16; *Puhl*, Budgetflucht, S. 484; anderer Ansicht *Maunz*, in: Maunz/Dürig, Stand: Oktober 2008, Art. 115 Rn. 8, der eine Ermächtigungserteilung im Haushaltsplan für ausreichend erachtet, weil der Haushaltsplan ebenfalls formellen Gesetzescharakter habe, mit der Einschränkung, dass die Ermächtigung ausdrücklich erteilt werden müsse und die Einstellung der Einnahmen aus Krediten nicht genüge.

699 Zur Historie *Höfling*, Staatsschuldenrecht, S. 12 ff.; *Stern*, Staatsrecht II, S. 1271 ff.

700 Zu beiden Aspekten *Höfling/Rixen*, in: Bonner Kommentar, Stand: Juli 2003, Art. 115 Rn. 109 f.; nach *Puhl*, Budgetflucht, S. 484, dient der Vorbehalt daneben auch dem Schutz des künftigen Haushaltsgesetzgebers und dem Schutz künftiger Abgabenschuldner.

701 *Heuer*, in: Heuer, KHR, Stand: März 1996, Art. 115 Rn. 5.

702 *Heintzen*, in: v. Münch/Kunig, Art. 115 Rn. 8 m.w.N.

fiziten im laufenden Haushaltsjahr[703]. Auch zur Kreditaufnahme zählt es, wenn der Bund Leistungsansprüche gegen sich durch Begebung von Schuldurkunden bzw. die Eintragung von Schuldbuchforderungen in Finanzschulden umwandelt[704]. Keine Kreditaufnahme stellt hingegen die Begründung von Verwaltungsschulden dar, das heißt von Verbindlichkeiten, die sich als Ergebnis von allgemeiner Verwaltungs- und Geschäftstätigkeit und nicht von direkter Geldbeschaffungstätigkeit ergeben[705]. Ebenso wie die Kreditaufnahme unterliegt die Übernahme einer Bürgschaft, einer Garantie oder einer sonstigen Gewährleistung dem Parlamentsvorbehalt des Art. 115 Abs. 1 Satz 1 GG. Das erklärt sich aus dem zugrunde liegenden Prinzip der Risikoübernahme für Dritte, die ebenso wie die Kreditaufnahme den Haushalt über das Rechnungsjahr hinaus belastet[706].

Die Ermächtigung durch den Gesetzgeber muss grundsätzlich bestimmt und damit der Höhe nach ziffernmäßig begrenzt sein[707]. In Ausnahmefällen lässt Art. 115 Abs. 1 Satz 1 GG auch eine nur bestimmbare Ermächtigung genügen, wenn nämlich die ziffernmäßige Fixierung nicht möglich ist[708]. Bestimmbarkeit bedeutet dann, dass die Höhe der Kreditaufnahme zwar nicht betragsmäßig in der Ermächtigung direkt festgelegt ist, sie sich aber aus anderen Umständen ergibt und der Exekutive bei der Umsetzung der Ermächtigung kein Konkretisierungsspielraum

---

703 *Friauf*, HStR IV, § 91 Rn. 26; *Heintzen*, in: v. Münch/Kunig, Art. 115 Rn. 8; *Heun*, in: Dreier, Art. 115 Rn. 11; *Höfling*, Staatsschuldenrecht, S. 49; *Kube*, in: Maunz/Dürig, Stand: Oktober 2009, Art. 115 Rn. 72; anderer Ansicht *Brockmeyer*, in: Schmidt-Bleibtreu/Klein, Art. 115 Rn. 3, Rn. 9; *Maunz*, in: Maunz/Dürig, Stand: Oktober 2008, Art. 115 Rn. 11; *Pünder*, HStR V, § 123 Rn. 23; *Stern*, Staatsrecht II, S. 1268; siehe zu den Kassenverstärkungskrediten auch die Bestimmung des § 18 Abs. 2 Nr. 2 BHO.

704 *Höfling/Rixen*, in: Bonner Kommentar, Stand: Juli 2003, Art. 115 Rn. 127; *Puhl*, Budgetflucht, S. 486; in diesem Sinn auch die Ermächtigung für den Entschädigungsfonds gemäß § 9 Abs. 4 Satz 1 EntschG.

705 *Heintzen*, in: v. Münch/Kunig, Art. 115 Rn. 8; zu weiteren, teils umstrittenen Formen der Begründung von längerfristigen Verbindlichkeiten wie Leasinggestaltungen und sonstigen Austauschverträgen mit Finanzierungsfunktion vgl. VerfGH Rheinl.-Pfalz, DÖV 1997, 246, dazu *Edinger*, ZG 1997, 242 (249 ff.); *Höfling/Rixen*, in: Bonner Kommentar, Art. 115 Rn. 130 ff.; *Jahndorf*, NVwZ 2001, 620 ff.; *Kaeser*, Alternative Finanzierungsmodelle, 2002.

706 *Wendt*, in: v. Mangoldt/Klein/Starck, Art. 115 Rn. 24. Art. 115 Abs. 1 Satz 1 GG greift deshalb dann nicht ein, wenn die Gewährleistungsübernahme ausschließlich zu Ausgaben innerhalb des Haushaltsjahres führt. Dann müssen die Ausgaben nur durch Einnahmen gedeckt sein, *Heun*, in: Dreier, Art. 115 Rn. 12; *Höfling/Rixen*, in: Bonner Kommentar, Stand: Juli 2003, Art. 115 Rn. 158.

707 Unter der Höhe der Kreditaufnahme versteht man die Bruttobeträge, nicht also nur den Kreditерlös (Nettobetrag), *Kaeser*, Alternative Finanzierungsmodelle, S. 20.

708 *Friauf*, HStR IV, § 91 Rn. 27; *Heuer*, in: Heuer, KHR, Stand: März 1996, Art. 115 Rn. 5; *Puhl*, Budgetflucht, S. 485. Hinsichtlich der Tatbestandsalternativen der Übernahme von Bürgschaften, Garantien und sonstigen Gewährleistungen gebietet das einfache Haushaltsrecht gemäß § 39 Abs. 1 BHO die Bestimmtheit der Ermächtigung, Bestimmbarkeit genügt nicht.

verbleibt[709]. Daraus ergibt sich, dass sekundär auch die Exekutive durch Art. 115 Abs. 1 Satz 1 GG gebunden wird. Es ist ihr verboten, ohne entsprechende Ermächtigung Kredite aufzunehmen und Gewährleistungen zu übernehmen[710].

bbb) Geltung auch für Sondervermögen

Art. 115 Abs. 1 Satz 1 GG formuliert nicht, wer durch den Gesetzesvorbehalt betroffen, wer also Adressat der Regelung ist. Aus systematischen Erwägungen darf man annehmen, dass jegliche Verschuldung durch den *Bund* und damit auch die der zwingend unselbständigen Sondervermögen gemeint ist, weil auch die Zentralnorm des Art. 110 Abs. 1 Satz 1 HS 2 GG Einnahmen und Ausgaben „des Bundes“ zum Gegenstand hat. Insbesondere Art. 115 Abs. 2 GG a.F. stützt diese Ansicht, weil eine Ausnahme für Sondervermögen von Art. 115 Abs. 1 GG a.F. nur dann einen Sinn ergibt, wenn diese grundsätzlich der Regelung des Art. 115 Abs. 1 GG a.F. unterfallen. Nicht nur die Gesetzessystematik, sondern auch die jüngere Entstehungsgeschichte der Norm führt zu diesem Ergebnis. Als im Zuge der Haushaltsreform von 1969[711] unter anderen die für die Haushaltsjahre bis mindestens 2011 geltende Ausnahmebestimmung des Art. 115 Abs. 2 GG a.F. eingefügt wurde, ging man davon aus, dass „die Vorschriften des Bundes über die Aufnahme von Krediten und die Übernahme von Gewährleistungen auch für die Sondervermögen“ gelten würden[712]. Hinzu kommt, dass Art. 115 Abs. 1 Satz 1 GG zuvörderst das Budgetrecht des Parlaments im Hinblick auf den Umgang mit Geldmitteln des Bundes schützen soll. Wollte man die Sondervermögen aussparen, würde das in erheblichem Maß das Budgetrecht des Parlaments beschneiden[713]. Einer parlamentsgesetzlichen Ermächtigung bedarf daher auch die Kreditaufnahme bzw. Gewährleistungsübernahme durch ein Sondervermögen[714].

---

709 Ähnlich *Höfling/Rixen*, in: Bonner Kommentar, Stand: Juli 2003, Art. 115 Rn. 204.

710 *Höfling/Rixen*, in: Bonner Kommentar, Stand: Juli 2003, Art. 115 Rn. 121.

711 20. Gesetz zur Änderung des Grundgesetzes von 02.05.1969, BGBl. I, S. 357.

712 BT-Drs. V/3040, S. 47.

713 *Höfling/Rixen*, in: Bonner Kommentar, Stand: Juli 2003, Art. 115 Rn. 118.

714 Das entspricht der ganz herrschenden Meinung, *Brockmeyer*, in: Schmidt-Bleibtreu/Klein, Art. 115 Rn. 17; *Heintzen*, in: v. Münch/Kunig, Art. 115 Rn. 20; *Heuer*, in: Heuer, KHR, Stand: März 1996, Art. 115 Rn. 3 und Rn. 16; *Heun*, in: Dreier, Art. 115 Rn. 33; *Höfling*, Staatsschuldenrecht, S. 64; *Höfling/Rixen*, in: Bonner Kommentar, Stand: Juli 2003, Art. 15 Rn. 119; *Kube*, in: Maunz/Dürig, Stand: Oktober 2009, Art. 115 Rn. 59; *Maunz*, in: Maunz/Dürig, Stand: Oktober 2008, Art. 115 Rn. 52; *Nebel*, in: Piduch, Bundeshaushaltsrecht, Stand: Dezember 2005, Art. 115 Rn. 33; *Puhl*, Budgetflucht, S.497 ff.; *Wendt*, in: v. Mangoldt/Klein/Starck, Art. 115 Rn. 68.

bb) Kreditaufnahmebeschränkung gemäß Art. 115 Abs. 1 Satz 2 GG a.F.

Art. 115 Abs. 1 Satz 2 HS 1 GG a.F. bestimmt, dass die Einnahmen aus Krediten die Summe der im Haushaltsplan veranschlagten Ausgaben für Investitionen nicht überschreiten darf. Ausnahmen hiervon sind nach Art. 115 Abs. 1 Satz 2 HS 2 GG a.F. nur zur Abwehr einer Störung des gesamtwirtschaftlichen Gleichgewichts zulässig. Sinn dieser zentralen Schuldenbegrenzungsregel[715] war und ist es, dem Anwachsen der jährlichen Netto-Neuverschuldung entgegenzuwirken bzw. vorzubeugen und Kreditaufnahmen „nur im Umfang der Ausgaben mit zukunftsbegünstigendem Charakter" zuzulassen[716]. Dadurch ergänzt diese Regelung einerseits die nur formelle Schranke des Haushaltsausgleichs in Art. 110 Abs. 1 Satz 2 GG, indem sie eine materielle Schranke für die Kreditaufnahme des Bundes formuliert. Andererseits tritt sie in Wechselwirkung mit der Schranke des Art. 109 Abs. 2 GG a.F., wonach dem gesamtwirtschaftlichen Gleichgewicht bei jedem Haushaltsgebaren Rechnung zu tragen ist[717]. Art. 115 Abs. 1 Satz 2 GG a.F. verdrängt damit nicht die Grundregel des Art. 109 Abs. 2 GG a.F., sondern formuliert für die wirtschaftliche Normallage lediglich eine absolute Höchstgrenze – nämlich die Summe der Investitionsausgaben – für die Kreditaufnahme. Weil aber Art. 115 Abs. 1 Satz 2 HS 1 GG nur eine Begrenzungsregel nach oben ist, deren Ausschöpfung nicht in jedem Haushaltsjahr notwendig und folglich zulässig sein muss, bildet Art. 109 Abs. 2 GG a.F. unterhalb dieser quantitativen Schranke den Maßstab (und die Grenze) für die Finanzierung öffentlicher Aufgaben durch eine Kreditaufnahme[718]. So kann es in Zeiten der wirtschaftlichen Auslastung mit Blick auf das gesamtwirtschaftliche Gleichgewicht durchaus auch einmal geboten sein, die Kreditaufnahme gering zu halten oder Verschuldung abzubauen[719].

aaa) Regelungsinhalt

Die Junktimklausel des Art. 115 Abs. 2 Satz 1 HS 1 GG a.F., die „die Einnahmen aus Krediten" mit der Summe der „veranschlagten Ausgaben für Investitionen" verknüpft, intendiert, die Neuverschuldung des Staates und damit die Zukunftsbelastung zu beschränken[720]. Anders als in Art. 115 Abs. 1 Satz 1 GG ist das

715 Diese Bestimmung wurde ebenfalls im Zuge der Haushaltsreform neu eingeführt, 20. Gesetz zur Änderung des Grundgesetzes von 02.05.1969, BGBl. I, S. 357.

716 BVerfGE 79, 311 (334); siehe auch *Stern*, Staatsrecht II, S. 1277 f.

717 *Nebel*, in: Piduch, Bundeshaushaltrecht, Stand: Dezember 2005, Art. 115 Rn. 24.

718 BVerfGE 79, 311 (334).

719 Ausführlich zum „normativen Ergänzungszusammenhang" von Art. 115 Abs. 1 Satz 2 HS 1 GG a.F. und Art. 109 Abs. 2 GG a.F. *Höfling/Rixen*, in: Bonner Kommentar, Stand: Juli 2003, Art. 115 Rn. 264 ff.

720 *Heun*, in: Dreier, Art. 115 Rn. 19; *Heun*, Die Verwaltung 18 (1985), 1 (15); *Wendt*, in: v. Mangoldt/Klein/Starck, Art. 115 Rn. 33.

Regelungsobjekt daher auch nicht die „Aufnahme von Krediten", sondern es sind die „Einnahmen aus Krediten", die der Beschränkung unterliegen. Intention der Norm ist es, den aktuellen Schuldenstand zu begrenzen, so dass es nicht auf die Bruttokreditaufnahme des Bundes, sondern auf die Nettokreditaufnahme ankommt. Die Junktimklausel erfasst insofern weder die Inanspruchnahme von Krediten zur Umschuldung oder Prolongation älterer Kredite noch unterjährige Kassenverstärkungskredite, die den Schuldenstand am Ende des Haushaltsjahres nicht erhöhen[721].

Schlüsselbegriff zur Begrenzung der Verschuldung ist die „Summe der im Haushaltsplan veranschlagten Investitionen", der erhebliche Präzisierungsschwierigkeiten mit sich bringt. Zwar ist das abstrakte Ziel der Schuldenbegrenzung auf die Höhe zukunftsbegünstigender Ausgaben allgemein anerkannt, dies gilt jedoch nicht für die dieses Ziel umsetzenden Konkretisierungskonzepte. So beendete die abschließende[722], definitorische Auflistung von Investitionsausgaben durch den einfachen Gesetzgeber in § 13 Abs. 3 Nr. 2 Satz 2 BHO nicht die anhaltende Diskussion[723]. Auch vermag der Rekurs auf die Begründung des Regierungsentwurfs zu Art. 115 Abs. 1 Satz 2 GG a.F., wonach die „makro-ökonomische Betrachtung" und die „Erhaltung, Vermehrung und Verbesserung der Produktionsmittel der Volkswirtschaft" entscheidend sein sollen[724], die Meinungsverschiedenheiten nicht zu beseitigen[725]. Grundsätzlich gilt, dass Ausgaben für Investitionen dann vorliegen, wenn sie Vorhaben finanzieren, die „mit hinreichender Gewissheit" nicht bereits im aktuellen Haushaltsjahr verbraucht werden, der Allgemeinheit dauerhaft zugute kommen und wirtschaftlich genutzt werden können[726]. Traditionell scheiden investive Verteidigungsausgaben und Ausgaben für die Ausbildung (Humankapital) aus dem Investitionsbegriff aus[727]. Laufende,

---

721 *Friauf*, HStR IV, § 91 Rn. 41 f.; *Heuer*, in: Heuer, KHR, Stand: März 1996, Art. 115 Rn. 10; *Jarass*, in: Jarass/Pieroth, Art. 115 Rn. 6; *Patzig*, DÖV 1985, 293 (301); *Siekmann*, in: Sachs, Art. 115 Rn. 32; *Wendt*, in: v. Mangoldt/Klein/Starck, Art. 115 Rn. 33 und Rn. 35.

722 So Reg.-Begr. BT-Drs. 11/6939, S. 5.

723 *Höfling*, Staatsschuldenrecht, S. 188 ff.; § 13 Abs. 3 Nr. 2 Satz 2 BHO wurde auf die Aufforderung durch das Bundesverfassungsgericht an den Gesetzgeber hin erlassen, wonach der Investitionsbegriff des Art. 115 Abs. 1 Satz 2 GG näher festgelegt werden sollte, siehe BVerfGE 79, 311 (336); *Osterloh*, NJW 1990, 145 (147 ff.).

724 BT-Drs. V/3040, S. 47, Tz. 134.

725 Diese Unsicherheit liegt vor allem darin begründet, dass der Begriff der Investitionsausgaben ein ökonomischer Begriff darstellt und auch in der Wirtschaftswissenschaft nicht hinreichend konkretisiert ist, *Puhl*, Budgetflucht, S. 489 m.w.N.

726 *Henseler*, AöR 108 (1983), 489 (526 f.); *Wendt*, in: v. Mangoldt/Klein/Starck, Art. 115 Rn. 43.

727 Zu beidem BVerfGE 79, 311 (337), zuletzt BVerfGE 119, 96 (139 f.); zu investiven Verteidigungsausgaben *Fricke*, DVBl. 1977, 26 (27); *Henseler*, AöR 108 (1983), 489 (527); zu Ausbildungsausgaben *Heun*, Die Verwaltung 18 (1985), 1 (16 f.); kritisch *Osterloh*, NJW 1990, 145 (148 f.).

konsumtive Ausgaben fallen gleichfalls nicht unter den Investitionsbegriff, weil sie keine Wirkungen über das Haushaltsjahr hinaus entfalten[728]. Besonders diskutiert werden die in der Praxis zu den Investitionen gezählten Darlehen gemäß § 13 Abs. 3 Nr. 2 Satz 2 lit. e) BHO[729] und Bruttoinvestitionen[730]. Häufig wird auch die Ausgrenzung von *Auslandsinvestitionen* aus dem Investitionsbegriff propagiert[731]. Ebenfalls umstritten ist, ob die Kreditbegrenzungsregel nur für die Haushaltsaufstellung oder auch für den Haushaltsvollzug gilt[732].

bbb) Geltung auch für Sondervermögen

Fraglich ist, ob die Junktimklausel zwischen Neuverschuldung und investiven Ausgaben auch für ausgegliederte Sondervermögen gilt[733]. Schon dem Wortlaut des Art. 115 Abs. 1 Satz 2 HS 1 GG a.F. nach werden nicht nur die Krediteinnahmen des Bundes begrenzt, die im Haushaltsplan veranschlagt sind. Vielmehr betrifft die Junktimklausel allgemein „die Einnahmen aus Krediten". Damit ist

---

728 *Heun*, Die Verwaltung 18 (1985), 1 (16).

729 So *Wendt*, in: v. Mangoldt/Klein/Starck, Art. 115 Rn. 45; *Henseler*, AöR 108 (1983), 489 (528 ff.); *Siekmann*, in: Sachs, Art. 115 Rn. 41; *Höfling/Rixen*, in: Bonner Kommentar, Stand: Juli 2003, Art. 115 Rn. 296; ebenfalls kritisch *Friauf*, HStR IV, § 91 Rn. 46 mit Fn. 126; *Pünder*, HStR V, § 123 Rn. 36; anderer Ansicht *Nebel*, in: Piduch, Bundeshaushaltsrecht, Stand: Dezember 2005, Art. 115 Rn. 27; zum Ganzen *Puhl*, Budgetflucht, S. 489 f. m.w.N.

730 Dazu *Friauf*, HStR IV, § 91 Rn. 51; *Heuer*, in: Heuer, KHR, Stand: März 1996, Art. 115 Rn. 12; *Heintzen*, in: v. Münch/Kunig, Art. 115 Rn. 14; *Höfling/Rixen*, in: Bonner Kommentar, Stand: Juli 2003, Art. 115 Rn. 284; *Siekmann*, in: Sachs, Art. 115 Rn. 42; anderer Ansicht *Nebel*, in: Piduch, Bundeshaushaltsrecht, Stand: Dezember 2005, Art. 115 Rn. 27, unter Hinweis auf die sachliche Unvereinbarkeit der Veranschlagung von Nettoinvestitionen in einem kameralistischen System.

731 *Heintzen*, in: v. Münch/Kunig, Art. 115 Rn. 14; *Heun*, in: Dreier, Art. 115 Rn. 22; ausführlich *Höfling*, Staatsschuldenrecht, S. 209 ff.; *Wendt*, in: v. Mangoldt/Klein/Starck, Art. 115 Rn. 45.

732 Dazu ausführlich und m.w.N. *Siekmann*, in: Sachs, Art. 115 Rn. 52 f.; *Nebel*, in: Piduch, Bundeshaushaltsrecht, Stand: Dezember 2005, Art. 115 Rn. 28.

733 Für dessen Geltung *Hering*, Kreditfinanzierung über Nebenhaushalte, S. 242 f.; *Heun*, in: Dreier, Art. 115 Rn. 33; *Höfling*, Staatsschuldenrecht, S. 324 ff.; *Höfling/Rixen*, in: Bonner Kommentar, Stand: September 2003, Art. 115 Rn. 428; *Kilian*, Nebenhaushalte, S. 723 mit Fn. 171 und S. 724; *Lappin*, Kreditäre Finanzierung des Staates, S. 183 f.; *Puhl*, Budgetflucht, S. 514 ff.; *Schemmel/Borell*, Verfassungsgrenzen für Steuerstaat und Staatshaushalt, S. 188 f.; *Selmer*, in: FS Stern, S. 567 (574 f.); *Wendt*, in: v. Mangoldt/Klein/Starck, Art. 115 Rn. 68; *Wolf*, Verfassungsrechtliche Grenzen der Staatsverschuldung, S. 180 f.; nun auch *Nebel*, in: Piduch, Bundeshaushaltsrecht, Stand: Dezember 2005, Art. 115 GG Rn. 33; gegen die Anwendung der materiellen Schranke auf Sondervermögen *Brockmeyer*, in: Schmidt-Bleibtreu/Klein, Art. 115 Rn. 17; *Heintzen*, in: v. Münch/Kunig, Art. 115 Rn. 20; *Karehnke*, DÖV 1973, 393 (404); *Maunz*, in: Maunz/Dürig, Stand: Oktober 2008, Art. 115 Rn. 52; *Heuer*, in: Heuer, KHR, Stand: März 1996, Art. 115 Rn. 16, lehnt eine direkte Geltung der materiellen Verschuldungsgrenze zwar ab, zieht aber eine entsprechende Anwendung auf Sondervermögen in Betracht.

der Wortlaut der Norm zumindest offen genug, um ohne Weiteres die ausgegliederten Sondervermögen zu erfassen.

Auch die Gesetzessystematik spricht für die Geltung der Verschuldungsschranke für Sondervermögen. Der Ausnahmevorbehalt des Art. 115 Abs. 2 GG a.F. bezieht sich insgesamt auf die Bestimmungen des Abs. 1 und differenziert nicht zwischen den Regelungen in Art. 115 Abs. 1 Satz 1, Art. 115 Abs. 1 Satz 2 HS 1 und Art. 115 Abs. 1 Satz 2 HS 2 GG a.F.

Zudem bestätigt die Entstehungsgeschichte des Art. 115 Abs. 2 GG a.F. dieses Ergebnis. So geht aus der Begründung des Regierungsentwurfs zu Art. 115 Abs. 2 GG a.F. hervor, dass Art. 115 GG für alle Sondervermögen des Bundes Geltung habe, weil die Sondervermögen Teile des Bundes sind. Demnach sollten ohne die Ausnahmeregelung die „Vorschrift*en* des Bundes über die Aufnahme von Krediten" auch für Sondervermögen gelten[734].

Letztlich führen die ausgegliederten Sondervermögen kein vollständig autarkes finanzielles Eigenleben gegenüber dem Bundeshaushalt. Gerade was ihre Ausgaben und Einnahmen betrifft, zählen diese rechtlich zu solchen des Bundes. Die Ausgliederung von Sondervermögen aus dem Bundeshaushalt geschieht eben nur in formaler Form, materiell gehören die Sondervermögen weiterhin in vollem Umfang zum Bundeshaushaltsvolumen. Das hat auch zur Folge, dass der Bund für die Verbindlichkeiten der Sondervermögen haftet[735]. Ist die Haftung des Bundes hingegen gesetzlich ausgeschlossen[736], so wird es mindestens faktisch in vielen Fällen so sein, dass der Bund sich wirtschaftlich gegenüber den Sondervermögen verantwortlich fühlt und sie ohnehin nicht Not leidend werden lässt[737]. Die Verbindlichkeiten der Sondervermögen stehen insofern in unmittelbarem oder zumindest in mittelbarem Zusammenhang mit dem Bundeshaushalt[738]. Ausdruck findet diese materielle Verbindung zum Gesamtetat auch in der formalen Regelung des Art. 110 Abs. 1 Satz 1 HS 2 GG, wonach zumindest Zuführungen und Ablieferungen der ausgegliederten Sondervermögen budgetsichtig zu machen sind. Besteht mithin ein direkter Zusammenhang zwischen Bundesetat und Verbindlichkeiten der Sondervermögen, müssen letztere grund-

---

734 BT-Drs. V/3040, S. 47, Tz. 136 (Hervorhebung nicht im Original); ausführlicher noch zur Entstehungsgeschichte *Puhl*, Budgetflucht, S. 516 f.

735 *Püttner*, Die öffentlichen Unternehmen, S. 186, zur Haftung für rechtlich unselbständige Unternehmen, zu denen auch Sondervermögen zählen. Siehe zur Sondervermögenslast sowie zur Einstandspflicht des Bundes die näheren Ausführungen unten unter G. II.

736 Zu den Folgen eines Haftungsausschlusses siehe die näheren Ausführungen unten unter G. II. 1. c) und G. II. 2.

737 *Kilian*; Nebenhaushalte, S. 723; *Lappin*, Kreditäre Finanzierung des Staates, S. 183 f.; *Puhl*, Budgetflucht, S. 502; *Heun*, in: Dreier, Art. 115 Rn. 34.

738 Anderer Ansicht *Heintzen*, in: v. Münch/Kunig, Art. 115 Rn. 20.

sätzlich auch so behandelt (und beschränkt) werden. Das Prinzip der haushaltsrechtlichen Ausgewogenheit zwischen Kosten und Zukunftsnutzen muss also grundsätzlich auch für Sondervermögen Geltung beanspruchen.

Der Ausnahmevorbehalt des Art. 115 Abs. 2 GG a.F. wiederum ermöglicht es, den besonderen Bedürfnissen ausgelagerter Sondervermögen Rechnung zu tragen, so dass eine Befreiung von der materiellen Neuverschuldungsschranke im Einzelfall zulässig ist.

Auch der einfache Gesetzgeber scheint das so zu sehen. Für den Entschädigungsfonds formuliert er in § 9 Abs. 2 Satz 2 HS 2 EntschG, dass Art. 115 Abs. 1 Satz 2 GG a.F. auf den Fonds keine Anwendung finden soll. Eine ähnliche Regelung existierte in der Vergangenheit für den Fonds „Deutsche Einheit". Das Gesetz über die Errichtung eines Fonds „Deutsche Einheit" sah in § 5 Abs. 2 Satz 2[739] vor, dass die Kreditaufnahme für das Sondervermögen nicht der Beschränkung des Art. 115 Abs. 1 Satz 2 GG a.F. unterliegen sollte. Im Umkehrschluss geht der einfache Gesetzgeber also davon aus, dass ohne ausdrückliche Ausnahme Art. 115 Abs. 1 Satz 2 GG a.F. auf die Sondervermögen anzuwenden ist.

Gelangt man zu dem Ergebnis, dass die Junktimklausel des Art. 115 Abs. 1 Satz 2 HS 1 GG a.F. auch auf Sondervermögen anzuwenden ist, stellt sich schließlich die Frage, wie diese Anwendung inhaltlich aussieht. Eng am Wortlaut der Norm ausgerichtet, könnte man davon ausgehen, dass die Netto-Neuverschuldung durch ausgegliederte Sondervermögen den „Einnahmen aus Krediten" des Bundes hinzuzurechnen sind. Als Investitionsausgaben würden trotzdem nur die Ausgaben zählen, die im Bundeshaushaltsplan voll veranschlagt werden[740]. Diese Auffassung führt dazu, dass sich die Kreditaufnahmegrenze des Bundes zugunsten einer weiteren Beschränkung der Neuverschuldung nach unten verschiebt, weil zwar die Einnahmen aus Krediten um die der Sondervermögen steigen, die Investitionsausgaben aber stagnieren. Das mag rechtspolitisch wünschenswert sein, entspricht aber nicht dem Regelungszweck der Verknüpfung von Kreditverbindlichkeiten mit den zukunftsbegünstigenden Ausgaben[741].

Dieser Intention der Junktimklausel entspricht aber die Ansicht, die die Kreditaufnahme des Bundes über den Bundeshaushalt durch die Investitionsausgaben aus dem Bundeshaushalt begrenzt sieht und die Kreditaufnahme des einzelnen

---

739 In der Fassung des Einigungsvertragsgesetzes vom 23.09.1990, BGBl. II, S. 885 (966).

740 So *Hering*, Kreditfinanzierung über Nebenhaushalte, S. 242, unter Bezugnahme auf *Wiebel*, in: Bonner Kommentar, Stand: 1978, Art. 115 Rn. 125 und Rn. 127 f.; auch *Kilian*, Nebenhaushalte, S. 724, der aber mit dem Hinweis endet, das gesamte Haushaltsvolumen der Sondervermögen sei der Investitionsgrenze hinzuzurechnen. Er lässt damit offen, ob er auch die Investitionsausgaben der Sondervermögen der Junktimklausel zuschlagen möchte.

741 *Puhl*, Budgetflucht, S. 518; *Wolf*, Verfassungsrechtliche Grenzen der Staatsverschuldung, S. 181.

Sondervermögens durch die Summe der Investitionsausgaben *in dessen Haushalts- oder Wirtschaftsplan* beschränken will[742].

Dem Grundgedanken der Begrenzungsregel noch näher kommt aber eine „ganzheitliche“ Auslegung, die unter das Tatbestandsmerkmal der Krediteinnahmen die Nettokreditaufnahme des Bundes *und* seiner Sondervermögen fasst und gleichzeitig als Bezugsgröße dazu die „im Haushaltsplan veranschlagten Ausgaben für Investitionen“ als die Summe der Investitionsausgaben des Bundes *und* seiner Sondervermögen rechnet[743]. Allein diese Auffassung verschafft dem Junktim zwischen Kredit- und Investitionssumme weit reichende Geltung auch unter Einbeziehung der Sondervermögen. Nur so wird dem Sinn der Norm, eine Symmetrie von Kosten und Zukunftsnutzen festzuschreiben, *im Ganzen* Rechnung getragen. Der Begriff der „im Haushaltsplan veranschlagten Ausgaben für Investitionen“ ist in diesem Sinne nicht wörtlich zu nehmen. Er ist als Terminus zu lesen, der sowohl die im Bundeshaushaltsplan als auch die in die Haushalts- bzw. Wirtschaftspläne der Sondervermögen eingestellten Investitionsausgaben in Bezug nimmt. Diese Auslegung bewegt sich noch innerhalb des vom Wortlaut gedeckten Interpretationsspielraums, weil die Pläne der Sondervermögen ohnehin Funktionsäquivalente zum Bundeshaushaltsplan sind. Zudem erlaubt es dieses Normverständnis jedem einzelnen Sondervermögenshaushalt, sich nicht an die Kreditbegrenzungsregel halten zu müssen. Die zu hohe Neuverschuldung eines einzelnen Sondervermögens kann nämlich durch die gesamte Investitionssumme des Bundes sowie der übrigen Sondervermögen ausgeglichen werden, ohne dass auf den Ausnahmevorbehalt des Art. 115 Abs. 2 GG zurückzugreifen ist[744].

Die Bindung jedes einzelnen Sondervermögens an das Junktim zwischen Kredit- und Investitionssumme ist allerdings durch den einfachen Gesetzgeber nach §§ 113, 18 Abs. 1 Satz 1 BHO vorgegeben[745]. Nach § 113 Satz 1 BHO kann aber durch oder aufgrund eines Gesetzes etwas anderes geregelt werden.

---

742 *Höfling*, Staatsschuldenrecht, S. 324 ff.; *Höfling/Rixen*, in: Bonner Kommentar, Stand: September 2003, Art. 115 Rn. 428; *Puhl*, Budgetflucht, S. 518 f.; *Schemmel/Borell*, Verfassungsgrenzen für Steuerstaat und Staatshaushalt, S. 188; *Wolf*, Verfassungsrechtliche Grenzen der Staatsverschuldung, S. 181.

743 *Puhl*, Budgetflucht, S. 530, geht davon aus, dass dieses Normverständnis nur möglich ist, wenn es durch den einfachen Gesetzgeber als Ausnahme i.S.d. Art. 115 Abs. 2 GG a.F. geregelt wird.

744 Die Ausnahmevorschrift des Art. 115 Abs. 1 Satz 2 HS 2 GG, wonach die Überschreitung der Neuverschuldungsgrenze zur Abwehr einer Störung des gesamtwirtschaftlichen Gleichgewichts zulässig ist, gilt dann auch unter Einbeziehung der Sondervermögen; zur Vorschrift allgemein siehe *Mahrenholz*, in: AK-GG, Stand: August 2002, Art. 115 Rn. 21 ff.; *Nebel*, in: Piduch, Bundeshaushaltsrecht, Stand: Dezember 2005, Art. 115 Rn. 29; *Siekmann*, in: Sachs, Art. 115 Rn. 43 ff.

745 *Puhl*, Budgetflucht, S. 519.

Die Kreditbegrenzungsvorschrift gilt auch für Bundesbetriebe, soweit sie durch Parlamentsgesetz zur Aufnahme von Krediten ermächtigt sind. Da es sich bei ihnen stets um die Verwaltungsstelle eines Sondervermögens handelt, muss Art. 115 Abs. 1 Satz 2 GG a.F. auch auf sie angewendet werden[746].

cc) Öffnungsklausel für Sondervermögen gemäß Art. 115 Abs. 2 GG a.F.

Geht man davon aus, dass die Neuverschuldungsgrenze des Art. 115 Abs. 1 Satz 2 HS 1 GG a.F. im Grundsatz auch auf Sondervermögen anzuwenden ist, bezieht sich der Ausnahmevorbehalt für Sondervermögen in Art. 115 Abs. 2 GG a.F. nicht nur auf die Kreditermächtigung des Art. 115 Abs. 1 Satz 1 GG, sondern auch auf dessen Satz 2 HS 1 GG a.F.[747].

aaa) Ausnahme von Art. 115 Abs. 1 Satz 1 GG

Der Ausnahmevorbehalt bezogen auf Art. 115 Abs. 1 Satz 1 GG a.F. kann inhaltlich in verschiedener Weise verwirklicht werden. Ausnahmevorschrift darf stets nur ein Parlamentsgesetz sein[748]. Denkbar sind Ausnahmen von der ziffernmäßigen Bestimmtheit oder der Bestimmbarkeit der Kreditermächtigung oder sogar eine Ausnahme insgesamt vom Gebot der gesetzlichen Ermächtigung. Während eine Ausnahme vom Bestimmtheitsgebot durch eine konkludente Regelung zulässig ist[749], kann vom Erfordernis des Gesetzesvorbehalts insgesamt nur durch expliziten Wortlaut befreit werden[750].

Nicht gefolgt werden kann der Auffassung *Puhls*, wonach eine „effektive und präventive (mitlaufende) Kontrolle" der Ausnahmeregelungen durch den Gesetzgeber verfassungsrechtlich erforderlich sei. Diese „verfahrensmäßige Abfederung" solle so aussehen, dass das Parlament bei Vorliegen einer Dispensregelung angemessene Zeit vor der tatsächlichen Kreditaufnahme durch das Sondervermögen darüber unterrichtet wird[751]. Diese Forderung findet keine verfassungsrechtliche Grundlage, weil aus dem Demokratiegebot und dem Prinzip der Letztverantwortlichkeit des Parlaments allein folgt, dass letzteres über den Dispens entscheidet. Zusätzliche Voraussetzungen lassen sich nicht begründen.

---

746 Siehe dazu schon oben unter D. V. 2.

747 *Heun*, in: v. Münch/Kunig, Art. 115 Rn. 32; *Siekmann*, in: Sachs, Art. 115 Rn. 57; *Wendt*, in: v. Mangoldt/Klein/Starck, Art. 115 Rn. 68.

748 *Wendt*, in: v. Mangoldt/Klein/Starck, Art. 115 Rn. 68.

749 So wohl auch *Höfling/Rixen*, in: Bonner Kommentar, Stand: September 2003, Art. 115 Rn. 436.

750 Zu den denkbaren Konstellationen einer Befreiung insgesamt *Höfling/Rixen*, in: Bonner Kommentar, Stand: September 2003, Art. 115 Rn. 430 ff.

751 *Puhl*, Budgetflucht, S. 503 f.; ebenso *Höfling/Rixen*, in: Bonner Kommentar, Art. 115 Rn. 444.

Einziges Beispiel für eine Ausnahmevorschrift ist § 9 Abs. 4 Satz 1 EntschG, da der Entschädigungsfonds dadurch zu einer Begebung von Schuldverschreibungen durch Eintragung in das Bundesschuldenbuch *in unbestimmter Höhe* berechtigt wird. Keine Ausnahmevorschrift i.S.d. Art. 115 Abs. 2 GG a.F. stellt § 8 Abs. 4 Satz 1 EAEG dar. Demnach wird die Entschädigungseinrichtung der Wertpapierhandelsunternehmen zur Aufnahme von Krediten insoweit ermächtigt, als der Mittelbedarf durch die Erhebung von Sonderbeiträgen nicht rechtzeitig zur Erfüllung der Pflichten nach § 5 Abs. 4 EAEG gedeckt werden kann. Die Ermächtigung genügt noch dem Grundsatz der Bestimmbarkeit, weil sie eine Kreditaufnahme an die im Einzelfall ausfüllungsfähigen Kriterien des Mittelbedarfs und der Erforderlichkeit bindet. Zudem ist eine exaktere Vorgabe durch den Gesetzgeber angesichts der nicht präzise bestimmbaren Summe an Entschädigungsleistungen im Vorhinein ohnehin nicht möglich[752].

bbb) Ausnahme von Art. 115 Abs. 1 Satz 2 HS 1 GG a.F.

Da die Kreditbegrenzungsregel des Art. 115 Abs. 1 Satz 2 HS 1 GG a.F. für Sondervermögen gilt, kann sich eine Befreiung gemäß Art. 115 Abs. 2 GG a.F. auch auf die Junktimklausel beziehen. Eine Ausnahme wird aber angesichts der Wirkung des Junktims erst erforderlich, wenn die Gesamt-Nettokreditaufnahme die Gesamt-Investitionsausgaben des Bundes zu übersteigen drohen. Erforderlich ist nach dem Gesetzeswortlaut ein Parlamentsgesetz. Darüber hinaus stellt sich die Frage, ob der Ausnahmevorbehalt angesichts der Intention, die Staatsverschuldung gering zu halten, an weitere, ungeschriebene Voraussetzungen gebunden ist.

Der Wortlaut der Öffnungsklausel deutet keine einschränkende Anwendung an. Selbst wenn bei der Entstehung der Norm zunächst restriktive Vorstellungen vorherrschten[753], fanden sie im Wortlaut keinen Niederschlag. Der Regierungsentwurf zur Haushaltsreform enthielt zunächst nur einen Dispensvorbehalt für die Deutsche Bundespost, der auf Vorschlag des Haushaltsausschusses sogar ganz gestrichen werden sollte. Der Bundespostminister setzte sich allerdings für die zunächst vorgesehene Sonderregelung ein und erreichte, dass der Ausnahmevorbehalt erhalten blieb. Zunächst nur am Rande wurde auch eine Gleichstellung der Deutschen Bundesbahn mit der Deutschen Bundespost gefordert. Wohl unter erheblichem Zeitdruck einigte man sich dann sogar auf eine Freistellungsmöglichkeit allgemein für „Sondervermögen“[754].

---

752 Vgl. BVerwGE 120, 311 (328).

753 Die ersten Überlegungen waren von der Vorstellung geprägt, dass überhaupt keine Ausnahmen zulässig sein sollten. Der erste Regierungsentwurf sah dann einen Ausnahmevorbehalt nur für das Sondervermögen Deutsche Bundespost vor, BT-Drs. V/3040, S. 47, Tz. 136; vgl. zur Entstehungsgeschichte *Puhl*, Budgetflucht, S. 526; *Weinzen*, DÖV 2007, 509 (511 f.).

754 Vgl. zur Entstehungsgeschichte ausführlich *Karehnke*, DVBl. 1973, 393 (404); *Puhl*, Budgetflucht, S. 526 f.

Auch ist es nicht nachvollziehbar, dem Wort „Ausnahme“ eine zwingend restriktive Handhabung der Ausnahmemöglichkeit zu entnehmen[755]. Denn das Wort „Ausnahme“ in diesem Zusammenhang meint nur, dass Ausnahmen für Sondervermögen von Absatz 1 möglich und zulässig sind[756].

Weitere, ungeschriebene Voraussetzungen gelten daher nicht[757], auch wenn dadurch der Netto-Neuverschuldung über die Kreditaufnahme durch Sondervermögen Tür und Tor geöffnet werden kann[758]. Der Ausnahmevorbehalt ist mithin eine verfassungsrechtliche Gestaltungsmöglichkeit für den Gesetzgeber. Lediglich eine Missbrauchsschranke für den Fall, dass die Höhe der Kreditaufnahme durch Sondervermögen völlig außer Verhältnis zur Größenordnung des gesamten Bundeshaushalts steht[759], scheint vertretbar, aber ohnehin kaum justiziabel[760].

Abzulehnen ist auch die Ansicht, die die Anwendung des Art. 115 Abs. 2 GG a.F. auf die bei Erlass der Vorschrift bestehenden Sondervermögen beschränkt[761]. Gleiches gilt für eine enge Auslegung des Begriffs der Sondervermögen in Art. 115 Abs. 2 GG a.F. Demnach soll Absatz 2 nur auf „spezifische Vermögensbestände, die aus sachlichen Gründen verselbständigt wurden“, anwendbar sein und mithin Sondervermögen, die nur aus Schuldenmassen bestehen, ausgenommen werden[762]. Beide Interpretationen mögen vor dem Hintergrund steigender Staatsverschuldung wünschenswert sein, doch sie finden weder eine Stütze im Normtext des Absatzes 2 noch entsprechen sie der Auffassung des verfassungsän-

---

755 So aber *Höfling/Rixen*, in: Bonner Kommentar, Stand: September 2003, Art. 115 Rn. 442 f.: spezifische Anforderungen an das Ausnahmeermessen, das der Gesetzgeber im Sinne der strukturellen und wirtschaftlichen Besonderheiten bei Sondervermögen auszuüben hat; *Lappin*, Kreditäre Finanzierung des Staates, S. 184: Ausnahmeregelung nur in engen Grenzen und aus zwingenden Gründen; *Selmer*, in: FS Stern, S. 567 (583): die Freistellung muss in Abwägung mit der Beeinträchtigung der parlamentarischen Kontrolle als angemessene Lösung erscheinen und von der Sache her zwingend geboten sein.

756 Anders *Puhl*, Budgetflucht, S. 501.

757 *Heun*, in: Dreier, Art. 115 Rn. 35; *Höfling*, Staatsschuldenrecht, S. 330 ff., aber mit der Anwendung einer generellen Missbrauchsschranke.

758 Zu dieser grundlegenden Problematik und der Revisionsbedürftigkeit des Regelungskonzepts vgl. BVerfGE 119, 96 (141 f.); *Engels/Hugo*, DÖV 2007, 445 (450 ff.); *Pünder*, DVBl. 2008, 946 (949 ff.), *Selmer*, NVwZ 2007, 872 (878).

759 *Heun*, in: Dreier, Art. 115 Rn. 35; *Höfling*, Staatsschuldenrecht, S. 332 f.; *Puhl*, Budgetflucht, S. 529 f., plädiert für einen materiell unbegrenzten Dispens und will nur dann einen Ausnahmevorbehalt zulassen, wenn dies „erforderlich (ist), um den strukturellen und wirtschaftlichen Besonderheiten bei den Sondervermögen Rechnung zu tragen“.

760 *Höfling*, Staatsschuldenrecht, S. 333.

761 *Hering*, Kreditfinanzierung über Nebenhaushalte, S. 249; im Ergebnis auch *Siekmann*, in: Sachs, Art. 115 Rn. 56.

762 *Heintzen*, in: v. Münch/Kunig, Art. 115 Rn. 21; *Siekmann*, in: Sachs, Art. 115 Rn. 58; *Wendt*, in: v. Mangoldt/Klein/Starck, Art. 115 Rn. 69.

dernden Gesetzgebers[763]. Demnach kann dem Charakter des Art. 115 Abs. 2 GG a.F. als „offener Flanke der Staatsverschuldung“[764] nur durch die nunmehr erfolgte Verfassungsänderung entgegengewirkt werden, nicht aber durch eine einschränkende Auslegung.

Bislang kaum diskutiert wurde die Frage, wie eine parlamentsgesetzliche Dispensregelung i.S.d. Art. 115 Abs. 1 Satz 2 HS 1 GG a.F. *formell* auszusehen hat. Um dem Gebot der Normenklarheit und Bestimmtheit zu genügen, reicht es nicht, wenn der einfache Gesetzgeber lediglich eine Kreditaufnahmemöglichkeit für ein Sondervermögen bestimmt und es dem Normanwender dann durch mühsames Rechnen überlassen bleibt, herauszufinden, ob damit auch gleichzeitig eine Befreiung von der Junktimklausel verbunden ist. Vielmehr muss nicht zuletzt wegen der Warn- und Besinnungsfunktion der Ausnahmegestattung eine eindeutige, sich im Normtext niederschlagende Befreiung von der Kreditaufnahmegrenze formuliert sein[765].

Festzuhalten bleibt aber, dass Sondervermögen trotz Ausnahmeregelung immer an die Erfordernisse des gesamtwirtschaftlichen Gleichgewichts gemäß Art. 109 Abs. 2 GG a.F. gebunden bleiben, auch wenn sie von der Grenze des Art. 115 Abs. 1 Satz 2 HS 1 GG a.F. befreit sind[766].

Eine Befreiungsvorschrift existiert nur für den Entschädigungsfonds in Form des § 9 Abs. 1 Satz 2 EntschG[767]. Dieser bestimmt explizit, dass Art. 115 Abs. 1 Satz 2 GG a.F. und folglich die Beschränkung der Nettokreditaufnahme auf die Summe der Investitionsausgaben keine Anwendung auf das Sondervermögen findet.

c) Fazit

Nach dem alten Konzept der Verschuldungsbegrenzung, das uneingeschränkt noch bis zum Haushaltsjahr 2011 gilt, können sämtliche Sondervermögen aufgrund einer parlamentsgesetzlichen Ermächtigung nach Art. 115 Abs. 1 Satz 1 GG Kredite aufnehmen. Sie sind dabei als Teile des Bundes an die Junktimklausel zwischen Netto-Neuverschuldung und Investitionsausgaben nach Art, 115 Abs. 1 Satz 2 HS 1 GG a.F. gebunden. Von beiden Geboten lässt Art. 115 Abs. 2 GG a.F. aber weit reichende Ausnahmen zu.

---

763 *Höfling*, Staatsschuldenrecht, S. 330; *Höfling/Rixen*, in: Bonner Kommentar, Stand: September 2003, Art. 115 Rn. 439.

764 *Selmer*, in: FS Stern, S. 567 ff.; *Weinzen*, DÖV 2007, 509 ff.

765 *Puhl*, Budgetflucht, S. 531 f.

766 *Höfling*, Staatsschuldenrecht, S. 333; *Maunz*, in: Maunz/Dürig, Stand: Oktober 2008, Art. 115 Rn. 52; *Wolf*, Verfassungsrechtliche Grenzen der Staatsverschuldung, S. 184; *Siekmann*, in: Sachs, Art. 115 Rn. 59 m.w.N.

767 Früher existierten weitere Befreiungsvorschriften, z.B. für Bundesbahn, Bundespost, Lastenausgleichsfonds, ERP-Sondervermögen, Fonds „Deutsche Einheit“ und Erblastentilgungsfonds.

2. Neues Konzept ab dem Haushaltsjahr 2011

Die Staatsverschuldung ist in den vergangenen Jahren stetig gestiegen. In der Zeit nach der Wiedervereinigung waren auch die damals geschaffenen Sondervermögen mit ihrer Befugnis zur eigenständigen Kreditaufnahme Ursache für die Erhöhung der Verschuldung[768]. So zeigen aktuelle Entwicklungen, dass die bisher bestehenden Verschuldungsbegrenzungsregeln für den Bund insgesamt nicht effektiv wirkten. Allein die Sondervermögen als Ursache zu betrachten, ist allerdings zu kurz gegriffen. Zentrales Ziel des Gesetzes zur Änderung des Grundgesetzes vom 29.07.2009[769] betreffend die Staatsverschuldung war die Implementierung einer effektiven materiellen Schuldenbegrenzungsregel („Schuldenbremse“). Diese soll für den Bund sowie insbesondere auch für die Sondervermögen des Bundes gelten.

a) Unveränderte Regelungen

Die Bindung der gesamten Haushaltswirtschaft des Bundes (und der Länder) inklusive der Sondervermögen des Bundes an die Erfordernisse des gesamtwirtschaftlichen Gleichgewichts, die in Art. 109 Abs. 2 GG a.F. geregelt war, bleibt auch nach dem neuen Konzept erhalten[770]. Durch die Änderung des Art. 109 Abs. 2 GG wird lediglich die bisher in Art. 109 Abs. 5 Satz 1 GG a.F. enthaltene europarechtliche Verpflichtung zur Haushaltsdisziplin in den unmittelbaren Kontext zum gesamtwirtschaftlichen Gleichgewicht gestellt[771].

Auch der bisher in Art. 115 Abs. 1 Satz 1 GG festgehaltene Ermächtigungsvorbehalt zur Aufnahme von Krediten sowie zur Übernahme von Bürgschaften, Garantien und sonstigen Gewährleistungen in bestimmter oder bestimmbarer Höhe bleibt unverändert erhalten.

b) Neuregelungen

Die wichtigsten Neuerungen zur Begrenzung der Neuverschuldung auf Bundesebene stellen die Neufassungen der Art. 109 Abs. 3 und Art. 115 Abs. 2 GG n.F. dar. Durch eine neue Schuldenregel soll der Rechtsrahmen zulässiger Neuverschuldung in konjunktureller Normallage eingeengt werden. Eine strukturelle Neuverschuldung soll grundsätzlich vermieden (Art. 109 Abs. 3 Satz 1 i.V.m. Art. 115 Abs. 2 Satz 1 GG n.F.) und die Nettokreditaufnahme des Bundes auf 0,35 % des nominalen Bruttoinlandsprodukts begrenzt werden. Der konjunktu-

768 Siehe die Darstellung bei *Weinzen*, DÖV 2007, 509 (512 f.).

769 BGBl. I, S. 2247.

770 *Henneke*, Der Landkreis 2009, 117 (118).

771 BT-Drs. 16/12410, S. 10.

rellen Entwicklung kommt bei der Kreditaufnahme gemäß Art. 109 Abs. 3 Sätze 2 bis 4 und Art. 115 Abs. 2 Sätze 3 bis S. 5 GG n.F. eine wichtigere Rolle zu. Abhängig von der Haushaltsentwicklung ist der Kreditspielraum des Bundes nämlich abweichend von der strukturellen Grenze der Art. 109 Abs. 3 Satz 1 und Art. 115 Abs. 2 Satz 1 und Satz 2 GG n.F. zu erweitern oder zu verringern[772].

Für die Sondervermögen maßgeblich ist, ob sich die Neuregelung zur Beschränkung der Nettokreditaufnahme auch an sie als Adressaten gleichermaßen wie an den Bund richtet. Da die Sondervermögen dem Rechtsträger Bund zurechnen und aus der Übergangsregelung des Art. 143d Abs. 1 Satz 2 HS 1 GG hervorgeht, dass Sondervermögen dem Grunde nach von Art. 109 und Art. 115 GG erfasst werden, gilt die Neuverschuldungsregelung auch für Sondervermögen[773].

Die im Zuge der Neuregelung ersatzlose Streichung des Ausnahmevorbehalts für Sondervermögen nach Art. 115 Abs. 2 GG a.F. erlangt damit eine zentrale Bedeutung. Zwei Interpretationsmöglichkeiten kommen für den Wegfall dieser Öffnungsklausel in Betracht: Der verfassungsändernde Gesetzgeber wollte entweder jegliche Kreditaufnahme zulasten von Sondervermögen des Bundes durch die Neuregelung ausschließen, so dass die Sondervermögen nur noch über den Zentralhaushalt finanziert werden können[774]. Denkbar ist aber auch, dass eine Kreditaufnahme durch ausgelagerte Sondervermögen weiterhin unter den Voraussetzungen des Art. 115 Abs. 1 GG n.F., also auf parlamentsgesetzlicher Grundlage, zulässig sein soll. Der Betrag der Nettokreditaufnahme durch Sondervermögen muss dann aber der Grenze der Neuverschuldung des Bundes nach Art. 109 Abs. 3 und Art. 115 Abs. 2 GG n.F. hinzugerechnet werden[775].

Der Auslegung, wonach die Kreditaufnahme durch Sondervermögen weiterhin möglich ist, aber den neuen Verschuldungsbegrenzungsregeln unterliegt, ist der Vorzug zu geben. Dem Parlamentsvorbehalt zur Kreditaufnahme nach Art. 115 Abs. 1 GG n.F. ist nicht zu entnehmen, dass er nur für den Haushalt des Bundes, nicht aber für die unselbständigen Sondervermögen gilt. Aus dem Wegfall der Öffnungsklausel für Sondervermögen nach Art. 115 Abs. 2 GG a.F. kann hingegen nur geschlossen werden, dass die Sondervermögen in Zukunft uneingeschränkt an die neuen Kreditbegrenzungsregeln gebunden sind. Nicht aber lässt

---

772 Zu den Neuerungen betreffend diese Schuldenregeln siehe ausführlich *Seiler*, JZ 2009, 721; zur Idee eines virtuellen Ausgleichskontos schon *Pünder*, DVBl. 2008, 946 (951).

773 *Kube*, in: Maunz/Dürig, Stand: Oktober 2009, Art. 115 Rn. 59.

774 So *Reimer*, in: Beck-OK, GG, Stand: 01.10.2010, Art. 109 Rn. 51; *Seiler*, JZ 2009, 721 (723 mit Fn. 15).

775 Widersprüchlich *Reimer*, in: Beck-OK, GG, Stand: 01.10.2010, Art. 115 Rn. 11, der den persönlichen Anwendungsbereich des in Art. 115 Abs. 1 GG n.F. statuierten Parlamentsvorbehalts ausdrücklich auf Sondervermögen erstreckt wissen will. Das aber ergibt nur einen Sinn, wenn Sondervermögen grundsätzlich noch zur Kreditaufnahme berechtigt sind.

der Wegfall des Ausnahmevorbehalts darauf schließen, dass das Grundgesetz nunmehr jede Kreditaufnahme durch Sondervermögen verbietet[776].

Nichts anderes geht aus der Übergangsvorschrift des Art. 143d Abs. 1 Satz 2 HS 2 GG hervor. Sie bestimmt, dass bis zum 31.12.2010 „bestehende Kreditermächtigungen" für bereits eingerichtete Sondervermögen unberührt bleiben. Es mag zwar möglich sein, dies im Umkehrschluss so zu verstehen, dass alle später eingerichteten Kreditermächtigungen für Sondervermögen insgesamt keinen Bestand haben sollen. Sinnvoll ist aber auch eine Auslegung, wonach die späteren Kreditermächtigungen nicht nichtig sind, sondern nur unter den Beschränkungen der Neuverschuldungsregel Bestand haben können.

Auch teleologisch ist ein Verbot der Kreditaufnahme durch Sondervermögen nicht nachvollziehbar. Ziel der Streichung der Öffnungsklausel für Sondervermögen war die nachhaltige Eindämmung der Neuverschuldung des Bundes und damit die wirksame Senkung der Schuldenstandsquote[777]. Dieser Zweck wird aber ebenso gut erfüllt, indem die Möglichkeit zur Kreditaufnahme durch Sondervermögen auf parlamentsgesetzlicher Grundlage weiterhin erhalten bleibt, für sie aber kein Ausnahmevorbehalt gilt.

Zweifelhaft ist allein die Formulierung der Entwurfsbegründung zur Neuregelung, wonach „die bisherige Möglichkeit, Sondervermögen mit eigener Kreditermächtigung außerhalb des Bundeshaushalts einzurichten, entfällt[778]." Der verfassungsändernde Gesetzgeber scheint möglicherweise davon auszugehen, dass nicht nur die Öffnungsklausel für Sondervermögen, sondern auch ihre durch Gesetzesvorbehalt abgesicherte Fähigkeit zur Kreditaufnahme entfällt. Diese Auffassung hat sich im Gesetzestext allerdings nicht niedergeschlagen und kann nicht allein Ausschlag gebend sein für dessen Interpretation. Die Gesetzesmaterialien können außerdem auch so verstanden werden, dass Kreditermächtigungen *außerhalb des Bundeshaushalts* nicht mehr möglich, Ermächtigungen, die in die Schuldengrenze einbezogen werden, aber weiterhin zulässig sein sollen. Diese Auslegung kann sich zudem auf den dem Gesetzesentwurf zugrunde liegenden Beschluss der Föderalismuskommission II stützen. Darin heißt es lediglich, dass „die bisherige Möglichkeit, für Sondervermögen Ausnahmen von den kreditbezogenen Vorgaben des Absatzes 1 in der bisher geltenden Fassung vorzusehen, entfällt"[779]. Demnach sollen nur die Ausnahmemöglichkeiten, nicht aber die Zulässigkeit der Kreditaufnahme selbst gestrichen werden.

---

776 So wohl auch *Kube*, in: Maunz/Dürig, Stand: Oktober 2009, Art 115 Rn. 106; anderer Ansicht *Seiler*, JZ 2009, 721 (723 mit Fn. 15).

777 Entwurfsbegr. BT-Drs. 16/12410, S. 6 f.

778 Entwurfsbegr. BT-Drs. 16/12410, S. 13.

779 Kommissionsdrs. 174, S. 21, S. 30.

c) *Übergangsregelung*

Art. 143d Abs. 1 Satz 1 und Satz 2 GG bestimmen, dass die Regelungen der Art. 109 GG n.F. und Art. 115 GG n.F. nicht sofort, sondern erstmals – und dann immer noch eingeschränkt – für das Haushaltsjahr 2011 anzuwenden sind. Damit wird eine erste Übergangszeit für die Neuregelungen geschaffen. Eine zweite Übergangszeit normieren Art. 143d Abs. 1 Sätze 3 bis 7 GG.

Bis zum ersten Übergangszeitraum gelten uneingeschränkt die alten Vorschriften. Das bedeutet, dass der Bund bis zum Haushaltsjahr 2011 auch in Bezug auf seine Sondervermögen nur an die alten Voraussetzungen der Neuverschuldung gebunden ist. Tatsächlich heißt das für die Sondervermögen, die noch bis zum 31.07.2009 errichtet wurden, dass die bis zum 31.12.2010 für sie eingeräumten Kreditermächtigungen auch in Zukunft und über das Haushaltsjahr 2010 hinaus ohne Einschränkungen bestehen bleiben. Die nach dem Stichtag des 31.12.2010 neu gegründeten Sondervermögen hingegen dürfen nur unter den – zunächst für eine zweite Übergangszeit eingeschränkten – Voraussetzungen der Art. 109 Abs. 2, Abs. 3 und Art. 115 GG n.F. zur Kreditaufnahme ermächtigt werden[780].

Die Frage, wie die Beschränkung der ersten Übergangsregelung nach Art. 143d Abs. 1 Satz 2 HS 2 GG auf „bereits eingerichtete" Sondervermögen zu interpretieren ist, ob damit die Sondervermögen gemeint sind, die bis zum 31.07.2009 errichtet wurden oder auch noch die, die bis zum 31.12.2010 neu gegründet wurden[781], hat wegen der noch zum 31.12.2010 erfolgten Errichtung des Restrukturierungsfonds, der wiederum auch zur Übernahme von Garantien ermächtigt ist, an Bedeutung gewonnen. Der Wortlaut der Norm spricht dafür, nur die bis zum 31.07.2009 eingerichteten Sondervermögen der ersten Übergangsregelung zu unterwerfen, da Art. 143d GG bereits zu diesem Stichtag in Kraft getreten ist. Nur die bis zum Inkrafttreten gegründeten Sondervermögen sind streng genommen „bereits eingerichtet". Auch aus teleologischer Sicht ist dieses Verständnis vorzuziehen, weil einerseits die Hauptaussage der ersten Übergangsvorschrift dahin geht, dass die Neuregelungen zur Neuverschuldung erstmals eingeschränkt ab dem Haushaltsjahr 2011 gelten sollen. Andererseits entstehen die ab 31.07.2009 neu zu errichtenden Sondervermögen ohnehin bereits unter dem Eindruck der Neuregelungen. Insofern schadet es nicht, dass die alten und nicht mit den neuen Regelungen zu vereinbarenden Kreditermächtigungen für die in der ersten Übergangszeit vom 31.07.2009 bis zum 31.12.2010 neu gegründeten Sondervermögen zum 31.12.2010 auslaufen[782].

---

780 Vgl. Kommissionsdrs. 174, S. 21 f., S. 30.

781 Siehe dazu *Reimer*, in: Epping/Hillgruber, GG, Art. 143d Rn. 5; *Kienemund*, in: Hörnig GG, Art. 143d Rn. 2.

782 Anderer Ansicht *Kube*, ZG 2010, 105 (122); *Reimer*, in: Beck-OK GG, Stand: 01.10.2010, Art. 143d Rn. 5; wohl auch *Kienemund*, in: Hörnig GG, Art. 143d Rn. 2.

Nicht zu folgen ist der Auffassung, dass diese Auslegung nicht sinnvoll sei und zu einer Ungleichbehandlung zwischen bereits zum 31.07.2009 bestehenden und den bis zum 31.12.2010 noch zu errichtenden Sondervermögen führe[783]. Dem Zweck der Neuregelung, die Neuverschuldung schon ab 01.01.2011 effektiv einzudämmen[784], kann nur dann zu mehr Wirksamkeit verholfen werden, wenn die neue Schuldenregel auch auf die zwischen 01.08.2009 und 31.12.2010 zu gründenden Sondervermögen ab 01.01.2011 Anwendung findet. So wird nämlich verhindert, dass im Übergangszeitraum bis zum 31.12.2010 noch in unbegrenztem Umfang durch Neugründungen von Sondervermögen mit unbeschränkten Eventualermächtigungen von der alten Schuldenregel ohne Zeitlimit und damit dauerhaft über Jahre hinaus profitiert wird[785]. In diesem Sinn können auch die Gesetzesmaterialien verstanden werden, wenn darin betont wird, dass die erste Übergangsregelung für Sondervermögen finanzpolitisch einen „klaren Schnitt" ermöglichen soll und die alte Schuldenregel nur für „in der Vergangenheit in spezifischen Sondersituationen begründete Belastungen" Geltung beanspruchen kann[786].

Problematisch ist die Übergangsbestimmung aber auch vor dem Hintergrund der restriktiveren Auslegung. Die bereits bestehenden, zulässigen Kreditermächtigungen existieren weiter auch im neuen Verschuldungsrecht, ohne dass sie in Zukunft einer Befristung unterliegen. Zu Recht weist *Kube* deshalb auf die Gefahr einer Umwidmung der Kreditermächtigungen für andere Zwecke hin[787]. Wenn auch eine zeitlich begrenzende Regelung bedauerlicherweise fehlt[788], muss es zumindest unzulässig sein, bereits eingerichtete Kreditermächtigungen durch eine Änderung des einfachen Rechts für andere Zwecke zu missbrauchen.

III. Rechnungslegung und Rechnungsprüfung gemäß Art. 114 GG

Regelungsgegenstand des Art. 114 GG ist die Finanzkontrolle des Bundes, die sich in die Stationen der Rechnungslegung, der Rechnungsprüfung und der Entlastung einteilen lässt. Die Rechnungslegung durch den Bundesminister der Finanzen ist in Art. 114 Abs. 1 GG zusammen mit der Entlastung der Bundesre-

783 So aber *Reimer*, in: Epping/Hillgruber, GG, Art. 143d Rn. 5; *derselbe*, in: Beck-OK GG, Stand: 15.07.2009, Art. 143d Rn. 5.

784 Entwurfsbegr. BT-Drs. 16/12410, S. 5.

785 Anderer Ansicht im Ergebnis *Reimer*, in: Epping/Hillgruber, GG, Art. 143d Rn. 5.

786 Entwurfsbegr. BT-Drs. 16/12410, S. 13; vgl. auch Kommissionsdrs. 174, S. 21 f., S. 30.

787 *Kube*, ZG 2010, 105 (122).

788 Für eine zeitliche Grenze plädiert auch *Korioth*, JZ 2009, 729 (733).

gierung normiert, während Art. 114 Abs. 2 GG der Kontrolle durch den Bundesrechnungshof gilt.

1. Rechnungslegung gemäß Art. 114 Abs. 1 GG

Die Rechnungslegung nach Art. 114 Abs. 1 GG lässt sich in zwei Teile untergliedern, die Haushaltsrechnung und die Vermögensrechnung, die sich zur Jahresrechnung zusammenfassen lassen[789].

a) Haushaltsrechnung

Art. 114 Abs. 1 GG verpflichtet den Bundesminister der Finanzen zur Rechnungslegung gegenüber dem Bundestag und dem Bundesrat. Die Haushaltsrechnung stellt eine Geldrechnung und keinen wertenden Rechenschaftsbericht dar, die die tatsächlichen Einnahmen und Ausgaben eines Haushaltsjahres mit den zuvor geplanten vergleicht, folglich also den Haushaltsvollzug (Ist) dem Haushaltsplan (Soll) gegenüberstellt[790]. Weil die Haushaltsrechnung insofern an den Haushaltsplan und dessen Funktionen anknüpft, gilt zwar grundsätzlich das Prinzip der Vollständigkeit, allerdings nur, soweit auch Art. 110 GG reicht[791].

Aus der Verknüpfung von Art. 114 Abs. 1 GG mit dem insoweit eingeschränkt geltenden Vollständigkeitsgrundsatz nach Art. 110 Abs. 1 GG und aus dem Zweck der Rechnungslegung, Planung und Vollzug gegenüberzustellen, folgt, dass die ausgegliederten Sondervermögen in der Haushaltsrechnung nur mit ihren Zuführungen und Ablieferungen Berücksichtigung finden müssen[792]. Das ergibt sich zwar nicht aus dem Wortlaut des Art. 114 Abs. 1 GG, der von „allen Einnahmen und Ausgaben" spricht und nicht wie Art. 110 Abs. 1 Satz 1 HS 2 GG einen Ausnahmevorbehalt für Sondervermögen vorsieht. Allerdings muss die Haushaltsrechnung schon ihrem Zweck nach nicht mehr enthalten als der Haushaltsplan selbst. Sie stellt ein Instrument zur Kontrolle des Budgetvoll-

---

789 *Brockmeyer*, in: Schmidt-Bleibtreu, Art. 114 Rn. 4; *Heun*, in: Dreier, Art. 114 Rn. 12; *K. Vogel/ P. Kirchhof*, in: Bonner Kommentar, Stand: März 1973, Zweitbearbeitung, Art. 114 Rn. 47.

790 BVerfGE 79, 311 (327 f.); *Mahrenholz*, in: AK-GG, Stand: August 2002, Art. 114 Rn. 12; *Schwarz*, in: v. Mangoldt/Klein/Starck, Art. 114 Rn. 20.

791 *Mahrenholz*, in: AK-GG, Stand: August 2002, Art. 114 Rn. 12.

792 So wohl auch BVerfGE 91, 186 (202); 101, 141 (147), wonach der haushaltsflüchtige Ertrag einer Sonderabgabe unter anderem auch die an den Staatshaushalt anknüpfende Rechnungslegung berühre; *Eibelshäuser/Wallis*, in: Heuer, KHR, Stand: Januar 2001, § 113 Rn. 1; *Heintzen*, in: v. Münch/Kunig, Art. 114 Rn. 11; *v. Mutius/Nawrath*, in: Heuer, KHR, Stand: Juni 1999, Art. 114 Rn. 5 und Rn. 22; *Puhl*, Budgetflucht, S. 285 ff.; *K. Vogel/P. Kirchhof*, in: Bonner Kommentar, Stand: März 1973, Zweitbearbeitung, Art. 114 Rn. 47; offen gelassen von *Heun*, in: Dreier, Art. 114 Rn. 13, und *derselbe*, Staatshaushalt/Staatsleitung, S. 489.

zugs am Maßstab der Haushaltsplanung dar[793]. Aus diesem Grund ist die Haushaltsrechnung grundsätzlich ein Spiegelbild zum Haushaltsplan und muss über die Sondervermögen parallel zu Art. 110 Abs. 1 Satz 1 GG nur in nettomäßiger Darstellung Aufschluss geben.

Art. 114 Abs. 1 GG verbietet allerdings nicht die Aufnahme von Sondervermögen in die Haushaltsrechnung. Ist ein Sondervermögen auch im Haushaltsplan vollständig veranschlagt, muss es in der Haushaltsrechnung aufgrund des Spiegelbild-Grundsatzes und des Gebots der Kongruenz in voller Höhe brutto dargestellt werden. Schwieriger ist die Frage zu beantworten, ob eine bruttomäßige Aufmachung in der Haushaltsrechnung auch dann zulässig ist, wenn das Sondervermögen aus dem Haushaltsplan ausgegliedert wurde. Solange das auch für die Haushaltsrechnung geltende Gebot der Übersichtlichkeit und Klarheit[794] nicht verletzt wird, muss eine über das notwendige Maß hinausgehende vollständige Aufnahme von ausgegliederten Sondervermögen in die Haushaltsrechnung zulässig sein[795].

b) Erfordernis eigener Rechnungslegung

Wenn auch aus Art. 114 Abs. 1 GG allein nicht folgt, dass die ausgegliederten Sondervermögen vollständig in die Haushaltsrechnung des Bundes aufzunehmen sind, könnte sich das Bedürfnis nach einer Rechnungslegung für jedes einzelne Sondervermögen aus dem Zweck der Rechnungslegung ergeben. Als Teil der Finanzkontrolle soll die Rechnungslegung das demokratische Prinzip der Verantwortlichkeit staatlichen Handelns vor dem Parlament verwirklichen[796]. Zugleich hat sie auch eine ökonomische Dimension[797] und veranlasst die handelnden Organe zu rationalerem Wirtschaften. Daraus könnte folgen, dass auch für jedes einzelne Sondervermögen ein Jahresbericht angefertigt werden muss.

Die Rechnungslegung des Bundes ermöglicht es dem Parlament, am Ende eines Haushaltsjahres den tatsächlichen Einsatz der Haushaltsmittel durch die Regierung an den im parlamentarischen Haushaltsgesetz gemachten Vorgaben zu überprüfen. Dadurch wird das Budgetrecht des Parlaments bis zum Ende der Haushaltsperiode abgesichert und geschützt. Dem demokratischen Gebot der Legitimation und der Kontrolle unterliegt jede staatliche Finanzwirtschaft und somit auch die Verwaltung von Bundes-Sondervermögen als Ausübung von Staatsgewalt.

Die insoweit umfassendere Bundesrechnungshofkontrolle nach Art. 114 Abs. 2 GG könnte allerdings genügen, um die ausgegliederten Sondervermögen

---

793 BVerfGE 20, 56 (96).

794 Zur entsprechenden Geltung der Haushaltsgrundsätze gemäß Art. 110 GG auch für die Rechnungslegung *Kube*, in: Maunz/Dürig, Stand: Oktober 2008, Art. 114 Rn. 20.

795 In diesem Sinn wohl auch *Puhl*, Budgetflucht, S. 292 mit Fn. 52.

796 *Heun*, in: Dreier, Art. 114 Rn. 9.

797 *Heintzen*, in: v. Münch/Kunig, Art. 114 Rn. 1.

hinreichend zu kontrollieren. Dann bedürfte es einer eigenen, gesonderten Rechnungslegung der Sondervermögen nicht mehr. Dieses Verständnis verkennt allerdings die eigenständige Bedeutung der Rechnungslegung für das auch die Haushalts- bzw. Wirtschaftsplanung verantwortende Organ und für ein neben dem Rechnungshof stehendes Parlament als Kontrollorgan. Während Art. 114 Abs. 2 GG nämlich die unabhängige Prüfung durch den Rechnungshof regelt, kommt der politischen Kontrolle nach Art. 114 Abs. 1 GG daneben eine wesentliche, eigenständige Bedeutung zu[798]. Der Kontrollunterworfene muss in übersichtlicher, dokumentarischer Form über seine Bewirtschaftung der öffentlichen Finanzmittel Auskunft erteilen und ist zu einer Eigenprüfung veranlasst. Gleichzeitig ermöglicht er es so erst dem politischen Kontrollorgan wie auch dem Rechnungshof, ihren Prüfauftrag ordnungsgemäß zu erfüllen, weil beide kaum selbst imstande sind, die notwendigen Informationen hierzu zu sammeln und aufzubereiten.

Die Rechnungslegung als Teil der Finanzkontrolle erfüllt daher eine demokratische Funktion und einen ökonomischen Zweck im Sinn einer Erfolgskontrolle[799]. Anhand der Gegenüberstellung von Planung und Vollzug gibt die Rechnungslegung Anlass, Aufgaben, eingesetzte Instrumente und Ziele zu überdenken sowie möglicherweise anzupassen und zu optimieren. Sie dient daher nicht nur der Kontrollebene, sondern auch den Sondervermögen selbst und findet als Ausdruck des Wirtschaftlichkeitsprinzips (Art. 114 Abs. 2 GG) Verankerung im Grundgesetz. Da ausgegliederte Sondervermögen in der Haushaltsrechnung des Bundes nur bei den Zuführungen und Ablieferungen zu berücksichtigen sind, muss dieser Mangel durch eine eigene Rechungslegung der Sondervermögen kompensiert werden[800].

Die Rechungslegung hat im Sinn eines Spiegelbilds Haushaltsplanung und Vollzug gegenüberzustellen. Die Jahresrechnung der Sondervermögen ist zwar grundsätzlich nach kameralistischen Prinzipien aufzustellen, kann aber für den Fall eines kaufmännisch bewirtschafteten Sondervermögens auch nach kaufmännischen Grundsätzen über Aufwand und Ertrag anstatt Einnahmen und Ausgaben Auskunft geben. Sie muss periodisch und jährlich erstattet werden, weil die Haushaltsgrundsätze der Periodizität und Jährlichkeit auch für die Rechnungslegung gelten[801]. Da die Mittelbewirtschaftung der Sondervermögen eigenen Zu-

---

798 *Heintzen*, in: v. Münch/Kunig, Art. 114 Rn. 4.

799 Anderer Ansicht *Schwarz*, in: v. Mangoldt/Klein/Starck, Art. 114 Rn. 25.

800 So *Puhl*, Budgetflucht, S. 297 ff., insbesondere S. 299; wohl auch *Kube*, in: Maunz/Dürig, Stand: Oktober 2008, Art. 114 Rn. 27 und *Schwarz*, in: v. Mangoldt/Klein/Starck, Art. 114 Rn. 30, die auf die Defizite bei der Veröffentlichung der Jahresrechnungen durch Sondervermögen abstellen; *Heun*, in: Dreier, Art. 114 Rn. 13; *Vialon*, DÖV 1951, 113 (117).

801 Allgemein zur Anwendung der Haushaltsgrundsätze auf die Rechnungslegung *Heintzen*, in: v. Münch/Kunig, Art. 114 Rn. 11; *Mahrenholz*, AK-GG, Stand: August 2002, Art. 114 Rn. 12; *Nebel*, in: Piduch, Bundeshaushaltsrecht, Stand: Dezember 2004, Art. 110 Rn. 17 ff.

ständigkeitsregeln folgt, darf auch der Jahresbericht von den entsprechend zuständigen Verwaltungsstellen der Sondervermögen erstellt werden.

So wie auch der Haushalts- bzw. Wirtschaftsplan durch ein Organ bzw. die Verwaltungsstelle des Sondervermögens aufgestellt werden kann, ist die Rechnung nicht unbedingt Bundestag und Bundesrat unmittelbar gegenüber abzulegen. Denn die Ausgliederung der Sondervermögen bringt es gerade mit sich, dass sie unmittelbar zunächst den Organen gegenüber Rechenschaft ablegen, die auch verantwortlich zeichnen für die Haushalts- bzw. Wirtschaftsplanung[802]. Die Verantwortlichkeit der Sondervermögen gegenüber dem Parlament ist dann zwar keine unmittelbare, aber eine mittelbare. Über Aufsichtsbefugnisse oder Leitungskompetenzen der Regierung wie auch über die Finanzierung mittels des Bundeshaushalts bleibt die Kontrolle des Parlaments zumindest indirekt erhalten. Die Jahresrechnung eines Sondervermögens kann also einem internen Kontrollorgan oder sogar einer damit beauftragten externen Kontrollstelle zugeleitet werden, die allerdings geeignet und befugt sein müssen, aus dem Bericht die notwendigen Konsequenzen zu ziehen.

Um den Anforderungen aus dem vom Demokratieprinzip abzuleitenden Publizitätsgrundsatz zu genügen, reicht die Weiterleitung des Jahresberichts an einzelne Kontrollorgane allerdings nicht. Der Grundsatz der Budgetöffentlichkeit gilt nämlich nicht nur für die Phase der Haushaltsplanung, -entscheidung und des -vollzugs, sondern erstreckt sich auf alle Etappen staatlicher Haushaltsführung[803]. Dazu rechnet auch das Stadium der Finanzkontrolle und das einzelne Element der Rechnungslegung[804]. Ein wesentlicher Unterschied zur Phase der Haushaltsplanung von Sondervermögen liegt darin, dass die Öffentlichkeit und das Parlament sowie der Bundesrat die zumindest mittelbaren Adressaten der Finanzkontrolle und damit auch der Rechnungslegung sind. Anders als durch das Errichtungsgesetz bei der Haushaltsplanung kann das Parlament auf den Haushaltsvollzug nicht durch andere Instrumente als über die Rechnungslegung seine Kontrolle wirksam ausüben. Deshalb kommt dem Öffentlichkeitsgrundsatz bei der Rechnungslegung noch größere Bedeutung als bei der Haushaltsplanung zu. Nur wenn dem Parlament und damit auch der Öffentlichkeit ein umfassender und vollständiger Jahresabschluss zugeleitet wird, kann es seinem Prüfungs- und Kontrollauftrag in genügender Form nachkommen.

---

802 *Puhl*, Budgetflucht, S. 299.

803 *Heintzen*, in: v. Münch/Kunig, Art. 110 Rn. 26; *Heun*, in: Dreier, Art. 110 Rn. 22; *Stern*, Staatsrecht II, S. 1247 m.w.N.

804 Allgemein zur Anwendung der Haushaltsgrundsätze *Heintzen*, in: v. Münch/Kunig, Art. 114 Rn. 11; *Mahrenholz*, AK-GG, Stand: August 2002, Art. 114 Rn. 12; zum Publizitätserfordernis im Besonderen *Heintzen*, in: v. Münch/Kunig, Art. 110 Rn. 26; *Kube*, in: Maunz/Dürig, Stand: Oktober 2008, Art. 114 Rn. 27; *Puhl*, Budgetflucht, S. 300; *Schwarz*, in: v. Mangoldt/Klein/Starck, Art. 114 Rn. 30; schon *Bischoff*, DVBl. 1956, 187 (189).

Wie dieses Gebot im Einzelnen erfüllt wird, bleibt dem einfachen Gesetzgeber überlassen, weil das Grundgesetz selbst keine konkreten Vorgaben zur Veröffentlichung macht. Möglich ist die Publizierung der Jahresrechnungen aller Sondervermögen beispielsweise im Bundesanzeiger, zulässig ist aber auch die Zuleitung an das Parlament kombiniert mit der Veröffentlichung in einer Bundestags-Drucksache. Es bietet sich an, die vollständigen Jahresabschlüsse in einer Anlage der Haushaltsrechnung des Bundes beizufügen. Eine solche Publikation verstieße auch nicht gegen das Kongruenzgebot von Haushaltsplan und Haushaltsrechnung. Denn die Jahresrechnungen würden lediglich in einer Anlage der Haushaltsrechnung veröffentlicht. Zudem determiniert das Kongruenzgebot nur den Mindestinhalt der Haushaltsrechnung, verbietet aber nicht die Aufnahme weiterer Posten über die spiegelbildliche Veranschlagung im Haushaltsplan hinaus.

c) Umsetzung im einfachen Recht

Soweit spezielle Normierungen in den einzelnen Errichtungsgesetzen zu den Sondervermögen nicht existieren, sind die Regelungen zur Rechnungslegung in der BHO anzuwenden. Nach § 113 Satz 1 BHO finden unter anderen Teil IV der BHO und die Normen zur Zahlung, Buchführung und Rechnungslegung auf Sondervermögen entsprechende Anwendung. Für die *Aufstellung* eines Jahresberichts lässt sich § 80 BHO, der die zuständigen Stellen zur Rechnungslegung (Abs. 1) und das Bundesministerium der Finanzen zur Aufstellung der Jahresrechnung verpflichtet (Abs. 3), auf die Sondervermögen entsprechend anwenden. Für Sondervermögen, die nach kaufmännischen Grundsätzen wirtschaften, ist § 87 BHO, der sich auf Bundesbetriebe bezieht, vorrangig anzuwenden. Damit genügen die Bestimmungen des einfachen Haushaltsrechts den verfassungsrechtlichen Anforderungen an die Aufstellung eines Jahresberichts für jedes Sondervermögen. Das gilt allerdings nicht für die *Veröffentlichung* dieser Berichte. Hierzu enthält die BHO keine adäquate Regelung. § 85 Nr. 2 und Nr. 3 BHO verpflichten nämlich nur zur Beifügung von Übersichten über Einnahmen, Ausgaben und Bestand der Sondervermögen. Eine solch verkürzte Veröffentlichung wird dem Erfordernis der umfassenden Information von Parlament und Öffentlichkeit über die Jahresrechnungen der Sondervermögen nicht gerecht und genügt den Publizitätsanforderungen nicht[805]. Dies kann durch spezielle Normierungen zur Publikation in den einzelnen Errichtungsgesetzen ausgeglichen werden.

805 So auch *Puhl*, Budgetflucht, S. 285 und S. 302, der auf S. 304 aus § 113 Satz 1 i.V.m. § 114 Abs. 1 BHO und dem Grundsatz der Parlamentsöffentlichkeit eine Verpflichtung zur Publikation entnimmt und nur eine gesetzliche Klarstellung fordert. Zur Feststellung, dass über § 85 Nr. 2 und Nr. 3 BHO hinausgehende Publizierungspflichten für Sondervermögen fehlen, *Schuy/Raack*, in: Heuer, KHR, Stand: September 2002, § 85 Rn. 3.

Enthalten die Errichtungsgesetze aber keine Publizitätsvorschriften, führt das zu einem unzulässigen Rechtszustand. Aus diesem Grund muss dann § 85 BHO teleologisch erweiternd ausgelegt werden, so dass der Haushaltsrechnung des Bundes nicht nur Übersichten über die Sondervermögen, sondern deren komplette Jahresberichte beizufügen sind[806].

In den Errichtungsgesetzen der Sondervermögen in unmittelbarer Bundesverwaltung bestehen bis auf eine Ausnahme jeweils spezielle Regelungen für die *Aufstellung* von Jahresrechnungen oder Jahresabschlüssen. Für viele dieser Sondervermögen hat das Bundesministerium der Finanzen am Schluss eines Rechnungsjahres eine Jahresrechnung aufzustellen[807]. Beim Binnenschifffahrtsfonds erledigt das die Wasser- und Schifffahrtsdirektion West in Münster mit Genehmigung des Bundesministeriums für Verkehr, Bau und Stadtentwicklung[808]. Beim Bundeseisenbahnvermögen ist dessen Verwaltung[809], beim ERP-Sondervermögen das Bundesministerium für Wirtschaft und Technologie für die Erstellung der Jahresrechnung und des Jahresabschlusses[810] zuständig. Für das Sondervermögen „Kinderbetreuungsausbau" hat das Bundesministerium für Familien, Senioren, Frauen und Jugend die Jahresrechnung zu erstellen und dem Bundesministerium der Finanzen zu übermitteln[811]. Lediglich der Ausgleichsfonds für überregionale Vorhaben zur Teilhabe schwerbehinderter Menschen am Arbeitsleben ist nicht spezialgesetzlich verpflichtet, eine Jahresrechnung zu aufzustellen. § 35 Satz 1 SchwbAV bestimmt, dass der Fonds ein Sondervermögen mit eigener Wirtschafts- und Rechnungsführung darstellt. Demnach greift aber die Pflicht zur Rechnungslegung nach § 113 Satz 1 i.V.m. § 80 BHO ein.

Allerdings gibt es beim Binnenschifffahrtsfonds und dem Bundeseisenbahnvermögen Mängel bei der *Veröffentlichung* der erstellten Jahresrechnungen. Weder das BinSchFondsG noch das BEZNG enthalten Vorschriften zur Publikation der Rechnungslegung.

---

806 *Puhl*, Budgetflucht, S. 304, folgert aus der Verpflichtung zur Rechnungslegung nach § 114 Abs. 1 BHO, dass auch die Jahresrechnungen aller Sondervermögen der Öffentlichkeit zugänglich gemacht werden müssen.

807 Fonds deutsche Einheit: § 8 Abs. 1 DEFG; Entschädigungsfonds: § 11 Abs. 2 Satz 1 EntschG; Erblastentilgungsfonds: § 8 ELFG; Investitions- und Tilgungsfonds: § 8 ITFG; Fonds nach § 5 Mauergrundstücksgesetz: § 4 Abs. 2 MauerV; Restrukturierungsfonds: § 13 Abs. 1 RStruktFG; Sondervermögen „Vorsorge für Schlusszahlungen für inflationsindexierte Bundeswertpapiere": § 6 Satz 1 SchlussFinG.

808 § 7 Abs. 2 Satz 1 BinSchFondsG.

809 § 18 Abs. 1 BEZNG.

810 § 11 Abs. 1 und Abs. 2 Satz 1 ERP-Verwaltungsgesetz.

811 § 6 KBFG.

Als positive Ausnahme ist das ERP-Sondervermögen zu nennen, dessen Jahresabschluss gemäß § 11 Abs. 2 Satz 2 ERP-Verwaltungsgesetz im Rahmen des Gesetzes über den Wirtschaftsplan zu veröffentlichen ist.

Als Negativbeispiele sind die Treuhandvermögen zu nennen. Allein der Finanzmarktstabilisierungsfonds und der Restrukturierungsfonds erfüllen alle Anforderungen an die Erstellung und die Veröffentlichung einer Jahresrechnung. Auch hier ist das Bundesministerium der Finanzen für die Fertigung der Jahresrechnungen zuständig, die wiederum der Haushaltsrechnung des Bundes als Anlagen beizufügen sind[812].

Weder zur Aufstellung noch zur Publizierung einer Jahresrechnung verpflichtet sind das Bergmannssiedlungsvermögen, das Treuhandvermögen Bergarbeiterwohnungsbau, das Zweckvermögen bei der Deutschen Postbank AG und das Zweckvermögen bei der Landwirtschaftlichen Rentenbank. Die Verpflichtung des Revolvingfonds und des Freistellungsfonds, gemäß § 4 Abs. 1 des Revolvingvertrags und § 8 Abs. 2 der Anlage 1 zum Vertrag jährlich eine Übersicht über die Entwicklung und den Bestand an Forderungen und Mitteln beider Fonds an den Bund für das vergangene Kalenderjahr zu übermitteln, ist ebenfalls nicht ausreichend, da die Übersicht keinen gesamten Jahresabschluss darstellt und lediglich zusammenfassende Angaben enthält.

Mängel bei der Veröffentlichung der zu erstellenden Jahresrechnungen von Treuhandvermögen bestehen auch bei der Entschädigungseinrichtung der Wertpapierhandelsunternehmen[813] und dem Klärschlamm-Entschädigungsfonds[814]. Auch das VersRücklG enthält keine Pflicht zur Veröffentlichung der Jahresrechnungen der Versorgungsrücklage und des Versorgungsfonds. Allerdings sind die vollständigen Jahresrechnungen trotzdem als Anhang der Haushaltsrechnung des Bundes für das Jahr 2009 beigefügt[815].

d) Vermögensrechnung

Die Pflicht zur Rechnungslegung erstreckt sich auch auf das Vermögen und die Schulden des Bundes. Konkrete Vorgaben zum Inhalt und der Darstellung der Vermögensrechnung lassen sich dem Grundgesetz nicht entnehmen. Sie sind

812 § 11 Abs. 1 FMStFG; § 13 Abs. 2 RStruktFG.

813 Gemäß § 10 Abs. 1 Satz 1 EAEG ist der Geschäftsbericht nach Ablauf eines Kalenderjahres aufzustellen und von einem unabhängigen Wirtschaftsprüfer auf Vollständigkeit und Richtigkeit zu überprüfen. Nach § 10 Abs. 2 Satz 1 und Satz 2 EAEG sind der Geschäftsbericht sowie der Bericht über die Prüfung des Geschäftsberichts der Bundesanstalt für Finanzdienstleistungsaufsicht und der Deutschen Bundesbank einzureichen.

814 Der Jahresabschluss für den Klärschlamm-Entschädigungsfonds ist gemäß § 3 Abs. 4 Satz 1 KlärEV nach Maßgabe des § 264 Abs. 1 Satz 1 HGB zu erstellen, wobei nach § 3 Abs. 4 Satz 2 KlärEV die Prüfung und Entlastung dem Bundesministerium für Ernährung, Landwirtschaft und Verbraucherschutz obliegt.

815 Kapitel 0602, Anlage 2 und Anlage 3.

daher umstritten und Mittelpunkt von Kritik und Reformbestrebungen[816]. Die Vermögensrechnung soll Aufschluss über den Bestand des Vermögens und der Schulden des Bundes sowie über dessen Veränderungen geben[817]. Unabhängig von der Diskussion, wie die einzelnen Elemente in der Vermögensrechnung darzustellen sind[818], müssen die Sondervermögen Eingang in die Vermögensrechnung des Bundes finden[819]. Das ergibt sich nicht nur aus dem insoweit ohne Ausnahmen formulierten Wortlaut des Art. 114 Abs. 1 GG, sondern auch daraus, dass die Vermögensrechnung ein vom Haushaltsplan abgelöster Teil der Rechnungslegungspflicht ist und hier nicht das Prinzip der Kongruenz zu gelten hat. Darüber hinaus besteht ihr Zweck darin, einen Überblick über die Gesamtfinanzen des Bundes zu geben, was notwendig auch den Bestand und die Entwicklung der zum Rechtsträger Bund gehörenden Sondervermögen mit einschließt[820].

2. Rechnungsprüfung gemäß Art. 114 Abs. 2 GG

Der Rechungslegung folgt zeitlich die Rechnungsprüfung nach. Gemäß Art. 114 Abs. 2 Satz 1 GG prüft der Bundesrechnungshof die Rechnung sowie die Wirtschaftlichkeit und Ordnungsmäßigkeit der Haushalts- und Wirtschaftsführung.

---

816 *Höfling*, Staatsschuldenrecht, S. 396; *Piduch*, in: Piduch, Bundeshaushaltsrecht, Art. 114 Rn. 11. Zentraler Gegenstand der Diskussion ist vor allem, ob es einer umfassenden Vermögensrechnung inklusive einer Bewertung des Verwaltungsvermögens (bilanzmäßige Darstellung des gesamten Vermögens) bedarf. Gegen eine umfassende Vermögensrechnung *Piduch*, DÖV 1973, 228 (230); dafür *Lüder*, DÖV 1989, 1005 (1010 ff.). Siehe zur aktuellen Diskussion um die Abkehr vom kameralistischen Haushalts- und Rechnungswesen zu einer integrierten Verbundrechnung auf der Basis der Doppik und dem Argument, dass dadurch eine gesamte Vermögenserfassung möglich wird *Berens u.a.*, DÖV 2008, 109 (110); *Aprill*, DÖV 2008, 184 (185 f.); weiterführend zur Einführung der Doppik *Lüder*, DÖV 2006, 641.

817 *Heun*, in: Dreier, Art. 114 Rn. 14; *Kube*, in: Maunz/Dürig, Stand: Oktober 2008, Art. 114 Rn. 21; insgesamt zur Vermögensrechnung *Leimich*, Die Vermögensrechnung der öffentlichen Hand, 1968.

818 Ausführlich zur Diskussion *Puhl*, Budgetflucht, S. 313 ff., insbesondere S. 325 ff.

819 *Heun*, in: Dreier, Art. 114 Rn. 14; *K. Vogel/P. Kirchhof*, in: Bonner Kommentar, Stand: März 1973, Zweitbearbeitung, Art. 114 Rn. 48; wohl auch *Eibelshäuser/Wallis*, in: Heuer, KHR, Stand: Januar 2001, § 113 Rn. 1; *Heintzen*, in: v. Münch/Kunig, Art. 114 Rn. 6; *Herbert*, VR 1996, 46 (48); *Nawrath*, in: Heuer, KHR, Stand: Juni 1999, § 88 Rn. 3; differenzierend und zum Teil offen gelassen von *Puhl*, Budgetflucht, S. 328 f., der ein Tätigwerden des Gesetzgebers und eine einfach-rechtliche Regelung der Vermögensbuchführung und -rechnungslegung fordert.

820 *K. Vogel/P. Kirchhof*, in: Bonner Kommentar, Stand: März 1973, Zweitbearbeitung, Art. 114 Rn. 48; anders *Nebel*, in: Piduch, Bundeshaushaltsrecht, Art. 114 Rn. 11: Aufnahme sei „sinnvoll“.

a) Prüfung der Sondervermögen des Bundes

Zuständig für die nachträgliche Finanzkontrolle ist der Bundesrechnungshof. Der Prüfungsmaßstab wird bestimmt durch die Grundsätze der Ordnungsmäßigkeit als Form der Rechtmäßigkeitskontrolle sowie der Wirtschaftlichkeit als Prinzip für zweck- und verhältnismäßiges Handeln im weiteren Sinn[821]. Die an diesem Maßstab sich orientierende Rechnungsprüfung durch den Bundesrechnungshof umfasst nicht nur die engere Prüfung der Gesamtrechnung in Form der Unterlagen und Rechnungen, wie sie nach Art. 114 Abs. 1 GG vorzulegen sind, sondern erstreckt sich auf die gesamte Haushalts- und Wirtschaftsführung[822]. Allerdings ist der Bundesrechnungshof berechtigt, bei seiner Prüfungstätigkeit nach pflichtgemäßem Ermessen Schwerpunkte zu setzen, nur Stichproben zu nehmen und mit Rücksicht auf seine Ressourcen nicht notwendig eine umfassende Finanzkontrolle durchzuführen[823].

Wer der Prüfung als Adressat unterliegt, wird aus dem Wortlaut der Vorschrift nicht deutlich. Der Zusammenhang mit Art. 114 Abs. 1 GG und die Stellung der Norm im Abschnitt zum Finanzwesen lassen darauf schließen, dass das Rechtssubjekt Bund zu prüfen ist[824]. Dazu rechnen zumindest auch die Sondervermögen des Bundes, die von Stellen der unmittelbaren Bundesverwaltung bewirtschaftet werden[825]. Art. 114 Abs. 2 Satz 1 GG enthält, anders als Art. 110 Abs. 1 Satz 1 GG, keinen Ausnahmevorbehalt für Sondervermögen des Bundes, so dass diese als Teil des Rechtsträgers Bund grundsätzlich ebenso betroffen sind. Die „Haushalts- und Wirtschaftsführung" des Bundes kann zudem wie der Begriff der „Haushaltswirtschaft" in Art. 109 Abs. 1 GG ausgelegt werden, der gleichfalls die Bewirtschaftung von Sondervermögen einschließt. Zudem rechtfertigt der umfassend formulierte Prüfungsauftrag die Erstreckung der verfassungsrechtlichen Rechungshofkontrolle auf die Sondervermögen. Art. 114 Abs. 2 Satz 1 GG erweitert die Kontrolle deutlich über die bloße Rechnungslegung hinaus auf eine umfassende, alle Haushalts- und Wirtschaftsführung betreffende Finanzkontrolle.

---

821 *Heun*, in: Dreier, Art. 114 Rn. 27 ff.; *Krebs*, Kontrolle in staatlichen Entscheidungsprozessen, S. 183.

822 *P. Kirchhof*, NVwZ 1983, 505 (515).

823 Siehe § 89 Abs. 2 BHO; *Heintzen*, in: v. Münch/Kunig, Art. 114 Rn. 22; *Kube*, in: Maunz/Dürig, Stand: Oktober 2008, Art. 114 Rn. 105.

824 *v. Mutius/Nawrath*, in: Heuer, KHR, Stand: Juni 1999, Art. 114 Rn. 22.

825 *Gersdorf*, Öffentliche Unternehmen, S. 433; *Heintzen*, in: v. Münch/Kunig, Art. 114 Rn. 21; *Heun*, in: Dreier, Art. 114 Rn. 23; *Kube*, in: Maunz/Dürig, Stand: Oktober 2008, Art. 114 Rn. 73; *Puhl*, Budgetflucht, S. 331; *v. Mutius/Nawrath*, in: Heuer, KHR, Stand: Juni 1999, Art. 114 Rn. 22; *K. Vogel/P. Kirchhof*, in: Bonner Kommentar, Stand: März 1973, Zweitbearbeitung, Art. 114 Rn. 113 f.; *Vogt*, Entwicklung der Finanzen der DB, S. 19.

b) Prüfung der Treuhandvermögen

Schwieriger zu beantworten ist die Frage, ob auch die fremdverwalteten Sondervermögen unter den Prüfungsgrundsatz des Art. 114 Abs. 2 Satz 1 GG fallen. Dies ließe sich verneinen, wenn man vom unmittelbaren Prüfungsauftrag des Grundgesetzes nur die Haushalts- und Wirtschaftsführung umfasst sieht, die durch Organe der *unmittelbaren* Bundesverwaltung ausgeübt wird. Die durch Organe der mittelbaren Bundesverwaltung oder durch private Treuhandstellen verwalteten Sondervermögen würden dann nur aufgrund des einfachen Rechts und der fakultativen Regelung gemäß Art. 114 Abs. 2 Satz 3 GG der Rechnungskontrolle unterworfen[826].

Nur wenn man Art. 114 Abs. 2 Satz 1 GG so versteht, dass dieser verschiedene Aussagen einerseits zum *Prüfungsadressaten* und andererseits zum *Erhebungsobjekt* der Rechnungsprüfung trifft, lässt sich die Finanzkontrolle der Treuhandvermögen anderen Grundsätzen unterwerfen als die der Sondervermögen, die durch die unmittelbare Bundesverwaltung bewirtschaftet werden. Dann lässt sich vertreten, dass der grundgesetzliche Prüfungsauftrag an den Bundesrechnungshof in Art. 114 Abs. 2 Satz 1 GG zwar auf die gesamte Haushalts- und Wirtschaftsführung des Bundes als Prüfungsadressaten bezogen ist, aber als Erhebungsobjekt ausschließlich Handlungseinheiten betrifft, die der unmittelbaren Bundesverwaltung zurechnen[827]. Allerdings differenziert der Normtext nicht nach Prüfungsadressaten und Erhebungsobjekt. Auch finden sich in keiner anderen verfassungsrechtlichen Norm Anhaltspunkte für eine unterschiedliche Behandlung von fremd- und eigenverwalteten Sondervermögen.

Teleologische Argumente stützen die Auffassung, dass der unmittelbare verfassungsrechtliche Prüfauftrag auch für Treuhandvermögen gilt. Nicht nur ist jegliche Sondervermögensverwaltung unterschiedslos Teil der Haushalts- und Wirtschaftsführung des Bundes. Die Vermögensverwaltung durch die öffentlich-rechtlichen Treuhandstellen ist zudem als mittelbare Organ- bzw. Rechtsträgerleihe zu qualifizieren, die dazu führt, dass die entliehenen Organe als solche des Entleihers tätig werden und ihre Entscheidungen ihm stets zugerechnet werden[828]. Das hat zur Folge, dass die verwaltende Treuhandstelle zu behandeln ist wie ein Teil der unmittelbaren Bundesverwaltung[829]. Für private Treuhandstellen muss

826 So *Puhl*, Budgetflucht, S. 335 ff.

827 *Puhl*, Budgetflucht, S. 336.

828 BVerfGE 63, 1 (31 f.); BVerwG, NJW 1976, 1468 (1469); BGHZ 176, 256.

829 Zur Rechnungsprüfung bei Organleihe eines Landes an den Bund *Heintzen*, in: v. Münch/Kunig, Art. 114 Rn. 34; *Kube*, in: Maunz/Dürig, Stand: Oktober 2008, Art. 114 Rn. 87; nicht zur Rechnungsprüfung, aber zu den Wirkungen der Organleihe insgesamt in einem umgekehrten Fall der Organleihe einer Bundesbehörde an ein Land BVerwG, NJW 1976, 1468 (1469).

dann aber dasselbe gelten, denn auch ihr Handeln stellt aufgrund der uneingeschränkten Zurechnung unmittelbare Bundesverwaltung dar.

Zudem lässt sich der Umfang der Finanzkontrolle bei der mittelbaren Bundesverwaltung als stützendes Argument für eine vollumfängliche Prüfung der Treuhandvermögensverwaltung anführen. Eine verfassungsrechtlich verbindliche Kontrolle der ausgegliederten Personen des öffentlichen Rechts gilt demnach nur, soweit Auswirkungen auf die Haushalts- und Wirtschaftsführung des Bundes bestehen[830]. Dies bedeutet im Umkehrschluss für die Vermögensverwaltung durch Treuhänder, dass deren gesamtes Finanzgebaren bezogen auf die Sondervermögen zu überprüfen ist, weil es unmittelbar die Bundesvermögensverwaltung betrifft.

Die Treuhandverwaltung von Sondervermögen durch Private darf außerdem nicht gleich behandelt werden mit anderen Tatbeständen der funktionalen Privatisierung, bei der nicht mehr uneingeschränkt von Ausübung staatlicher Tätigkeit gesprochen werden kann[831]. Denn die Privatisierung erfasst hier allein die Ausübung der Vermögensverwaltung für den Bund. Eine Aufgabenverschiebung findet nicht statt. Da die Rechnungshofkontrolle darüber hinaus die lückenlose Kontrolle des Parlaments über das haushaltsrechtliche Gebaren der Bundesregierung absichert[832], unterliegen auch alle Treuhandvermögen der verfassungsrechtlich obligatorischen Bundesrechnungshofkontrolle nach Art. 114 Abs. 2 Satz 1 GG[833].

c) Umsetzung im einfachen Recht

Für die von Stellen der unmittelbaren Bundesverwaltung bewirtschafteten Sondervermögen gilt § 88 Abs. 1 BHO, wonach der Bundesrechnungshof die gesamte Haushalts- und Wirtschaftsführung des Bundes einschließlich seiner Sondervermögen prüft[834]. § 113 Satz 2 BHO kommt daher nur deklaratorische Bedeutung zu. Das erklärt auch, weshalb die meisten Errichtungsgesetze dieser Sondervermögen keine weiteren Normierungen zur Rechnungskontrolle enthalten[835].

---

830 *Kube*, in: Maunz/Dürig, Stand: Oktober 2008, Art. 114 Rn. 76.

831 Zur Rechnungsprüfung von Verwaltungshelfern bei funktionaler Privatisierung vgl. *Burgi*, Funktionale Privatisierung, S. 336 f.

832 *Kube*, in: Maunz/Dürig, Stand: Oktober 2008, Art. 114 Rn. 68; *K. Vogel/P. Kirchhof*, in: Bonner Kommentar, Stand: Juni 2008, Art. 114 Rn. 125.

833 Wohl auch *K. Vogel/P. Kirchhof*, in: Bonner Kommentar, Stand: März 1973, Zweitbearbeitung, Art. 114 Rn. 113 f.; vgl. auch *Behrendt*, Prüfungstätigkeit des Bundesrechnungshofs außerhalb der unmittelbaren Bundesverwaltung, S. 34 f.

834 *Eibelshäuser/Wallis*, in: Heuer, KHR, Stand: Dezember 1998, § 113 Rn. 5; *Nawrath*, in: Heuer, KHR, Stand: Juni 1999, § 88 Rn. 3; *Nebel*, in: Piduch, Bundeshaushaltsrecht, Stand: Juli 1998, § 88 Rn. 4; *Piduch*, in: Piduch, Bundeshaushaltsrecht, Stand: Januar 1995, § 87 Rn. 2.

835 Nur für das ERP-Sondervermögen (§ 11 Abs. 3 ERP-Verwaltungsgesetz) und für das Bundeseisenbahnvermögen (§ 19 BEZNG) ist die Rechnungsprüfung durch den Bundesrechnungshof nochmals explizit geregelt.

Geprüft werden die Rechnungen der Sondervermögen unmittelbar nach § 88 Abs. 1 BHO durch den Bundesrechnungshof. Auch die Grundsätze der Rechnungsprüfung nach §§ 88 ff. BHO gelten für die Sondervermögen unmittelbar. Daraus ergibt sich, dass die „zuständige Dienststelle“, der der Bundesrechnungshof gemäß § 96 Abs. 1 Satz 1 BHO das Prüfungsergebnis mitteilt, die Stelle ist, die die Jahresrechnung für das jeweilige Sondervermögen erstellt[836]. Gemäß § 96 Abs. 1 Satz 2 BHO kann zusätzlicher Adressat der Prüfungsmitteilungen die Aufsicht führende Stelle sein[837]. Auskunftspflichtig nach § 96 BHO ist das Sondervermögen insgesamt und damit die verwaltende Stelle[838]. Für § 102 Abs. 1 Nr. 1, 2, 5 und § 103 BHO hingegen gelten die Bestimmungen wörtlich, so dass Sondervermögen nicht regelungsbetroffen sind[839]. Gleiches gilt für §§ 97 und 99 BHO, das heißt, es sind auch über die Rechnungsprüfung von Sondervermögen Bundestag, Bundesrat und Bundesregierung zu unterrichten.

Anders sieht die Gesetzeslage für die Treuhandvermögen aus. Die erforderliche Rechnungsprüfung durch den Bundesrechnungshof lässt sich hier allgemein für alle Treuhandvermögen entweder über § 88 Abs. 1 BHO oder über § 113 Satz 2 BHO bzw. auch § 91 Abs. 1 Nr. 2 BHO begründen[840].

Gleichwohl enthalten die meisten der Errichtungsgesetze ausdrückliche Regelungen zur Bundesrechnungshofkontrolle. Die Prüfung durch den Bundesrechnungshof ist für das Treuhandvermögen Bergarbeiterwohnungsbau nach § 19 Abs. 3 BergArbWoFöG, für den Klärschlamm-Entschädigungsfonds nach § 3 Abs. 1 KlärEV, für das Zweckvermögen bei der Deutschen Postbank AG nach § 4 Abs. 3 Gesetz zur Förderung der landwirtschaftlichen Siedlung und für das Zweckvermögen bei der Landwirtschaftlichen Rentenbank gemäß § 2 Abs. 2 ZweckVG geregelt[841]. Hingegen enthalten BergMSdlG (Bergmannssiedlungsvermögen), FMStFG (Finanzmarktstabilisierungsfonds), RStruktFG (Restrukturierungsfonds) und VersRücklG (Versorgungsrücklage und Versorgungsfonds

---

836 *Nebel*, in: Piduch, Bundeshaushaltsrecht, Stand: Januar 1986, § 96 Rn. 2: Adressaten der Prüfungsmitteilungen sind in erster Linie die Dienststellen, deren Haushalts- und Wirtschaftsführung vom Bundesrechnungshof geprüft wird; ebenso *v. Köckritz/Ermisch/Lamm*, § 96 Rn. 2; *Nawrath/Doetschmann*, in: Heuer, KHR, Stand: Juni 1999, § 96 Rn. 4.

837 *Nebel*, in: Piduch, Bundeshaushaltsrecht, Stand: Januar 1986, § 96 Rn. 3; für Unternehmen des öffentlichen Rechts *Rüfner*, Formen öffentlicher Verwaltung, S. 75.

838 OVG Lüneburg, NJW 1984, 2652; für juristische Personen des öffentlichen Rechts *Nebel*, in: Piduch, Bundeshaushaltsrecht, Stand: Juni 2007, § 111 Rn. 3.

839 Bei der Anwendung von § 102 Abs. 1 Nr. 3 und Nr. 4 BHO ist nicht der „Bund“, sondern das jeweilige „Sondervermögen“ regelungsbetroffen; vgl. für Unternehmen des öffentlichen Rechts *Rüfner*, Formen öffentlicher Verwaltung, S. 75 f.

840 Siehe dazu noch die näheren Ausführungen unten unter G. III. 1. d).

841 Für den Revolvingfonds sowie den Freistellungsfonds gelten § 4 Abs. 4 Revolvingvertrag und § 8 Abs. 3 der Anlage 1 zum Vertrag.

des Bundes) keine näheren Bestimmungen. Ungewöhnlich ist die Regelung zur Prüfung der Entschädigungseinrichtung der Wertpapierhandelsunternehmen. Für sie normiert § 10 Abs. 1 Satz 1 EAEG, dass ein unabhängiger Wirtschaftsprüfer bzw. eine Wirtschaftsprüfungsgesellschaft mit der Prüfung des vom Sondervermögen erstellten Geschäftsberichts und der Richtigkeit der Angaben zu beauftragen ist. Der Geschäftsbericht sowie der Prüfbericht sind bis zum 31. Mai der Bundesanstalt für Finanzdienstleistungsaufsicht und der Deutschen Bundesbank einzureichen (§ 10 Abs. 2 Satz 1 und Satz 2 EAEG). Um ein aktuelles Bild von der Tätigkeit der Entschädigungseinrichtung und ihren finanziellen Verhältnissen zu erhalten, können die Bundesanstalt für Finanzdienstleistungsaufsicht sowie die Deutsche Bundesbank auch unabhängig vom Geschäftsbericht eine Unterrichtung fordern (§ 10 Abs. 2 Satz 3 EAEG). Dies wirft die Frage auf, ob die nach Art. 114 Abs. 2 Satz 1 GG grundsätzlich obligatorische Rechnungsprüfung durch den Bundesrechnungshof durch einfaches Gesetzesrecht auf der Grundlage von Art. 114 Abs. 2 Satz 3 GG zugunsten einer unabhängigen Wirtschaftsprüfung beschränkt werden kann. Das muss verneint werden. Nicht nur enthält Art. 114 Abs. 2 Satz 3 GG einen Gesetzesvorbehalt, der sich auf Regelungen „im Übrigen“ bezieht, sondern er ermöglicht auch inhaltlich nur eine Konkretisierung und eventuelle Ergänzung, nicht aber eine Befugnisbeschneidung durch den einfachen Gesetzgeber[842]. Deshalb kann die Entschädigungseinrichtung der Wertpapierhandelsunternehmen trotz der zusätzlichen Verpflichtung zur Wirtschaftsprüfung vom Bundesrechnungshof kontrolliert werden.

842 *Brockmeyer*, in: Schmidt-Bleibtreu, Art. 114 Rn. 11; *Heun*, in: Dreier, Art. 114 Rn. 26; *Schwarz*, in: v. Mangoldt/Klein/Starck, Art. 114 Rn. 126.

G. Verhältnis der Sondervermögen zum Muttergemeinwesen

Durch die Errichtung eines Sondervermögens überträgt das Muttergemeinwesen die Zuständigkeit zur Erfüllung eigener Aufgaben und begibt sich dadurch eines Teils seiner Einwirkungsmacht. Die Aufgabe selbst verbleibt mangels eigener Rechtsfähigkeit des Sondervermögens beim Bund. Grund für die Zuständigkeitsübertragung ist die Möglichkeit, mithilfe des Sondervermögens eigene Verantwortlichkeiten besser oder effizienter wahrnehmen zu können. Die Gründung des Sondervermögens kann daher nur Ausnahme zur Regel des Verbleibs der Erfüllungszuständigkeit beim Muttergemeinwesen sein. Wegen der damit einhergehenden Einschränkungen wesentlicher Haushaltsprinzipien bedarf aber nicht allein der Organisationsakt selbst[843], sondern auch die Binnenorganisation des Sondervermögens entsprechender Sicherungen und Schranken. Die Anforderungen demokratischer Legitimation sind zu erfüllen und eine entsprechende Anbindung an das Muttergemeinwesen sicherzustellen. Diesem Sicherungsbedürfnis steht das Bestreben des Sondervermögens entgegen, seine ihm übertragenen Zuständigkeiten unbeeinflusst und interessengerecht zu erfüllen und mithin eine gewisse Unabhängigkeit vom Muttergemeinwesen zu erhalten, auch wenn es juristisch nicht „Dritter" ist und weiterhin uneingeschränkt dem Bundesvermögen zurechnet. Diese beiden Strömungen – Kontrolle einerseits und Eigenverantwortlichkeit andererseits – müssen bei der Ausgestaltung der Binnenstruktur von Sondervermögen zu einem funktionstüchtigen Ausgleich gebracht werden.

I. Formen der Finanzierung

Zwischen dem Bundeshaushalt und den ausgelagerten Sondervermögen gilt grundsätzlich das Prinzip der Vermögenstrennung ebenso wie der Grundsatz getrennter Haushaltsführung[844]. Allerdings kommt dem Muttergemeinwesen bei der finanziellen Ausstattung der Sondervermögen die ausschließliche Gestaltungsmacht zu. Denn jedes Sondervermögen ist auf die Mittelzuweisung durch

843 Siehe dazu die Ausführungen oben unter E. II.

844 Siehe dazu oben unter D. III.

den Haushaltsplan bzw. durch das Errichtungsgesetz angewiesen und unterliegt der finanziellen Gestaltungsbefugnis des Bundes. Im Umkehrschluss ergibt sich, dass eine einmal gewählte und einem Sondervermögen *gesetzlich* übertragene Finanzstruktur nur durch Änderung oder Neuerlass des Organisationsgesetzes modifiziert werden kann[845].

Eine unterhalb dieser Regelungskompetenz durch den Bund mögliche Einwirkung auf die Finanzverhältnisse der Sondervermögen ergibt sich entweder direkt aus Einwirkungsinstrumenten, die im Errichtungsgesetz verankert sind, oder auch allgemein für jedes Sondervermögen aus einigen Bestimmungen des einfachen Rechts. So kann im Rahmen konjunkturpolitischer Maßnahmen zur Abwehr einer Störung des gesamtwirtschaftlichen Gleichgewichts die Bundesregierung durch Rechtsverordnung nach § 19 Satz 1 StabG mit Zustimmung des Bundesrates die Kreditaufnahme der Sondervermögen beschränken. Gemäß § 25 Satz 2 StabG sind Sondervermögen zur Auskunftsgewährung über den Kreditbedarf an das Bundesministerium der Finanzen verpflichtet. Ebenso besteht eine Auskunftspflicht an den Finanzplanungsrat über das Bundesministerium der Finanzen nach § 52 Abs. 3 HGrG. Schließlich kann das ERP-Sondervermögen gemäß § 13 Abs. 1 StabG i.V.m. § 6 Abs. 1 und Abs. 2 StabG in den Fällen einer die volkswirtschaftliche Leistungsfähigkeit übersteigenden Nachfrageausweitung oder einer die Ziele des § 1 StabG gefährdenden Abschwächung der allgemeinen Wirtschaftstätigkeit konjunkturdämpfend oder -fördernd eingesetzt werden.

Daneben sind die Einwirkungsinstrumente des Haushaltsgesetzes zu erwähnen. Über die jährlichen Haushaltsgesetze, die Nachtragshaushaltsgesetze und die Haushaltsbegleitgesetze[846] kann der Bund begünstigend Vorschriften über Bürgschaften, Ermächtigungen zu Kassenkrediten, Zuschüsse und ähnliches an einzelne oder alle Sondervermögen erlassen, aber auch Personal-, Sachmittel- und Zuschusskürzungen und sonstige Einsparungen vorsehen.

Die unterschiedlichen Finanzierungsformen für Sondervermögen lassen sich maßgeblich in drei Bereiche aufteilen: Die Finanzierung aus eigenen Finanzquellen, die Finanzierung über den Zentralhaushalt und über Drittquellen. Viele Sondervermögen speisen sich nicht ausschließlich über eine Quelle, sondern bilden Mischfinanzierungen. Trotzdem liegt der Schwerpunkt häufig auf einer Finanzierungsform.

Unabhängig von der Finanzierungsvariante bleiben die Sondervermögen stets vom Muttergemeinwesen abhängig, da ihnen die Kompetenz-Kompetenz zur Erschließung neuer Mittel fehlt. Es hängt damit immer vom Bund ab, ob und in welcher Form das einzelne Sondervermögen finanziert wird.

---

845 *Kilian*, Nebenhaushalte, S. 683.

846 Hierzu Näheres in *Heun*, Staatshaushalt/Staatsleitung, S. 212 ff.

1. Finanzierung aus eigenen Finanzquellen

Die Eröffnung eigener Finanzquellen für Sondervermögen ist keine Seltenheit. Sie ermöglicht den Sondervermögen die größte Unabhängigkeit vom Muttergemeinwesen, da sie Höhe und Zeitpunkt der Mitteleinnahmen meist selbst – innerhalb bestimmter Schranken – festlegen können. Aufteilen lassen sich die verschiedenen eigenen Ressourcen in öffentliche und private Finanzquellen.

Öffentliche Finanzquellen sind Gebühren, Beiträge und sonstige Abgaben, die den Sondervermögen als eigene Einnahmen direkt aufgrund eines Gesetzes zugewiesen werden können[847]. Besondere Bedeutung kommt den Sonderabgaben mit Finanzierungsfunktion zu, deren Aufkommen direkt den Sondervermögen zufließt, ohne zunächst im Bundeshaushalt veranschlagt zu werden[848]. Weil sie im Gegensatz zur Steuer nicht dem allgemeinen staatlichen Finanzbedarf dienen, sondern zweckgebunden erhoben werden, können die Sonderabgaben direkt zur Aufgabenerfüllung des Sondervermögens eingesetzt werden. Solchermaßen abgabenfinanziert sind die Sondervermögen Ausgleichsfonds für überregionale Vorhaben zur Teilhabe schwerbehinderter Menschen am Arbeitsleben[849], Binnenschifffahrtsfonds[850], Entschädigungseinrichtung der Wertpapierhandelsunternehmen[851], Klärschlamm-Entschädigungsfonds[852] und Restrukturierungsfonds[853].

---

847 *Hering*, Kreditfinanzierung über Nebenhaushalte, S. 202.

848 St. Rspr., siehe BVerfGE 1, 117 (140); 4, 7 (14, 26); 8, 274 (317); 18, 315 (328); 55, 274 (297); zuletzt BVerfG, Beschluss vom 16.09.2009, 2 BvR 852/07 (juris). Die Bewirtschaftung von Sonderabgaben außerhalb des Zentralhaushalts ist allerdings keine Zulässigkeitsvoraussetzung, vgl. BVerfGE 108, 186 (215 f.), 113, 128 (147), NVwZ 2009, 641 (642); NVwZ 2009, 1030 (1031).

849 § 77 SGB IX i.V.m. § 36 SchwbAV. Die Mittel des Ausgleichsfonds stammen aus der Ausgleichsabgabe nach § 77 SGB IX, die von Arbeitgebern zu entrichten ist, welche einen Pflichtarbeitsplatz für schwerbehinderte Menschen unbesetzt lassen. Nach § 36 SchwbAV stehen dem Ausgleichsfonds 20 % der entsprechenden Ausgleichsabgabe zu; zur Zulässigkeit der Ausgleichsabgabe siehe BVerfGE 57, 139 (169); vgl. auch BVerfGE 67, 256 (277).

850 Seine Mittel erhält der Fonds gemäß Art. 4, 5, 7 Abs. 1 Verordnung (EG) 718/1999 aus Abgaben von Schiffseignern, die durch Neubau oder Ankauf zusätzliche Schiffstonnage in Betrieb nehmen, ohne zugleich alte Kapazitäten in einem von der EG-Kommission bestimmten Verhältnis dazu abzubauen (so genannte Alt-für-Neu-Regelung). Eine Kreditaufnahme durch das Sondervermögen ist nach § 7 Abs. 3 BinSchFondsG unzulässig.

851 Die Mittel des Sondervermögens für die Entschädigungsleistungen werden hauptsächlich durch Beiträge der ihm angeschlossenen Institute aufgebracht. § 8 Abs. 2 und Abs. 3 Satz 1 EAEG bestimmen hierzu, dass sowohl einmalige Zahlungen von erstmals beitragspflichtigen Instituten als auch regelmäßige Jahresbeiträge erhoben werden sowie bei Erforderlichkeit Sonderbeiträge eingefordert werden können. Nähere Regelungen zur Erhebung der Beiträge finden sich in der aufgrund des § 8 Abs. 8 EAEG ergangenen EdWBeitrV vom 19.08.1999 (Verordnung über die Beiträge zu der Entschädigungseinrichtung der Wertpapierhandelsunternehmen bei der Kreditanstalt für Wiederaufbau, BGBl. I, S. 1891, zuletzt geändert durch die Verordnung vom 17.08.2009, BGBl. I, S. 2881). Vgl. die Urteile des VG Berlin vom 06.07.2009, Aktz. 1 A

Das Aufkommen von Steuern kann den Sondervermögen hingegen schon deshalb nicht als *direkte* Einnahme zufließen, da Steuereinnahmen ausnahmslos im Bundeshaushalt zu veranschlagen sind[854].

Unter den privaten Finanzquellen der Sondervermögen sind Mittel zu verstehen, die das Sondervermögen über die Marktteilnahme erwirtschaften kann. Dazu gehören vor allem Kreditmittel, die durch den Zugang zum Kapitalmarkt erschlossen werden, Erlöse aus einer wirtschaftlichen Betätigung auf dem Erwerbsmarkt und Zinseinkünfte aus der Eigenkapital- und Rücklagenbildung. Auch Veräußerungserlöse, die keiner erwerbswirtschaftlichen Betätigung entstammen, zählen dazu. Nicht zu den eigenen Finanzquellen von Sondervermögen zählen Ermächtigungen an Bundesbehörden, Kredite aufzunehmen, um die Mittel den Fonds zuzuführen[855]. Denn diese Mittel werden im Bundeshaushalt veranschlagt und stellen daher Mittel aus dem Zentralbudget dar.

327.07 (juris), und vom 26.11.2008, Aktz. 1 A 242.07 (juris), zur Verfassungsmäßigkeit der Einmalzahlungspflicht; BVerwGE 120, 311 (314 ff.), und die Urteile des VG Berlin vom 26.11.2008, Aktz. 1 A 314.07, und Aktz. 1 A 40.08 (juris), und OVG Berlin-Brandenburg, Urteil vom 11.12.2008, Aktz. 1 B 22.03 (juris), zur Verfassungsmäßigkeit der Jahresabgabepflicht und der Regelung durch Rechtsverordnung; zur Jahresabgabepflicht auch *Gutsche*, BKR 2003, 696; *Meißner*, WM 2003, 1977; *Rieck*, NVwZ 2005, 523; zur Verfassungsmäßigkeit der Sonderbeitragspflicht siehe die Beschlüsse des VG Berlin, WM 2008, 2064 und ZIP 2008, 2064; dazu *Gurlit*, WuB I L 3 § EAEG 2.09.

852 § 11 Abs. 2 DüngG; beitragspflichtig sind die Hersteller von Klärschlämmen, soweit sie diese zur landwirtschaftlichen Verwertung abgeben, sowie Besitzer (siehe zur Erweiterung der Beitragspflicht Entwurfsbegr. BT-Drs. 16/10032, S. 13), die solche Klärschlämme in den Geltungsbereich des Gesetzes verbringen oder verbringen lassen, um sie zur landwirtschaftlichen Verwertung abzugeben. Zur Verfassungsmäßigkeit der Beitragspflicht siehe BVerfGE 110, 370 (389 ff.); dazu *Gärditz*, AbfallR 2004, 284; kritisch zu dieser Rechtsprechung *Kloepfer*, ZUR 2005, 479 (480 ff.); *Ossenbühl*, DVBl. 2005, 667 (670 ff.).

853 Nach § 12 Abs. 1 Satz 1 RStruktFG werden die Mittel des Fonds durch Beiträge beitragspflichtiger Kreditinstitute erbracht. Zur Leistung von Beiträgen verpflichtet sind nach § 2 Satz 1 RStruktFG alle Kreditinstitute im Sinne des § 1 Absatz 1 Kreditwesengesetz mit einer Erlaubnis nach dem Kreditwesengesetz, die die Vorgaben der Kreditinstituts-Rechnungslegungsverordnung einhalten müssen. Befreit sind aber Institute, die nach § 5 Abs. 1 Nr. 2 Körperschaftssteuergesetz keine Körperschaftssteuer entrichten müssen.

854 BVerfGE 55, 274 (303); *Kilian*, Nebenhaushalte, S. 681.

855 Hierunter fällt die Kreditaufnahme durch das Bundesministerium der Finanzen für den Finanzmarktstabilisierungsfonds gemäß § 9 FMStFG. Damit nimmt nicht der Fonds selbst Kredite auf, sondern die Kreditmittel werden über den Bundeshaushalt an das Sondervermögen bereit gestellt. Nach der Änderung des Gesetzes vom 07.04.2009 ist nunmehr eindeutig geregelt, dass nicht der Fonds selbst, sondern das Bundesministerium für das Sondervermögen und zulasten des Bundeshaushalts zur Kreditaufnahme ermächtigt wird. Denn die noch in der Erstfassung des Gesetzes bestehende Unsicherheit, ob anstatt des Bundesministeriums die Bundesanstalt für Finanzmarktstabilisierung für den Fonds ermächtigt werden sollte, hat der Gesetzgeber nunmehr klar gestellt. Dasselbe gilt für den Restrukturierungsfonds nach § 12 Abs. 6 RStruktFG.

Der Finanzmarktstabilisierungsfonds trägt sich nur teilweise über private Finanzquellen, wenn er gemäß § 2 Abs. 2 Satz 3 Nr. 1, § 3 Abs. 2 Satz 2 Nr. 1, § 4 Abs. 2 Satz 2 Nr. 1 FMStFV[856] für von ihm gewährte Stützungsmaßnahmen eine marktgerechte Vergütung fordern soll. Zumindest ergänzend zur Aufnahme von Fremdkapital ermächtigt sind die Entschädigungseinrichtung der Wertpapierhandelsunternehmen[857], der Investitions- und Tilgungsfonds[858] sowie der Entschädigungsfonds, der zur Begebung von Schuldverschreibungen durch Eintragung in das Bundesschuldenbuch berechtigt ist[859].

Über Veräußerungserlöse aus dem Verkauf von Mauer- und Grenzgrundstücken finanziert sich der Fonds nach § 5 Mauergrundstücksgesetz gemäß § 5 Abs. 1 Satz 2 MauerG[860].

Als weitere private Finanzierungsvariante sind die revolvierend eingesetzten Vermögensmassen des ERP-Sondervermögens und des Revolvingfonds zu nennen. Beide erhalten Mittel und Zinseinkünfte durch Eigenkapital- und Rücklagenbildung.

Sondervermögen mit hauptsächlich erwerbswirtschaftlichen Einkünften existieren nach der Auflösung von Deutscher Bundesbahn und Deutscher Bundespost nicht mehr.

2. Finanzierung über den Bundeshaushalt

Die stärkste Anbindung eines Sondervermögens an sein Muttergemeinwesen besteht bei einer Finanzierung direkt über den Bundeshaushalt. Da Sondervermögen stets unselbständige Institutionen darstellen, handelt es sich bei den aus dem Bundeshaushalt stammenden Mitteln nie um „Zuwendungen“ des Bundes

---

856 § 2 Abs. 2 Satz 3 Nr. 1 FMStFV zum Instrument der Garantieübernahme, § 3 Abs. 2 Satz 2 Nr. 1 FMStFV zu einer Rekapitalisierungsmaßnahme, § 4 Abs. 2 Satz 2 Nr. 1 FMStFV zur Übernahme von Risikopositionen.

857 Ermächtigung zur Kreditaufnahme gemäß § 8 Abs. 4 EAEG, wenn dies zur Durchführung eines Entschädigungsverfahrens erforderlich ist, vgl. Entwurfsbegr. BT-Drs. 13/10188, S. 21.

858 Die Ausgaben sowie die erwarteten Zinslasten i.H.v. 4,8 Mrd. Euro (vgl. Entwurfsbegr. BT-Drs. 16/11740, S. 3 und BT-Drs. 16/12662, S. 2) werden durch die Kreditaufnahme des Bundesministeriums der Finanzen für das Sondervermögen i.H.v. bis zu 25,2 Mrd. Euro nach § 5 Abs. 1 ITFG gedeckt. Dafür, dass das Bundesministerium *für* den Fonds ermächtigt wird, spricht weniger der Wortlaut des § 5 Abs. 1 ITFG als die Gesetzesmaterialien, vgl. BT-Drs. 16/111740, S. 28, und der Wirtschaftsplan des Sondervermögens. Insofern ist das Sondervermögen selbst zur Kreditaufnahme ermächtigt.

859 § 9 Abs. 4 Satz 1 EntschG.

860 Der Veräußerungserlös wird gemäß § 2 Abs. 1 MauerG aber nicht am freien Markt erzielt, sondern seine Höhe ist gesetzlich festgelegt. Daher könnte diese Einnahmeform auch den öffentlichen Einnahmequellen zugerechnet werden.

i.S.d. § 23 BHO, sondern um „Zuschüsse“[861]. Denkbar ist auch die Mittelzuführung über die Gewährung von Darlehen aus dem Haushalt. Bundeszuschüsse bzw. -zuweisungen erhalten der Entschädigungsfonds[862], der Versorgungsfonds[863], das Sondervermögen „Kinderbetreuungsausbau“[864] und das Bundeseisenbahnvermögen[865]. Auch der Fonds „Deutsche Einheit“ wurde bis zum Jahr 1994 über vom Bund aufzunehmende Kredite und Zuschüsse finanziert[866]. Diese Zuschüsse sind nach ihrem absoluten Umfang bemessen. Das Sondervermögen „Vorsorge für Schlusszahlungen für inflationsindexierte Bundeswertpapiere“ erhält jährliche[867] Zuweisungen aus dem Bundeshaushalt, die sich betragsmäßig nach der Inflationsentwicklung bemessen[868].

Es gibt auch Sondervermögen, deren Zuweisungen aus dem Bundeshaushalt sich aus ganz bestimmten Einnahmen des Bundes errechnen, beispielsweise dem Aufkommen aus einer Zwecksteuer. Dies trifft aktuell auf vier Sondervermögen zu. Das Sondervermögen Versorgungsrücklage erhält gemäß § 14a Abs. 1 Satz 1, Abs. 2 BBesG i.V.m. § 6 Abs. 1, § 1 Abs. 1 Alt. 1 VersRücklG Mittel aus zweckgebundenen Einnahmen des Bundes, nämlich bestimmte Beträge aus der Verminderung von Besoldungs- und Versorgungsausgaben[869]. Der Erblastentilgungsfonds sowie der Investitions- und Tilgungsfonds erhalten jährlich Zuführungen in Höhe der Einnahmen aus dem Bundesbankgewinn, die einen bestimmten Betrag übersteigen[870]. Das Sondervermögen „Energie- und Klimafonds“ erhält unter anderen Einnahmen aus der Kernbrennstoffsteuer.

---

861 *Dommach*, in: Heuer, KHR, Stand: August 1997, § 23 Rn. 4; *v. Köckritz/Ermisch/Lamm*, Stand: Januar 2003, § 23 Rn. 3.6.2.

862 Regelmäßige Zuschüsse, § 10 Abs. 1 Nr. 13 EntschG.

863 Regelmäßige Zuweisungen, laufbahnabhängig auf der Grundlage versicherungsmathematischer Berechnungen nach Prozentsätzen der ruhegehaltfähigen Dienstbezüge oder Entgeltzahlungen, § 16 Abs. 1, § 13 Abs. 1 Alt. 1 VersRücklG.

864 Einmaliger Betrag i.H.v. 2,15 Mrd. Euro, § 4 KBFG.

865 Deckung aller nicht aus eigenen Einnahmen zu bestreitenden Aufwendungen, § 16 Abs. 1 BEZNG. Bis zum 30.06.1999 war das Bundeseisenbahnvermögen noch zur Kreditaufnahme gemäß § 17 BEZNG ermächtigt.

866 §§ 5, 6 DEFG. Siehe zu Aufgaben und Finanzierung des Fonds Näheres bei *Hidien*, LKV 1998, 431 (432 ff.).

867 Jeweils zu Kupontermin eines Wertpapiers.

868 § 4 Abs. 1 SchlussFinG.

869 Zur Verfassungsmäßigkeit dieser Regelung BVerwGE 117, 305; BVerfG, NVwZ 2008, 195.

870 Erblastentilgungsfonds: ab 01.01.1999 gemäß § 6 Abs. 1 Nr. 1 ELFG Zuführungen in Höhe der Einnahmen aus dem Bundesbankgewinn, die einen Betrag von 3,5 Mrd. Euro übersteigen; Investitions- und Tilgungsfonds: ab 01.01.2010 gemäß § 6 Abs. 1 ITFG Zuführungen in Höhe der Einnahmen aus dem Bundesbankgewinn, die den im Bundeshaushalt veranschlagten Anteil übersteigen und nicht zur Tilgung des Erblastentilgungsfonds benötigt werden.

3. Finanzierung aus Drittquellen

Möglich und zulässig ist auch die Finanzierung von Sondervermögen über Drittquellen. Dazu zählen Zuschüsse aus Länderhaushalten[871] oder Drittmittel von anderen Personen des öffentlichen Rechts. Direkte Mittelzuweisungen von juristischen Personen des öffentlichen Rechts erhalten die Sondervermögen Versorgungsrücklage[872] sowie Versorgungsfonds[873], der Entschädigungsfonds[874] und das Zweckvermögen bei der Landwirtschaftlichen Rentenbank[875].

II. Einstandspflicht des Bundes und Vermögenstrennung

Die unterschiedliche Anbindung der Sondervermögen zum Muttergemeinwesen richtet sich auch danach, ob der Bund gegenüber Dritten oder zumindest im Innenverhältnis gegenüber den Sondervermögen für deren Verbindlichkeiten einzustehen hat. Allgemeine Aussagen zu einer Haftung des Bundes für seine Sondervermögen gibt es im einfachen Haushaltsrecht nicht. Allerdings enthalten die einzelnen Errichtungsgesetze zum Teil ausdrückliche Regelungen.

Explizit ist eine Haftung des Bundes für Verbindlichkeiten eines Sondervermögens vorgesehen für den Fonds „Deutsche Einheit“[876], den Entschädigungsfonds[877], den Erblastentilgungsfonds[878], das ERP-Sondervermögen[879], den Finanzmarktstabilisierungsfonds[880], den Investitions- und Tilgungsfonds[881] sowie den Restrukturierungsfonds[882]. Ausdrücklich ausgeschlossen ist eine direkte Haftung des Bundes für Lasten des Ausgleichsfonds für überregionale Vorhaben zur

871 Derzeit nur gemäß § 10 Abs. 1 Nr. 3 EntschG für den Entschädigungsfonds. Früher wurde der Fonds „Deutsche Einheit“ über Länderzuschüsse gemäß § 5 Abs. 1 DEFG teilfinanziert.

872 Jährliche Zuweisungen von Körperschaften, Anstalten und Stiftungen, die Dienstherrnfähigkeit besitzen und an Beamte, Richter sowie Soldaten Dienstbezüge und Versorgungsbezüge zahlen; § 14a Abs. 1 Satz 1, Abs. 2 BBesG i.V.m. § 6 Abs. 1, § 1 Abs. 1 Alt. 2 VersRücklG.

873 Regelmäßige Zuweisungen von Körperschaften, Anstalten und Stiftungen, die Dienstherrnfähigkeit besitzen; § 16 Abs. 1, § 13 Abs. 1 Alt. 2 VersRücklG.

874 Verschiedene Mittel; § 10 Abs. 1 EntschG.

875 Mindestens die Hälfte des zur Verteilung kommenden Betrags des Bilanzgewinns der Landwirtschaftlichen Rentenbank; § 9 Abs. 3 LwRentBkG. Das Vermögen besteht zu mehr als 90 % aus diesen Zuflüssen, siehe Entwurfsbegr. BT-Drs. 15/5566, S. 6.

876 § 4 Abs. 2 DEFG.

877 § 9 Abs. 1 Satz 4 EntschG.

878 § 4 Abs. 1 Satz 1 ELFG.

879 § 4 Abs. 2 HS 1 ERP-Verwaltungsgesetz.

880 § 5 Satz 2 HS 1 FMStFG.

881 § 4 Abs. 2 Satz 2 Halbsatz 1 ITFG.

882 § 10 Satz 2 Halbsatz 1 RStruktFG.

Teilhabe schwerbehinderter Menschen am Arbeitsleben[883], des Binnenschifffahrtsfonds[884], des Bundeseisenbahnvermögens[885], des Sondervermögens „Kinderbetreuungsausbau"[886] und des Fonds nach § 5 Mauergrundstücksgesetz[887].

Einige Errichtungsgesetze kennen auch die Regelung, die *umgekehrt* eine Haftung der Sondervermögen für sonstige Verbindlichkeiten des Bundes ausschließt[888]. Diese Normierung unterstreicht jedoch lediglich die Zweckbindung des Sondervermögens und betont das Verbot, Mittel eines Sondervermögens für andere Zwecke des Bundes zu ge- bzw. missbrauchen. Gleichzeitig soll sie in einigen Fällen auch die Kreditwürdigkeit der einzelnen Sondervermögen steigern[889]. Die übrigen Errichtungsgesetze der Sondervermögen enthalten entweder nur Normierungen zu einer Trennung der Vermögensmasse des Sondervermögens zum übrigen Bundesvermögen[890] oder schweigen sich ganz aus[891].

Unabhängig von den Regelungen einer Einstandspflicht stellt sich die Frage, ob es einen allgemeinen Rechtssatz gibt, nach dem Not leidende Sondervermögen auf (zusätzliche) finanzielle Unterstützung des Muttergemeinwesens hoffen können, auch wenn für sie ein Einstehen des Bundes nicht kodifiziert ist. Antworten auf diese Frage können über die für die öffentlich-rechtlichen Kreditinstitute immer wieder diskutierten Haftungsinstitute der Anstaltslast[892] und der Ge-

---

883 § 35 Satz 3 SchwbAV.

884 § 6 Satz 2 BinSchFondsG.

885 § 5 Abs. 2 Satz 1 BEZNG.

886 § 3 Abs. 2 Satz 2 KBFG.

887 § 3 Abs. 2 MauerV.

888 Ausgleichsfonds für überregionale Vorhaben zur Teilhabe schwerbehinderter Menschen am Arbeitsleben: § 35 Satz 3 SchwbAV; Bundeseisenbahnvermögen: § 5 Abs. 2 Satz 2 BEZNG; ERP-Sondervermögen: § 4 Abs. 2 HS 2 ERP-Verwaltungsgesetz; Finanzmarktstabilisierungsfonds: § 5 Satz 2 HS 2 FMStFG; Investitions- und Tilgungsfonds: § 4 Abs. 2 Satz 2 HS 2 ITFG; Restrukturierungsfonds: § 10 Satz 2 Halbsatz 2 RStruktFG.

889 *F. Kirchhof*, NVwZ 1994, 1041 (1042), unter Hinweis auf die Entwurfsbegr. zum Postverwaltungsgesetz, BT-Drs. 1/3479, Begr. zu § 3.

890 Klärschlamm-Entschädigungsfonds: § 1 Abs. 1 Satz 2 KlärEV; Versorgungsrücklage und Versorgungsfonds: § 8 (i.V.m. § 15 Satz 1) VersRücklG; eine besondere Regelung enthält § 8 Abs. 10 Satz 1 EAEG zur Entschädigungseinrichtung der Wertpapierhandelsunternehmen, wonach das Sondervermögen für die Erfüllung seiner Verpflichtungen nur mit dem aufgrund der Beitragsleistungen nach Abzug der Verwaltungskosten zur Verfügung stehenden Vermögen haftet.

891 Bergmannssiedlungsvermögen, Treuhandvermögen Bergarbeiterwohnungsbau, Revolvingfonds und Freistellungsfonds, Sondervermögen „Vorsorge für Schlusszahlungen für inflationsindexierte Wertpapiere", Zweckvermögen bei der Deutschen Postbank AG, Zweckvermögen bei der Landwirtschaftlichen Rentenbank.

892 Die Anstaltslast für deutsche öffentlich-rechtliche Kreditinstitute und damit für Sparkassen und Landesbanken verpflichtete deren Träger auch ohne gesetzliche Regelung, stets für eine ausreichende Ausstattung der Institute mit Finanzmitteln im Innenverhältnis zu sorgen, so dass keine Unterkapitalisierung eintreten konnte. Zwar bestand diese Pflicht nur im Innenverhältnis, doch dies führte im Fall des Eintritts der Anstaltslast doch zu einer – unter Beihilfegesichtspunkten nach EG-

währträgerhaftung[893] gefunden werden. Als Anstaltslast wird die objektive Pflicht des Trägers einer rechtsfähigen öffentlichen Anstalt bezeichnet, die Anstalt mit den erforderlichen finanziellen Mitteln zur ordnungsgemäßen Erfüllung ihrer Aufgaben auszustatten[894]. Die Anstaltslast verpflichtet den Träger allein im Innenverhältnis gegenüber der Anstalt, deren finanzielle Lücken zu schließen bzw. gar nicht erst entstehen zu lassen[895]. Gewährträgerhaftung bedeutet hingegen, dass der Anstaltsträger direkt gegenüber den Gläubigern der Anstalt für deren Verbindlichkeiten haftet, dies aber nur in Form einer Ausfallbürgschaft und damit subsidiär für den Fall, dass die Gläubiger nicht durch die Anstalt befriedigt werden[896].

1. Sondervermögenslast: Indirekte Einstandspflicht im Innenverhältnis

Es ist zu überlegen, ob in Anlehnung an das Institut der Anstaltslast der Bund für die von ihm errichteten Sondervermögen nach den Grundsätzen einer Sondervermögenslast deren finanzielle Ausstattung und Funktionsfähigkeit zu gewährleisten hat. Das ist zwar weder dem einfachen noch dem Gewohnheitsrecht zu entnehmen[897], könnte aber aus verfassungsrechtlichen Erwägungen folgen.

Gemeinschaftsrecht problematischen – Begünstigung der öffentlich-rechtlichen Institute gegenüber privaten Banken. Daher einigten sich die Europäische Kommission und Vertreter der Landesbanken am 17.07.2001 auf eine Umwandlung der Anstaltsträgerhaftung zu einem sogenannten „Plattform-Modell“, einem regulären, wirtschaftsrechtlichen Formen angepassten Eigentümerverhältnis. Wirtschaftliche Unterstützung dürfen die Träger der Institute diesen nur noch im Einklang mit den EU-Beihilferegelungen zukommen lassen; siehe zur Frage der Europarechtswidrigkeit auch unten Fn. 919.

893 In Deutschland bestanden bis zum Stichtag des 18.07.2005 häufig unbegrenzte Ausfallgarantien des Anstaltsträgers bei Zahlungsunfähigkeit des Kreditinstituts mit der Folge, dass der Träger auch im Außenverhältnis haftete; dies betraf zumeist die Landesbanken. Die Garantie musste gesetzlich angeordnet worden sein. Allerdings einigten sich die Europäische Kommission, Vertreter des Bundesfinanzministeriums, Vertreter der Landesfinanzministerien und des Deutschen Sparkassen- und Giroverbandes auf ein Auslaufen dieser Regelungen bis zum Stichtag, so dass sich die Frage der Vereinbarkeit mit EU-Beihilferegelungen nicht mehr stellt.

894 Zum Begriff *Burgi*, in: Erichsen/Ehlers, Allgemeines Verwaltungsrecht, § 8 Rn. 14; *Kemmler*, Anstaltslast, S. 16; *M. Müller*, in: Wolff/Bachof/Stober, § 88 Rn. 14; erstmalig anerkannt wurde die Anstaltslast in der Rechtsprechung durch das preußische OVG, wobei die damaligen Sparkassen noch nicht als rechtsfähige Anstalten des öffentlichen Rechts ausgestaltet waren, sondern es sich noch um unselbständige Sondervermögen der Gemeinden handelte, PrOVG, PrVBl. 19 (1897/98), 280 (281); historischer Rückblick zu Anstaltslast und Gewährträgerhaftung bei *Wehber*, Kreditwesen 2005, S. 752.

895 *Schwark*, NJW 1974, 1849 (1853).

896 *Möschel*, WM 2001, 1895; *Thode/Peres*, VerwArch 89 (1998), 439 (448); *dieselben*, BB 1997, 1749 (1749 f.).

897 Die Anstaltslast als Gewohnheitsrecht ablehnend auch *Kemmler*, Anstaltslast, S. 36 ff.; insoweit ebenso *Koenig*, WM 1995, 821 (825 ff.), der aber eine nicht ausdrücklich kodifizierte Anstaltslast insgesamt ablehnt und darin bezüglich der Sparkassen sogar eine Verletzung der

a) *Grundsatz: Bestehen der Sondervermögenslast*

Eine Sondervermögenslast, die den Bund im Innenverhältnis zu seinen Sondervermögen für deren finanzielle Ausstattung verantwortlich macht, kann sich aus demokratischen und rechtsstaatlichen Erwägungen ergeben[898].

aa) *Aufgabenlast und Zugehörigkeit zur unmittelbaren Bundesverwaltung*

Das Verfassungsrecht kennt nur den Bund, die Länder oder die Gemeinden als verpflichtete Rechtsträger zur Erfüllung von öffentlichen Aufgaben. Obliegt einem dieser Verwaltungsträger die Erledigung einer öffentlichen Aufgabe, ist er verpflichtet, diese Aufgabe ordnungsgemäß auszuführen. Das folgt aus der Aufgabenlast, die sowohl im Demokratie- als auch im Rechtsstaatsprinzip gemäß Art. 20 Abs. 2 und Abs. 3 GG wurzelt[899]. Das Demokratieprinzip fordert die Rückführbarkeit jeglichen staatlichen Handelns auf das Parlament und folglich mindestens mittelbar auf das Volk. Das Rechtsstaatsprinzip verbietet es aber auch jedem Träger staatlicher Gewalt, einen gültigen demokratischen Willensakt zu missachten. Hat sich das Parlament für eine Zuweisung öffentlicher Aufgaben auf den Rechtsträger Bund entschieden, so folgt daraus gleichsam als Kehrseite die Pflicht des Bundes zur ordnungsgemäßen Erfüllung der ihm übertragenen Aufgabe. Dazu kann der Bund entweder Mittel direkt aus dem Bundeshaushalt einsetzen oder er errichtet ein ausgegliedertes Sondervermögen, mittels dessen er die Aufgabe erfüllt. Im ersten Fall ist es selbstverständlich, dass der Bund für die finanzielle Ausstattung Sorge zu tragen hat. Gleiches muss dann aber auch für den Fall einer Auslagerung der Vermögensmasse aus dem Haushalt gelten. Denn der Rechtsträger Bund bleibt weiterhin Adressat der Verpflichtung[900] und ihm obliegt zumindest eine Restpflicht zur finanziellen Sicherstellung der Aufgabenerfüllung[901].

---

gemeindlichen Selbstverwaltungsgarantie nach Art. 28 Abs. 2 GG sieht; so auch *Oebbecke*, DVBl. 1981, 960 (964 f.).

898 Nach BVerwGE 64, 248 (257 f.), und 75, 318 (324 f.), kommt der Anstaltslast weder aus dem Rechtsstaatsprinzip noch aus sonstigem Verfassungsrecht positiver Rechtsnormcharakter zu. Das Gericht hat es aber explizit offen gelassen, ob es eine ungeschriebene Anstaltslast gibt; offener gegenüber einer Anstaltslast BVerwGE 72, 212 (217).

899 Näheres zur Aufgabenlast *Kemmler*, Anstaltslast, S. 73 ff.; *dieselbe*, DVBl. 2003, 100 (103); nur auf das Rechtsstaatsprinzip abstellend *Thode/Peres*, VerwArch 89 (1998), 439 (452); *dieselben*, BB 1997, 1749 (1750).

900 Anderer Ansicht *Oebbecke*, DVBl. 1981, 960 (963).

901 *F. Kirchhof*, NVwZ 1994, 1401 (1402 f.); vgl. auch BSGE 34, 177 (180), die Entscheidung leitet aus der Aufgabenverantwortung des Bundes bezüglich der Krankenversicherungen die Finanzverantwortung des Bundes ab.

Was für den Verbleib der Aufgabenlast beim Bund gegenüber seinen rechtlich verselbständigten Verwaltungstrabanten wie Körperschaften, Anstalten und Stiftungen gilt, muss erst recht auch für die Aufgabenlast bei der Gründung von nicht- oder nur teilrechtsfähigen Sondervermögen Geltung beanspruchen[902]. Denn unabhängig davon, ob die staatlich überbürdete Aufgabenerfüllung eine freiwillige oder von Verfassung wegen gegebene Aufgabe betrifft, verbleibt sie im absoluten Verantwortungsbereich des Bundes und rechnet der unmittelbaren Bundesverwaltung zu. Die Erfüllungsverantwortung kann nur durch einen gegenläufigen, gleichwertigen demokratischen Willensakt abgelöst werden, indem entweder die Aufgabe aufgegeben oder sie anderweitig organisatorisch angesiedelt bzw. privatisiert und das Sondervermögen aufgelöst wird.

bb) Kreationsakt und Zugehörigkeit zum Bundesvermögen

Indem der Bund ein Sondervermögen errichtet und ihm bestimmte Aufgaben zuordnet, macht er sich als Schöpfer zumindest subsidiär verantwortlich für die Funktionserhaltung dieser Institution[903]. Der Bund bleibt nicht nur Rechtsträger des Sondervermögens und Inhaber der Vermögensmasse, sondern er behält auch die Verfügungsbefugnis über den Bestand des Vermögens. Darüber hinaus kommt dem Bund gegenüber seinen Sondervermögen ein Aufsichts- und Letztentscheidungsrecht zu, mit dem die Pflicht korrespondiert, entweder für eine genügende finanzielle Ausstattung des Sondervermögens zu sorgen oder das Sondervermögen durch Parlamentsgesetz aufzulösen[904]. Nicht zulässig aber ist es, das Sondervermögen notleiden zu lassen[905].

---

902 *F. Kirchhof*, NVwZ 1994, 1041 (1042); bejahend für das ehemalige Sondervermögen Deutsche Bundespost *Scholl*, JuS 1981, 88 (92); für Nebenhaushalte insgesamt *Kilian*, Nebenhaushalte, S. 729 f. und S. 738; zur Ausstattungslast der Gemeinden gegenüber ihren unselbständigen Einrichtungen *H.-G. Vogel*, ZBB 2001, 103 (106).

903 Zur Parallele der Anstaltslast, die aus dem Gründungsakt folgt *F. Becker*, Vernetzung der Landesbanken, S. 69 ff; *Frielitz*, Stellung der öffentlich-rechtlichen Sparkassen im Verfassungsgefüge, S. 138; wohl auch BVerfGE 75, 192 (197) und BGHZ 90, 161 (168 f.). *Kemmler*, Anstaltslast, S. 82 f. und S. 91 ff., *dieselbe*, DVBl. 2003, 100 (104 f.), betrachtet den Gründungsakt nur zusammen mit der Aufgabenlast und der Ingerenzpflicht des Trägers als einen die Anstaltslast auslösenden Tatbestand. Den Entscheidungen BVerfGE 87, 181 (198), und 89, 144, kann hingegen nicht das allgemeine Prinzip der Anstaltslast entnommen werden, da es in beiden Sachverhalten um öffentlich-rechtliche Rundfunkanstalten ging, bei denen der Träger der Anstalt schon direkt aus Art. 5 Abs. 1 Satz 2 GG zur Aufrechterhaltung der Funktionsfähigkeit verpflichtet ist.

904 Zu dieser Ingerenzpflicht *Kemmler*, Anstaltslast, S. 76 und S. 93 ff.; *dieselbe*, DVBl. 2003, 100 (105); *F. Kirchhof*, NVwZ 1994, 1401 (1402 f.).

905 *Höfling/Rixen*, Bonner Kommentar, Stand: September 2003, Art. 115 Rn. 379; *Lappin*, Kreditäre Finanzierung des Staates, S. 183 f. Auch der verfassungsändernde Gesetzgeber ging im

Irrelevant für das Bestehen einer Sondervermögenslast ist die Einordnung der Sondervermögen als insolvenzfähig oder insolvenzunfähig[906]. Denn die Anordnung einer Insolvenzfähigkeit mag zwar bei Bestehen einer Sondervermögenslast tatsächlich sinnlos sein. Rechtlich gilt aber, dass das Merkmal der Insolvenzfähigkeit nur eine Aussage darüber trifft, ob *verfahrenstechnisch* die Insolvenz eröffnet werden kann oder nicht[907]. Die Existenz einer *materiellrechtlichen* Sondervermögenslast ist davon unabhängig.

b) Inhalt der Sondervermögenslast

Die Sondervermögenslast führt zur Pflicht des Muttergemeinwesens, das Sondervermögen finanziell ausreichend auszustatten. Dabei handelt es sich aber um eine subsidiäre, nach innen gerichtete Verpflichtung, die erst dann greift, wenn das Sondervermögen trotz Eigenmitteln unterfinanziert ist[908]. Inhaltlich besteht sie nur darin, für eine finanzielle Ausstattung zu sorgen, die die funktionsgerechte Aufgabenerfüllung sichert. Träger und Verpflichteter aus der Sondervermögenslast ist stets der Bund. Das gilt auch für Treuhandvermögen, da diese vom Bund gegründet wurden, dessen Aufgaben wahrnehmen und weiterhin der unmittelbaren Bundesverwaltung zurechnen.

Durch welche Instrumente die Sondervermögenslast verwirklicht wird, ist nicht von vornherein festgelegt oder gar begrenzt. So kann eine Unterstützung durch Leistung direkter Zuschüsse gewährt, aber beispielsweise auch mit der Übernahme von Bürgschaften oder Garantien die Sondervermögenslast erfüllt werden. Das geeignete Instrument zu wählen, liegt im Ermessen des Trägers Bund und hat sich vorrangig am Zweck des Sondervermögens zu orientieren[909].

Da sich die Rechtsbeziehung auf das Innenverhältnis von Muttergemeinwesen und Sondervermögen beschränkt, können Dritte wie Gläubiger und Leistungsberech-

---

Jahr 1969 von einer solchen Einstandspflicht des Bundes gegenüber seinen Sondervermögen aus, siehe das 20. Gesetz zur Änderung des Grundgesetzes vom 02.05.1969, BGBl. I, S. 357, zur Aufnahme des Ausnahmevorbehalts für Sondervermögen in Art. 115 Abs. 2 GG a.F. und die Begründung des Entwurfs, BT-Drs. V/3040, S. 47, Tz. 136.

906 Zur Insolvenz siehe auch die näheren Ausführungen unten unter H. I.

907 *Kemmler*, Anstaltslast, S. 87 ff.; *Thode/Peres*, VerwArch 89 (1998), 439 (456). Den Beschlüssen des BVerfG, NJW 1994, 2348 und BVerfGE 89, 144 ist keine andere Bedeutung beizumessen, da hier zwar die Pflicht zur Gewährleistung der Funktionsfähigkeit einer Anstalt des öffentlichen Rechts mit deren Insolvenzunfähigkeit verknüpft wird. Allerdings handelte es sich um öffentlich-rechtliche Rundfunkanstalten, für die gemäß Art. 5 Abs. 1 Satz 2 GG besondere Anforderungen gelten, die wiederum nicht auf andere Sachverhalte übertragbar sind; vgl. bereits oben Fn. 903. Offen zur Verknüpfung von Sondervermögenslast und Insolvenzfähigkeit VG Berlin, WM 2008, 2113 (2114 f.).

908 Vgl. *Kemmler*, Anstaltslast, S. 101.

909 Zum Inhalt der aus der Anstaltslast folgenden Verpflichtung *Kemmler*, Anstaltslast, S. 106 ff.

tigte keinen Anspruch gegen den Bund aus der Sondervermögenslast ableiten[910]. Die Pflicht des Bundes kann auch keine subjektiven Rechte Außenstehender begründen.

Anders zu beurteilen ist aber die *Haftung* des Bundes, wenn er der Pflicht zur Erhaltung der finanziellen Funktionsfähigkeit eines Sondervermögens nicht nachkommt. Dann kann es durchaus möglich sein, dass aus der Verletzung der Sondervermögenslast Amtshaftungsansprüche gegen den Bund von Begünstigten einer Sondervermögens-Aufgabe erfolgreich geltend gemacht werden. Denn aus dem Fehlen eines primären subjektiven Rechts (bezogen auf die Sondervermögenslast) folgt nicht zwangsweise der Ausschluss der Drittbezogenheit bei Verletzung einer Amtspflicht. Es genügt vielmehr auch das Vorliegen einer Schutznormverletzung[911]. So ist es denkbar, dass Begünstigte eines gesetzlich geregelten und von einem Sondervermögen zu erfüllenden Entschädigungsanspruchs gegenüber dem Bund die mangelnde Leistungsfähigkeit des Sondervermögens sekundär als Amtshaftungsanspruch geltend machen können. Die Nichterfüllung der Sondervermögenslast durch den Bund kann sich dann als Verletzung einer gegenüber einem Dritten bestehenden Schutznorm darstellen.

Die Verantwortung für die Aufgabenerfüllung folgt aus objektiven Prinzipien wie dem Demokratie- und Rechtsstaatlichkeitsgrundsatz und dem organisatorischen Akt der Ausgliederung, so dass sie nicht gegenüber dem Sondervermögen selbst, sondern gegenüber der Allgemeinheit besteht. Ein Anspruch des einzelnen Sondervermögens gegen den Bund kann aus der Sondervermögenslast nicht abgeleitet werden, weil sie eine objektive Rechtspflicht darstellt und die Begünstigung des einzelnen Sondervermögens bloßer Rechtsreflex ist[912]. Ohnehin führt die fehlende Rechtsfähigkeit der Sondervermögen dazu, dass ein „Anspruch" gegen das Muttergemeinwesen Bund nicht bestehen kann[913].

Wenn auch die Sondervermögenslast die Aufgabenerfüllung während der Existenz des Sondervermögens zu gewährleisten hat, sichert sie nicht den Fortbestand des Sondervermögens per se. Sie führt nicht zu Bestandsschutz, sondern kann durch parlamentsgesetzliche Auflösung des Sondervermögens hinfällig werden[914].

---

910 Vgl. *F. Kirchhof*, NVwZ 1994, 1041 (1042); *Timm*, ZIP 1991, 413 (419).

911 *Papier*, in: Maunz/Dürig, Stand: Januar 2009, Art. 34 Rn. 182 ff.; vgl. dazu die Rechtsprechung zur Amtshaftung bei rechtswidrigem Versagen des baurechtlichen gemeindlichen Einvernehmens BGHZ 65, 182 (186 f.); 118, 263 (265); vgl. auch die Amtshaftung bei der Verletzung von Verwaltungsvorschriften BGH NJW 1990, 505; BGH NVwZ-RR 1999, 206 (207); BGH NZV 1995, 223 (223).

912 Vgl. zur Anstaltslast *Frielitz*, Stellung der öffentlich-rechtlichen Sparkassen im Verfassungsgefüge, S. 138; *H.-G. Vogel*, ZBB 2001, 103 (106); *Scholl*, JuS 1981, 88 (91); *Kemmler*, Anstaltslast, S. 103 m.w.N.

913 *Kilian*, Nebenhaushalte, S. 732.

914 Vgl. *Gerick*, BB 1998, 494 (495); *Kemmler*, DVBl. 2003, 100 (100, 102); *Oebbecke*, DVBl. 1981, 960 (961).

c) Ausschlussmöglichkeiten

Aus der verfassungsrechtlichen Begründung der Sondervermögenslast folgt, dass sie zwingender Natur ist und auch nicht durch einfach-gesetzliche Normierung beseitigt werden kann[915]. Auch wenn also eine Haftung des Bundes für das Sondervermögen im Errichtungsgesetz ausdrücklich ausgeschlossen ist, kann dies nicht die generell bestehende Verantwortung des Bundes als Träger des Sondervermögens verhindern. Ein Sondervermögen ohne Sondervermögenslast kann es nicht geben[916].

Allerdings gilt das Prinzip der Sondervermögenslast nur gegenüber Sondervermögen, bei denen ein Einstehen des Trägers systemgerecht ist[917]. Sondervermögen, die von vornherein nicht pflegend oder revolvierend ausgestaltet sind, sondern der Gruppe der sich verzehrenden Sondervermögen zuzuschlagen sind[918], bedurfen auch zum Zeitpunkt sich aufbrauchender Mittel keiner Unterstützung durch den Bund. Denn der Gesetzgeber hat schon bei der Errichtung die Voraussetzungen für eine Auflösung des Sondervermögens bestimmt, so dass ihre Aufrechterhaltung der gesetzgeberischen Entscheidung zuwiderliefe. Zu diesen Sondervermögen gehören der Finanzmarktstabilisierungsfonds, der Investitions- und Tilgungsfonds, der Fonds nach § 5 Mauergrundstücksgesetz und das Sondervermögen „Kinderbetreuungsausbau".

Nicht dem Prinzip der Systemgerechtigkeit zuwiderlaufend ist die Anerkennung einer Sondervermögenslast bei ausschließlich abgabenfinanzierten Sondervermögen. Denn die Verpflichtung des Bundes gegenüber solchen Sondervermögen greift nicht in die alleinige Finanzierungsverantwortung der Abgabeschuldner ein. Sie ist subsidiär und vom Umfang her auf die Wiederherstellung der Funktionsfähigkeit gerichtet[919].

---

915 Zur Anstaltslast *v. Friesen*, EuZW 1999, 581 (585); *F. Kirchhof*, NVwZ 1994, 1041 (1042); *Nierhaus*, DÖV 1984, 662 (670); *Thode/Peres*, BB 1997, 1749 (1750); anderer Ansicht *Hoppe*, DVBl. 1982, 47 (49); *Koenig*, WM 1995, 821 (828); *Oebbecke*, DVBl. 1981, 960 (965). Anderer Ansicht bezüglich der Sondervermögen wohl *Nebel*, in: Piduch, Bundeshaushaltsrecht, Stand: Juni 2007, § 113 Rn. 1; *Puhl*, Budgetflucht, S. 502, der bei einer Beschränkung der Haftung von deren Wirksamkeit ausgeht und den Bund damit nicht rechtlich, wohl aber wirtschaftlich verpflichtet sieht; offen *Kilian*, Nebenhaushalte, S. 723 und S. 850, der sowohl einer bloß wirtschaftlichen als auch rechtlichen Einstandspflicht das Wort redet.

916 Dazu, dass dem gesetzlichen Ausschluss der Haftung trotzdem ein Anwendungsbereich verbleibt, sogleich unten unter E. II. 2. zur Gewährträgerhaftung.

917 Zur Systemgerechtigkeit in der Selbstverwaltung als Prinzip der Sachgerechtigkeit *Battis*, in: FS Ipsen, S. 11 ff.; grundsätzlich zur Systemgerechtigkeit *Peine*, Systemgerechtigkeit, 1985.

918 Siehe dazu bereits oben unter B. III. 2.

919 Weiterführend zur problematischen Frage der Europarechtswidrigkeit der Anstaltslast bei Unternehmenseigenschaft einer Anstalt i.S.d. Art. 107 Abs. 1 AEUV, die auch auf in Form von Bundesbetrieben geführte Sondervermögen zutrifft, *v. Friesen*, EuZW 1999, 581 (581 ff.); *Kemmler*, DVBl. 2003, 100; *Koenig*, EuZW 1995, 595; *Quardt*, EuZW 2002, 424 (426 ff.); *H. Schneider/Busch*, EuZW 1995, 602 (603 ff.); *H.-G. Vogel*, ZBB 2001, 103 (108 ff.).

2. Gewährträgerhaftung: Direkte Einstandspflicht gegenüber Dritten

Die Gewährträgerhaftung bezeichnet die unmittelbare Haftung des Trägers einer Anstalt im Außenverhältnis gegenüber den Anstaltsgläubigern für Verbindlichkeiten der Anstalt, soweit letztere die Ansprüche nicht selbst befriedigen kann. Rechtlich ist die Haftung damit als Ausfallbürgschaft zu charakterisieren[920]. Grundsätzlich sind die Verbindlichkeiten eines Sondervermögens mangels rechtlicher Verselbständigung solche des Bundes, so dass dieser für sie auch haften muss[921]. Anders als die Sondervermögenslast kann die Gewährträgerhaftung aber nicht dem Demokratie- oder Rechtsstaatsprinzip entnommen werden und ist daher nicht verfassungsrechtlich verankert. Weil sie nicht zwingender Natur ist[922], kann sie durch das Errichtungsgesetz bzw. die Ausgestaltung des Sondervermögens ausgeschlossen sein[923].

Bei Sondervermögen, für die der Bund kraft ausdrücklicher Regelung nicht haftet, steht den Gläubigern kein unmittelbarer, subsidiärer Anspruch gegen den Sondervermögensträger zu[924]. Ist die Haftung ausdrücklich angeordnet, haftet der Bund allerdings auch im Außenverhältnis gegenüber den Gläubigern nach den Grundsätzen der Gewährträgerhaftung[925]. Schweigt das Errichtungsgesetz zu einer Haftung des Rechtsträgers Bund für sein Sondervermögen, kommt es auf die Ausgestaltung des Sondervermögens im Einzelfall an, ob eine Gewährträgerhaftung angenommen werden kann oder ausgeschlossen sein muss. Generell ist von einem Ausschluss der Haftung auszugehen, wenn die Trennung der Vermögensmassen zwischen Bund und Sondervermögen angeordnet oder dem Sondervermögen Teilrechtsfähigkeit verliehen wird. Denn darin kommt der gesetzgeberische Wille zur Ausgliederung und Trennung der Haftungsmassen zum Ausdruck.

---

920 *Thode/Peres*, BB 1997, 1749; *H.-G. Vogel*, ZBB 2001, 103 (107).

921 *Püttner*, Öffentliche Unternehmen, S. 186.

922 *v. Friesen*, EuZW 1999, 581 (585); *Püttner*, Öffentliche Unternehmen, S. 187; *H. Schneider/Busch*, EuZW 1995, 602 (603); anderer Ansicht *Thode/Peres*, VerwArch 89 (1998), 439 (451); *dieselben*, BB 1997, 1749 (1750).

923 Nach *Kilian*, Nebenhaushalte, S. 740, muss der Bund aber trotz Ausschlusses seiner direkten Haftung dann unmittelbar für seine Sondervermögen einstehen, wenn er „in schädigender Weise" in das Vermögen eingegriffen hat.

924 Explizite Haftungsausschlüsse existieren für den Ausgleichsfonds für überregionale Vorhaben zur Teilhabe schwerbehinderter Menschen am Arbeitsleben, den Binnenschifffahrtsfonds, das Bundeseisenbahnvermögen, das Sondervermögen „Kinderbetreuungsausbau" und den Fonds nach § 5 Mauergrundstücksgesetz.

925 Eine ausdrückliche Haftung des Bundes für seine Sondervermögen ist angeordnet für den Fonds „Deutsche Einheit", den Entschädigungsfonds, den Erblastentilgungsfonds, das ERP-Sondervermögen, den Finanzmarktstabilisierungsfonds, den Investitions- und Tilgungsfonds und den Restrukturierungsfonds.

Ist das Sondervermögen hingegen nicht teilrechtsfähig, wird aber durch einen Treuhänder verwaltet, stellt sich die Frage, ob der Bund für dessen Verbindlichkeiten subsidiär haften muss. Die Auslegung nach dem gesetzgeberischen Willen wird in diesen Fällen zumeist dahin gehen, dass durch die Fremdverwaltung eine eindeutig getrennte Vermögensverwaltung angeordnet werden und sich auch in der Trennung der Haftungsmassen niederschlagen sollte. In der Regel wird hier eine Gewährleistungspflicht des Bundes ebenfalls auszuschließen sein.

III. Organisation und Aufgabenerfüllung durch die Sondervermögen

Innerhalb der von der Verfassung gezogenen Schranken obliegt es dem Parlament, die Binnenorganisation jedes einzelnen Sondervermögens sowie seine Finanzausstattung zu gestalten. Sondervermögen können daher ohne eigenständigen Organisationsapparat durch Stellen der unmittelbaren Bundesverwaltung betreut werden. Denkbar ist es auch, dass sie durch Treuhänder verwaltet werden und dadurch eventuell auf deren Organisationsstruktur zurückgreifen, ohne eigene Strukturen zu bilden. Sie können schließlich aber auch durch eigene, nach dem Errichtungsgesetz gebildete Organe verwaltet werden. Letzteres setzt allerdings voraus, dass das Sondervermögen teilrechtsfähig ist[926]. Denn Organe ermöglichen die Wahrnehmung von Eigenzuständigkeiten einer Organisation, die als Zurechnungsendobjekt mindestens teilrechtsfähig sein muss[927].

Es mag wünschenswert sein, bei einer mehrgliedrigen Organisationsstruktur eines Sondervermögens Leitungs- und Kontrollfunktion verschiedenen Organen zuzuteilen[928], von der Verfassung gefordert ist dies nicht. Denn das Sondervermögen rechnet der Bundesverwaltung zu, so dass auch eine eingliedrige Organisation zulässig ist. Neben den grundgesetzlichen Schranken hat das Parlament nur das Prinzip der Systemgerechtigkeit zu beachten, das vor allem eine gerechte und effiziente Zweckerfüllung durch die einzelnen Sondervermögen und deren Schutz vor ungewollter finanzieller Austrocknung sichert. Trifft der Gesetzgeber keine speziellen Regelungen im jeweiligen Errichtungsgesetz, kommen das einfache Haushaltsrecht und insbesondere die Normen der BHO gemäß § 113 Satz 1 BHO zu Anwendung.

---

926 *Wolff*, in: Wolff/Bachof, VerwR II, 4. Auflage 1976, § 75 I 1, § 77 IV c; *Erichsen*, in: FS Menger, S. 211 (215); *Hoppe*, Organstreitigkeiten vor den Verwaltungs- und Sozialgerichten, S. 169 f.

927 Vgl. *Erichsen*, in: FS Menger, S. 211 (215).

928 Vgl. zu einer inneren Organisationsverfassung für „öffentlich-rechtliche Gesellschaften" *Mann*, Die öffentlich-rechtliche Gesellschaft, S. 360 ff.

1. Schranken bei der Aufgabenerfüllung

a) Aufgabenerfüllung und Beteiligungen

Aufgabenerweiterungen, -verschiebungen und -kürzungen können bei Sondervermögen in der Regel nur durch Änderungen des Errichtungsgesetzes vollzogen werden. Denn die parlamentsgesetzliche Aufgabenumschreibung ist Verpflichtung und Verbot zugleich.

Werden einem bereits errichteten Sondervermögen weitere Aufgaben durch Gesetz übertragen, ist diese Erweiterung nach dem Erfordernis der Rechtfertigung und dem Gedanken der Systemgerechtigkeit[929] nur zulässig, wenn ein sachlicher Zusammenhang zum bereits bestehenden Sondervermögenszweck besteht.

Eine Möglichkeit zur eigenständigen Aufgabenerweiterung durch die Sondervermögen bietet sich allein über die Beteiligung an privatrechtlichen Unternehmen. Eine Grenze, die dabei zu beachten ist, ist § 65 BHO, der gemäß § 113 Satz 1 BHO auch auf Sondervermögen Anwendung findet[930]. Demnach muss insbesondere ein „wichtiges Interesse des Bundes" gegeben sein. Aus der entsprechenden Anwendung für Sondervermögen nach § 113 Satz 1 BHO folgt, dass es auf ein wichtiges Interesse des Sondervermögens ankommt, das aufgrund seiner Zweckbestimmung aber immer dem Bundesinteresse entspricht[931].

Gegenwärtige Beispiele für eine sogar im Errichtungsgesetz geregelte Beteiligung eines Sondervermögens an privatrechtlichen Unternehmen sind der Finanzmarktstabilisierungsfonds und der Restrukturierungsfonds. Nach § 5a FMStFG bzw. § 5 RStruktFG sind die Sondervermögen berechtigt, Anteile an privaten Unternehmen des Finanzsektors zu erwerben, um zu deren Stabilisierung beizutragen. § 7 FMStFG bzw. § 7 RStruktFG erlauben die Rekapitalisierung von Unternehmen mithilfe des Erwerbs von Anteilen oder stillen Beteiligungen durch die Sondervermögen[932].

Fraglich ist, ob die Beteiligung von Sondervermögen weiteren ungeschriebenen Voraussetzungen entsprechen muss. Aufgrund der verfassungsrechtlichen Anforderung einer engen Zweckbestimmung von ausgelagerten Sondervermögen kann nichts anderes für die Beteiligungen durch Sondervermögen gelten. Zwar handeln

---

929 Siehe allgemein zur Systemgerechtigkeit *Peine*, Systemgerechtigkeit, 1985; zur Systemgerechtigkeit in der Selbstverwaltung als Prinzip der Sachgerechtigkeit *Battis*, in: FS Ipsen, S. 11 ff.

930 *Eibelshäuser/Wallis*, in: Heuer, KHR, Stand: Dezember 1998, § 113 Rn. 4; *Kilian*, Nebenhaushalte, S. 603.

931 Vgl. für öffentliche Unternehmen *Rüfner*, Formen öffentlicher Verwaltung, S. 79.

932 Zu Fragen der Beteiligung des Finanzmarktstabilisierungsfonds, insbesondere auch an der Commerzbank, vgl. *Cannivé*, NZG 2009, 445; *Gabriel*, NZBau 2009, 282; *Haertlein*, NZG 2009, 576; *Höfler/Braun*, NZBau 2009, 5; weiterführend zur Verstaatlichung von Finanzinstituten *Th. Böckenförde*, NJW 2009, 2484; *Gurlit*, NZG 2009, 601.

die Sondervermögen über die Beteiligungen an anderen Unternehmen nicht selbst, sie setzen aber ihr Kapital unter Umständen zu aufgabenfremden Zwecken ein. Um das zu verhindern, ist es erforderlich, dass Beteiligungen durch Sondervermögen nur zulässig sind, wenn sie deren Hauptaufgabe dienen, also Hilfs-, Neben- oder Verwertungsgeschäfte darstellen[933]. Demnach kommen Beteiligungen, wenn sie nicht explizit erlaubt sind, nur bei solchen Sondervermögen in Betracht, die erwerbswirtschaftlich tätig sind und Bundesbetrieben zugehören.

b) Gewinnverwendungen

Unabhängig davon, ob Sondervermögen als Bundesbetriebe hauptsächlich wirtschaftlich tätig sind oder ob sie über ihre sonstige Zweckbestimmung Gewinne generieren, stellt sich die Frage der Verwendung ihres Ertrags. Die Gewinnabführung an den Zentralhaushalt ist genauso zulässig wie der Einsatz für Zwecke des Sondervermögens selbst. Als problematisch hingegen stellt sich eine direkte Gewinnverwendung ohne den Umweg über das Zentralbudget für sondervermögensfremde Zwecke dar. Denn dies würde die Ausnahme des Art. 110 Abs. 1 Satz 1 HS 2 GG vom Vollständigkeits- und Einheitsgrundsatz für Sondervermögen überdehnen. Ein Einsatz der Gewinne für andere, getrennt arbeitende Institutionen ist daher nicht mit Art. 110 GG vereinbar[934]. Auch die Ausgründung von eigenständigen Tochterunternehmen ist unzulässig[935]. Lassen sich Sondervermögen allerdings in verschiedene Teilbereiche mit Funktionen untergliedern, handelt es sich aber trotzdem um eine einheitliche Vermögensmasse, ist gegen einen innerbetrieblichen Kostenausgleich nichts einzuwenden[936].

c) Haushalts- und Wirtschaftsführung

Enthalten die einzelnen Errichtungsgesetze keine Besonderheiten, sind die Vorschriften der BHO gemäß § 113 Satz 1 BHO auf die Haushalts- und Wirtschaftsführung der ausgegliederten Sondervermögen in der Regel entsprechend anzuwenden[937]. Demnach ist gemäß § 11 BHO für jedes Sondervermögen ein eigener Haushaltsplan aufzustellen, auf den die allgemeinen Haushaltsgrundsätze An-

933 *Kilian*, Nebenhaushalte, S. 604; zur Deutschen Bundespost vgl. *Ossenbühl*, Bestand und Erweiterung des Wirkungskreises der Deutschen Bundespost, S. 136.

934 Vgl. *Püttner*, Öffentliche Unternehmen, S. 189 f.; *Kilian*, Nebenhaushalte, S. 615.

935 *Kilian*, Nebenhaushalte, S. 615.

936 Für das ehemalige Sondervermögen Bundesbahn BVerfGE 16, 147 (175); für das Sondervermögen Bundespost BVerfGE 28, 66 (87) und BVerfG, NJW 1984, 1871.

937 *Eibelshäuser/Wallis*, Heuer, KHR, Stand: Dezember 1998, § 113 Rn. 3; *Nebel*, in: Piduch, Bundeshaushaltsrecht, Stand: Juni 2007, § 113 Rn. 2.

wendung finden[938]. So gelten für die Haushaltsaufstellung beispielsweise die Prinzipien der Jährlichkeit (§§ 1, 4, 11 Abs. 1 BHO), der Vorherigkeit (§ 1 BHO), der Notwendigkeit (§ 2 BHO), der Wirtschaftlichkeit und Sparsamkeit (§ 7 BHO), der Vollständigkeit und Einheit (§ 11 Abs. 2 BHO) und für die Aufstellung und Planausführung die weiteren allgemeinen Bestimmungen.

Aufzustellen hat den Haushaltsplan das nach dem Errichtungsgesetz zuständige Organ oder die geschäftsführende bzw. das Sondervermögen verwaltende Stelle. Das verfassungsrechtliche Erfordernis der Publikation der einzelnen Haushaltspläne[939] ist für Sondervermögen in der BHO nicht geregelt, kann aber dem Verweis auf § 1 Satz 1 BHO entnommen werden, der den Öffentlichkeitsgrundsatz für das Zentralbudget verankert[940].

Wirtschaften die Sondervermögen nach kaufmännischen Grundsätzen, ist anstatt eines Haushaltsplans ein Wirtschaftsplan gemäß § 26 Abs. 1 Satz 1 BHO aufzustellen. Das Geschäftsjahr entspricht dann dem Haushaltsjahr nach § 4 BHO[941]. § 26 Abs. 1 BHO, der dem Wortlaut nach nur auf Bundesbetriebe angewendet wird, gilt wegen der Gleichstellung von Bundesbetrieben und Sondervermögen[942] ohne Weiteres auch für letztere.

Die in den §§ 61, 63 und 64 BHO enthaltenen Regelungen zur Vermögenswirtschaft sind auf die Sondervermögen entsprechend anzuwenden. Besonderheiten gelten für interne Vermögensverschiebungen zwischen Sondervermögen und Stellen der unmittelbaren Bundesverwaltung gemäß § 61 Abs. 3 BHO. Der Wert der abzugebenden Vermögensgegenstände und die Aufwendungen sind in der Regel abweichend von § 61 Abs. 1 BHO voll zu erstatten. Ein Leistungsaustausch, an dem mindestens ein Sondervermögen beteiligt ist[943], ist damit ähnlich zu behandeln wie Erwerb, Veräußerung oder Nutzungsüberlassung von Vermögen an Stellen außerhalb der Bundesverwaltung. Damit soll die Trennung der Vermögensmassen zwischen Sondervermögen und übrigem Bundesvermögen aufrechterhalten werden[944].

---

938 *Eibelshäuser/Wallis*, Heuer, KHR, Stand: Dezember 1998, § 113 Rn. 3; *Nebel*, in: Piduch, Bundeshaushaltsrecht, Stand: Juni 2007, § 113 Rn. 2; *Puhl*, Budgetflucht, S. 192 mit Fn. 410.

939 Siehe dazu die Ausführungen oben unter F. I. 1. b).

940 *Puhl*, Budgetflucht, S. 209; zum Öffentlichkeitsgrundsatz *Dommach*, in: Heuer, KHR, Stand: November 2003, § 1 Rn. 9; *v. Köckritz/Ermisch/Lamm*, Stand: Juli 1999, § 1 Rn. 6.

941 *Dommach*, in: Heuer, KHR, Stand: Oktober 2000, § 4 Rn. 2.

942 Siehe dazu oben unter D. V. 2.

943 Nach *Güntzel*, in: Heuer, KHR, Stand: September 2002, § 61 Rn. 10, ist § 61 Abs. 3 BHO auf Vermögensverschiebungen zwischen zwei Sondervermögen nicht unmittelbar, sondern allenfalls entsprechend anwendbar.

944 *Gatzer*, in: Piduch, Bundeshaushaltsrecht, Stand: Januar 1995, § 61 Rn. 4; *Güntzel*, in: Heuer, KHR, Stand: September 2002, § 61 Rn. 10.

Auch die Buchführung der Sondervermögen hat sich grundsätzlich nach §§ 70 ff. BHO zu richten, wobei eine doppelte Buchführung nach kaufmännischen Grundsätzen entsprechend § 74 BHO bei den Sondervermögen zulässig ist, die einen Wirtschaftsplan aufstellen. Ähnliches gilt für die Rechnungslegung, auf die die §§ 80 ff. BHO entsprechende Anwendung finden, wobei wiederum Ausnahmen für Sondervermögen mit doppelter kaufmännischer Buchführung gelten können gemäß § 87 BHO.

d) Anwendung des einfachen Haushaltsrechts auf Treuhandvermögen

Problematisch ist, ob § 113 sowie § 26 BHO neben der Regelung zu den Treuhandvermögen in § 44 Abs. 2 BHO auf fremdverwaltete Sondervermögen Anwendung finden. Keines der existierenden Treuhandvermögen wird mit Einnahmen und Ausgaben im Bundeshaushaltsplan veranschlagt. Auch stellen die meisten von ihnen keine eigenen Haushalts- oder Wirtschaftspläne auf[945]. Ebenso selten werden Übersichten in den Haushaltsplan aufgenommen[946]. Eine Rechnungslegung oder Rechnungsprüfung findet gleichfalls nicht immer statt.

Zum Teil wird angenommen, § 44 Abs. 2 BHO stelle für Treuhandvermögen eine ausdrückliche Sonderregelung dar, die als lex specialis die Generalnorm des § 113 BHO und auch § 26 BHO verdränge[947]. Dem kann nicht gefolgt werden[948].

Bereits das Grundgesetz stellt keine unterschiedlichen Anforderungen an eigen- und fremdverwaltete Sondervermögen. Gleiches gilt für den Wortlaut von § 113 BHO, der nicht zwischen einer Eigen- und Fremdverwaltung differenziert. Dem Verweis des § 44 Abs. 2 BHO auf § 44 Abs. 1 Satz 1 und § 23 BHO kann schließlich inhaltlich nicht mehr zugesprochen werden als die Normierung besonderer

---

945 Eine Pflicht zur Aufstellung eines Wirtschaftsplans trifft folgende Treuhandvermögen: Klärschlamm-Entschädigungsfonds (§ 3 Abs. 3 KlärEV), Versorgungsrücklage und Versorgungsfonds des Bundes (§ 9 i.V.m. § 15 Satz 5 VersRücklG), Zweckvermögen bei der Landwirtschaftlichen Rentenbank (§ 3 ZweckVG).

946 Übersichten über die Treuhandvermögen als Anlagen oder Erläuterungen finden sich im Bundeshaushaltsplan 2010 von: Versorgungsrücklage und Versorgungsfonds (Anlage der Wirtschaftspläne Kapitel 0690, Anlage 2, und Kapitel 0691, Anlage 3), Zweckvermögen bei der Landwirtschaftlichen Rentenbank (Anlage Wirtschaftsplan Kapitel 1002, Anlage 1 zu Titel 129 01-539); keine Übersichten als Anlage oder in den Erläuterungen finden sich zu den folgenden Treuhandvermögen: Bergmannssiedlungsvermögen, Treuhandvermögen Bergarbeiterwohnungsbau, Entschädigungseinrichtung der Wertpapierhandelsunternehmen, Finanzmarktstabilisierungsfonds, Klärschlamm-Entschädigungsfonds, Revolvingfonds und Freistellungsfonds, Zweckvermögen bei der Deutschen Postbank AG.

947 So *Kilian*, Nebenhaushalte, S. 174; *Nebel*, in: Piduch, Bundeshaushaltsrecht, Stand: Juni 2007, § 26 BHO Rn. 7 und § 113 BHO Rn. 2.

948 *Eibelshäuser/Wallis*, in: Heuer, KHR, Stand: Dezember 1998, § 113 BHO Rn. 2 und Rn. 4; *v. Köckritz/Ermisch/Lamm*, Stand: Oktober 2005, § 113 Rn. 1; *Puhl*, Budgetflucht, S. 205 ff.

zusätzlicher Anforderungen für die Errichtung einer Treuhandverwaltung[949]. Nichts anderes gilt für den in § 44 Abs. 2 BHO geregelten Verweis auf § 44 Abs. 1 Sätze 2 bis 4 BHO. Dieser stellt die zweckentsprechende treuhänderische Verwaltung sicher und hat mithin nur eine begleitende, spezifisch auf die Treuhandverwaltung gerichtete und präventive Kontrolle durch die überantwortende Stelle im Fokus. Eine nachträgliche Rechnungsprüfung durch unabhängige Stellen oder die sonst allgemein haushaltsrechtlichen Kontrollmechanismen sollen nicht ausgeschlossen werden.

Schwieriger zu beantworten ist, nach welcher Norm die Rechnungsprüfung durch den Bundesrechnungshof durchgeführt wird. In Betracht kommen hier § 88 Abs. 1 BHO, § 91 Abs. 1 Satz 1 Nr. 2 oder § 113 Satz 2 BHO. Gegen die *alleinige* Anwendung von § 91 Abs. 1 Satz 1 Nr. 2 BHO spricht, dass die Norm nur den Kreis der Stellen erweitert, *bei* denen der Rechnungshof über das Haushaltsgebaren Informationen erheben kann. Nicht aber dehnt § 91 BHO die Prüfungskompetenz des Rechnungshofs *inhaltlich* aus[950]. Da sich Treuhandvermögen von den eigenverwalteten Sondervermögen nur hinsichtlich der bewirtschaftenden Stelle, nicht aber in Bezug auf Status oder Rechtsstellung unterscheiden, richtet sich die inhaltliche Prüfung ihrer Haushalts- und Wirtschaftsführung ebenfalls nach § 88 Abs. 1 BHO. Denn trotz der Fremdverwaltung handelt es sich um unmittelbares Finanzgebaren des Bundes, das insofern vollständiger Finanzkontrolle unterliegen muss[951]. § 91 Abs. 1 Satz 2 Nr. 2 BHO stellt ergänzend sicher, dass Prüfungen bei den Treuhandstellen möglich sind[952]. Wie bei den eigenverwalteten Sondervermögen sind die Normen der §§ 88 ff. BHO damit grundsätzlich unmittelbar und nicht nur entsprechend gemäß § 113 Satz 2 BHO anzuwenden[953].

949 *Puhl*, Budgetflucht, S. 206.

950 Zur Unterscheidung von Prüfungsadressaten und Erhebungsobjekt vgl. auch BVerwGE 116, 92 (95 f.); instruktiv auch *Puhl*, Budgetflucht, S. 336, der zwischen dem „Prüfungsgegenstand" und dem „Adressaten" differenziert; *Kammer*, in: Heuer, KHR, § 91 Rn. 1; *v. Köckritz/Ermisch/Lamm*, § 91 Rn. 2.

951 Zum Prinzip prüfungsfreier Räume *Nebel*, in: Piduch, Bundeshaushaltsrecht, Stand: Januar 1986, § 88 Rn. 4.

952 *Eibelshäuser/Wallis*, in Heuer, KHR, Stand: Dezember 1998, § 113 BHO Rn. 5, und *Puhl*, Budgetflucht, S. 337 f., sprechen sich für eine konstitutive Wirkung des § 113 Satz 2 BHO (nur) bezüglich der Treuhandvermögen aus. Anders *Nawrath*, in: Heuer, KHR, Stand: Juni 1999, § 88 BHO Rn. 3, der die Prüfung der Treuhandvermögen durch den Bundesrechnungshof auf § 91 Abs. 1 Satz 1 Nr. 2 BHO beschränken will. Nicht eindeutig insofern *Nebel*, in: Piduch, Bundeshaushaltsrecht, Stand: Juni 2007, § 113 BHO Rn. 2, der das Prüfungsrecht bei Treuhandvermögen ebenfalls nur in § 91 Abs. 1 Satz 1 Nr. 2 BHO verankert, dabei aber nicht deutlich macht, ob er auch von einer inhaltlichen Beschränkung ausgeht. Gleichfalls nicht eindeutig *Kilian*, Nebenhaushalte, S. 174 und S. 177.

953 Diese Auslegung verhindert eine Aufspaltung der Rechnungshofkontrolle in den Fällen der Eigen- und der Fremdverwaltung. Hinzu kommt, dass auch die Treuhandvermögen nur formelle, nicht materielle Auslagerungen der Haushalts- und Wirtschaftsführung darstellen und die un-

2. Verhältnis zum Muttergemeinwesen bei der Aufgabenerfüllung

Da es sich bei Sondervermögen nie um verselbständigte Verwaltungsträger handelt und sie Teil der unmittelbaren Bundesverwaltung sind, stehen ihnen weder Grundrechtspositionen noch sonstiger verfassungsrechtlicher Schutz gegenüber dem Muttergemeinwesen zur Seite. Den Sondervermögen aus dem einfachen Recht zukommende Schutzpositionen beruhen immer auf der Rechtsetzungsmacht des Rechtsträgers Bund. Eingriffe des Muttergemeinwesens sind allerdings nur im Rahmen der Gesetze zulässig, so dass diese rechtsstaatliche Grundbindung den Sondervermögen ein Mindestmaß an Rechtssicherheit gewährt[954].

Weitere Quellen einer innerhalb dieses Rahmens verwirklichten Eigenständigkeit der Sondervermögen sind eigene Finanzierungsquellen (Ermächtigung zu eigenständiger Kreditaufnahme, Verfügung über Sonderabgaben), die Möglichkeit zur eigenverantwortlichen Festsetzung von Abgabentarifen[955], die Mitwirkung sachverständiger Gremien an Entscheidungen und zumindest in allen Fällen die eigenverantwortliche Verwaltung der zur Verfügung stehenden Mittel.

Ausdrücklich normierte Schutzregelungen zugunsten der Sondervermögen gegenüber dem Muttergemeinwesen existieren nicht. So folgt aus der Zugehörigkeit der Vermögensmassen zum Bundesvermögen und der nur formellen und nicht materiellen Verselbständigung, dass sich Sondervermögen und Bund nicht als „Dritte“ in einem Rechtsstreit gegenüber stehen können[956].

Sondervermögen bleiben immer ein Teil der Verwaltung, ihre ihnen zum Teil zugebilligte Rechtsfähigkeit ist nur auf dem beschränkten Gebiet des Rechtsverkehrs, nicht aber im organisations- und haushaltsmäßigen Sinn verliehen[957]. Als Alternativen zum gerichtlichen Rechtsschutz bieten sich den Sondervermögen

---

mittelbare Anwendung der §§ 88 ff. BHO dem eher gerecht wird. Auch wenn es sich bei einigen Treuhandstellen um juristische Personen des öffentlichen Rechts handelt, ist die direkte Anwendung der § 88 ff. BHO vorrangig gegenüber der entsprechenden Anwendbarkeit nach § 111 BHO; anderer Ansicht *Eibelshäuser/Wallis*, in: Heuer, KHR, Stand: Dezember 1998, § 113 BHO Rn. 5; *Puhl*, Budgetflucht, S. 337.

954 *Kilian*, Nebenhaushalte, S. 766.

955 Von den existierenden Sondervermögen können nur die Entschädigungseinrichtung der Wertpapierhandelsunternehmen und der Restrukturierungsfonds – in engen Grenzen – die Beitragshöhe selbst festlegen. Die Entschädigungseinrichtung der Wertpapierhandelsunternehmen kann über die Höhe von in Ausnahmefällen zu erhebenden Sonderbeiträgen nach Vorgaben der §§ 5, 5a, 5b EdWBeitrV entscheiden. Für den Restrukturierungsfonds kann die Bundesanstalt für Finanzmarktstabilisierung nach § 12 RStruktFG die Höhe der Beiträge herabsetzen sowie Sonderbeiträge erheben.

956 Schon *Vialon*, Haushaltsrecht, S. 375; *Kilian*, Nebenhaushalte, S. 659 und S. 782; *Krebs*, in: HStR V, § 108 Rn. 48 ff.

957 *Kilian*, Nebenhaushalte, S. 660.

die Hinwendung an die Öffentlichkeit oder an das Parlament oder die Bestellung von Gutachtern bzw. Sachverständigen.

Trotzdem kann den Sondervermögen ein eigener, allerdings ungeschriebener Schutzbereich gegenüber dem Muttergemeinwesen zukommen. Aus dem Grundsatz der Systemgerechtigkeit[958] folgt zugleich das Prinzip der Aufgabengerechtigkeit, wonach die richtige Aufgabenerfüllung das oberste Gebot für das Handeln der Sondervermögen und insbesondere des Muttergemeinwesens sein muss[959]. So ist es aus Allgemeinwohlgründen selbstverständlich, dass der Bund alle Kontrollinstrumente funktions- und systemgerecht ausübt im Sinne einer optimalen Zweckerfüllung durch das Sondervermögen.

Hinzu tritt der auch auf Sondervermögen anwendbare „Konnexitätsgrundsatz", der sicherstellen muss, dass Sondervermögen nur dann (neue) Aufgaben überbürdet werden, wenn deren Erfüllung, vor allem im Hinblick auf die finanzielle Ausstattung, durch das Muttergemeinwesen gesichert ist[960]. Nur so kann der aus dem Demokratie- und Rechtsstaatsprinzip folgenden Aufgabenlast entsprochen werden[961]. Daraus resultiert das Prinzip der Substanzerhaltung[962], das in unmittelbarem Zusammenhang mit der bereits behandelten Sondervermögenslast[963] steht und das die einzelnen Sondervermögen vor der finanziellen Austrocknung bewahrt[964].

IV. Beendigung eines Sondervermögens

Aus der Notwendigkeit, Sondervermögen nur durch Gesetz außerhalb des Budgets errichten zu können[965], folgt, dass ohne eine entsprechende Bestimmung im Errichtungsgesetz das Parlament auch über die Wiedereingliederung und Auflösung eines Sondervermögens zu beschließen hat. Dem Gesetzgeber kommt also die umfassende Befugnis zu, über den Bestand des Sondervermögens, dessen Erhaltung, Umgestaltung oder Auflösung zu entscheiden. Das ergibt sich aus dem verfassungsrechtlichen Grundsatz des Parlamentsvorrangs nach Art. 20

958 Siehe dazu bereits oben Fn. 917.

959 Ähnlich *Kilian*, Nebenhaushalte, S. 869.

960 *Kilian*, Nebenhaushalte, S. 595 und S. 731.

961 Zur Aufgabenlast siehe bereits oben unter G. II. 1. a) aa).

962 *Vialon*, Haushaltsrecht, S. 375.

963 Siehe dazu oben unter G. II. 1.

964 Das Substanzerhaltungsgebot greift selbstverständlich nur bei solchen Sondervermögen, die nicht von vornherein befristet oder gar sich verzehrend ausgestaltet sind, sondern auf Dauer errichtet wurden.

965 Siehe dazu oben unter E. II. 1.

Abs. 3 GG. Demnach liegt es nicht in der Befugnis der Exekutive, das einmal vorgegebene Programm des Gesetzgebers zu ändern[966].

1. Bestandsschutz und Auflösung eines Sondervermögens

In diesem Umfang kommt jedem einzelnen ausgegliederten Sondervermögen durch das Errichtungsgesetz ein Schutz vor Auflösung oder Aufgabenänderung zu. Auf verfassungsrechtlichen Bestandschutz kann sich hingegen kein Sondervermögen berufen. Art. 110 Abs. 1 Satz 1 HS 2 GG lässt zwar die Ausgliederung von Sondervermögen zu, garantiert aber weder abstrakt die Institution des Sondervermögens noch konkret den Bestand eines einzelnen Sondervermögens[967].

Auch die Sondervermögen Binnenschifffahrtsfonds und Entschädigungseinrichtung der Wertpapierhandelsunternehmen könnten ohne Weiteres durch den Gesetzgeber aufgelöst werden, obwohl ihre Errichtung auf eine Verordnung der EG[968] bzw. Richtlinien der EG[969] zurückgeht. Denn das Unionsrecht gibt im Fall des Binnenschifffahrtsfonds nur vor, dass ein „Fonds" zu errichten ist[970], was in deutschem Recht beispielsweise auch durch Einrichtung einer rechtsfähigen Anstalt des öffentlichen Rechts zu erreichen ist. Die Gründung eines Sondervermögens ist daher nicht zwingend[971].

Was die Entschädigungseinrichtung der Wertpapierhandelsunternehmen betrifft, schreibt das EG-Recht nur die Errichtung von „Sicherungssystemen" vor[972]. Erfüllt werden kann diese Verpflichtung sowohl durch Sicherungssysteme in Rechtsformen des öffentlichen als auch des privaten Rechts, § 7 EAEG[973].

966 *Ehlers*, Verwaltung in Privatrechtsform, S. 297; *Kilian*, Nebenhaushalte, S. 624; *Krebs*, in: HStR V, § 108, Rn. 103.

967 *Kilian*, Nebenhaushalte, S. 625.

968 Binnenschifffahrtsfonds: Art. 3 Abs. 1 der Verordnung (EG) Nr. 718/1999 über kapazitätsbezogene Maßnahmen für die Binnenschifffahrtsflotten der Gemeinschaft und zur Förderung des Binnenschiffverkehrs, vom 29.03.1999, ABl. EG Nr. L 90, S. 1.

969 Entschädigungseinrichtung der Wertpapierhandelsunternehmen: Richtlinie 94/19/EG des Europäischen Parlaments und des Rates vom 30.05.1994, Einlagensicherungsrichtlinie, ABl. EG Nr. L 135, S. 5, und Richtlinie 97/9/EG des Europäischen Parlaments und des Rates vom 03.03.1997, Anlegerentschädigungsrichtlinie, ABl. EG Nr. L 84, S. 22.

970 Siehe Fn. 968.

971 Ein Sondervermögen wurde aufgrund des geringeren Vollzugs- und Kostenaufwands errichtet, weil dadurch keine Regelungen über Organe notwendig wurden, Entwurfsbegr. BT-Drs. 14/6159, S. 4; siehe auch die Rechtslage in Österreich, nach § 1 Abs. 1 österr. Binnenschifffahrtsfondsgesetz.

972 Art. 3 Abs. 1 Satz 1 Einlagensicherungsrichtlinie 91/19/EG: „Einlagensicherungssystem", Art. 2 Abs. 1 Satz 1 Anlegerentschädigungsrichtlinie 97/9/EG: „System für die Entschädigung der Anleger".

973 Entwurfsbegr. BT-Drs. 13/10188, S. 2 und S. 20.

Auch das Sondervermögen der Konjunkturausgleichsrücklage genießt keinen Bestandsschutz, obwohl dessen Errichtung zumindest noch bis zum Haushaltsjahr 2011 verfassungsrechtlich relevant ist. Denn der Gesetzgeber ist durch Art. 109 Abs. 4 Satz 1 Nr. 2 GG a.F. nicht verpflichtet, Ausgleichsrücklagen zu unterhalten, sondern ihre Einrichtung liegt in gesetzgeberischem Ermessen.

Der Auflösung oder Zweckänderung des ERP-Sondervermögens stehen möglicherweise völkerrechtliche Bindungen entgegen. Denn das Sondervermögen wurde nicht allein auf innerstaatlicher Gesetzesgrundlage, sondern auf der Grundlage des völkerrechtlichen Abkommens vom 15. Dezember 1949 mit den USA[974] errichtet, das weiterhin Gültigkeit besitzt. Aus dieser fortbestehenden völkerrechtlichen Bindung folgt, dass eine Statusänderung, insbesondere eine Zweckänderung, aber auch eine vollkommene Integration des Vermögens in den Bundeshaushalt der völkerrechtlichen Koordination mit den USA bedarf[975]. Gleichwohl ohne Zustimmung der USA denkbar ist die Eingliederung des Sondervermögens in den Bundeshaushalt, wenn damit eine strikte Zweckbindung der Mittel verbunden würde[976], weil damit die Erhaltung und Sicherung der Mittel gesichert bliebe.

Das Parlament hat auch über die Verwendung der bei der Auflösung eines Sondervermögens gegebenenfalls noch vorhandenen Mittel zu entscheiden[977]. Grundsätzlich ist es unbedenklich, die verbleibenden Mittel ohne Fortschreibung einer Zweckbindung dem Zentralhaushalt zur Deckung des allgemeinen Staatsbedarfs zukommen zu lassen, weil bei Rückführung in den Bundeshaushalt ohnehin das Prinzip der Gesamtdeckung gilt. Demnach dienen alle Einnahmen des Bundes als Deckungsmittel für alle Ausgaben und sind nicht von vornherein zweckgebunden zu verwenden[978]. Etwas anderes muss aber gelten, wenn das aufgelöste Sondervermögen mindestens zum Teil aus Sonderabgaben gespeist wird. Denn dann muss sich die verfassungsrechtliche Zulässigkeitsvoraussetzung der gruppennützigen Verwendung des Abgabenaufkommens[979] auch nach der Auflösung des Sondervermögens fortsetzen. Der Gesetzgeber oder auch die Exekutive sind dann gefordert, die Zweckbindung der Einnahmen sicherzustellen.

Als negatives Beispiel ist in diesem Zusammenhang die Auflösung des Sondervermögens „Rückstellungsfonds“ zu erwähnen, der ursprünglich für den

974 Abkommen über Wirtschaftliche Zusammenarbeit zwischen den Vereinigten Staaten von Amerika und der Bundesrepublik Deutschland (Marshallplanabkommen), BGBl. 1950, S. 10.

975 *Waldhoff*, DÖV 2005, 674 (679, 682).

976 In diesem Sinn wohl auch *F. Kirchhof*, VVDStRL 52 (1993), 71 (105).

977 Siehe dazu bereits oben unter E. II. 2.

978 Vgl. die Erläuterungen zu diesem Prinzip von *Nebel*, in: Piduch, Bundeshaushaltsrecht, Stand: Dezember 2004, Art. 110 Rn. 21; *Maunz*, in: Maunz/Dürig, Stand: 1981, Art. 110 Rn. 43.

979 BVerfGE 108, 186 (217); 113, 128 (149 f.); BVerfG, NVwZ 2009, 641 (642); NVwZ 2009, 1030 (1031).

Zweck der wirtschaftlichen Sicherung der Altölbeseitigung errichtet worden war[980]. Nach § 30 Abs. 3 Abfallgesetz[981] wurden die nach Auflösung des Sondervermögens verbleibenden Mittel in den Bundeshaushalt übernommen – ohne Fortschreibung der Zweckbindung, obwohl die Mittel des Rückstellungsfonds durch eine Ausgleichsabgabe gemäß § 4 AltölG aufgebracht wurden.

2. Aufgelöste Sondervermögen des Bundes

Die bei Auflösung eines Sondervermögens verbleibenden Mittel oder der Restschuldenbestand können in den Bundeshaushalt wiedereingegliedert, auf andere Rechtsträger übertragen oder ein Sondervermögen durch „Fusion“ mit einem anderen verschmolzen werden.

a) Eingliederung in den Bundeshaushalt

Aufgabe des Sondervermögens *Lastenausgleichsfonds* war die Bewältigung von Kriegsfolgelasten, indem es Personen, die durch Vertreibung und Zerstörung in der Kriegs- und Nachkriegszeit oder in Folge der Neuordnung des Geldwesens durch die Währungsreform im Jahr 1948 Schäden und Verluste erlitten hatten, diente. Errichtet wurde es durch § 5 Lastenausgleichsgesetz (LAG) vom 14.08.1952[982]. Die Auflösung des Lastenausgleichsfonds zum 01.01.2005 wurde durch das Vierunddreißigste Gesetz zur Änderung des Lastenausgleichsgesetzes vom 21.07.2004[983] angeordnet, wonach gemäß § 5 LAG n.F. die Rechte und Pflichten des Ausgleichsfonds auf den Bund überführt wurden und Einnahmen und sonstige dem Fonds zustehende Werte nunmehr dem Bundeshaushalt zuzuführen sind.

Durch das Dritte Verstromungsgesetz vom 13.12.1974[984] wurde der *Ausgleichsfonds zur Sicherung des Steinkohleeinsatzes (Verstromungsfonds)* errichtet. Sein Zweck war es, die Abnahme deutscher Steinkohle durch die Elektrizitätswirtschaft in bestimmter Menge zu gewährleisten[985]. Durch Art. 1 des Gesetzes zur Eingliederung der Schulden von Sondervermögen in die Bundesschuld vom

980 § 1 Abs. 1 Gesetz über Maßnahmen zur Sicherung der Altölbeseitigung (AltölG) vom 11.12.1979, BGBl. I, S. 2113.

981 Art. 1 des Gesetzes über die Vermeidung und Entsorgung von Abfällen vom 27.08.1986, BGBl. I, S. 1410.

982 Gesetz über den Lastenausgleich, BGBl. I, S. 446.

983 BGBl. I, S. 1742.

984 Gesetz über die weitere Sicherung des Einsatzes von Gemeinschaftskohle in der Elektrizitätswirtschaft, BGBl. I, S. 3473, in der Fassung der Bekanntmachung vom 19.04.1990, BGBl. I, S. 917.

985 Zur Verfassungswidrigkeit der unter der Bezeichnung „Kohlepfennig“ bekannt gewordenen Sonderabgabe, aus der sich der Fonds zunächst speiste, siehe BVerfGE 91, 186 (201 ff.).

21.06.1999[986] wurden die Verbindlichkeiten des Fonds ab 01.07.1999 in die Bundesschuld eingegliedert und zum 31.12.2000 wurde der Ausgleichsfonds nach § 3 Abs. 1 des Gesetzes zur Abwicklung des Ausgleichsfonds nach dem Dritten Verstromungsgesetz vom 21.12.2000[987] aufgelöst.

Der zum Beitrittszeitpunkt bestehende *PDS-Rentenfonds* (Rentenfonds der SED/PDS) wurde nach der Wiedervereinigung in der Form eines Sondervermögens der Bundesrepublik Deutschland auf der Grundlage von § 15 Abs. 2a des Anspruchs- und Anwartschaftsüberführungsgesetzes (AÜÜG) vom 25.07.1991[988] erhalten und fortgeführt. Durch Art. 10 des Zweiten Gesetzes zur Änderung und Ergänzung des AÜÜG vom 27.07.2001[989] wurde das Sondervermögen rückwirkend zum 01.05.1999 aufgelöst und in den Bundeshaushalt überführt.

Infolge des im August 2002 eingetretenen Hochwassers entlang Elbe und Donau, das erhebliche Schäden verursachte, wurde durch Art. 5 Flutopfersolidaritätsgesetz vom 19.09.2002[990] das *Sondervermögen „Aufbauhilfe"* errichtet. Es sollte Hilfen für geschädigte Privathaushalte und Unternehmen sowie Finanzierungshilfen für den Aufbau geschädigter öffentlicher Infrastruktur bereitstellen. Mit dem Zweiten Gesetz zur Änderung des Aufbauhilfefondsgesetzes vom 11.12.2006[991] wurde das Sondervermögen zum 01.01.2007 aufgelöst und Restmittel unter Beibehaltung ihrer Zweckbindung auf den Bund und die betroffenen Länder aufgeteilt.

b) Übertragung auf andere Rechtsträger

Die *Deutsche Bundespost*[992] wurde bereits 1947 gegründet. Das Postverwaltungsgesetz vom 24.07.1953[993] bestimmte in § 3 ihre Einrichtung als Sondervermögen des Bundes. Infolge der ersten Postreform gliederte man durch das Gesetz zur Neustrukturierung des Post- und Fernmeldewesens und der Deutschen Bundespost

---

986 Gesetz zur Mitübernahme der Schulden des Erblastentilgungsfonds, des Bundesvermögens sowie des Ausgleichsfonds zur Sicherung des Steinkohleeinsatzes in die Bundesschuld (Schuldmitübernahmegesetz), BGBl. I, S. 1384.

987 BGBl. I, S. 1956, zuletzt geändert durch Art. 167 der Verordnung vom 31.10.2006, BGBl. I, S. 2407.

988 Gesetz zur Überführung der Ansprüche und Anwartschaften aus Zusatz- und Sonderversorgungssystemen des Beitrittsgebiets, Art. 3 des Gesetzes zur Herstellung der Rechtseinheit in der gesetzlichen Renten- und Unfallversicherung (Renten-Überleitungsgesetz), BGBl. I, S. 1606 (1677), in der Fassung des Rentenüberleitungs-Ergänzungsgesetzes vom 24.06.1993, BGBl. I, S. 1038.

989 BGBl. I, S. 1939.

990 Art. 5 des Gesetzes zur Änderung steuerrechtlicher Vorschriften und zur Errichtung eines Fonds „Aufbauhilfe", BGBl. I, S. 3651.

991 BGBl. I, S. 2854.

992 Bis 1950 noch unter der Bezeichnung *Deutsche Post.*

993 BGBl. I, S. 676.

vom 08.06.1989[994] die Deutsche Bundespost in drei „öffentliche Unternehmen" – die Sektoren Postdienst, Postbank sowie Telekom[995]. Das Sondervermögen Deutsche Bundespost mit den drei auf die Sektoren aufgeteilten Teilsondervermögen blieb aber bestehen. Im Rahmen der zweiten Postreform und mit Erlass des Gesetzes zur Neuordnung des Postwesens und der Telekommunikation vom 14.09.1994[996] wurden die Teilbereiche organisatorisch vollständig privatisiert und zum 01.01.1995 jeder Bereich in eine Aktiengesellschaft umgewandelt. Alle drei Aktiengesellschaften wurden Rechtsnachfolger des Sondervermögens Deutsche Bundespost – das Teilsondervermögen Deutsche Bundespost Postdienst wurde auf die Deutsche Post AG, das Teilsondervermögen Deutsche Bundespost Postbank auf die Deutsche Postbank AG und das Teilsondervermögen Deutsche Bundespost Telekom auf die Deutsche Telekom AG übertragen. Damit war das Sondervermögen Deutsche Bundespost aufgelöst[997].

Die Errichtung des *Sondervermögens „Ufi-Abwicklungserlös"* geht auf das Gesetz zur Änderung des Gesetzes über Maßnahmen zur Förderung des deutschen Films vom 09.08.1971[998] zurück. Die aus dem Sondervermögen hauptsächlich durch Erhebung einer Filmabgabe von Filmtheaterbesitzern[999] zur Verfügung stehenden Mittel waren zur Förderung der Filmwirtschaft zu verwenden und wurden von der Filmförderungsanstalt als Treuhänderin für den Bund verwaltet. Durch das Vierte Gesetz zur Änderung des Filmförderungsgesetzes vom 22.12.2003[1000] wurde das Sondervermögen aufgelöst und die Mittel unter Beibehaltung ihrer Zweckbindung auf die Filmförderungsanstalt zum 01.01.2004 übertragen.

c) „Fusion" mit anderem Sondervermögen

Das *Westvermögen-Abwicklungsgesetz* vom 21.03.1972[1001] regelte die insolvenzähnliche Abwicklung des Vermögens solcher Kreditinstitute, Versicherungsunter-

---

994 BGBl. I, S. 1026; siehe insbesondere Art. 1 (Postverfassungsgesetz) § 1 Abs. 2.

995 Seit 1992 *Telekom*, vorher noch: *Fernmeldedienst*.

996 BGBl. I, S. 2325 (2339); siehe insbesondere Art. 3 (Postumwandlungsgesetz) § 1. Kurz vor dessen Erlass waren durch Gesetz zur Änderung des Grundgesetzes vom 30.08.1994, BGBl. I, S. 2245, die verfassungsrechtlichen Voraussetzungen für die Privatisierung geschaffen worden.

997 Eingehend dazu, insbesondere zu Schuldübergang und Haftung, *F. Kirchhof*, NVwZ 1994, 1041.

998 BGBl. I, S. 1251, in der Fassung des Gesetzes vom 18.07.1994, BGBl. I, S. 1618 und BGBl. 1995 I, S. 1638.

999 Zur Verfassungsmäßigkeit der Filmabgabe als Sonderabgabe, die an das Sondervermögen ging, siehe BVerwGE 45, 1; zur Verfassungswidrigkeit der Filmabgabe, die nach der Auflösung direkt an die Filmförderungsanstalt geht, wegen Verstoßes gegen den Grundsatz der Belastungsgleichheit siehe BVerwG, ZUM 2009, 492.

1000 BGBl. I, S. 2771.

1001 Gesetz zur Abwicklung der unter Sonderverwaltung stehenden Vermögen von Kreditinstituten, Versicherungsunternehmen und Bausparkassen, BGBl. I, S. 465.

nehmen und Bausparkassen, die ihren Sitz vor dem 09.05.1945 im Gebiet der DDR oder außerhalb des Gebiets der früheren Bundesrepublik Deutschland hatten und der Aufsicht des Reichsaufsichtsamts mittelbar oder unmittelbar unterstanden. Nach § 19 Abs. 2 Westvermögen-Abwicklungsgesetz war das nach der Abwicklung durch einen Treuhänder und Befriedigung aller Ansprüche verbleibende Vermögen von öffentlich-rechtlichen Kreditinstituten an den Präsidenten des Bundesausgleichsamtes zu übertragen und von ihm zu verwalten. Auch dieses Vermögen stellte ein Sondervermögen des Bundes dar. Aufgelöst wurde es zum 01.12.1994 durch Übertragung des Vermögens auf das Sondervermögen Entschädigungsfonds nach § 10 Abs. 1 Nr. 4 des Gesetzes über die Entschädigung nach dem Gesetz zur Regelung offener Vermögensfragen (Entschädigungsgesetz)[1002].

Im Zuge der Wiedervereinigung Deutschlands wurde der *Kreditabwicklungsfonds* durch das Gesetz über die Errichtung eines Fonds „Kreditabwicklungsfonds" vom 31.08.1990[1003] errichtet. Zweck des Sondervermögens war insbesondere die Übernahme der Gesamtverschuldung des Haushalts der DDR bei Wirksamwerden des Beitritts zum Geltungsbereich des Grundgesetzes. Außerdem war der Fonds für die Begleichung der Kosten der Währungsumstellung, die Verpflichtungen des Bundes aus der Gewährträgerhaftung für die Staatsbank Berlin, die Leistung von Ausgleichsforderungen an Finanzinstitute in den neuen Bundesländern aus Wertberichtigungen und Eigenkapitalaufstockung sowie für die Verbindlichkeiten der DDR gegenüber dem Ausland und der BRD vorgesehen. Damit trug er die finanzielle Hauptlast der Wiedervereinigung.

Mit § 2 Abs. 1 Nr. 1 a) ELFG vom 23.06.1993[1004] übernahm der Erblastentilgungsfonds als Rechtsnachfolger die bis zum 01.01.1995 aufgelaufenen Verbindlichkeiten des Kreditabwicklungsfonds, so dass letzterer in ersterem aufging und gemäß § 12 Abs. 1 Satz 2 ELFG mit Ablauf des 31.12.1994 aufgelöst wurde.

1002 Vom 27.09.1994, BGBl. I, S. 2624, in der Fassung der Bekanntmachung vom 13.07.2004, BGBl. I, S. 1658, zuletzt geändert durch Art. 3 Abs. 14 des Gesetzes vom 12.07.2006, BGBl. I, S. 1466; das Westvermögen-Abwicklungsgesetz wurde aufgehoben durch Art. 46 des Gesetzes zur Bereinigung von Bundesrecht im Zuständigkeitsbereich des Bundesministeriums der Finanzen und zur Änderung des Münzgesetzes vom 08.05.2008, BGBl. I, S. 810 (815), siehe dazu auch Entwurfsbegr. BT-Drs. 16/7616, S. 18 f.

1003 Anlage I, Kap. IV, Sachgebiet B, Abschn. II Nr. 47 EinigVtr, BGBl. II, S. 885 (993).

1004 Erblastentilgungsfonds-Gesetz, Art. 37 des Gesetzes über Maßnahmen zur Bewältigung der finanziellen Erblasten im Zusammenhang mit der Herstellung der Einheit Deutschlands, zur langfristigen Sicherung des Aufbaus in den neuen Ländern, zur Neuordnung des bundesstaatlichen Finanzausgleichs und zur Entlastung der öffentlichen Haushalte, BGBl. I, S. 944, in der Fassung der Bekanntmachung vom 16.08.1999, BGBl. I, S. 1882, zuletzt geändert durch Art. 3 Abs. 2 des Gesetzes vom 12.07.2006, BGBl. I, S. 1466.

H. Rechtsstellung des Sondervermögens gegenüber Dritten

Die Sondervermögen, die nicht nur intern zur Bewirtschaftung der Vermögensmassen gebildet wurden, stehen zu Dritten zum Teil in unterschiedlichen Beziehungen. Dies kann zum Beispiel die Förderung bestimmter Personen oder Personengruppen, die Erhebung von Sonderabgaben, die Zahlung von Entschädigungsleistungen oder sonstige Tatbestände betreffen. Die Fragestellungen der Insolvenzfähigkeit von Sondervermögen und des Haftungssubjekts bei Amtshaftungsansprüchen heben sich insofern ab, als sie in den unterschiedlichsten Beziehungen von Sondervermögen zu Dritten relevant werden können.

I. Insolvenzfähigkeit des Sondervermögens

Die Frage nach der Insolvenzfähigkeit von Sondervermögen stellt sich nur für die aus dem Bundeshaushalt ausgegliederten Vermögensmassen. Die integrierten Sondervermögen teilen die Insolvenzunfähigkeit ihres Rechtsträgers Bund gemäß § 12 Abs. 1 Nr. 1 InsO.

1. Direkte Anwendung der InsO

Bei strikter Wortlautauslegung des § 12 Abs. 1 InsO ist jedes ausgegliederte Sondervermögen als insolvenzunfähig zu betrachten. Denn es teilt mangels Selbständigkeit die Rechtsnatur seines Rechtsträgers Bund und ist unter § 12 Abs. 1 Nr. 1 InsO zu subsumieren. § 12 Abs. 1 Nr. 2 InsO, der für juristische Personen des öffentlichen Rechts gilt, findet daher keine Anwendung. Grund für die Insolvenzunfähigkeit des Bundes ist aber, dass ein Insolvenzverfahren als Gesamtsvollstreckungsverfahren ungeeignet ist für die Abwicklung eines Staatsbankrotts[1005] und zudem die Verwaltung des staatlichen Vermögens nur den verfassungsmäßigen Organen

1005 *Ott/Vuia*, in: MK-InsO, § 12 Rn. 3; *Schmerbach*, in: FK-InsO, § 12 Rn. 1; weiterführend zur neu entfachten Diskussion um eine Staateninsolvenz in der Euro- bzw. Wirtschaftskrise aus ökonomischer Sicht *Kämmerer*, Wirtschaftsdienst 90 (2010), 161; *Beck/Wentzel*, Wirtschaftsdienst 90 (2010), 167.

und nicht einem eingesetzten Insolvenzverwalter obliegen soll[1006]. Das soll, wie die Normierung des § 12 Abs. 1 Nr. 2 InsO zeigt, nicht von vornherein in gleichem Maß für juristische Personen des öffentlichen Rechts gelten. Diese unterliegen daher dem Grundsatz des § 11 Abs. 1 InsO, Ausnahmen sind nach § 12 Abs. 1 Nr. 2 InsO für juristische Personen unter der Aufsicht eines Landes durch ausdrückliche Bestimmung zulässig[1007].

Das wirft die Frage auf, ob ausgegliederte Sondervermögen nicht viel eher dem in § 11 InsO statuierten Grundsatz der Insolvenzfähigkeit unterworfen werden müssen, anstatt sie unter die (eng auszulegende) Ausnahmevorschrift des § 12 Abs. 1 Nr. 1 InsO zu fassen[1008].

2. Analoge Anwendung von § 11 Abs. 2 Nr. 1 InsO

§ 11 Abs. 2 InsO kommt für die Frage der Insolvenzfähigkeit von Sondervermögen des Bundes wesentliche Bedeutung zu. Er verdeutlicht, dass auch über solche Vermögensmassen ein Insolvenzverfahren eröffnet werden kann, die zwar haftungsrechtlich abgesondert, aber nicht rechtlich verselbständigt sind[1009]. Motiv hierfür ist der Zweck des Insolvenzverfahrens. Dieses soll nämlich die gleichmäßige Befriedigung von Gläubigern sichern, so dass Anknüpfungspunkt für die Beurteilung der Insolvenzfähigkeit nicht der Vermögensträger, sondern die Haftungsmasse ist[1010]. Entscheidend ist demnach ausschließlich, dass das Vermögen bestimmten Gläubigern unter Ausschluss anderer Gläubiger haftungsrechtlich zugeordnet ist. Rechtsform sowie Rechts- oder Parteifähigkeit sind nur von untergeordneter Bedeutung[1011]. Erforderlich ist allein das Vorliegen einer haftungsrechtlich verselbständigten Vermögensmasse[1012].

Bei der Beurteilung der analogen Anwendung auf Sondervermögen kann es also nicht darauf ankommen, ob das jeweilige Sondervermögen teilrechtsfähig ist. Auch beeinflusst das Vorliegen einer Sondervermögenslast des Bundes nicht die Insolvenzfähigkeit der Sondervermögen[1013]. Darüber hinaus kommt es auch

1006 *Gundlach/Frenzel/N. Schmidt*, NZI 2000, 561; *Ott/Vuia*, in: MK-InsO, § 12 Rn. 1.

1007 *H. P. Kirchhof*, in: Kreft, § 12 InsO Rn. 5; *Prütting*, in: Prütting/Kübler, Stand: August 1998, § 12 InsO Rn. 5.

1008 Vgl. zum Verhältnis von § 11 InsO und § 12 InsO als Regel und Ausnahme Entwurfsbegr. BT-Drs. 12/2443, S. 112; *Ott/Vuia*, in: MK-InsO, § 12 Rn. 8.

1009 Gundlach/Frenzel/N. Schmidt, NZI 2000, 561 (564).

1010 *Gundlach*, DÖV 1999, 815 (818).

1011 Entwurfsbegr. BT-Drs. 12/2443, S. 112; *Ott/Vuia*, in: MK-InsO, § 11 Rn. 9 f.

1012 *Ott/Vuia*, in: MK-InsO, § 12 Rn. 18.

1013 Siehe dazu bereits oben unter G. II. 1. a) bb); *Kemmler*, Anstaltslast, S. 87 ff.; *dieselbe*, DVBl. 2003, 100 (105); so wohl auch *H. P. Kirchhof*, in: Kreft, § 12 Rn. 4; *Prütting*, in: Kübler/Prütting, Stand: August 1998, § 12 InsO Rn. 5.

auf eine eventuell bestehende Gewährträgerhaftung des Bundes gegenüber den Sondervermögensgläubigern nicht an[1014]. Denn die Gewährträgerhaftung berührt nicht die grundsätzliche Vermögenstrennung zwischen Bund und Sondervermögen. Sie statuiert nur eine subsidiäre Haftung des Bundes, führt aber im Umkehrschluss nicht zu einer Haftung des Sondervermögens für den Bund[1015]. Einer analogen Anwendung des § 11 Abs. 2 Nr. 1 InsO auf die ausgegliederten Sondervermögen des Bundes steht auch die möglicherweise abschließende Natur der Vorschrift nicht entgegen, denn die Norm ist hinreichend offen, um sie auf vergleichbare Tatbestände anzuwenden[1016].

Damit genügen solche ausgegliederten Sondervermögen des Bundes den Voraussetzungen für eine analog § 11 Abs. 2 Nr. 1 InsO bestehende Insolvenzfähigkeit, die nicht ausschließlich interner Bundesvermögensverwaltung dienen und deren Auflösung nicht bereits durch Gesetz geregelt ist[1017]. Durch die Ausgliederung der Vermögensmasse aus dem Zentralhaushalt und die notwendige Zweckbindung der Mittel des Sondervermögens können andere Gläubiger des Bundes nicht auf die Haftungsmasse des Sondervermögens zugreifen. Ob Gläubiger des Sondervermögens auf die übrigen Bundesmittel zugreifen können, hat für die Insolvenzfähigkeit des Sondervermögens hingegen keine rechtliche Bedeutung[1018]. Von der Insolvenzfähigkeit ausgenommen sind dann nur Vermögensmassen, die nicht nach außen treten, sondern nur intern der Vermögenswirtschaft dienen. Sie stellen schon keine Haftungsmasse für Dritte dar, so dass ein Bedürfnis zur Eröffnung eines Insolvenzverfahrens nicht besteht[1019].

Auch für Sondervermögen, deren Auflösung bereits durch Gesetz festgeschrieben ist, ergibt sich kein Bedürfnis zur insolvenzmäßigen Abwicklung, weil hier der Gesetzgeber schon eine andere, speziellere Entscheidung getroffen hat.

1014 Anderer Ansicht wohl *Gundlach*, DÖV 1999, 815 (822); offen VG Berlin, WM 2008, 2113 (2115); *Nebel*, in: Piduch, Bundeshaushaltsrecht, Stand: Dezember 2004, Art. 110 Rn. 46.

1015 Ähnliches gilt auch für die Gesellschaft des bürgerlichen Rechts. Die Haftung von Gesellschaftern für die Gläubiger ihrer GbR ist sogar akzessorischer Natur (*Ulmer/Schäfer*, in: MK-BGB, § 714 Rn. 35 ff.) und schließt trotzdem nicht die Insolvenzfähigkeit der Gesellschaft gemäß § 11 Abs. 1 Nr. 1 InsO aus.

1016 Schon *Gundlach/Frenzel/N. Schmidt*, NZI 2000, 561 (565); vgl. dazu auch beispielsweise die Diskussion um die Insolvenzfähigkeit der Wohnungseigentümergemeinschaft vor Erlass des § 11 Abs. 3 WEG *Gundlach/Frenzel/N. Schmidt*, NZI 2006, 437; *Abramenko*, ZMR 2005, 585 (585 f.).

1017 Ähnlich *Gundlach*, DÖV 1999, 815 (821 ff.); *Gundlach/Frenzel/N. Schmidt*, NZI 2000, 561 (564 ff.).

1018 Faktisch wird die Gewährträgerhaftung allerdings die Eröffnung eines Insolvenzverfahrens verhindern, weil der Bund ständig liquide Mittel zuschießen kann. Offen zur Verknüpfung von Einstandspflicht und Insolvenzfähigkeit VG Berlin, WM 2008, 2113 (2114 f.).

1019 Zur Parallele der Innengesellschaft bürgerlichen Rechts vgl. *Ott/Vuia*, in: MK-InsO, § 11 Rn. 53.

Nicht insolvenzfähig, weil sie ausschließlich der internen Bewirtschaftung dienen, sind der Erblastentilgungsfonds, die Sondervermögen Versorgungsrücklage und Versorgungsfonds[1020], das Sondervermögen „Vorsorge für Schlusszahlungen für inflationsindexierte Bundeswertpapiere" sowie die Konjunkturausgleichsrücklage. Für den Fonds „Deutsche Einheit", den Finanzmarktstabilisierungsfonds, den Investitions- und Tilgungsfonds, das Sondervermögen „Kinderbetreuungsausbau" und den Fonds nach § 5 Mauergrundstücksgesetz schreibt bereits der Gesetzgeber die Auflösung zu einem bestimmten Zeitpunkt vor, so dass auch diese Sondervermögen nicht insolvenzfähig sind. Die übrigen Sondervermögen unterfallen aber § 11 Abs. 2 Nr. 1 InsO.

II. Amtshaftung bei eigen- und fremdverwalteten Sondervermögen

Auch bei der Bewirtschaftung von Sondervermögen kann es zu Schädigungen Dritter kommen, die dafür den Staat in Haftung nehmen wollen. Als Beispiele sind die verzögerte oder falsche Bearbeitung von Entschädigungsansprüchen gegen Sondervermögen, die pflichtwidrige Offenbarung persönlicher Daten im Zuge einer Sonderabgabenerhebung für Sondervermögen oder die Versagung von Unterstützungsmaßahmen aus einem Fonds, auf die ein Anspruch besteht, zu nennen. Die ein Sondervermögen verwaltenden Organe könnten als Beamte im haftungsrechtlichen Sinn gelten. Handeln sie dann noch in Ausübung und nicht nur gelegentlich ihres Amtes amtspflichtwidrig, ist fraglich, ob das Sondervermögen selbst oder der Bund als passivlegitimierter Rechtsträger in Haftung genommen werden kann gemäß Art. 34 Satz 1 GG i.V.m. § 839 Abs. 1 Satz 1 BGB. Besondere Bedeutung erlangen diese Fragen, wenn die handelnde Stelle Treuhänder eines fremdverwalteten Sondervermögens ist.

1. Beamter im haftungsrechtlichen Sinn

Die Frage des haftungsrechtlichen Beamtenbegriffs gewinnt vor allem beim Tätigwerden von privaten Treuhandstellen zur Verwaltung von Sondervermögen des Bundes an Bedeutung. Vom Beamtenbegriff des Staatshaftungsrechts sind auch solche Personen erfasst, die durch eine Behörde zur Wahrnehmung hoheitlicher Aufgaben herangezogen werden. Darunter lassen sich auch private Verwaltungshelfer fassen[1021]. Für die Abgrenzung privatrechtlicher Tätigkeit zur Ausübung eines öffentlichen Amtes ist auf den hoheitlichen Charakter der Tätigkeit

1020 *Gundlach*, DÖV 1999, 815 (821).

1021 BGHZ 161, 6 (10); BGH, NVwZ 2006, 966.

abzustellen und der bestehende Entscheidungsspielraum des Verwaltungshelfers von Bedeutung. Je stärker der hoheitliche Charakter der Arbeiten ist und je mehr Einfluss die öffentliche Hand auf das Handeln des Privaten nehmen kann, desto eher muss sie das Verhalten wie eigenes gegen sich gelten lassen[1022]. Ausführende Personen von privaten Treuhandstellen, die im Namen des Sondervermögens handeln, lassen sich unter diesen Vorgaben als Beamte im haftungsrechtlichen Sinn qualifizieren. Sie verwalten und bewirtschaften Bundesmittel, führen also staatliche Tätigkeiten aus, treten sogar verbindlich für das Sondervermögen nach außen auf und unterstehen der Aufsicht übergeordneter Verwaltungsstellen.

Problematischer ist die Beurteilung allerdings bei den verdeckt auftretenden Treuhändern. Sie werden in der Regel nach außen privatrechtlich tätig, erfüllen aber hoheitliche Tätigkeiten für das Sondervermögen. Grundsätzlich kann die öffentliche Hand auf ihr Verhalten in gleichem Maß Einfluss ausüben und auf sie einwirken. Da auch verdeckte Treuhänder zentrale Aufgaben der Sondervermögensverwaltung wahrnehmen, muss ihr Handeln als hoheitlich im Sinne der Amtshaftung eingeordnet werden. Damit können die privaten Treuhandstellen Beamte im haftungsrechtlichen Sinn sein und einen Amtshaftungsanspruch auslösen.

2. Passivlegitimation

a) Passivlegitimation eigenverwalteter Sondervermögen

Die Frage der Passivlegitimation wird nach der „Anvertrauenstheorie“ beurteilt[1023]. Demnach haftet diejenige Körperschaft, die dem „Amtsträger das Amt, bei dessen Ausübung er fehlsam gehandelt hat, anvertraut hat, wer mit anderen Worten dem Amtsträger die Aufgaben, bei deren Wahrnehmung die Amtspflichtverletzung vorgekommen ist, übertragen hat“[1024]. Im Regelfall haftet demnach die Körperschaft, die den handelnden Amtsträger angestellt und ihm die Möglichkeit zur Amtsausübung eröffnet hat[1025].

Da der Bund im Gegensatz zum Sondervermögen eine Körperschaft mit Rechtsfähigkeit ist, kommt zunächst nur er als Haftungssubjekt in Betracht. Er ist darüber hinaus auch Rechts- und Aufgabenträger des Sondervermögens und damit derjenige, der das Amt dem Amtsträger anvertraut.

1022 BGHZ 118, 304 (305); 121, 161 (165 f.); 161, 6 (10); BGH, NJW 2001, 3115 (3117); NVwZ-RR 2007, 368; NVwZ 2007, 487; zur Übertragung der Kriterien der Eingriffsverwaltung auch auf die Leistungsverwaltung *Meysen*, JuS 1998, 404 (407); *Stelkens*, JZ 2004, 656 (658).

1023 *Brockmeyer*, in: Schmidt-Bleibtreu, Art. 34 Rn. 6; *Ossenbühl*, Staatshaftungsrecht, S. 112 f.; *Papier*, in: MK-BGB, § 839 Rn. 360.

1024 BGHZ 53, 217 (219); 77, 11 (15); 99, 326 (330); 143, 18 (46); 150, 172 (179); 160, 216 (228).

1025 BGHZ 53, 217 (219); 160, 216.

Allerdings ist es auch denkbar, dass das Sondervermögen selbst aus einer Amtspflichtverletzung haftet. Das könnte namentlich dann der Fall sein, wenn das *Sondervermögen* den rechtswidrig handelnden Amtsträger mit der konkreten Aufgabe betraute. In der Regel überantwortet ein Sondervermögen bestimmte Aufgaben an Amtsträger dann, wenn ihm selbst Dienstherrneigenschaft nach § 121 BRRG zukommt[1026]. Dem Sondervermögen kann die Dienstherrneigenschaft durch Gesetz, Rechtsverordnung oder Satzung verliehen werden. Die Vorschrift des § 121 BRRG bestimmt dazu zwar, dass nur der Bund, die Länder und Gemeinden sowie sonstige Körperschaften, Anstalten und Stiftungen nach Übertragung das Recht haben, Beamte zu besitzen. Allerdings muss eine „Körperschaft" in diesem Sinn keine vollrechtsfähige juristische Person sein. Es genügt vielmehr, dass es sich wie bei einem Sondervermögen um eine Verwaltungseinheit mit eigenem Vermögen handelt[1027]. Exemplarisch seien hier die ehemaligen Sondervermögen Deutsche Bundesbahn und Deutsche Bundespost genannt, die als Dienstherrn ebenfalls Verpflichtete eines Amtshaftungsanspruchs sein konnten[1028].

In den meisten Fällen wird aber der Bund Dienstherr der handelnden Amtsträger sein[1029].

Aktuell existiert kein Sondervermögen mit Dienstherrneigenschaft. Auch Beamte des Bundeseisenbahnvermögens sind unmittelbare Beamte des Bundes gemäß § 7 Abs. 1 Satz 2 BEZNG.

b) Passivlegitimation bei fremdverwalteten Sondervermögen

Handeln private oder öffentlich-rechtliche Treuhandstellen für ein Bundes-Sondervermögen, ist auch für Amtspflichtverletzungen in Ausübung dieser Tätigkeiten die Körperschaft haftbar, die ihnen die konkret wahrzunehmende Tätigkeit überantwortet hat[1030]. Fremdverwaltete Sondervermögen des Bundes zeichnet aus, dass sie über keine eigenen personellen Mittel verfügen, sondern nur als Vermögenssubstanz existieren, die von Treuhändern bewirtschaftet werden. Das hat zur Folge, dass sie im Gegensatz zu eigenverwalteten Sondervermögen dem handelnden, die Haftung auslösenden Beamten nie eine Aufgabe anvertrauen können. Für die

---

1026 Vgl. *Ossenbühl*, Staatshaftungsrecht, S. 113; *Papier*, in: MK-BGB, § 839 Rn. 361; *Wieland*, in: Dreier, Art. 34 Rn. 55.

1027 *Dagtoglou*, in: Bonner Kommentar, Stand: September 1970, Zweitbearbeitung, Art. 34 Rn. 233.

1028 BGH, BB 1982, 767; NJW 1988, 129.

1029 Vgl. für den Entschädigungsfonds OLG Dresden, Urteil vom 20.08.1997, 6 U 1916/96 (juris).

1030 Für die Anwendung der Anvertrauenstheorie bei Verwaltungshelfern *v. Danwitz*, in: v. Mangoldt/Klein/Starck, Art. 34 Rn. 121; *Wieland*, in: Dreier, Art. 34 Rn. 55; BGHZ 49, 108 (115 ff.); BGH, NVwZ 1990, 1103; zur Haftung des Entleihers bei der Organleihe *Brockmeyer*, in: Schmidt-Bleibtreu, Art. 34 Rn. 6; BGHZ 118, 304 (311); OLG Koblenz NVwZ 2000, 1080 (1081).

Überantwortung von Aufgaben im Sinne der amtshaftungsrechtlichen Vorschriften und mithin für die haftende Körperschaft kommen deshalb entweder nur der Bund selbst oder aber die Treuhandstelle in Betracht.

Handeln Amtswalter einer öffentlich-rechtlichen Treuhandstelle, müssen die Grundsätze der Haftung bei Organleihe zur Anwendung kommen. Dabei ist in jedem Einzelfall die konkrete Ausgestaltung des Treuhandverhältnisses zwischen Bund und Treuhänder zu beachten. In der Mehrzahl der Fälle wird die Treuhandstelle ihre Bewirtschaftungstätigkeit – abgesehen von der Wahrnehmung der Fachaufsicht durch den Bund – weitgehend selbständig ausüben. Dann kommt es für die haftungsrechtliche Zuordnung darauf an, wer das Handeln der die Haftpflicht auslösenden Person steuern und kontrollieren konnte[1031]. Das wird zumeist die öffentlich-rechtliche Treuhandstelle selbst sein, so dass sie auch selbst passivlegitimiert und die haftende Körperschaft ist. Nur wenn dem Bund als Entleiher über die Wahrnehmung der Fachaufsicht hinaus noch der wesentliche Einfluss auf die Tätigkeit und die Kontrolle über das Handeln der einzelnen Amtswalter obliegt[1032], kommt auch eine Haftung des Bundes in Betracht.

Steht die Amtshaftung für ein durch eine private Treuhandstelle bewirtschaftetes Sondervermögen in Frage, ist der Bund grundsätzlich passivlegitimiert, weil private Treuhandstellen nie Anspruchsgegner eines Staatshaftungsanspruchs sein können[1033].

1031 BGH, NVwZ 2006, 1084 (1086).

1032 BGHZ 161, 224 (231 f.); BGH, NVwZ 2006, 1084 (1085); OLGR Frankfurt, 2006, 290 (291 f.); allgemein zur haftenden Körperschaft bei Organleihe BGHZ 118, 304 (311); OLG Koblenz NVwZ 2000, 1080 (1081); BVerwG, NJW 1976, 1468.

1033 Schon RGZ 142, 190 (196); BGHZ 2, 350 (355); 49, 108 (115 ff.); BGH, NVwZ 1990, 1103 (1104).

J. Schlussbetrachtung

Ausgegliederte Sondervermögen werden aus unterschiedlichen Motiven als Nebenhaushalte geschaffen. Es lässt sich aber feststellen, dass ihre Ausgründung nicht stets eine „Flucht aus dem Budget“ darstellt. Vielmehr sind nicht integrierte Sondervermögen als Haushaltsinstitut anerkannt und können je nach ihrem Zweck und ihrer Ausgestaltung durchaus sinnvolle Instrumente zum Vermögenseinsatz und zur Vermögensbewirtschaftung sein.

Unabhängig vom Zweck ihrer Aussonderung ist es in allen Fällen erforderlich, dass ihre außerbudgetäre Bewirtschaftung sachlich gerechtfertigt ist[1034], einem bestimmten Zweck dient[1035] und durch ein Errichtungsgesetz vom Parlament legitimiert wird[1036]. Der bereits zu Anfang dieser Arbeit betonte Ausnahme-Regel-Grundsatz wird dadurch deutlich, denn ausgegliederte Sondervermögen bilden die Ausnahme zur Regel der haushaltsmäßigen Veranschlagung und Verwaltung.

Was die Berührung der haushaltsverfassungsrechtlichen Bestimmungen anbelangt, bleibt festzuhalten, dass die nicht integrierten Sondervermögen sehr nah an diese für die innerbudgetäre Bewirtschaftung geltenden Grundsätze angelehnt werden müssen. So ist eine formalisierte Bewirtschaftung der ausgegliederten Sondervermögen mittels Haushalts- oder Wirtschaftsplänen notwendig[1037]. Zudem müssen mindestens Übersichten über Einnahmen, Ausgaben und Verpflichtungsermächtigungen der Sondervermögen als Anlage oder in den Erläuterungen des Bundeshaushaltsplans veröffentlicht werden[1038]. Noch besser als die dem § 26 Abs. 2 BHO entsprechende Veröffentlichung der Übersichten, nicht aber unabdingbar, ist sogar eine Publikation der vollständigen Pläne als Anlagen zum Bundeshaushaltsplan, um den verfassungsrechtlichen Informationsrechten von Parlament und Öffentlichkeit zu entsprechen. Darüber hinaus besteht ein Bedürfnis nach eigener Rechnungslegung jedes einzelnen Sondervermögens[1039] als Teil des Prinzips der Verantwortlichkeit staatlichen Handelns vor dem Parlament

1034 Siehe dazu oben unter E. III. 1.
1035 Siehe dazu oben unter E. III. 4.
1036 Siehe dazu oben unter E. II. 1.
1037 Siehe dazu oben unter F. I. 1. b).
1038 Siehe dazu oben unter F. I. 1. c).
1039 Siehe dazu oben unter F. III. 1. b).

sowie als vorbereitender Teil zur Finanzkontrolle. Hier kommt dem Öffentlichkeitsprinzip eine besondere Bedeutung zu, da das Parlament nur nach Kenntnis der vollständigen Jahresabschlüsse seine Kontrolle effektiv ausüben kann. Es bietet sich deshalb an, die vollständigen Jahresabschlüsse in einer Anlage der Haushaltsrechnung des Bundes beizufügen[1040]. Schließlich unterliegen alle Sondervermögen der umfassenden Rechnungsprüfung durch den Bundesrechnungshof[1041].

Die Untersuchung hat ebenfalls ergeben, dass die treuhänderisch und damit fremdverwalteten Sondervermögen im Wesentlichen genau so zu behandeln sind wie die der Eigenverwaltung unterliegenden ausgegliederten Vermögensmassen. Das ergibt sich aus dem Umstand, dass lediglich die Mittelverwaltung bei Treuhandvermögen abweichend organisiert ist, damit aber keine gesonderte Kategorie der Vermögensgesamtheiten einher geht[1042].

Wie die Untersuchung gezeigt hat, sind die einfach rechtlichen Regelungen des Haushaltsrechts, insbesondere die Normen der BHO, zum Teil miss- oder schwer verständlich und weisen zumindest im Bereich der Veröffentlichung der Jahresabschlüsse von ausgegliederten Sondervermögen sogar verfassungsrechtliche Defizite auf[1043]. Auch die einzelnen Errichtungsgesetze zu den ausgegliederten Sondervermögen sind teilweise unvollständig. Für die BHO ergibt sich daher schon aufgrund des Verfassungsrechts Ergänzungsbedarf. Darüber hinaus empfiehlt es sich, dem Gesetzgeber für die zukünftige Errichtung weiterer ausgegliederter Sondervermögen einige wesentliche Modellnormierungen zur Verfügung zu stellen.

I. Änderungen und Ergänzungen der BHO

Die Veröffentlichung der Jahresabschlüsse der Sondervermögen ist verfassungsrechtlich notwendigerweise in die BHO mit aufzunehmen. Es sind außerdem weitere Veränderungen und Ergänzungen geboten. Nicht nur soll dadurch die Bewirtschaftung von Sondervermögen verständlicher geregelt werden, sondern es sind auch einige Voraussetzungen in das einfache Recht aufzunehmen, die unerlässlich für die Ausgründung und Bewirtschaftung von Sondervermögen sind, bisher aber noch nicht oder nur unzureichend einfach-gesetzlich normiert wurden. Die Sonderregelungen über Bundesbetriebe hingegen können gestrichen werden. Für sie gelten die Bestimmungen zu den Sondervermögen, da sie Verwaltungsstellen von Sondervermögen darstellen. Es ist klar zu stellen, dass die

---

1040 Siehe auch hierzu Fn. 1039.

1041 Siehe dazu oben unter F. III. 2.

1042 Siehe dazu allgemein oben unter D. IV. 2.

1043 Siehe dazu oben unter F. III. 1. c).

Treuhandvermögen grundsätzlich genauso zu behandeln sind wie die eigenverwalteten Sondervermögen.

Fast alle Normierungen, die die Errichtung und Verwaltung von Sondervermögen betreffen, sollten für ein besseres Verständnis in Teil VII der BHO unter der Überschrift „Sondervermögen“ zusammen gefasst werden. Gestrichen werden können § 26 Abs. 1 und 2, § 44 Abs. 2, §§ 74, 85 Nr. 2 und Nr. 3 und § 87 BHO. Sie sollten zum Teil in den Abschnitt über Sondervermögen übertragen oder neu geregelt werden. § 61 Abs. 3, § 88 Abs. 1 und § 102 Abs. 1 Nr. 2 BHO bleiben bestehen, nur wird der Begriff des „Bundesbetriebs“ gekürzt und stattdessen der Anwendungsbereich auf Sondervermögen erweitert.

Die folgenden Normen sollten in den Abschnitt „Sondervermögen“ unter Teil VII der BHO neu aufgenommen werden.

§ 113: Grundsatz
Auf Sondervermögen des Bundes sind die Teile I bis IV, VIII und IX dieses Gesetzes entsprechend anzuwenden, soweit nicht durch Gesetz oder aufgrund eines Gesetzes etwas anderes bestimmt ist.

§ 113a: Errichtung, Treuhandvermögen
(1) Sondervermögen mit eigener Haushalts- und Wirtschaftsführung können nur durch oder aufgrund eines Gesetzes errichtet werden. Ihre Errichtung bedarf eines hinreichenden sachlichen Grundes.
(2) Das Errichtungsgesetz hat den bestimmten öffentlichen Zweck des Sondervermögens zu bezeichnen.
(3) Soll ein Sondervermögen von Stellen außerhalb der unmittelbaren Bundesverwaltung bewirtschaftet werden (Treuhandvermögen), ist § 44 Abs. 1 BHO entsprechend anzuwenden.

§ 113b: Haushalts- und Wirtschaftsführung
(1) Sondervermögen wirtschaften auf der Grundlage von Haushaltsplänen; die Teile I bis III dieses Gesetzes gelten entsprechend. Sie haben einen Wirtschaftsplan aufzustellen, wenn ein Wirtschaften nach Einnahmen und Ausgaben des Haushaltsplans nicht zweckmäßig ist.
(2) In den Bundeshaushaltsplan brauchen nur die Zuführungen oder Ablieferungen eingestellt zu werden.
(3) Der Haushalts- oder Wirtschaftsplan ist dem Bundeshaushaltsplan als Anlage beizufügen.
(4) Geschäftsjahr ist grundsätzlich das Haushaltsjahr.

§ 113c: Buchführung, Rechnungslegung
(1) Sondervermögen, die einen Wirtschaftsplan aufstellen und bei denen eine Buchführung nach den §§ 71 bis 79 nicht zweckmäßig ist, haben nach den Regeln der kaufmännischen doppelten Buchführung zu buchen.
(2) Das zuständige Bundesministerium kann im Einvernehmen mit dem Bundesministerium der Finanzen und dem Bundesrechnungshof anordnen, dass zusätzlich eine Betriebsbuchführung eingerichtet wird, wenn dies aus betriebswirtschaftlichen Gründen zweckmäßig ist.
(3) Sondervermögen, die nach den Regeln der kaufmännischen doppelten Buchführung buchen, stellen anstatt einer Jahresrechnung einen Jahresabschluss in entsprechender Anwendung des § 264 Abs. 1 Satz 1 Handelsgesetzbuch auf. Die §§ 80 bis 85 sollen angewandt werden, soweit sie mit den Regeln der kaufmännischen doppelten Buchführung zu vereinbaren sind.
(4) Die vollständige Jahresrechnung ist der Haushaltsrechnung des Bundes als Anlage beizufügen. Gleiches gilt für die Jahresabschlüsse.

§ 113d: Rechnungsprüfung
Der Bundesrechnungshof prüft die Haushalts- und Wirtschaftsführung der Sondervermögen nach Teil V dieses Gesetzes.

II. Modellnormierungen für Errichtungsgesetze

Der Erlass eines Errichtungsgesetzes für ausgegliederte Sondervermögen ist aufgrund des Gesetzesvorbehalts zwingend[1044]. Die generellen Normierungen der BHO genügen diesem Erfordernis nicht. Einzelne Bestimmungen sind obligatorisch, andere fakultativ.

Zu den obligatorischen Regelungen im Errichtungsgesetz gehören die Festlegung des bestimmten Zwecks des Sondervermögens[1045] und der Finanzierung.

Für den Fall der treuhänderischen Verwaltung durch Private muss auch die konkrete Treuhandstelle gesetzlich bestimmt werden oder eine hinreichend konkrete Ermächtigungsgrundlage zur Übertragung an private Treuhänder existieren[1046]. Bei der Treuhandverwaltung durch Personen des öffentlichen Rechts genügt die allgemeine Bestimmung zur Zulässigkeit treuhänderischer Verwaltung[1047].

1044 Siehe dazu oben unter E. II. 1.
1045 Siehe dazu oben unter E. III. 4.
1046 Siehe dazu oben unter E. II. 3.
1047 Siehe auch hierzu Fn. 1046.

Ermächtigungsnormen zur eigenständigen Aufnahme von Krediten durch die Sondervermögen sind obligatorisch, gelten jedoch aufgrund der Grundgesetznovellierung nur noch bis zum Ende des Haushaltsjahres 2010[1048].

Fakultativ kann einem Sondervermögen Teilrechtsfähigkeit verliehen werden. Dann kann zugleich auch der allgemeine Gerichtsstand festgelegt werden.

Ebenfalls nicht obligatorisch sind Normierungen zur Vermögenstrennung, da mit der Ausgliederung des Sondervermögens dessen vom Bundesvermögen getrennte Bewirtschaftung einhergeht[1049]. Ohnehin besteht eine Sondervermögenslast des Muttergemeinwesens als Träger des Sondervermögens unabhängig von speziellen Normierungen[1050]. Aus Klarstellungsgründen ist es allerdings angezeigt, eine Aussage zur Gewährträgerhaftung des Bundes zu treffen, also entweder die Haftung des Bundes für Verbindlichkeiten des Sondervermögens explizit auszuschließen oder ein Einstehen ausdrücklich festzuhalten[1051].

Es kann sinnvoll sein, unabhängig von einer Fremdverwaltung die zuständigen Bewirtschaftungsstellen zu benennen. In diesem Zusammenhang sollten Normierungen zur Aufsicht und ihrem Umfang sowie eventuell zu besonderen Aufsichtsinstrumenten nicht fehlen. Hinzukommen können die gesetzliche Einrichtung besonderer Gremien zur Beratung bzw. Beteiligung an Entscheidungen.

Spezielle Bestimmungen zu Haushalts- und Buchführung, zu Rechnungslegung und -prüfung sind nicht erforderlich, da § 113 und §§ 113b, 113c und 113d BHO dazu die notwendigen Aussagen treffen.

Sinnvoll ist es aber, ein Sondervermögen bereits befristet zu errichten oder zumindest eine Revisionsklausel in das Errichtungsgesetz mit aufzunehmen[1052].

1048 Siehe dazu oben unter F. II. 1. b) aa) bbb).

1049 Siehe dazu oben unter D. III. 2.

1050 Siehe dazu oben unter G. II. 1. c).

1051 Siehe dazu oben unter G. II. 2.

1052 Siehe zu den Gründen oben unter B. V. 3.

Literaturverzeichnis

Abramenko, Andrik	Praktische Auswirkungen der neuen Rechtsprechung zur Teilrechtsfähigkeit der Wohnungseigentümergemeinschaft auf das materielle Wohnungseigentumsrecht, in: ZMR 2005, S. 585 ff.
Aprill, Rainer	Anforderungen für eine Neuordnung des Haushalts- und Rechnungswesens des Bundes, in: DÖV 2008, S. 184 ff.
Arnim, Hans Herbert von	Wirtschaftlichkeit als Rechtsprinzip, Berlin 1988
Arnold, Volker / *Geske*, Otto-Erich	Öffentliche Finanzwirtschaft, München 1988
Bachof, Otto	Teilrechtsfähige Verbände des öffentlichen Rechts. Die Rechtsnatur der Technischen Ausschüsse des § 24 der Gewerbeordnung, in: AöR 83 (1958), S. 208 ff.
Bader, Johann / *Ronellenfitsch*, Michael (Hrsg.)	Beck'scher Online-Kommentar zum Verwaltungsverfahrensgesetz, 9. Edition, München, Stand: 01.10.2010
Bajohr, Stefan	Grundriss staatliche Finanzpolitik, 2. Auflage, Wiesbaden 2007
Battis, Ulrich	Systemgerechtigkeit, in: Stödter, Rolf (Hrsg.), Festschrift für Hans Peter Ipsen, Tübingen 1977, S. 11 ff.

Battis, Ulrich / *Kersten*, Jens — Die Bildung von Versorgungsrücklagen für die Alterssicherung von Beamten – Zur Verfassungsmäßigkeit des § 14a BBesG, in: NVwZ 2000, S. 1337 ff.

Beck, Hanno / *Wentzel*, Dirk — Eine Insolvenzordnung für Staaten?, in: Wirtschaftsdienst Bd. 90 (2010), S. 167 ff.

Becker, Bernd — Öffentliche Verwaltung, Mainz, Dillingen 1989

Becker, Florian — Die Vernetzung der Landesbanken, Berlin 1998

Becker, Wolfgang — Das ERP-Sondervermögen, Entstehung und Verwaltung, Göttingen 1968

Behrendt, Dirk — Die Prüfungstätigkeit des Bundesrechnungshofs außerhalb der unmittelbaren Bundesverwaltung, Köln, Berlin, München 2004

Berens, Wolfgang / *Budäus*, Dietrich / *Buschor*, Ernst / *Fischer*, Edmund / *Lüder*, Klaus / *Mundhenke*, Ehrhard / *Streim*, Hannes — Zum nicht mehr vertretbaren kameralen Haushalts- und Rechnungswesen in einem demokratischen Gemeinwesen, in: DÖV 2008, S. 109 ff.

Berg, Wilfried — Die öffentlichrechtliche Anstalt, in: NJW 1985, S. 2294 ff.

Bischoff, Friedrich — Zulässigkeit und Existenz von Sondervermögen, in: DVBl. 1956, S. 187 ff.

Bleckmann, Albert — Begründung und Anwendungsbereich des Verhältnismäßigkeitsprinzips, in: JuS 1994, S. 177 ff.

Böckenförde, Ernst-Wolfgang	Die Organisationsgewalt im Bereich der Regierung, 2. Auflage, Berlin 1998
–	Organ, Organisation, Juristische Person, in: Menger, Christian-Friedrich (Hrsg.), Festschrift für Hans J. Wolff, München 1973, S. 269 ff.
–	Demokratie als Verfassungsprinzip, in: Isensee, Josef / Kirchhof, Paul (Hrsg.), Handbuch des Staatsrechts der Bundesrepublik Deutschland, Band II, 3. Auflage, Heidelberg 2004, § 24, S. 429 ff.
Böckenförde, Thomas	Die getarnte Enteignung, in: NJW 2009, S. 2484 ff.
Breuer, Rüdiger	Parteienstaatlichkeit – Krisensymptome des demokratischen Verfassungsstaats? – Die öffentlichrechtliche Anstalt, in: VVDStRL 44 (1986), S. 209 ff.
–	Die öffentlichrechtliche Anstalt, in: VVDStRL 44 (1986), S. 211 ff.
Britz, Gabriele	Die Mitwirkung Privater an der Wahrnehmung öffentlicher Aufgaben durch Einrichtungen des öffentlichen Rechts, in: VerwArch 91 (2000), S. 418 ff.
Buck, Gerald	Die Heranziehung Dritter zur Erfüllung von Aufgaben nach dem Finanzmarktstabilisierungsfondsgesetz, in: NVwZ 2009, S. 955 ff.
Bull, Hans Peter / *Mehde*, Veith	Allgemeines Verwaltungsrecht mit Verwaltungslehre, 8. Auflage, Heidelberg 2009
Burgi, Martin	Die Überführung der Atomaufsicht in die Bundeseigenverwaltung aus verfassungsrechtlicher Sicht, in: NVwZ 2005, S. 247 ff.

– Funktionale Privatisierung und Verwaltungshilfe, Tübingen 1999

– Der Beliehene – ein Klassiker im modernen Verwaltungsrecht, in: Geis, Max-Emanuel / Lorenz, Dieter (Hrsg.), Festschrift für Hartmut Maurer, München 2001, S. 581 ff.

Burmeister, Günter Cornelius – Herkunft, Inhalt und Stellung des institutionellen Gesetzesvorbehalts, Berlin 1991

Burmeister, Kerstin – Außerbudgetäre Aktivitäten des Bundes. Eine Analyse der Nebenhaushalte des Bundes unter besonderer Berücksichtigung der finanzhistorischen Entwicklung, Frankfurt am Main 1997

Callies, Christian / *Ruffert*, Matthias (Hrsg.) – EUV – EGV, Das Verfassungsrecht der Europäischen Union mit Europäischer Grundrechtecharta, Kommentar, 3. Auflage, München 2007

Cannivé, Klaus – Der Staat als Aktionär – Zu Möglichkeiten und Grenzen der gesellschaftsrechtlichen Steuerung im gemischt-wirtschaftlichen Unternehmen, in: NZG 2009, S. 445 ff.

Cornils, Matthias – Verbotene Mischverwaltung, in: ZG 2008, S. 184 ff.

Dederer, Hans-Georg – Korporative Staatsgewalt, Tübingen 2004

Dickertmann, Dietrich – Investitionsbudgetierung durch revolvierende Fonds?, in: Hansmeyer, Karl-Heinrich (Hrsg.), Das rationale Budget, Köln 1971, S. 163 ff.

Dittmann, Armin — Die Bundesverwaltung, Tübingen 1983

Döhler, Marian — Das Modell der unabhängigen Regulierungsbehörde im Kontext des deutschen Regierungs- und Verwaltungssystems, in: Die Verwaltung 34 (2001), S. 59 ff.

Dolzer, Rudolf / *Waldhoff*, Christian / *Graßhof*, Karin (Hrsg.) — Kommentar zum Bonner Grundgesetz, Bonner Kommentar, Heidelberg, Loseblatt, Stand: Oktober 2008

Dreier, Horst (Hrsg.) — Grundgesetz Kommentar, Band III, 2. Auflage, Tübingen 2008

– — Grundgesetz Kommentar, Band II, 2. Auflage, Tübingen 2006

Duden — Deutsches Universalwörterbuch, 6. Auflage, Mannheim 2007

Edinger, Florian — Private Vorfinanzierung öffentlicher Investitionen und Haushaltsrecht, in: ZG 1997, S. 242 ff.

Ehlers, Dirk — Verwaltung in Privatrechtsform, Berlin 1984

– — Die Grenzen der Mitbestimmung in öffentlichen Unternehmen, in: JZ 1987, S. 218 ff.

– — Mitbestimmung in der öffentlichen Verwaltung, in: Jura 1997, S. 180 ff.

– — Die Zulässigkeit erwerbswirtschaftlicher Betätigung der öffentlichen Hand, in: Jura 1999, S. 212 ff.

– Die wirtschaftliche Betätigung der öffentlichen Hand in der Bundesrepublik Deutschland, in: JZ 1990, S. 1089 ff.

Eichhorn, Peter Rechtliche Grundlagen und wirtschaftliche Besonderheiten der § 26 BHO/LHO-Betriebe; in: Peter Eichhorn (Hrsg.), Festschrift für Prof. Dr. Erich Potthoff, Baden-Baden 1989, S. 189 ff.

– Struktur und Systematik kommunaler Betriebe, Stuttgart u.a. 1969

Engels, Dieter / *Hugo*, Dieter Verschuldung des Bundes und rechtliche Schuldengrenzen, in: DÖV 2007, S. 445 ff.

Epping, Volker / *Hillgruber*, Christian (Hrsg.) Grundgesetz, Kommentar, München 2009

– Beck'scher Online-Kommentar zum Grundgesetz, 8. Edition, München, Stand: 01.10.2010

Erichsen, Hans-Uwe Der Innenrechtsstreit, in: Erichsen, Hans-Uwe / Hoppe, Werner / Mutius, Albert von (Hrsg.), Festschrift für Christian-Friedrich Menger, Köln u.a. 1985, S. 211 ff.

Erichsen, Hans-Uwe (Hrsg.) Allgemeines Verwaltungsrecht, 13. Auflage, Berlin 2006

Esser, Clemens Zur Einbeziehung einiger Sondervermögen in den Bundeshaushalt, Bonn 1999

Ewer, Wolfgang / *Behnsen*, Alexander Der Finanzmarktstabilisierungsfonds – Herzschrittmacher bei drohendem Kollaps der Finanzmärkte, in: NJW 2008, S. 3457 ff.

Ewringmann, Dieter — Die Flexibilität öffentlicher Ausgaben. Eine Analyse der Restriktionen ausgabenpolitischer Handlungsspielräume,
1975

Faiß, Friedrich / *Faiß*, Konrad / *Lang*, Manfred / *Schmid*, Hansdieter — Kommunales Wirtschaftsrecht in Baden-Württemberg. Systematische Darstellung zur Finanzwirtschaft der Kommunen,
6. Auflage, Stuttgart u.a. 1995

Fecher, Hans — Probleme der Zweckbindung öffentlicher Einnahmen. Dargestellt am Beispiel der Spezialisierung von Kraftverkehrsabgaben für die öffentlichen Ausgaben im Straßenwesen,
Berlin 1963

Fichtmüller, Carl Peter — Zulässigkeit ministerialfreien Raums in der Bundesverwaltung,
in: AöR 91 (1966), S. 297 ff.

Forsthoff, Ernst — Lehrbuch des Verwaltungsrechts,
Erster Band, Allgemeiner Teil,
10. Auflage, München 1973

Friauf, Karl Heinrich — Öffentlicher Haushalt und Wirtschaft,
in: VVDStRL 27 (1969), S. 1 ff.

– — Staatskredit,
in: Isensee, Josef / Kirchhof, Paul (Hrsg.), Handbuch des Staatsrechts der Bundesrepublik Deutschland, Band IV,
2. Auflage, Heidelberg 1999, § 91, S. 321 ff.

Friauf, Karl Heinrich / *Höfling*, Wolfram (Hrsg.) — Berliner Kommentar zum Grundgesetz, Band 4,
Stand 2011, Berlin

Fricke, Eberhard — Das haushaltsrechtliche Verbot einer übermäßigen Kreditfinanzierung (Art. 115 Abs. 1 S. 2 GG, § 18 Abs. 1 BHO),
in: DVBl. 1977, S. 26 ff.

Frielitz, Eckhart — Die Stellung der öffentlich-rechtlichen Sparkassen im Verfassungsgefüge und ihre Wettbewerbssituation gegenüber dem privaten Bankgewerbe, Frankfurt 1972

Friesen, Alexander von — Umgestaltung des öffentlichrechtlichen Bankensektors angesichts des Europäischen Beihilfenrechts, in: EuZW 1999, S. 581 ff.

Gabriel, Marc — Vergaberechtliche Auftraggebereigenschaft öffentlicher und privater Kreditinstitute – vor und nach dem Finanzmarktstabilisierungsgesetz, in: NZBau 2009, S. 282 ff.

Gärditz, Klaus Ferdinand — Verfassungsmäßigkeit der Sonderabgabenfinanzierung des Klärschlammentschädigungsfonds, in: AbfallR 2004, S. 284 ff.

Gerick, Andre — Nochmals – Anstaltslast und Gewährträgerhaftung bei kommunalen Sparkassen und Landesbanken, in: BB 1998, S. 494 ff.

Gersdorf, Hubertus — Öffentliche Unternehmen im Spannungsfeld zwischen Demokratie- und Wirtschaftlichkeitsprinzip, Berlin 2000

Götz, Tobias — Der vereinfachte aktienrechtliche Squeeze-out zur Finanzmarktstabilisierung, in: NZG 2010, S. 412 ff.

Götz, Volkmar — Recht der Wirtschaftssubventionen, München u.a. 1966

Grabitz, Eberhard / *Hilf*, Meinhard / *Nettesheim*, Martin (Hrsg.) — Das Recht der Europäischen Union, 37. Ergänzungslieferung, München, Stand: November 2008

Grommes, Klaus-Peter — Die Finanzreform. Programm und Verwirklichung, in: NJW 1969, 1200 ff. und Fortsetzung S. 1224

Groß, Thomas — Gremienwesen und demokratische Legitimation, in: Sommermann, Karl-Peter (Hrsg.), Gremienwesen und staatliche Gemeinwohlverantwortung, Berlin 2001, S. 17 ff.

– — Was bedeutet „Fachaufsicht"?, in: DVBl. 2002, S. 793 ff.

Grosser, Hans-Dieter — Die Spannungslage zwischen Verfassungsrecht und Verfassungswirklichkeit bei der Vergabe von staatlichen Wirtschaftssubventionen durch die öffentliche Hand, Berlin 1983

Grupp, Klaus — Rechtsprobleme der Privatfinanzierung von Verkehrsprojekten, in: DVBl. 1994, S. 140 ff.

Gundlach, Ulf — Die Insolvenzfähigkeit juristischer Personen und Vermögen des öffentlichen Rechts, in: DÖV 1999, S. 815 ff.

Gundlach, Ulf / *Frenzel*, Volkhard / *Schmidt*, Nikolaus — Die Insolvenzunfähigkeit nach der InsO, in: NZI 2000, S. 561 ff.

– — Die Wohnungseigentümergemeinschaft in der Insolvenz, in: NZI 2006, S. 437 ff.

Gurlit, Elke — Zur Rechtmäßigkeit eines Sonderabgabenbescheides nach EAEG § 8 Abs. 2 S. 4, in: WuB I L § 8 EAEG 2.09

– — Finanzmarktstabilisierung und Eigentumsgarantie, in: NZG 2009, S. 601 ff.

Gusy, Christoph — Die wirtschaftliche Betätigung des Staates (Teil 1), in: JA 1995, S. 166 ff.

Gutsche, Matthias G. — Beiträge zur Entschädigungseinrichtung der Wertpapierhandelsunternehmen und ihre Wirkung für mittelständische Kreditinstitute – zugleich eine Anmerkung zum Urteil des VG Berlin, BKR 2003, 722,
in: BKR 2003, S. 696 ff.

Gutschlag, Thomas — Sondervermögen und Kreditinstitute mit Sonderaufgaben bei Bund und Ländern: Ihre Bedeutung für das System der öffentlichen Finanzen in der Bundesrepublik Deutschland,
1993

Haertlein, Lutz — Aktionärsrechtsschutz gegen Rekapitalisierungsmaßnahmen auf Grund des Finanzmarktstabilisierungsgesetzes,
in: NZG 2009, S. 576 ff.

Hahn, Hugo — Die Deutsche Bundesbank im Verfassungsrecht,
in: BayVBl. 1982, S. 33 ff., S. 70 ff.

Heckel, Johannes — Einrichtung und rechtliche Bedeutung des Reichshaushaltsgesetzes,
in: Gerhard Anschütz / Richard Thoma (Hrsg.), Handbuch des Deutschen Staatsrechts, Band II, 1932, S. 374 ff.

Heintzen, Markus — Staatshaushalt,
in: Isensee, Josef / Kirchhof, Paul (Hrsg.), Handbuch des Staatsrechts der Bundesrepublik Deutschland, Band V,
3. Auflage, Heidelberg 2007, § 120, S. 1175 ff.

– — Beteiligung Privater an der Wahrnehmung öffentlicher Aufgaben und staatliche Verantwortung,
in: VVDStRL 62 (2003), S. 220 ff.

Henneke, Hans-Günter — Aufgabenwahrnehmung und Finanzlastverteilung im SGB II als Verfassungsproblem, in: DÖV 2005, S. 177 ff.

– — Ergebnisse der Föderalismuskommission II, in: Der Landkreis 2009, S. 117 ff.

Henseler, Paul — Verfassungsrechtliche Aspekte zukunftsbelastender Parlamentsentscheidungen, in: AöR 108 (1983), S. 489 ff.

Herbert, Alexander — Das Staatsvermögen der Bundesrepublik Deutschland und seine Verwaltung, in: VR 1996, S. 46 ff.

Hering, Achim — Die Kreditfinanzierung des Bundes über Nebenhaushalte, Frankfurt u.a. 1998

Herzog, Roman — Allgemeine Staatslehre, Frankfurt am Main 1971

Hettlage, Karl M. — Zur Rechtsnatur des Haushaltsplans, in: Hans Schneider (Hrsg.), Festschrift für Werner Weber, Berlin 1974, S. 391 ff.

Heuer, Ernst / *Engels*, Dieter / *Eibelshäuser*, Manfred (Hrsg.) — Kommentar zum Haushaltsrecht, München, Loseblatt, Stand: Februar 2006

Heun, Werner — Staatshaushalt und Staatsleitung. Das Haushaltsrecht im parlamentarischen Regierungssystem des Grundgesetzes, Baden-Baden 1989

– — Staatsverschuldung und Grundgesetz, in: Die Verwaltung 18 (1985), S. 1 ff.

Hidien, Jürgen — Der Fonds „Deutsche Einheit“ – ein ergänzendes Finanzierungsinstrument in der ersten Phase der Deutschen Wiedervereinigung, in: LKV 1998, S. 431 ff.

– — Gemeindliche Betätigung rein erwerbswirtschaftlicher Art und „öffentlicher Zweck“ kommunaler wirtschaftlicher Unternehmen, Berlin 1981

Hirsch, Joachim — Parlament und Verwaltung, 2. Teil, Haushaltsplanung und Haushaltskontrolle in der Bundesrepublik Deutschland, Stuttgart u.a. 1968

Hoehl, Stefan — Änderungen in der Arbeitslosenversicherung (SGB III) zum 1.1.2008, in: NZS 2008, S. 76 ff.

Hoffmann-Riem, Wolfgang / *Schmidt-Aßmann*, Eberhard (Hrsg.) — Verwaltungsorganisationsrecht als Steuerungsressource, Baden-Baden 1997

Hoffmann-Riem, Wolfgang / *Schmidt-Aßmann*, Eberhard / *Voßkuhle*, Andreas (Hrsg.) — Grundlagen des Verwaltungsrechts, Band I, München 2006

– — Grundlagen des Verwaltungsrechts, Band III, München 2009

Höfler, Heiko / *Braun*, Peter — Private Banken als öffentliche Auftraggeber – Vergaberechtliche Implikationen des staatlichen Rettungspakets, in: NZBau 2009, S. 5 ff.

Höfling, Wolfram — Staatsschuldenrecht: Rechtsgrundlagen und Rechtsmaßstäbe für die Staatsschuldenpolitik in der Bundesrepublik Deutschland, Heidelberg 1993

Hoppe, Werner — Zur Diskussion um den Haftungszuschlag für die kommunalen Sparkassen,
in: DVBl. 1982, S. 47 ff.

– — Organstreitigkeiten vor den Verwaltungs- und Sozialgerichten,
Siegburg 1970

Horn, Thomas J. — Das organisationsrechtliche Mandat,
in: NVwZ 1986, S. 808 ff.

Hörnig, Dieter (Hrsg.) — Grundgesetz,
9. Auflage, Baden-Baden 2010

Ipsen, Hans Peter — Öffentliches Wirtschaftsrecht,
Tübingen 1985

Isensee, Josef — Affekt gegen Institutionen – überlebt das Berufsbeamtentum?,
in: ZBR 1998, S 295 ff.

– — Staatsvermögen,
in: Isensee, Josef / Kirchhof, Paul (Hrsg.), Handbuch des Staatsrechts der Bundesrepublik Deutschland, Band V,
3. Auflage, Heidelberg 2007, § 122, S. 1265 ff.

Jahn, Kurt / *Kulbe*, Arthur (Hrsg.) — Sozialgesetzbuch für die Praxis, SGB XI,
Freiburg u.a. 1994

Jahndorf, Christian — Alternative Finanzierungsformen des Staates – Leasingmodelle, Liegenschaftsmodelle, Parklösungen: Verwaltungsschulden, Veräußerungserlöse oder Krediteinnahmen? Zur Auslegung des Kreditbegriffs i.S. Art. 115 I GG,
in: NVwZ 2001, S. 620 ff.

Jákli, Zoltán — Vom Marshallplan zum Kohlepfennig. Grundrisse der Subventionspolitik in der Bundesrepublik Deutschland 1948 – 1982,
Opladen 1990

Jaletzke, Matthias / *Verannemann*, Peter (Hrsg.) — Finanzmarktstabilisierungsgesetz. Kommentar, München 2009

Jarass, Hans / *Pieroth*, Bodo — Grundgesetz für die Bundesrepublik Deutschland, Kommentar, 11. Auflage, München 2011

Jochum, Heike — Das Bundeskartellamt auf dem Weg nach Europa, in: VerwArch 94 (2003), S. 512 ff.

Kaeser, Christian Daniel — Alternative Finanzierungsmodelle der öffentlichen Hand und Kreditschranken des Art. 115 GG; Frankfurt am Main 2002

Kahl, Wolfgang — Staatsziel Nachhaltigkeit und Generationengerechtigkeit, in: DÖV 2009, S. 2 ff.

– — Die Staatsaufsicht: Entstehung, Wandel und Neubestimmung unter besonderer Berücksichtigung der Aufsicht über die Gemeinden, Tübingen 2000

Kämmerer, Jörn Axel — Insolvenz von EU-Mitgliedstaaten – Voraussetzungen und Folgen, in: Wirtschaftsdienst Bd. 90 (2010), S. 161 ff.

Kämmerer, Ludwig — Die Rechtsnatur der Bundespost, in: DVBl. 1966, S. 357 ff. und Fortsetzung S. 396 ff.

Karehnke, Helmut — Betriebe gemäß § 26 Bundeshaushaltsordnung, in: DVBl. 1973, S. 167 ff.

– — Zur Änderung des Artikels 115 des Grundgesetzes, in: DÖV 1973, S. 393 ff.

Kemmler, Iris — Keine Anstalt ohne Anstaltslast, in: DVBl. 2003, S. 100 ff.

– Die Anstaltslast,
Berlin 2001

Kilian, Michael Nebenhaushalte des Bundes,
Berlin 1993

Kirchhof, Ferdinand Schuldübergang und Haftung bei der Privatisierung der Postunternehmen – Zum Schicksal der finanziellen Altlasten der Deutschen Bundespost,
in: NVwZ 1994, S. 1041 ff.

– Grundsätze der Finanzverfassung des vereinten Deutschlands,
in: VVDStRL 52 (1993), S. 71 ff.

Kirchhof, Hans-Peter / *Lwowski*, Hans-Jürgen / *Stürner*, Rolf (Hrsg.) Münchener Kommentar zur Insolvenzordnung, Band 1,
2. Auflage, München 2007

Kirchhof, Paul Die Steuerung des Verwaltungshandelns durch Haushaltsrecht und Haushaltskontrolle,
in: NVwZ 1983, S. 505 ff.

– Demokratie ohne parlamentarische Gesetzgebung?,
in: NJW 2001, S. 1332 ff.

Kirschenmann, Dietrich Zuständigkeiten und Kompetenzen im Bereich der Verwaltung nach dem 8. Abschnitt des Grundgesetzes,
in: JuS 1977, S. 565 ff.

Kisker, Gunter Staatshaushalt,
in: Isensee, Josef / Kirchhof, Paul (Hrsg.), Handbuch des Staatsrechts der Bundesrepublik Deutschland, Band IV,
2. Auflage, Heidelberg 1999, § 89, S. 235 ff.

Kloepfer, Michael Abfallverbringungsabgabe und Bundesverfassungsgericht,
in: ZUR 2005, S. 479 ff.

Kluth, Winfried — Funktionale Selbstverwaltung, Tübingen 1997

Knemeyer, Franz-Ludwig — Aufgabenkategorien im kommunalen Bereich, in: DÖV 1988, S. 397 ff.

Knöpfle, Franz — Die Körperschaften des öffentlichen Rechts im formellen Sinn, in: Blümel, Willi / Merten, Detlef / Quaritsch, Helmut (Hrsg.), Festschrift für Carl Hermann Ule, Köln u.a. 1987

Köckritz, Sieghardt von / *Ermisch*, Günter / *Dittrich*, Norbert / *Lamm*, Christel — Bundeshaushaltsordnung, Kommentar, Heidelberg u.a., Loseblatt, Stand: Oktober 2001

Koenig, Christian — Begründen Anstaltslast und Gewährträgerhaftung unabhängig von ihrer Kodifizierung tragfähige Kreditmerkmale öffentlicher Finanzinstitute?, in: WM 1995, S. 821 ff.

– — Öffentlich-rechtliche Anstaltslast und Gewährträgerhaftung als staatliche Beihilfen gem. Art. 92 EGV?, in: EuZW 1995, S. 595 ff.

Köhler, Helmut / *Bornkamm*, Joachim — Gesetz gegen den unlauteren Wettbewerb, 28. Auflage, München 2011

König, Michael — Ziele des Wirtschaftens in Bundes- und Landesbetrieben, in: DÖV 2009, S. 21 ff.

Korioth, Stefan — Der Finanzausgleich zwischen Bund und Ländern, Tübingen 1997

– — Das neue Staatsschuldenrecht – zur zweiten Stufe der Föderalismusreform, in: JZ 2009, S. 729 ff.

Köttgen, Arnold — Fondsverwaltung in der Bundesrepublik. Zur Rolle des Haushalts in einem Verwaltungsstaat, Stuttgart 1965

Kramer, Urs — Das Recht der Eisenbahninfrastruktur. Von der Staatsbahn zu privatrechtlichen Wirtschaftsunternehmen, Stuttgart 2002

Krebs, Walter — Die öffentlichrechtliche Anstalt, in: NVwZ 1985, S. 609 ff.

– Verwaltungsorganisation, in: Isensee, Josef / Kirchhof, Paul (Hrsg.), Handbuch des Staatsrechts der Bundesrepublik Deutschland, Band V, 3. Auflage, Heidelberg 2007, § 108, S. 457 ff.

– Kontrolle in staatlichen Entscheidungsprozessen, Heidelberg 1984

Kreft, Gehrhard (Hrsg.) — Insolvenzordnung, 5. Auflage, Heidelberg 2008

Kube, Hanno — Finanzgewalt in der Kompetenzordnung, Tübingen 2004

– Neue Steuerung im Haushaltsrecht – Ein Kompetenzgefüge außer Balance?, in: DÖV 2000, S. 810 ff.

– Schattenhaushalte im Verfassungsstaat, in: ZG 2010, S. 105 ff.

Kübler, Bruno / *Prütting*, Hanns (Hrsg.) — Kommentar zur Insolvenzordnung, Band I, Köln 2001

Lange, Klaus — Die öffentlichrechtliche Anstalt, in: VVDStRL 44 (1986), S. 169 ff.

Lappin, Roland — Kreditäre Finanzierung des Staates unter dem Grundgesetz. Ein Plädoyer gegen den Kreditstaat, Berlin 1994

Lecheler, Helmut — Der Verpflichtungsgehalt des Art. 87 I 1 GG – Fessel oder Richtschnur für die bundesunmittelbare Verwaltung?, in: NVwZ 1989, S. 834 ff.

Lehzen, Wilhelm — Hannover`s Staatshaushalt, 2. Theil, 2. Hälfte, Die Ausgaben, Hannover 1856

Leimich, Peter — Die Vermögensrechnung der öffentlichen Hand, Köln 1968

Lodde, Paul — Rechtsfragen der Organleihe im Bund-Länder-Verhältnis unter besonderer Berücksichtigung der Bundesbauverwaltung, Münster 1990

Lüder, Klaus — Verwaltungskontrolle aus sozial- und verwaltungswissenschaftlicher Perspektive, in: Schmidt-Aßmann, Eberhard / Hoffmann-Riem, Wolfgang (Hrsg.), Verwaltungskontrolle, Baden-Baden 2001, S. 45 ff.

– — Bedarf es einer Reform des staatlichen Rechnungswesens in der Bundesrepublik Deutschland?, in: DÖV 1989, S. 1005 ff.

– — Notwendige rechtliche Rahmenbedingungen für ein reformiertes staatliches Rechnungs- und Haushaltswesen, in: DÖV 2006, S. 641 ff.

Lühmann, Hans — Verfassungswidrige Zusammenlegung von Arbeitslosen- und Sozialhilfe im SGB II?, in: DÖV 2004, S. 677 ff.

Luhmann, Niklas	Kann die Verwaltung wirtschaftlich handeln?, in: VerwArch 51 (1960), S. 97 ff.
Mallmann, Walter	Schranken nichthoheitlicher Verwaltung, in: VVDStRL 19 (1961), S. 165 ff.
Mangoldt, Hermann von / *Klein*, Friedrich / *Starck*, Christian (Hrsg.)	Das Bonner Grundgesetz, Kommentar, Band 3, 4. Auflage, München 2001
Maunz, Theodor / *Dürig*, Günter	Grundgesetz, Kommentar, Band VI, München, Stand: Juli 2010, 59. Ergänzungslieferung
Maurer, Hartmut	Allgemeines Verwaltungsrecht, 17. Auflage, München 2009
Mayen, Thomas	Verwaltung durch unabhängige Einrichtungen, in: DÖV 2004, S. 45 ff.
Mayer, Otto	Deutsches Verwaltungsrecht, Teil 2, 3. Auflage, Berlin 1924
Meißner, Martin	Zur Verfassungswidrigkeit der Jahresbeiträge zur Finanzierung der Entschädigungseinrichtung nach dem Einlagensicherungs- und Anlegerentschädigungsgesetz, in: WM 2003, S. 1977 ff.
Meyer, Hubert	Das SGB II als Ernstfall des Föderalismus, in: NVwZ 2008, S. 275 ff.
Meysen, Thomas	Der haftungsrechtliche Beamtenbegriff am Ziel?, in: JuS 1998, S. 404 ff.
Möller, Alex	Kommentar zum Gesetz zur Förderung der Stabilität und des Wachstums der Wirtschaft, 2. Auflage, Hannover 1969

Möschel, Wernhard	Anstaltslast bei öffentlichrechtlichen Kreditinstituten, in: WM 2001, S. 1895 ff.
Müller, Wolfgang	Ministerialfreie Räume, in: JuS 1987, S. 497 ff.
Müller-Eising, Karsten / *Brandi*, Tim Oliver / *Sinhart*, Michael / *Lorenz*, Mark / *Löw*, Hans-Peter	Das Banken-Restrukturierungsgesetz, in: BB 2011, S. 66 ff.
Münch, Ingo von / *Kunig*, Philip (Hrsg.)	Grundgesetz-Kommentar, 5. Auflage, München 2003
Mußgnug, Reinhard	Der Haushaltsplan als Gesetz, Göttingen 1976
–	Die zweckgebundene öffentliche Abgabe, in: Roman Schnur (Hrsg.), Festschrift für Ernst Forsthoff, München 1972, S. 259 ff.
Neumark, Fritz	Der Reichshaushaltsplan. Ein Beitrag zur Lehre vom öffentlichen Haushalt, Jena 1929
Neumark, Fritz / *Gerloff*, Wilhelm (Hrsg.)	Handbuch der Finanzwissenschaft, Band I, 2. Auflage, Tübingen 1952
Neuser, Klaus	Die Gesetzgebungskompetenzen für das Verwaltungsverfahren, Göttingen 1974
Nierhaus, Michael	Zur kommunalen Bindung und Aufgabenstellung der Sparkassen, in: DÖV 1984, S. 662 ff.

Obermüller, Manfred	Das Bankenrestrukturierungsgesetz – ein kurzer Überblick über ein langes Gesetz, in: NZI 2011, S. 81 ff.
Oebbecke, Janbernd	Weisungs- und unterrichtungsfreie Räume in der Verwaltung, Köln 1986
–	Die Anstaltslast – Rechtspflicht oder politische Maxime?, in: DVBl. 1981, S. 960 ff.
Ossenbühl, Fritz	Vorrang und Vorbehalt des Gesetzes, in: Isensee, Josef / Kirchhof, Paul (Hrsg.), Handbuch des Staatsrechts der Bundesrepublik Deutschland, Band V, 3. Auflage, Heidelberg 2007, § 101, S. 183 ff.
–	Die Erfüllung von Verwaltungsaufgaben durch Private, in: VVDStRL 29 (1971), S. 137 ff.
–	Zur Rechtfertigung von Sonderabgaben mit Finanzierungszweck, in: DVBl. 2005, S. 667 ff.
–	Staatshaftungsrecht, 5. Auflage, München 1998
–	Bestand und Erweiterung des Wirkungskreises der Deutschen Bundespost, Berlin 1980
Osterloh, Lerke	Staatsverschuldung als Rechtsproblem? – Kritisches zum Urteil des Zweiten Senats des BVerfG vom 18.4.1989, in: NJW 1990, S. 145 ff.
Patzig, Werner	Haushaltsrecht des Bundes und der Länder, Band I, Stand 1991, zitiert nach Puhl, Budgetflucht

– | Zur Problematik der Kreditfinanzierung staatlicher Haushalte, in: DÖV 1985, S. 293 ff.

Peine, Franz-Joseph | Systemgerechtigkeit: Die Selbstbindung des Gesetzgebers als Maßstab der Normenkontrolle, Baden-Baden 1985

Peters, Karen | Bundesverfassungsgericht erklärt ARGEn für verfassungswidrig, in: NDV 2008, S. 53 f.

Pfohl, Andreas / *Sichert*, Markus | Der Gesundheitsfonds: Sondervermögen des Bundes oder der Krankenkassen?, in: NZS 2009, S. 71 ff.

Piduch, Erwin Adolf | Bundeshaushaltsrecht, Kommentar zu den Artikeln 91a, 91b, 104a, 109 bis 115 des Grundgesetzes und zur Bundeshaushaltsordnung mit rechtsvergleichenden Hinweisen auf das Haushaltsrecht der Länder und ihrer Gemeinden, Stuttgart, Loseblatt, Stand: Mai 2009

– | Grundfragen der Finanzkontrolle, in: DÖV 1973, S. 228 ff.

Pielow, Johann Christian | Grundstrukturen öffentlicher Versorgung, Tübingen 2001

Puhl, Thomas | Budgetflucht und Haushaltsverfassung, Tübingen 1996

Pünder, Hermann | Staatsverschuldung, in: Isensee, Josef / Kirchhof, Paul (Hrsg.), Handbuch des Staatsrechts der Bundesrepublik Deutschland, Band V, 3. Auflage, Heidelberg 2007, § 123, S. 1323 ff.

– | Gerechte Lastenverteilung zwischen den Generationen: Maßnahmen zur Reform des Staatsschulden-

rechts und zur Vermeidung eines übermäßigen öffentlichen Defizits im Bundesstaat,
in: DVBl. 2008, S. 946 ff.

Püttner, Günter — Staatsverschuldung als Rechtsproblem: ein verfassungsrechtliches Plädoyer gegen die Kreditfinanzierung der öffentlichen Haushalte,
Berlin u.a. 1980

Quardt, Gabriele — Zur Abschaffung von Anstaltslast und Gewährträgerhaftung,
in: EuZW 2002, S. 424 ff.

Rebmann, Kurt / *Säcker*, Franz Jürgen / *Rixecker*, Roland (Hrsg.) — Münchener Kommentar zum Bürgerlichen Gesetzbuch, Band 1,
5. Auflage, München 2006

Richter, Ronald — Gesundheitsreform – Das GKV-Wettbewerbsstärkungsgesetz,
in: DStR 2007, S. 810 ff.

Rieck, Christian — Ineffiziente und ungleich belastende Sonderabgabe für mittelständische Banken,
in: NVwZ 2005, S. 523 ff.

Ritgen, Klaus — Selbstverwaltungsgarantie und Mischverwaltungsverbot als Schranken der Organisationsgewalt des Bundes,
in: NdsVerwBl. 2008, S. 185 ff.

Rombach, Gerhard — Unternehmen und Sondervermögen der öffentlichen Hand – eine Darlegung und Bewertung aus der Sicht eines Bundeslandes (Freistaat Bayern),
Dietrich Dickertmann (Hrsg.),
Trier 1989

Ronellenfitsch, Michael — Wirtschaftliche Betätigung des Staates,
in: Isensee, Josef / Kirchhof, Paul (Hrsg.),
Handbuch des Staatsrechts der Bundesrepublik

	Deutschland, Band III, 2. Auflage, Heidelberg 1996, § 84, S. 1171 ff.
Roßnagel, Alexander / *Wedde*, Peter	Die Reform der Deutschen Bundespost im Licht des Demokratieprinzips, in: DVBl. 1988, S. 562 ff.
Rüfner, Wolfgang	Formen öffentlicher Verwaltung im Bereich der Wirtschaft. Untersuchungen zum Problem der leistenden Verwaltung, Berlin 1967
–	Zur Lehre von der öffentlichen Anstalt, in: DÖV 1985, S. 605 ff.
Ruge, Kay / *Vorholz*, Irene	Verfassungs- und verwaltungsrechtliche Fragestellungen bei der Arbeitsgemeinschaft nach § 44 b SGB II, in: DVBl. 2005, S. 403 ff.
Sachs, Michael	Grundgesetz, Kommentar, 5. Auflage, München 2009
Säcker, Franz Jürgen / *Rixecker*, Roland (Hrsg.)	Münchener Kommentar zum Bürgerlichen Gesetzbuch, Band 5, 5. Auflage, München 2009
Salzwedel, Jürgen	Staatsaufsicht in der Verwaltung, in: VVDStRL 22 (1965), S. 206 ff.
Schemmel, Lothar	Unternehmen und Sondervermögen der öffentlichen Hand – Funktionale Ausgliederung oder Flucht aus dem Budget?, Arbeitspapier Nr. 20 des Schwerpunktes Finanzwissenschaft/Betriebswirtschaftliche Steuerlehre Universität Trier, FB IV – VWL, Dickertmann, Dietrich / Lehmann, Matthias (Hrsg.), Trier 1990
Schemmel, Lothar / *Borell*, Rolf	Verfassungsgrenzen für Steuerstaat und Staatshaushalt, Wiesbaden 1992

Schlink, Bernhard	Die Amtshilfe: ein Beitrag zu einer Lehre von der Gewaltenteilung in der Verwaltung, Berlin 1982
Schmahl, Stefanie	Umfang und Grenzen wirtschaftlicher Betätigung von Gemeinden in Brandenburg, in: LKV 2000, S. 47 ff.
Schmidt am Busch, Birgit	Die Beleihung: Ein Rechtsinstitut im Wandel, in: DÖV 2007, S. 533 ff.
Schmidt, Gerold	Zum Begriff des „Zweckvermögens" in Rechts- und Finanzwissenschaft, in: VerwArch 60 (1969), S. 295 ff.
Schmidt-Aßmann, Eberhard	Verwaltungsorganisation zwischen parlamentarischer Steuerung und exekutivischer Organisationsgewalt; in: Rolf Stödter / Werner Thieme (Hrsg.), Festschrift für Hans Peter Ipsen, Hamburg 1977, S. 333 ff.
–	Verwaltungslegitimation als Rechtsbegriff, in: AöR 116 (1991), S. 327 ff.
Schmidt-Bleibtreu, Bruno / *Klein*, Franz	Kommentar zum Grundgesetz, 10. Auflage, Neuwied, Kriftel 2004
Schmidt-Hieber, Werner	Strafbarkeit der Ämterpatronage, in: NJW 1989, S. 558 ff.
Schmölders, Günter	Finanzpolitik, 3. Auflage, Berlin u.a. 2007
Schneider, Hannes / *Busch*, Torsten	Anstaltslast und Gewährträgerhaftung als Beihilfen im Sinne von Art. 92 EGV?, in: EuZW 1995, S. 602 ff.
Schoch, Friedrich / *Schmidt-Aßmann*, Eberhard / *Pietzner*, Rainer (Hrsg.)	Verwaltungsgerichtsordnung, Loseblatt, Stand: Mai 2010

Schön, Wolfgang / *Hellgardt*, Alexander / *Osterloh-Konrad*, Christine
Bankenabgabe und Verfassungsrecht, in: WM 2010, S. 2145 ff.

Scholl, Claus
Einlagensicherung bei Kreditinstituten, in: JuS 1981, S. 88 ff.

Scholz, Christoph
Die Kreditinstitute des Bundes und ihre Aufgaben im Rahmen der Wirtschaftsverwaltung, Freiburg 1959

Schreyer, Edith
Pluralistische Entscheidungsgremien im Bereich sozialer und kultureller Staatsaufgaben, Berlin 1982

Schröder, Meinhard
Grundfragen der Aufsicht in der öffentlichen Verwaltung, in: JuS 1986, S. 371 ff.

Schulz, Sönke E.
Kooperationsmodelle zur Umsetzung des einheitlichen Ansprechpartners als unzulässige Mischverwaltung?, in: DÖV 2008, S. 1028 ff.

Schuppert, Gunnar Folke
Die Erfüllung öffentlicher Aufgaben durch verselbständigte Verwaltungseinheiten, Göttingen 1981

Schwark, Eberhard
Einlagensicherung bei Banken, in: NJW 1974, S. 849 ff.

Seifart, Werner / *Campenhausen*, Axel von
Handbuch des Stiftungsrechts, 2. Auflage, München 1999

Seiler, Christian
Konsolidierung der Staatsfinanzen mithilfe der neuen Schuldenregel, in: JZ 2009, S. 721 ff.

Selmer, Peter
Art. 115 II GG – eine offene Flanke der Staatsverschuldung?,

	in: Burmeister, Joachim (Hrsg.), Festschrift für Klaus Stern, München 1997, S. 567 ff.
–	Zur Reform der bundesstaatlichen Finanzverfassung. Fragestellungen nach Föderalismusreform und Berlin-Urteil des BVerfG, in: NVwZ 2007, S. 872 ff.
Smekal, Christian	Die Finanzwirtschaft intermediärer Gruppen, Innsbruck 1969
Sodan, Helge	Das GKV-Wettbewerbsstärkungsgesetz, in: NJW 2007, S. 1313 ff.
Spahn, Franz Josef	Die Einschaltung der Kreditinstitute bei Eingliederungsdarlehen nach dem Lastenausgleichsgesetz, Frankfurt a.M. 1958
Stelkens, Paul / *Bonk*, Heinz Joachim / *Sachs*, Michael (Hrsg.)	Kommentar Verwaltungsverfahrensgesetz, 7. Auflage, München 2008
Stelkens, Ulrich	Die Stellung des Beliehenen innerhalb der Verwaltungsorganisation – dargestellt am Beispiel der Beleihung nach § 44 III BHO/LHO; in: NVwZ 2004, S. 304 ff.
–	Amtshaftung und Regress bei Schädigung durch Verwaltungshelfer, in: JZ 2004, S. 656 ff.
Stern, Klaus	Das Staatsrecht der Bundesrepublik Deutschland, Band II, München 1980
Thode, Bernd / *Peres*, Holger	Anstaltslast und Gewährträgerhaftung bei kommunalen Sparkassen und Landesbanken, in: BB 1997, S. 1749 ff.

– Anstalten des öffentlichen Rechts im Spannungsfeld zwischen deutschem und europäischem Recht, in: VerwArch 89 (1998), S. 439 ff.

Timm, Wolfram — Die Sanierung der sogenannten „Treuhandunternehmen“ zwischen Marktkonformität und Insolvenzrecht, in: ZIP 1991, S. 413 ff.

Totenhöfer-Just, Gerald — Öffentliche Stiftungen. Ein Beitrag zur Theorie der intermediären Finanzgewalten, Baden-Baden 1971

Uechtritz, Michael — Bankenrettung auf dem verfassungsrechtlichen Prüfstand, in: NVwZ 2010, S. 1472 ff.

Vialon, Friedrich Karl — Haushaltsrecht, Haushaltspraxis, Kommentar, 2. Auflage, Berlin u.a. 1959

– Das Sondervermögen. Eine haushaltsrechtliche Betrachtung, in: DÖV 1951, S. 113 ff.

– Öffentliche Finanzwirtschaft, Berlin u.a. 1956

Vogel, Hans-Gert — Öffentliche Kreditinstitute und EU-Beihilfenrecht, in: ZBB 2001, S. 103 ff.

Vogel, Klaus — Verfassungsfragen der Investitionszulage und verwandter Vergünstigungen, in: DÖV 1977, S. 837 ff.

Vogt, Gustav — Die Entwicklung der Finanzen der Deutschen Bundesbahn, Berlin 1979

Voßkuhle, Andreas — Sachverständige Beratung des Staates, in: Isensee, Josef / Kirchhof, Paul (Hrsg.),

	Handbuch des Staatsrechts der Bundesrepublik Deutschland, Band III, 3. Auflage, Heidelberg 2005, § 43, S. 425 ff.
Wacke, Gerhard	Das Finanzwesen der Bundesrepublik. Die Einwirkungen der Finanzfunktion auf Gesetzgebung, Verwaltung und Rechtsprechung im Bonner Grundgesetz, Tübingen 1950
Waldhoff, Christian	Verfassungsrechtliche Probleme des ERP-Sondervermögens, in: DÖV 2005, S. 674 ff.
Wannagat, Georg / *Eichenhöfer*, Eberhard (Hrsg.)	Sozialgesetzbuch, Kommentar zum Recht des Sozialgesetzbuchs, SGB XI, Köln u.a. 2004
Wassermann, Rudolf (Gesamthrsg.)	Kommentar zum Grundgesetz für die Bundesrepublik Deutschland, Reihe Alternativkommentare, Band 2, 2. Auflage, Neuwied 1989
–	Kommentar zum Grundgesetz für die Bundesrepublik Deutschland, Reihe Alternativkommentare, Band 3, 3. Auflage, Neuwied 2001
Weber, Werner	Die Körperschaften, Anstalten und Stiftungen des öffentlichen Rechts, 2. Auflage, München, Berlin 1943
Wehber, Thorsten	Gewährträgerhaftung und Anstaltslast – ein historischer Rückblick, in: Kreditwesen 2005, S. 752 ff.
Weinzen, Willi	Fette und magere Jahre: Von Schranken, Bremsen und Rücklagen, in: DÖV 2008, S. 535 ff.

– Eine asymmetrische Sanktion gegen Schulden, in: DÖV 2009, S. 454 ff.

– Offene Flanke der Staatsverschuldung schließen: Art. 115 Abs. 2 GG streichen, in: DÖV 2007, S. 509 ff.

Wimmer, Klaus (Hrsg.) Frankfurter Kommentar zur Insolvenzordnung, 5. Auflage, Köln 2009

Wolf, Ulrich Verfassungsrechtliche Grenzen der Staatsverschuldung in der Bundesrepublik Deutschland, Hamburg 1984

Wolff, Hans J. / *Bachof*, Otto / *Stober*, Rolf Verwaltungsrecht, Band 3, 5. Auflage, München 2004

Wolff, Hans J. / *Bachof*, Otto Verwaltungsrecht II, 4. Auflage, München 1976

Zeiss, Friedrich Das Eigenbetriebsrecht der gemeindlichen Betriebe, 4. Auflage, Stuttgart u.a. 1993

Zuck, Rüdiger Hartz IV: Alg II = GG Null?, in: NJW 2005, S. 649 ff.

Finanz- und Steuerrecht in Deutschland und Europa

Herausgegeben von Klaus-Dieter Drüen, Hanno Kube
und Rainer Wernsmann

Band 1 Gordon Dreher: Das Alterseinkünftegesetz. Systematische Darstellung und verfassungsrechtliche Zweifelsfragen. 2007.

Band 2 Nils Meyer-Sandberg: Die Duale Einkommensteuer als Modell ungleicher Besteuerung von Arbeit und Kapital. 2008.

Band 3 Alexander Pfab: Die Behandlung von Bildungsaufwendungen im deutschen Einkommensteuerrecht. 2008.

Band 4 Christian Johannes Müller: Einnahmeverzicht im Einkommensteuerrecht – insbesondere durch verbilligte Wohnungsüberlassung an nahe Angehörige. 2009.

Band 5 Melanie Falkner: Die Einkunftserzielungsabsicht als subjektives Besteuerungsmerkmal. Eine Analyse subjektiver Tatbestandsmerkmale im Steuerrecht. Zugleich ein Beitrag zur Liebhaberei im Steuerrecht. 2009.

Band 6 Steffen Ott: Die Vertreterbetriebsstätte nach OECD-MA. 2009.

Band 7 Christoph Wagner: Steuergleichheit unter Standortvorbehalt? Verfassungsrechtliche Grenzen einer ungleichen Einkommensbesteuerung von Kapital und Arbeit. 2010.

Band 8 Andreas Goetze: Die Ersetzung der sieben Einkunftsarten des EStG durch eine einzige. Zur Gleichheit aller Erwerbsgrundlagen in einem vereinfachten Steuerrecht. 2010.

Band 9 Hanno Kube: Der bundesstaatliche Finanzausgleich. Verfassungsrechtlicher Rahmen, aktuelle Ausgestaltung, Entwicklungsperspektiven. 2011.

Band 10 Katharina Brauer: Abgrenzung der Lebensmittellieferung von der Restaurationsdienstleistung im Umsatzsteuerrecht. 2011.

Band 11 Marc Schubert: Die Verfassungswidrigkeit der Erbschaft- und Schenkungsteuer und die verfassungsrechtlichen Anforderungen an eine Neuregelung. 2011.

Band 12 Martin Rehberg: Der Zuzug und Wegzug von Kapitalgesellschaften in gesellschafts- und steuerrechtlicher Hinsicht. 2011.

Band 13 Dirk Wünschig: Perspektiven eines europarechtskonformen Gemeinnützigkeits- und Zuwendungsrechts. Eine Untersuchung nach „Stauffer“ und „Persche“ bei gleichzeitiger Kritik an der Neufassung des Gemeinnützigkeitsrechts nach dem Jahressteuergesetz 2009. 2011.

Band 14 Sebastian Grimm: Die negative Konkurrentenklage im Steuerrecht. 2011.

Band 15 Arne von Freeden: Minder- und Mehrabführungen nach § 14 Abs. 4, § 27 Abs. 6 KStG. Ausgleichspostenlösung und Einlagelösung. 2011.

Band 16 Anne Keller: Rechtsschutz gegen Maßnahmen der steuerlichen Außenprüfung. 2011.

Band 17 Larissa Maier-Bledjian: Sondervermögen des Bundes. 2011.

www.peterlang.de

Hanno Kube

Der bundesstaatliche Finanzausgleich

Verfassungsrechtlicher Rahmen, aktuelle Ausgestaltung, Entwicklungsperspektiven

Frankfurt am Main, Berlin, Bern, Bruxelles, New York, Oxford, Wien, 2011.
X, 141 S., zahlr. Tab.
Finanz- und Steuerrecht in Deutschland und Europa.
Herausgegeben von Hanno Kube, Klaus-Dieter Drüen und Rainer Wernsmann.
Bd. 9
ISBN 978-3-631-61693-2 · geb. € 34,80*

Der bundesstaatliche Finanzausgleich dient dem Ziel, Bund und Länder aufgabenangemessen mit Finanzmitteln auszustatten; dies in sachgerechter Abstimmung zwischen Solidarität und Eigenverantwortung. Das Grundgesetz zeichnet den Ausgleich in vier Stufen vor und beauftragt den Gesetzgeber zur folgerichtigen Ausgestaltung. Diese Arbeit zeigt, dass der bundesstaatliche Finanzausgleich in einer ganzen Reihe von Punkten erneuerungsbedürftig ist. Entsprechende Gestaltungsperspektiven werden eröffnet. Im Ergebnis muss ein Regelungsgefüge stehen, das den verfassungsrechtlichen Maßstäben Rechnung trägt und damit – anders als gegenwärtig – zugleich Anreize für die Geber- wie auch die Nehmerländer setzt, sich um eine Steigerung ihrer Finanzkraft zu bemühen.

Aus dem Inhalt: Bundesstaatlicher Finanzausgleich · Ziel aufgabenangemessener Finanzausstattung in Abstimmung zwischen Solidarität und Eigenverantwortung der Gebietskörperschaften · Verfassungsrechtlicher Rahmen des Finanzausgleichs in vier Stufen · Einfachrechtliche Ausgestaltung durch das Maßstäbegesetz und das Finanzausgleichsgesetz · Feststellung der Verfassungswidrigkeit der Ausgestaltung · Perspektiven der Erneuerung

Frankfurt am Main · Berlin · Bern · Bruxelles · New York · Oxford · Wien
Auslieferung: Verlag Peter Lang AG
Moosstr. 1, CH-2542 Pieterlen
Telefax 00 41 (0) 32 / 376 17 27

*inklusive der in Deutschland gültigen Mehrwertsteuer
Preisänderungen vorbehalten

Homepage http://www.peterlang.de